U0937462

高等院校工程管理类系列教材

节点法项目管理与BIM应用

蔡嘉明　钟文武　张建平　编著

科学出版社

北京

内 容 简 介

本书是对节点法项目管理与BIM技术应用的系统性总结，首次完整阐述了节点法项目管理理论，以及节点法项目管理实施的理念、模式、路径和方法；系统阐述了节点法项目管理对BIM技术应用落地的“引领”作用；站在业主和全过程管理的角度，针对建设项目全生命周期中决策、设计、施工、运维等重要阶段，阐述了节点法项目管理与BIM应用的理论、实现路径及案例剖析。

本书行文简约，理论阐述深入浅出，案例分析图文并茂。书中案例均来自作者的亲身实践。

本书既可作为工程管理及相近专业本科生、研究生学习工程项目管理的教材，也可作为工程项目管理人员及其他相关人员极有价值的自学参考书。

图书在版编目（CIP）数据

节点法项目管理与BIM应用/蔡嘉明，钟文武，张建平编著．—北京：科学出版社，2018

（高等院校工程管理类系列教材）

ISBN 978-7-03-055910-4

Ⅰ.①节… Ⅱ.①蔡… ②钟… ③张… Ⅲ.①项目管理-应用软件-高等学校-教材 Ⅳ.①F224.5-39

中国版本图书馆CIP数据核字（2017）第308333号

责任编辑：任锋娟 都 岚／责任校对：刘玉靖
责任印制：吕春珉／封面设计：东方人华平面设计部

科学出版社 出版
北京东黄城根北街16号
邮政编码：100717
http://www.sciencep.com

北京九州迅驰传媒文化有限公司 印刷

科学出版社发行 各地新华书店经销

*

2018年2月第 一 版 开本：787×1092 1/16
2021年8月第三次印刷 印张：20
字数：470 000

定价：56.00元

（如有印装质量问题，我社负责调换〈九州迅驰〉）
销售部电话 010-62136230 编辑部电话 010-62135741

自　　序

以 1986 年云南鲁布革水电站项目试点为标志，中国开始对现代项目管理进行工程实践和系统研究，由鲁布革水电站项目管理成功而形成的“鲁布革经验”成为推动中国现代项目管理发展与进步的代名词。经过 30 多年的发展，在工程建设实践方面，不论工程数量、建设规模、施工速度，还是新技术应用，中国都走在了世界的前列。

在现代项目管理的理论研究领域，中国虽然在项目管理的理论探讨、学术发展、管理创新、教学应用、案例教研等方面也有了很大的发展与提高，但与工程建设实践的世界领先者相比，在项目管理的理论研究与应用需求上差距巨大，理论研究与工程实践严重脱节，理论还没有指导量大面广的工程实践，研究还没有形成中国特色的现代项目管理的应用体系和方法论。

在管理与技术日新月异的变革中，怎样把工程建设的实践经验进行系统、科学地总结和完善，结合现代项目管理的基本要求去进行提炼升华，形成中国特色的项目管理理论和自主创新，并用新的系统方法和技术工具去指导项目管理实践，去创造更大的社会价值和管理效益，一直是我们追求的目标。

编著本书的动机，一是要用节点法项目管理为建筑行业的专业人员和学生提供一个实施项目管理的方法论指南，并通过实施案例让他们体会管理的价值，了解获得管理价值的系统方法和技术工具；二是要帮助没有管理经验的学生或仅有局部管理经验的专业人员，从节点法的理论高度树立项目管理的大局观，在面对项目管理的具体问题和困难时有系统路径可依，并能从自己和他人的实践中吸取经验教训，避免不必要的重复和挫折。如果本书能帮助读者实现“从局部到整体、从新手到高手”的管理跨越，那么我们的目的也就达到了。

另外，要实现节点法项目管理的“模式化组织、标准化管控、信息化度量”的管理要求，要让信息化及 BIM 技术在实践中应用和落地，我们还应对以下 3 点予以关注。

1）从创新项目管理的方法论来讲，我们要从全过程管理的角度来构建中国特色的项目管理理念和系统方法，能从更广泛、更深入、可持续的层面上系统地指导工程项目的管理实践，并能在新的管理实践中不断积累、优化与创新，能从系统教育、专业培训、应用实践、理论提高的角度来构建中国特色项目组织模式和技术工具，从而在项目管理的实践中实现量变到质变的跨越。因此，节点法项目管理以现代项目管理的知识体系、管理实践、创新成果为依托，从来源于实践并超越实践的角度去总结完善、提炼升华，创新地形成了节点法系统理论和技术方法，从“实用有效、逐步提高、可持续管理”的角度来建立一种量化的、连续的、可改进的工程项目管理的组织理念和知识体系，提供一种系统的、规范的、信息化的项目管理新方法和新工具，以此来助推大型和超大型工程项目管理的规范化、标准化、信息化的落地。

2）从建立项目管理的新模式来讲，中国工程项目管理应用实践与先进国家相比，除了在工程项目管理实践的方法路径、技术工具、市场体系等方面的差距外，我们认为，更大的差距是在工程项目组织管理的组织文化、组织模式、组织技术、组织创新等方面的差距，以至于很大一部分项目管理的水平就是项目经理的个体水平，而不是系统流程、团队协作的水平；项目管理的核心能力就是项目经理的个体能力，而不是团队积累、组织传承等综合实力。因此，节点法通过组织模式设计、系统流程设计，用创新的节点管理模式和技术方法，把个人和局部的项目管理能力，固化融合为系统的、组织的、团队的综合能力，以此来助推项目管理团队及项目实施企业去实现把经验变成资源、把资源变成能力、把能力变成创新的管理跨越。

3）从应用项目管理的新技术来讲，当前项目管理运用信息化技术、BIM 技术来提高管理的应变能力和创新能力已成为必然的趋势。在这个时代潮流的冲击下，大多数建筑业企业处在尚未实现信息化的困境中，面对 BIM 技术时更加无所适从。我们认为项目管理模式的专业化、规范化、标准化在这个趋势中至关重要，这是实现项目管理信息化、数据化的基础和前提。因此，节点法在“书同文、车同轨、度量衡”的模式指引下，以项目的管理技术为核心，以信息化和 BIM 应用为重要途径，在组织管理信息化的基础上构建 BIM 全过程的应用、交付、协同、集成的价值体系。以此来助推和引领信息化技术、BIM 技术在项目管理中的应用，实现从上而下的管理流与自下而上的信息流的统一，充分体现新技术的管理效益和应用价值。

蔡嘉明

2017 年 12 月

前　言

在世界建筑工程领域，如果将 CAD 技术的应用视为工程设计的第一次革命，BIM 技术的实现则是在互联网时代的第二次革命。在这次革命中，BIM 促进了传统建筑业的巨大变革，使建筑可视化设计成为可能，更促进了建筑行业创新发展，对行业的科技进步与转型升级将产生重要的影响，同时成为建筑行业发展的推动力，有效提升了建筑行业信息化程度，提高建设工程项目的精细化管理水平、集成化交付能力，促进了工程项目的效益和效率的显著提升。

节点法项目管理从“实用有效、逐步提高、可持续管理”的角度试图建立一种量化的、连续的、可改进的工程项目管理的组织理念和知识体系，提供一种系统的、规范的、信息化的项目管理新方法和新工具。而 BIM 技术可以使工程项目“集约管理、精益管理”落地，也将改变建设工程项目各参与方的协作方式。近年来，本书作者从现代项目管理理论中吸取精华，创造性地将节点法项目管理与 BIM 技术结合应用于超大型建设项目（如昆明滇池国际会展中心）的管理实践，取得了极大的成功。

本书共七章，主要内容包括项目管理的理论基础、节点法项目管理、BIM 技术的发展及应用、节点法项目管理的 BIM 应用模式、节点法设计管理的 BIM 应用、节点法施工管理的 BIM 应用和节点法运维管理的 BIM 应用。本书是节点法项目管理与 BIM 技术应用的系统性总结。第一章为理论基础，是对项目管理理论的高度概括；第二章完整阐述了节点法项目管理理论，以及节点法项目管理实施的理念、模式、路径和方法；第三章是 BIM 技术发展及应用综述；第四章是本书的重点，系统阐述了节点法项目管理对于 BIM 技术应用落地的“引领”作用，并提炼出节点法项目管理与 BIM 应用的理论、实现路径；第五至七章站在业主角度，系统阐述了建设项目全生命周期中设计（含决策）、施工、运维等阶段的节点法项目管理与 BIM 应用方法，并对相关案例进行了深入透彻的剖析。

本书由蔡嘉明（云南城市建设投资集团有限公司）、钟文武（云南城市建设投资集团有限公司）、张建平（昆明理工大学津桥学院）合作完成。具体分工如下：钟文武、张建平合编第一、第三章，蔡嘉明编写第二章，蔡嘉明、钟文武合编第四至七章，全书由张建平负责统稿。

在编写本书的过程中，作者参考了国内新近出版的著作与教材，谨在这里一并表示感谢。

由于作者水平有限，书中不足和疏漏之处在所难免，敬请广大读者批评指正。

作　者

2017 年 12 月

目　　录

第一章　项目管理的理论基础……………………………………………1

第一节　项目管理理论概述……………………………………………1
第二节　现代项目管理理论……………………………………………13
第三节　项目管理的发展与对策……………………………………37
思考题……………………………………………………………………42

第二章　节点法项目管理………………………………………………43

第一节　节点法项目管理理论阐述…………………………………43
第二节　节点法项目管理实现路径…………………………………45
第三节　节点法项目管理信息化……………………………………58
思考题……………………………………………………………………99

第三章　BIM 技术的发展及应用………………………………………100

第一节　BIM 技术概述…………………………………………………100
第二节　BIM 技术的发展………………………………………………104
第三节　BIM 技术的应用现状…………………………………………117
第四节　BIM 技术的应用路径…………………………………………128
思考题……………………………………………………………………141

第四章　节点法项目管理的 BIM 应用模式…………………………142

第一节　BIM 技术推动建筑业的变革………………………………142
第二节　BIM 技术促进建筑业的发展………………………………146
第三节　节点法引领 BIM 应用落地…………………………………149
第四节　节点法项目管理的 BIM 应用模式…………………………154
思考题……………………………………………………………………156

第五章　节点法设计管理的 BIM 应用………………………………157

第一节　节点法设计管理的应用逻辑………………………………157
第二节　方案设计阶段应用案例剖析………………………………159
第三节　初步设计阶段应用案例剖析………………………………193
第四节　施工图设计阶段应用案例剖析（一）……………………217
第五节　施工图设计阶段应用案例剖析（二）……………………220
思考题……………………………………………………………………228

第六章　节点法施工管理的 BIM 应用……229
第一节　节点法施工管理的应用逻辑……229
第二节　施工准备阶段应用案例剖析……231
第三节　项目建造阶段应用案例剖析……240
第四节　竣工验收阶段应用案例剖析……262
思考题……280
第七章　节点法运维管理的 BIM 应用……281
第一节　节点法运维管理的应用逻辑……281
第二节　项目交付阶段应用案例剖析……283
第三节　项目运行阶段应用案例剖析（一）……293
第四节　项目运行阶段应用案例剖析（二）……298
第五节　项目回收阶段应用案例剖析……300
思考题……302
附录……303
附录一　工程项目管理相关术语……303
附录二　全过程造价咨询相关术语……304
附录三　第六章附表……306
参考文献……310

第一章　项目管理的理论基础

项目管理是伴随着社会的进步和项目的复杂化而逐渐形成的一门管理学科。项目管理是在一定的约束条件下，为实现项目目标，运用系统的理论和方法对项目进行计划、组织、指挥、协调和控制的专业化活动。项目管理具有针对项目的目的性、一次性、系统性、制约性、科学性的管理特点。

第一节　项目管理理论概述

一、项目管理的产生与发展

（一）项目管理的产生

项目管理是指工程项目管理，其历史可以追溯到几千年之前，古埃及的金字塔、古罗马的尼古水道、中国的万里长城和都江堰都是古代的工程项目。这些辉煌的工程建设项目反映了古代劳动人民在大型项目组织管理方面的卓越成就。中国古代在工程项目管理方面的成就，虽然有着非常智慧的一面，但是还不能称为科学管理。

（二）项目管理的发展

1. 项目管理在国外的发展

现代项目管理始于 20 世纪 50 年代，人们将网络技术——关键路径法（critical path method，CPM）和计划评审技术（program evaluation and review technique，PERT）应用于工程项目（主要是美国的军事工程项目）的工期计划和控制中，取得了很大成功，如美国 1957 年的北极星导弹研制和后来的登月计划。项目管理有了科学的系统方法，开始随着生产力的发展和生产规模的扩大逐渐走向成熟。

20 世纪 60 年代，国际上利用大型计算机进行网络计划的分析计算已经成熟，人们可以用计算机进行工期计划和控制。但当时计算机上机费用较高，一般的项目不可能使用计算机进行管理，而且当时有许多人对网络技术还难以接受，所以项目管理尚不十分普及。项目管理作为一门学科，是从 20 世纪 60 年代开始发展起来的。当时，项目管理的应用范围也只局限于建筑、国防和航天等少数领域，如美国的阿波罗登月项目。项目管理因在阿波罗登月项目中取得巨大成功，由此风靡全球，使许多人对于项目管理产生了浓厚的兴趣，并逐渐形成了两大项目管理的研究体系，即以欧洲为首的体系——国际项目管理协会（International Project Management Association，IPMA）和以美国为首的体系——美国项目管理协会（Project Management Institute，PMI）。这两个协会做了大量卓有成效的工作，为推动国际项目管理现代化发挥了积极作用。

20 世纪 70 年代初，计算机网络分析程序已十分成熟，人们将信息系统方法引入项目管理中，提出项目管理信息系统。这使人们对网络技术有了更深的理解，扩大了项目管理的研究深度和广度，同时扩大了网络技术的作用和应用范围，在工期计划的基础上实现了用计算机进行资源和成本的计划、优化和控制。

整个20世纪70年代，项目管理的职能在不断扩展，人们对项目管理过程和各种管理职能进行了全面、系统的研究。同时，项目管理在企业组织中推广，人们研究了在企业职能组织中项目组织的应用问题。

到了20世纪70年代末80年代初，计算机得到了普及，这使项目管理理论和方法的应用走向了更广阔的领域。计算机及软件价格降低、数据获得更加方便、计算时间缩短、调整容易、程序对用户友好等优点，使项目管理工作大为简化、高效，普通的项目管理公司和中小企业在中小型项目中都可以使用现代化的项目管理方法和手段，取得了很大的成功，收到了显著的经济效益和社会效益。

随着项目管理从最初的军事项目和航天项目扩展到各种类型的民用项目，项目管理迅速传遍世界各国。此时，项目管理的特点是面向市场和竞争，除了计划和协调外，对采购、合同、进度、费用、质量、风险等给予了更多的重视，初步形成了现代项目管理的框架。

进入20世纪90年代，项目管理有了新的发展。为了能在激烈的国际竞争中占据优势，人们对项目管理进行了变革，更加注重人性化的柔性管理，强调以人为本，注重管理实效，项目管理的手段多样化，从而极大地提高了工作效率。

目前，项目管理不仅普遍应用于国防、航天、建筑等传统行业，还广泛应用于通信、软件开发、制造业、金融保险业等行业，也被美国等西方发达国家作为政府、企业及组织机构核心部门的运作模式。美国项目管理协会经过实践和总结，编制了《项目管理知识体系指南》，形成了一套独特而完整的科学体系，该体系也被公认为全球项目管理标准体系。

2. 项目管理在中国的发展

项目管理应用于建设工程的实践在我国历史悠久。我国许多宏伟的工程，如京杭大运河、北京故宫等，都运用了许多科学的思想和组织方法，反映了我国古代工程项目管理的水平和成就。中华人民共和国成立以后，我国的建设事业得到了迅猛发展，工程项目的管理活动也在建设中得到实践。例如，我国第一个五年计划中的156项重点工程、国庆十周年北京的十大建筑工程、南京长江大桥工程等，都是成功的工程项目管理实践活动，只是没有系统地提升到工程项目管理理论和学科的高度，是在不自觉地进行工程项目管理。20世纪60年代初，华罗庚教授在中国推广统筹方法，我们现在通常称其为网络计划技术。

改革开放以后，随着市场经济的不断发展，我国开始引入工程项目管理模式。1980年，邓小平主持了我国最早与世界银行合作的教育项目会谈，从此中国开始吸收利用外资，而项目管理作为世界银行项目运作的基本管理模式，也随着世界银行贷款项目的启动而被引入中国并广泛应用。之后，发达国家特别是美国、日本，以及世界银行的项目管理理论和实践经验，随着文化交流和项目建设陆续传入我国。1987年，由世界银行投资的鲁布革引水隧洞工程的工程项目管理和工程监理取得成功，迅速在我国形成了“鲁布革冲击波”。二滩水电站、三峡水利枢纽工程和其他大型工程建设都采用了项目管理这一有效手段，并取得了良好效果。但是，与国际先进水平相比，我国在项目管理的应用方面发展缓慢，缺乏高水平的项目管理人才。究其原因，在于我国的项目管理还没有形成自己的理论体系和学科体系，没有建立起完备的项目管理教育培训体系，更没有实现项目管理人员的专业化。

为了规范和完善建设项目管理，制定符合中国特色并与国际接轨的项目管理体系，原建设部针对建筑行业的具体情况，根据《关于印发“二〇〇〇至二〇〇一年度工程建设国家标准制订、修订计划”的通知》(建标〔2001〕87号)的要求，会同有关部门共同编制了《建设工程项目管理规范》，并经有关部门会审，批准为国家标准，编号为GB/T 50326—2001，自2002年5月1日起施行。2004年11月16日，《建设工程项目管理试行办法》颁布实施。随着科学技术和管理手段的不断发展，原建设部于2005年对《建设工程项目管理规范》进行了修订，修订后的《建设工程项目管理规范》(GB/T 50326—2006)自2006年12月1日起实施。这说明中国政府对建筑行业实施项目管理的重视，也给从事建设项目管理的人员提供了可操作的依据。中国的项目管理人员正在以自己的方式努力推进与完善项目管理的现代化。

二、项目管理的相关概念

(一)项目

1. 项目的概念

在项目管理学中，“项目”是一个专业术语，现已广泛应用于社会经济和文化生活的各个方面，人们经常用“项目”来表示一类事物。“项目”定义很多，许多管理专家和标准化组织都企图用简单通俗的语言对项目进行抽象性的概括和描述，但目前在国际上还未形成一个统一、权威的定义。项目有以下定义：

1)PMI认为，项目是为完成某一独特的产品或服务所做的一次性努力。

2)德国工业标准(DIN)69901认为，项目是指在总体上符合下列条件的唯一性任务：①具有预定的目标；②具有时间、财务、人力和其他限制条件；③具有专门的组织。

3)国际标准《质量管理——项目管理质量指南》(ISO 10006)定义项目如下：“由一组有起止时间的、相互协调的受控活动所组成的特定过程，该过程要达到符合规定要求的目标，包括时间、成本和资源的约束条件。”

4)《中国项目管理知识体系纲要(2002年版)》对项目的定义：“项目是创造独特产品、服务或其他成果的一次性工作任务。”

5)联合国工业发展组织《工业项目评估手册》对项目的定义：“一个项目是对一项投资的一个提案，用来创建、扩建或发展某些工厂企业，以便在一定周期内增加货物的生产或社会的服务。”

6)世界银行认为，项目一般是指同一性质的投资，或同一部门内一系列有关或相同的投资，或不同部门内的一系列投资。

7)《现代项目管理学》(郎荣燊，刘荔娟，1992)一书认为，项目是在一定时间内为了达到特定目标而调集到一起的资源组合，是为了取得特定的成果开展的一系列相关活动，并归纳为“项目是特定目标下的一组任务或活动”。

8)美国《项目管理概览》一书认为，“项目是为创立一种专门性的产品或服务而做出的一种短期努力”；“项目是要在一定时间里，在预算范围内，须达到预定质量水平的一项一次性任务”。

虽然有关项目的定义表述形式各有不同，但其实质基本上是一致的。当前，较为普遍认同的“项目”的基本含义，是指一个组织在一定的资源约束条件下，为创造一项独特的产品或服务而开展的具有独特性的一次性工作。

2. 项目的特征

项目是指在一定约束条件下（主要是限定资源、限定时间、限定质量），具有特定目标的一次性任务。它有以下共同特征：

1）目的性。任何项目都具有特定的目标，目标是项目存在的前提。项目的目的性是指任何一个项目都是为实现特定组织的预期目标服务的。项目目标通常包括两个方面：①度量项目产出物的目标，或称为成果性目标；②度量项目活动本身的目标，或称为约束性目标。前者用来检验项目的结果，后者用来评价项目活动。

2）一次性和独特性。项目具有一次性，这是项目与其他可重复性工作的最大区别。就项目整体而言，要求项目在特定环境和约束条件下一次性成功。其一次性特征和区别于其他任务的特殊要求，使得没有两个项目完全相同，因此，项目还具有独特性。项目过程的这种一次性和独特性带来了较大的风险和管理的特殊性。要避免失误，就要求人们必须能研究和驾驭其管理的内在规律，必须有精心的规划、审慎的执行和严格的控制，靠科学的项目管理来保证项目能一次性成功，以达到预期的目标。

3）过程性和系统性。项目的过程性是指相对于有待完成的具体的计划或工作任务，项目是为实现特定目标所经历的过程，各过程彼此相连、前后相依，具有系统性。同时，一个项目往往由许多个单体组成，而且要求多家单位共同协作，由成千上万个在时间、空间上相互影响、制约的活动构成。每一个项目在作为其子系统的母系统的同时，又是其更大的母系统中的子系统，这就要求在项目运作中，必须全面、动态、统筹兼顾地分析处理问题，以系统的观念指导工作。

4）制约性和时限性。项目的制约性是指任何项目都必须在一定的组织内，在一定的资源条件约束下，按照预定的目标进行。项目所处的环境和约束条件是决定项目成功或失败的关键因素。其中，时限性是指任何项目都有其确定的实践起点和终点。具体来说，投资、进度和质量是项目的主要约束因素。

5）组织的临时性和开放性。项目总是要通过一定形式的组织来实现的。项目在执行过程中，组织中的成员会不断地发生变化，项目结束时项目班子一般要解散，人员要转移。因此，项目的这种组织常常是属于临时性的。有时参与项目的社会经济组织很多，他们通过合同、协议及其他的社会联系组合在一起。项目一旦结束，这些组织就会纷纷散去。项目组织没有严格的边界，或者说边界是弹性的、模糊的和开放的。

3. 项目的分类

项目包括许多内容，可以是一项建筑工程，也可以是某项科研课题，还可以是一次市场调研，抑或策划一场文艺演出等。

项目按专业特征，可以分为科研项目、工程项目、航天项目、维修项目和咨询项目等。工程项目是项目中数量最多的一类，也是最为重要的项目类型。它存在于社会的各个领域、各个地方，在社会生活和经济发展中起着重要作用。

（二）管理

管理是指管理主体有效组织并利用其各个要素（人、财、物、信息和时空），借助管理手段，完成该组织目标的过程。管理的内涵包括以下几点：

1）管理主体是一个组织，这个组织可能是国家，也可能是一个单位，还可能是一个正式组织或非正式组织。

2）管理主体包含 5 个方面的要素：人（决策者、执行者、监督者）、财（资金）、物（土地、生产设备及工具、物料等）、信息（管理机制、技术与方法及管理用的各种信息等）、时空（时点和持续时间、地理位置及空间范围）。

3）管理的手段包括 5 个方面：强制（战争、政权、暴力、抢夺等）、交换（双方意愿交换）、惩罚（物质性的和非物质性的，包括强制、法律、行政、经济等方式）、激励、沟通与说服。

4）管理的过程包括 6 个环节：管理规则的确定（组织运行规则，如章程及制度等）、管理资源的配置（人员配置及职责划分与确定、设备及工具、空间等资源配置与分配）、目标的设立与分解（如计划）、组织与实施、过程控制（检查、监督与协调）、效果评价、总结与处理（奖惩）。

（三）项目管理

1. 项目管理的概念

项目管理是伴随着社会的进步和项目的复杂化而逐渐形成的一门管理学科。项目管理是指在一定的约束条件下，为实现项目目标，运用系统的理论和方法对项目进行计划、组织、指挥、协调和控制等专业化活动。

2. 项目管理的基本职能

项目管理的基本职能是计划、组织、协调和控制。

1）计划职能。把项目活动全过程、全部目标都列入计划，通过统一、动态的计划系统来组织、协调和控制整个项目。

2）组织职能。建立一个高效率的项目管理体系和组织保障系统。

3）协调职能。它是指组织领导者从实现组织的总体目标出发，依据正确的政策、原则和工作计划，运用恰当的方式方法，及时排除各种障碍，理顺各方面关系，促进组织机构正常运转和工作平衡发展。

4）控制职能。在项目实施的过程中，运用有效的方法和手段，不断分析、决策、反馈，不断调整实际值与计划值之间的偏差，以确保项目总目标的实现。项目控制往往是通过目标的分解，阶段性目标的制定和检验，各种指标定额的执行，以及实施中的反馈与决策来实现的。

3. 项目管理的特点

项目管理应具有针对性、系统性、程序性和科学性。具体来说，项目管理具有以下特点：

1）项目管理以项目经理为中心。项目的独特性和管理过程的一次性，为项目管理带来了一定的风险。为了更好地进行计划、组织、指挥、协调和控制，实施以项目经理为中心的管理模式，就必须授予项目经理较大的权力，使其能够及时处理项目实施中出现的各种问题。

2）每个项目都有特定的管理程序和步骤。项目的独特性和一次性决定了每个项目都有其特定的内容和方法，而内容和方法都是由目标而定的。所以，每个项目的管理程序和步骤都应有一定的针对性。

3）项目管理过程中应实施动态管理。项目实施过程中各种因素都是动态变化的，为了保证项目目标的实现，应在项目实施过程中采用动态控制的方法，通过不断的检查、比较、分析、纠偏、制订新的计划、再实施等动态循环过程，最终实现项目的目标。

4）项目管理应使用现代化的管理方法和科学的技术手段。现代项目具有投资额大、建设周期长、建设环境复杂、涉及多学科多部门等特征，传统的管理模式已经无法满足管理的需求。因此，必须综合运用现代化的管理方法和科学的技术手段，如决策技术、网络与信息技术、网络计划技术、价值工程、系统工程等进行管理。

（四）工程项目

1. 工程项目的概念

工程项目是指在一定的建设时间内，在规定的资金总额条件下，需要达到预期规模和预定的质量水平的一次性事业。

工程项目是项目中数量最多，也是最为典型的一类项目。通常是指为某种特定的目的而进行投资建设并含有一定建筑或建筑安装工程的建设项目。例如，建一座炼钢厂、一家医院、一所学校、一幢住宅楼等，都是工程项目。在这里，“一定的建设时间”是指工程项目从项目立项开始到施工安装、竣工建成直至保修期结束这样一段工程建设时间；“规定的资金总额”是指用于工程项目建设的资金不是无限的，它要求在达到预期规模和质量水平的前提下，把工程项目的投资控制在计划规定的限额内；“一次性事业”是指工程项目建设过程具有明显的单一性，即使是通用体系的民用住宅工程，也会因建设地点、施工生产条件、材料和设备供应状况等的不同，而表现出彼此的区别和很强的一次性。

2. 工程项目的特征

1）具有特定的建设目标。工程项目的建设目标既是项目分类的依据，又确定了项目的工作范围、规模及界限，通常可分为宏观目标和微观目标。政府主管部门主要审核项目的宏观经济效果、社会效果和环境效果；企业则侧重于工程项目的盈利、提升企业形象等微观目标。

2）具有一定的限制性。工程项目的实现要受到多方面条件的制约：①时间约束，即每个工程项目都有合理的工期限制，时间限制不仅确定了项目的生命期限，符合市场经济条件下工程项目的价值，而且构成了工程项目管理的一个重要目标；②经济约束，现代工程项目资金来源渠道多、投资多元化，人们对项目的资金限制和经济性要求越来越严格，这就要求必须做到全面的经济分析、精确的预算、严格的投资控制；③质量约束，工程项目要达到预期的建设目标和使用要求；④空间约束，工程项目受地理环境和气候条件的影响较大，往往还会受到社会环境的影响和制约。

3）项目变化大，一次性显著，具有不可逆转性。工程项目是典型的一次性事业，不同的工程项目无论是设计还是施工，都有显著的差别，即使是使用相同的设计来进行建设，也会因为空间、时间及其他外界条件的不同，使建设过程区别很大，必须针对不同的工程项目进行管理和协调工作。

4）风险大。具有单件性生产特性的建设项目投资大，相对风险也大，它不像一般工业产品可以进行试生产，它要求一次能成功。同时，项目建设期还可能遇到不可抗力和特殊风险损失。

5）复杂性和系统性。现代工程项目越来越具有以下特征：①任务规模大、工期长、涉及面广、耗资巨大；②质量要求高，新知识、新材料运用多，技术高度综合、新颖、工艺复杂；③由许多专业组成，由几十个、上百个甚至几千个单位共同协作，由成千上万个在时间和空间上相互影响、互相制约的活动构成。

3. 工程项目的分类

按不同的分类方法可将工程项目分成不同的类别。

（1）按管理主体与内容分类

工程项目按管理主体与内容可分为业主项目、设计项目、施工项目。

1）业主项目的管理主体是业主，即建设单位。业主项目可能是一个建设项目或群体工程，也可能是一个单项工程，内容包括项目建设的全过程。

2）设计项目的管理主体是设计承包商，即设计单位，其内容主要是项目设计阶段的一系列工作。设计项目可能是一个建设项目或群体工程，也可能是一个单项工程。

3）施工项目的管理主体是施工承包商，即施工单位，其内容主要是项目施工阶段的一系列工作。施工项目可能是一个建设项目或群体工程，也可能是一个单项工程，或者是一个单位工程。

（2）按统计意义及管理层次分类

工程项目按统计含义及管理层次可分为建设项目和单项工程。

1）统计意义上的建设项目是指在一个总体设计范围内，经济上实行独立核算，行政上具有独立的组织形式的建设工程。

2）单项工程是建设项目的组成部分，建成后能独立发挥生产能力或使用效益。

（3）按专业分类

工程项目按专业可分为建筑工程、安装工程、桥梁工程、公路工程、铁路工程、水电工程等。原建设部将工程项目按专业分列为工业与民用建筑工程、水利水电工程、公路工程等 33 类。

（4）按建设性质分类

工程项目按建设性质可分为新建项目、扩建项目、改建项目、恢复项目和迁建项目。

1）新建项目是指原来没有，现在开始建设的项目，或对原有规模较小的项目扩大建设规模，其新增固定资产价值超过原有固定资产价值 3 倍以上的建设项目。

2）扩建项目是指原有企事业单位，为了扩大原有主要产品的生产能力或效益，或增加新产品生产能力，在原有固定资产的基础上，兴建一些主要车间或工程的项目。

3）改建项目是指原有企事业单位，为了改进产品质量或改进产品方向，对原有固定资产进行整体性技术改造的项目。此外，为提高综合生产能力，增加一些附属、辅助车间或非生产性工程，也属改建项目。

4）恢复项目是指对因重大自然灾害或战争而遭受破坏的固定资产，按原来规模重新建设或在重建的同时进行扩建的项目。

5）迁建项目是指为改变生产力布局或由于其他原因，将原有单位迁至异地重建的项目，不论其是否维持原有的规模，均称为迁建项目。

（5）按用途分类

工程项目按用途可分为生产性建设项目和非生产性建设项目。

1）生产性建设项目是指直接用于物质生产或满足物质生产需要的建设项目，包括工业、农业、林业、水利、气象、交通运输、邮电通信、商业和物资供应设施建设及地质资源勘探建设等。

2）非生产性建设项目是指用于人民物质和文化生活需要的建设项目，包括住宅建设、文教卫生建设、公用事业设施建设、科学实验研究及其他非生产性建设项目。

（6）按建设过程分类

工程项目按建设过程可分为预备项目（投资前期项目）、筹建项目、新开工项目、施工项目、续建项目、投产项目和收尾项目。

（7）按投资规模分类

工程项目按投资规模可分为大型项目、中型项目和小型项目。此种划分的标准各行各业并不相同，一般情况下，生产单一产品的企业，按产品的设计能力来划分；生产多种产品的，按主要产品的设计能力来划分；难以按生产能力划分的，按其全部投资额划分。

（8）按投资来源渠道分类

工程项目按投资来源渠道可分为国家投资的建设项目、银行信用筹资的建设项目、自筹资金的建设项目、引进外资的建设项目和资金市场筹资的建设项目。

1）国家投资的建设项目是指国家预算直接安排的建设项目。

2）银行信用筹资的建设项目是指通过银行信用方式进行贷款建设的项目。

3）自筹资金的建设项目是指各地区、各部门、各企事业单位按照财政制度提留、管理和自行分配用于固定资产再生产的资金进行建设的项目。

4）引进外资的建设项目是指利用外资进行建设的项目，外资的来源有借用国外资金和吸引外国资本直接投资。

5）资金市场筹资的建设项目是指利用国家债券筹资和社会集资而建设的项目。

4. 工程项目的阶段划分

一个建设工程项目，无论规模大小，都要经过仔细的研究论证、周密的评估、精心的设计、详细的预算、充分的准备、认真的执行、严格的监督和科学的管理等一系列运作过程才能完成。为了便于对这些活动进行管理，人们通常把一个建设工程项目从开始到结束的整个过程按照先后顺序划分成含有不同工作内容而又互相联系着的5个阶段。

（1）项目决策阶段

项目决策阶段主要是进行项目的研究、论证和评价，并在此基础上进行投资决策。项目决策阶段需要完成投资机会研究、初步可行性研究和可行性研究等工作内容。

（2）项目设计阶段

项目设计阶段的主要工作是进行项目的方案设计、初步设计和施工图设计。方案设计一般在设计招投标阶段完成，设计中标单位与业主签订设计合同，在对原设计方案进一步完善后可进行初步设计，初步设计经建设主管部门批准后，才能进行施工图设计。

（3）项目施工阶段

项目施工阶段的主要工作是项目施工招投标和承包商的选定、签订项目承包合同、制订项目实施总体规划和计划、项目组织和建设准备及项目施工等。通过项目施工，在规定的控制约束条件下实现各项工作目标，最后按设计要求完成项目。

（4）项目竣工验收阶段

项目竣工验收阶段是工程施工完工的标志。在竣工验收前，施工单位内部应先进行预验收，一般由监理公司组织进行，主要检查各单位工程和装饰工程的施工质量，整理各项竣工验收的技术资料。在此基础上，由建设单位组织正式竣工验收，经相关部门验收合格，并到建设主管部门备案，办理验收签证手续后方可交付使用。竣工验收日即为工程的完工日期。

（5）项目保修阶段

项目保修阶段是建设工程项目的最后阶段，是项目全部结束前的试用期阶段。即在验收以后，按合同规定的责任期进行用后服务、回访与保修，其目的是保证使用单位正常使用，发挥效益。这一阶段的工作存在较大的不确定性，在责任期内既可能什么事情也没有，也可能因为所完成的工作存在一些不足而在试用期里出现这样或那样的问题和缺陷，需要进行改正、返工或加固。责任期出现的质量问题由施工企业免费维护，如造成损失还要进行赔偿。只有责任期满，这个项目才最终结束，施工企业才能结清全部的施工费用。

（五）工程项目管理

1．工程项目管理的概念

工程项目管理是项目管理中的一大类，其管理对象是工程项目，是一定的管理主体以实现最优工程项目目标，在一定的约束条件下，对工程项目建设全过程进行有效的计划、组织、控制、协调的系统管理活动。工程项目管理的含义主要包括以下内容：

1）工程项目管理是以工程项目为对象，以实现项目目标为目的，以工程项目管理体制为基础，对项目建设全过程进行控制和管理的系统方法。

2）工程项目管理是一种生产关系与生产力相适应的生产管理方式。

3）工程项目管理是按照项目内在规律来组织项目建设活动的，有一套与之相适应的管理制度、劳动组织形式作为保障。

4）工程项目管理以现代管理理论和方法为基础，是一种科学化的管理活动。

2．工程项目管理的特点

1）工程项目管理是一种一次性的管理。工程项目的独特性和不可逆性特征，决定了工程项目管理的一次性的特征。由于工程项目的特殊性，没有完全相同的工程管理模式，管理过程中一旦出现失误，将会损失严重。因此，工程项目管理应严密组织、严格管理。

2）工程项目管理是一种全过程的综合性管理。工程项目管理是对项目生命周期全过程的综合管理。从建设程序来说，对项目进行可行性研究、勘察设计、招标投标、施工、交付使用等各阶段全过程的管理，在每个阶段中又包含进度、质量、投资、安全的管理。因此，工程项目管理是全过程的综合性管理。

3）工程项目管理是一种制约性强的控制管理。在建设资源节约型社会和追求效益最大化的条件下，每个工程项目都有严格的投资成本、质量和功能、时间和安全性等方面的限制。工程项目管理的重点是如何在不超越限制条件的前提下，充分调动各种资源，精密策划，充分利用各种现有资源，完成工程项目建设目标。

3. 工程项目管理的职能

（1）决策职能

决策是指建设工程项目管理者在建设工程项目策划的基础上，通过调查研究、比较分析、论证评估等活动，得出的结论性意见，并付诸实施的过程。由于建设工程项目通常要经过建设前期工作阶段、设计阶段、施工准备阶段、施工安装阶段和竣工交付使用或生产阶段，其建设过程是一个系统工程。因此，每一建设阶段的启动都要依靠决策。只有在做出科学、正确的决策以后的启动才有可能是成功的；否则，就是盲目的、指导思想不明确的，就可能导致失败，它是其他各阶段活动的指导和总纲。

（2）计划职能

计划职能是指全面计划管理的职能，把项目全过程、全部目标和全部活动统统纳入计划轨道，用一个动态的计划系统来协调控制整个项目，通过计划体系提前发现和揭露矛盾，从而有的放矢地协调、解决矛盾，使项目达到预期目标，它是目标控制的依据和方向。

（3）组织职能

组织职能是指通过职责划分、授权，合同的签订、执行，以及制定和运用各种规章制度等方式，建立一个高效率的组织保证系统，以确保项目目标的实现。它是管理者按计划进行目标控制的一种依托和手段。

（4）协调职能

项目的不同阶段、不同环节、不同部门、不同层次之间存在着大量的界面，界面协调和沟通是项目管理的重要职能。在各种界面协调中，人员与人员界面（即人际关系的协调）最为重要，它是项目经理协调工作的核心。

（5）控制职能

项目管理要通过计划、实施、反馈、调整等环节实现对项目的有效控制。控制的目的是实现项目目标，项目控制是通过制定和分解目标、实施、检验对照、采取纠偏措施来实现的。工程建设项目控制通常是以质量控制、投资（或成本）控制为中心内容。

（6）指挥职能

指挥职能是工程项目管理的重要职能。计划、组织、控制、协调等都需要强有力的指挥。工程项目管理依靠团队，团队由项目经理指挥。项目经理把分散的信息集中起来，用集中的意图统一管理者的步调，指挥管理者的行动，集合管理力量，形成合力。指挥职能是工程项目管理的动力和灵魂。

（7）监督职能

监督是督促、帮助，也是管理职能。在工程项目中，它保证法规、制度、标准和宏观调控措施的实施。它是提高工程项目管理质量的重要保障。

4. 工程项目管理的内容

工程项目管理的工作非常繁重，必须对工程项目进行全过程、多方面的管理，如成本、进度、质量、合同、组织、风险、竣工验收、后评价等管理。归纳起来，就是通过组织协调和合同管理，实现项目的三大目标，即质量目标、进度目标和费用目标。其中，以合同管理最为重要，它是工程项目管理的核心，它以契约形式规定了签约各方的权利和义务；质量控制、进度控制、费用控制是进行工程项目管理的基本手段，是完成合同规定的任务所必需的工作。

在进行工程项目管理时，具体的管理工作内容又与工程项目管理的主体和范围有关。从工程项目的组织建立、合同管理、质量控制、进度控制和费用控制几个方面来看，建设单位、设计单位和施工单位的工程项目管理内容各有不同。

（1）建设单位的工程项目管理

1）组织建立。选择设计、施工、监理单位，制定工作、组织条例等。

2）合同管理。起草合同文件，参加合同谈判，签订各项合同，进行合同管理等。

3）质量控制。提出各项工作的质量要求，进行质量监督，处理质量问题等。

4）进度控制。提出工程的控制性进度要求，审批并监督进度计划的执行，处理进度计划执行过程中出现的问题等。

5）费用控制。进行投资估算，编制费用计划，审核支付申请，提出节省工程费用的方法等。

（2）设计单位的工程项目管理

1）组织建立。组建设计队伍，制定工作、组织条例，会签、审批、组织设计图纸供应等。

2）合同管理。与建设单位签订设计合同，与专业工程师签订设计协议或合同，监督各项合同的执行等。

3）质量控制。保证设计图纸能满足建设单位和施工单位的需要，并符合国家有关法律、政策和规定等。

4）进度控制。制订设计工作进度计划和出图进度计划，并监督执行等。

5）费用控制。按投资额确定设计内容和投资分配，按设计任务确定酬金，控制设计成本等。

（3）施工单位的工程项目管理

1）组织建立。选择项目经理、施工队伍的组织，以及材料、设备供应，劳动力资源协调等。

2）合同管理。签订承包合同以及分包合同，进行合同的日常管理等。

3）质量控制。依据设计图纸和施工及验收规范施工，预防质量问题的出现，处理质量事故等。

4）进度控制。编制并执行工程施工安装进度计划，对比、检查进度计划的执行情况，采取相应措施调整进度计划。

5）费用控制。编制施工图预算和施工预算，进行工程款的结算和决算，以及日常财务管理等。

5. 工程项目管理的方法

工程项目管理既需要先进管理理论的指导，又需要运用一定的科学方法。工程项目管理的一般方法主要有法律方法、行政方法和数学方法。同时，随着管理学研究的深入和社会经济的发展，工程项目管理的方法也得到了进一步的发展，全生命周期管理法、价值工程法等也纷纷运用于工程项目管理。

（1）法律方法

法律方法是指运用国家制定的法律、法规对工程项目进行管理，具体可从法律规范、经济司法和经济仲裁三方面进行。

（2）行政方法

工程项目管理的行政方法是指依靠行政管理机构的法定权力，通过命令、指示、规定、规章、制度及具有约束力的计划等行政手段对工程项目进行管理。行政方法具有强制性，工程项目组织中的所有成员对上级所采用的行政手段都必须服从和执行。

（3）数学方法

数学方法则是通过建立数学模型或运用定量方法对工程项目进行科学管理。常见的数学方法有网络图法、决策树法及时间序列预测法等。

（4）全生命周期管理法

工程项目生命周期是工程项目运动规律的总概括。工程项目按过程每循环一次的现象，称为工程项目生命周期。以工程项目生命周期作为研究依据，从项目识别、项目准备（包括设计）、项目评估（包括设计的修改）、项目实施（包括监督）及项目后评估等阶段这样一种过程来研究工程项目管理的方法，是设备全生命周期到系统全生命周期管理思想在工程项目管理中的具体应用。全生命周期管理法在工程项目管理中的应用，主要体现在工程项目生命周期的各个阶段之中。

1）投资前期。工程项目投资前期是指从产生投资意向到工程项目评估决策这一时期。这一时期的中心任务是对拟建工程项目进行科学论证和评估决策。工程项目的立项与否、投资规模的大小、投资的方向、资金来源及其利用方式、技术与设备选择等重大问题都在决策时期完成。投资前期的工作主要由选择投资机会、立项、进行可行性研究及项目评估与审批组成。

2）投资时期。投资时期是指工程项目决策后从建设选址到竣工验收、交付使用这一时期。投资时期包括投资项目选址、设计、制订年度建设计划、施工准备与施工、竣工验收与交付使用。

3）使用和销售时期。工程项目经过验收投入使用或经过销售，可实现经营目标、归还贷款、回收投资。这一时期包括工程项目后评价、实现经营目标、资金回收。

（5）价值工程法

工程项目从规划设计、材料采购到工程建设等环节，都可运用价值工程原理与方法进行功能成本分析，进行优化设计、优化施工，以提高综合效益。

（六）项目管理者

项目管理涉及面广，具有丰富的内涵，各层次的管理人员（包括决策层管理人员、职能管理人员、实施层的管理人员）及各种项目技术人员都会不同程度地参与项目、参与项目管理工作。项目管理渗透到各个层次的管理中。

1）决策层管理人员。在进行项目构思、制定项目目标和计划时，必须有一个总体的安排，从战略的角度对项目进行宏观控制，确定是否修改、调整，甚至放弃原定的项目目标。决策层管理者对项目问题的任何决策必须根据项目和它的上层系统的具体情况，常常必须由项目管理者提供决策依据。决策层管理者对项目和项目管理的理解和介入能够减少决策失误，减少非程序干预。

2）项目管理者。项目管理者为项目实施提供专职的管理服务。如进行项目系统分析、项目的可行性研究和技术经济评价、建立合理有效的组织结构等，为项目决策和实施提供依据。

3）职能管理人员。企业职能管理人员必须参与项目的管理工作，为项目提供各种论证，拟订本部门的计划，进行协调，做各种组织工作，提供各种职能管理服务，从各个方面为项目的顺利实施提供保证。

4）项目技术人员。任何项目技术人员参与项目工作，承担项目的一个子部分，必然在项目组织中承担着一个角色，要进行相应的质量管理、协调关系、处理信息等，现代项目中单纯意义上的技术性工作已经不存在了。

第二节　现代项目管理理论

一、现代项目管理的定义、目的与手段

（一）现代项目管理的定义

现代项目管理理论认为，项目管理是运用各种相关的知识、技能、方法与工具，为满足或超越项目有关各方对项目的要求与期望所开展的各种计划、组织、领导和控制等方面的活动。这是一种从管理方法、管理目的和管理工作内容的各个角度出发给出的项目管理定义。

1）该定义认为，项目管理需要“运用各种相关知识、技能、方法与工具”，包括项目管理、项目所属专业领域管理及一般管理等方面的相关知识、技能、方法与工具。

2）该定义认为，项目管理的目的就是“满足或超越项目有关各方对项目的要求与期望”，这既包括明确的要求与期望，又包括隐含的要求和期望；既包括项目有关各方对项目的共同要求与期望，又包括项目有关各方独自的要求与期望。

3）该定义认为，项目管理的内容包括“所开展的各种计划、组织、领导和控制等方面的活动”，这既包括符合一般性管理原理中的计划、组织、领导和控制活动，又包括针对具体项目的各种独特的计划、组织、领导和控制活动。

在这个项目管理的定义中，满足和超越项目相关利益主体对项目的要求和期望是项目管理的根本所在。因为项目相关利益主体之所以要开展一个项目就是要使自己受益，即实现他们对项目的要求和期望所体现的利益，如图 1-1 所示。

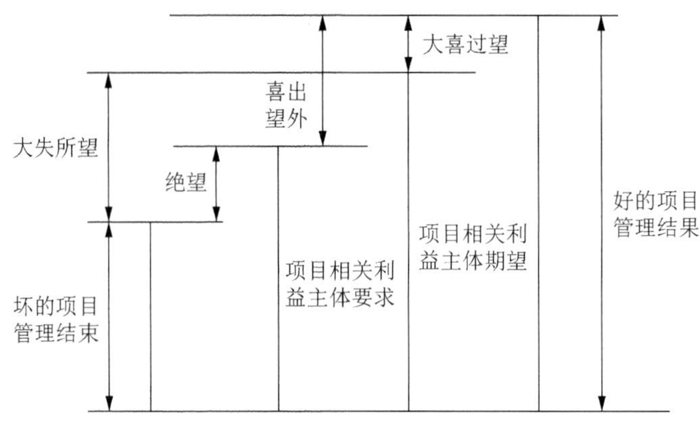

图 1-1　项目管理概念示意图

图 1-1 给出了对于项目管理概念的示意，由图中可以看出，项目管理应该如何满足和超越项目相关利益主体的要求和期望。通常，对一个项目的范围、时间、成本和质量项目相关利益主体会有一致性的要求与期望，也会有一些不同的要求和期望。项目业主或顾客、供应商和承包商，以及分包商、项目团队、项目所在社区、项目的政府管辖部门等各方面的不同要求与期望有时会相互矛盾，从而导致各种问题和纠纷，所以必须对这些要求和期望进行必要的管理和约束。因此，项目管理的主要工作是从两个方面管理和约束各项目相关利益主体的要求和期望：一是不要使人们的要求和期望过高而不切合实际；二是努力满足和超越人们的要求和期望。例如，项目合同就是一种对人们的要求和期望进行约束与管理的工具和方法。

另外，PMI 也对项目管理做出了定义，它认为："项目管理是通过应用和综合诸如启动（起始）、规划、实施、监控和收尾等项目管理过程而开展的。"为此他们还提出了一整套的现代项目管理知识体系，该项目管理知识体系主要由 9 个部分组成，分别涉及项目的集成管理、范围管理、时间管理、成本管理、质量管理、人力资源管理、沟通管理、风险管理和采购管理等。同时，国际标准化组织（International Organization for Standardization，ISO）还根据 PMI 的项目管理知识体系指南给出了自己对于项目管理的定义，指出："项目管理包括在一个连续的过程中为达到项目目标而对项目各方面所进行的规划、组织、监测和控制。"这些有关项目管理的定义分别从不同的角度给出了项目管理的内涵和特性。

综上所述，项目管理就是为实现上述项目的既定目标所开展的项目计划、组织、领导、协调和控制等管理活动。

（二）现代项目管理的目的

开展项目管理的根本目的是满足或超越项目有关各方对项目的需求与期望，好的项目管理不但能够满足项目有关各方的要求，而且能够做到令项目有关各方"大喜过望"或"喜出望外"的结果；反之，如果开展不好项目管理就会出现使项目相关各方"大失所望"，甚至"绝望"的严重后果。所以，开展项目管理必须使用正确的方法与工具，最终实现图 1-1 中给出的"好的项目管理结果"。

每个项目的相关利益者对项目都有自己的要求和期望（否则，它就不是项目相关利益主体），其中项目业主期望以最小的投资获得最大的收益，项目承包商期望以最小的成本获得最大的利润，项目供应商期望能够获得更多的销售收入和收益，项目所在社区期望项目能给社区带来好处，政府主管部门期望项目能扩大就业和提高社会福利等。项目管理必须努力使这些不同的要求和期望都能得以均衡和实现，并最终使项目成果能够最大限度地满足和超越这些不同项目相关利益主体的要求和期望。

（三）现代项目管理的手段

项目管理的根本手段是运用各种知识、技能、方法和工具开展项目的计划、组织、领导、控制等活动，这种项目管理所需要运用的管理知识、技能、方法和工具包括专门用于项目时间、质量、成本、范围、风险等各个项目专项管理的知识、技能、方法和工具，也包括具体项目本身所涉及的具体专业领域的专门知识、技能、方法和工具等。

其中，“知识”是指人类对以前的成功经验和客观规律的认识和总结；“方法”是指按照客观规律分析问题和解决问题的程序和做法；“工具”是指分析和解决具体问题的手段；“技能”是指人们掌握和运用知识、方法和工具的能力。

由于项目本身的一次性、独特性和不确定性等特性，使项目管理需要运用更为广泛的知识、技能、方法和工具，以便更为科学地开展项目管理活动。

二、现代项目管理的知识体系

现代项目管理的知识体系是指在现代项目管理中所要使用的各种知识、理论、方法和工具及其之间的相互关系等知识的总称。现代项目管理知识体系中包括许多方面的内容，这些内容可以按多种方式去组织，从而构成一套完整的项目管理知识体系。

按照 PMI 提出的划分方法，现代项目管理知识体系（project management body of knowledge，PMBOK）主要包括 11 个方面，这 11 个方面分别从不同的专项管理或要素管理描述了现代项目管理所需要的知识、方法、工具和技能。

（一）项目范围管理

项目范围管理是在项目管理过程中所开展的计划和界定一个项目或项目阶段所需完成的工作，是在项目实施过程中所开展的控制和变更项目范围的管理工作。

开展项目范围管理的根本目的有两个：①要在项目开始之初很好地界定一个项目的范围；②在项目实施过程中能够很好地控制项目的范围，最终通过项目范围管理确保一个项目的成功。

项目范围管理的主要对象有两个：①项目产出物范围的管理；②项目工作范围的管理。

项目范围管理工作的主要内容包括项目起始和项目的界定、项目范围的规划、项目范围的界定、项目范围的确认、项目范围变更的控制与项目范围实施的监督与控制。

（二）项目时间管理

项目时间管理是在整个项目管理中为确保项目按既定的时间得以完成而开展的一项专门的项目管理工作。项目时间管理既包括对项目时点性指标的管理（schedule management，进度管理），又包括对项目时期性指标的管理（duration management，工期管理）。开展项目时间管理的根本目的是要通过做好项目进度的计划与安排和项目工期的监督与控制等管理工作，确保项目在时间管理方面的成功。这一项目专项管理的主要内容包括项目活动的分解与界定、项目各项活动的排序、项目活动的时间估算、项目时间计划的编制、项目时间计划的监督与控制及项目时间的变更控制等。

（三）项目成本管理

项目成本管理是在整个项目管理中为确保项目在成本和价值方面的成功而开展的一种项目的专项管理工作。现代项目管理理论指出，项目成本管理应该既包括项目的支出管理（expenditure management），又包括项目的价值管理（value management）。因为根据价值工程关于 $V=F/C$（项目价值=项目功能/项目成本）的原理，项目成本管理应该涉及 V（项目价值）和 C（项目成本）两方面管理，它是一种关于项目价值最大化的专项管理。所以，开展项目成本管理的根本目的是科学正确地确定项目成本和价值，及时有效地控制项目的成本与价值，从而在成本和价值上确保项目的成功。这一项目专项管理的主要内容包括项目资源规划、项目成本估算、项目成本预算、项目成本监控和项目成本变更与索赔工作。

（四）项目质量管理

项目质量管理是在项目管理中为确保项目产出物的品质和项目工作的质量所开展的一种项目专项管理的工作。现代项目管理理论认为，项目质量管理就是一种关于项目产出物的具体功能方面的管理，即产品功能管理（product functions management）。因为根据价值工程关于 $V=F/C$ 的原理，项目质量管理就是对于项目 F（项目功能）方面的管理。项目质量管理既包括在既定项目成本的情况下如何实现项目功能最大化的问题，又包括如何通过少量增加项目成本而实现项目功能大大增加的问题，以及如何在项目功能不变的情况下降低项目成本的问题。由于项目的一次性和独特性等特性，在开展项目质量管理中必须通过对项目工作质量的管理，来实现对项目产出物质量的有效管理。项目质量管理的主要内容包括项目产出物和项目工作质量的计划与确定、项目工作和产出物质量的保障、项目工作和产出物质量的控制、项目产出物质量的变更控制等。

（五）项目集成管理

项目集成管理是在项目管理过程中为确保各种项目工作能够很好地协调与配合而开展的一种整体性、综合性和集成性的项目管理工作。这种项目集成管理与一般的项目系统管理有所不同，它是一种基于项目各个要素的严格配置关系的一种项目系统管理。它既包括对项目质量、范围、成本、时间各种项目要素的集成管理，又包括对项目采购、项目沟通、项目风险和项目人力资源等项目工作的集成管理。开展项目集成管理的目的是要通过综合、协调与集成管理好项目各方面的工作，以确保整个项目的全面成功，而不仅仅是项目的某个阶段或某个方面的成功。这一项目管理工作的主要内容包括项目集成计划的编制、项目集成计划的实施和项目总体变更的管理与控制等。

（六）项目人力资源管理

项目人力资源管理是在项目过程中为更有效地利用项目所涉及的人力资源而开展的一种项目专项管理的工作。开展项目人力资源管理的根本目的是要对项目所需的人力资源进行科学的计划和有效的管理，以确保整个项目的成功。按照人本管理的思想，“人存事兴，人亡事废”，任何项目都需要开展项目人力资源方面的管理。项目人力资源的管理主要是对为项目贡献自己的聪明才智和真知灼见的人才的管理，而不是对项目劳务（service）

和项目劳动力（labor）的管理。项目人力资源管理的主要内容包括项目人力资源的规划、项目人力资源的获得与配备、项目团队的组织、项目团队建设及项目人力资源的开发等。

（七）项目沟通管理

以前项目沟通管理也被称为项目信息管理，这是在项目管理过程中为确保及时有效地生成、收集、储存、处理和使用项目信息，以及合理地进行项目相关利益主体之间的沟通而开展的一项项目专项管理工作。项目共同管理既包括对项目信息的管理，又包括对项目相关利益主体之间的沟通管理，而且这种沟通不仅有信息的沟通，还有相互之间感情和思想的沟通。开展项目沟通管理的根本目的有两个：①要更好地获得和使用项目的各种决策所需的信息，以做出正确的项目决策；②为了更好地实现项目相关利益者之间的沟通，从而能够确保项目的成功。这一项目专项管理的主要内容包括项目信息需求的确定、项目沟通的计划、项目信息的加工与处理、项目信息的使用、项目信息报告及项目沟通管理等。

（八）项目风险管理

项目风险管理是在项目过程中对项目的不确定性及由此而可能造成的项目损失与机遇的一种项目专项管理。这是一种为确保项目成功而开展的识别项目风险、度量项目风险和应对项目风险的项目专项管理工作。开展项目风险管理的根本目的是要对项目所面临的各种不确定性和由此引发的项目风险进行识别、控制和管理，它既包括对项目的各种不确定性的环境与条件的被动管理，又包括对由于项目不确定性条件和环境所带来的项目损失和机遇的主动管理。这是一种在项目存在不确定性条件和环境时，为了努力降低项目损失和抓住项目机遇而开展的一种项目专项管理。这一项目专项管理的主要内容包括项目风险管理规划、项目风险识别、项目风险的定性分析、项目风险的定量分析、项目风险的对策设计和项目风险的应对与控制。

（九）项目采购管理

项目采购管理，又被称为项目资源获得的管理，这是在项目过程中为确保能够从项目组织外部寻求和获得项目所需各种商品与劳务的项目专项管理工作。开展项目采购管理的根本目的是要对项目所需的物质资源和劳务资源的获得与使用进行有效的管理，从而从资源的供应和使用方面确保整个项目的成功。因此，项目采购管理的知识主要是从项目资源买主的角度出发而给出的，是关于项目采购中所涉及的资源寻求、供应者选择、合同订立、合同履约等方面的管理工作。这一项目专项管理的主要内容包括项目采购计划的制订、项目采购工作计划的制订、项目所需资源的寻求、项目资源供应来源的确定、项目采购合同的订立、项目采购合同的履行、项目合同终结等方面。

（十）项目组织管理

项目组织管理是在项目过程中为确保科学、合理和有序地开展项目工作而开展的一种专门的项目管理工作。项目实施必须有基本的组织保障，所以项目组织管理必须从以下 4 个层面为项目提供组织保障：①项目全体相关利益主体所构成的项目全团队的组织管理工作，因为只有组织和管理好所有项目相关利益主体并使他们为项目的成功而努力，项目才会真正具有组织方面的保障；②项目实施的组织管理工作，因为它是承担项目实施的组织，所以管理好它才能使项目实施有足够的组织保障；③项目实施团队的组织管理工作；④项目团队的组织管理工作。因为后两者是项目实施的直接责任者，所以项目实施团队和项目团队的组织管理更是项目实施的直接组织保障。

（十一）项目决策管理

项目管理中的首要任务是项目决策管理，即对项目所涉及的各种决策的管理工作。项目决策管理既包括对项目初始决策的管理，也包括对项目跟踪决策的管理，前者是对项目实施开始之前所做决策的管理，后者是对项目开始实施之后所做决策的管理。项目决策管理既包括对项目决策支持工作的管理，也包括对项目决策制定工作的管理，前者是对于项目决策方案准备与分析评估工作的管理，后者是对于制定项目决策和行使项目决策权力而做出项目变更的管理。所以，项目决策管理的主要内容包括项目初始决策的决策支持工作的管理，项目跟踪决策的决策支持工作的管理，以及项目初始和跟踪决策制定的管理。

现代项目管理知识体系将上述这些专项管理方面的内容共同构成一个整体，这个知识体系可以进一步划分成 3 个部分，这 3 个部分共同构成了现代项目管理知识体系的逻辑框架模型。这 3 个部分是：①涉及项目全局性和综合性管理的部分，包括项目决策管理、项目集成管理、项目范围管理和项目风险管理；②涉及项目目标性和指标性管理的部分，包括项目成本管理、项目时间管理和项目质量管理；③涉及项目资源性和保障性管理的部分，包括项目组织管理、项目沟通管理、项目采购管理和项目人力资源管理。它们所构成的项目管理知识体系逻辑框架如图 1-2 所示。

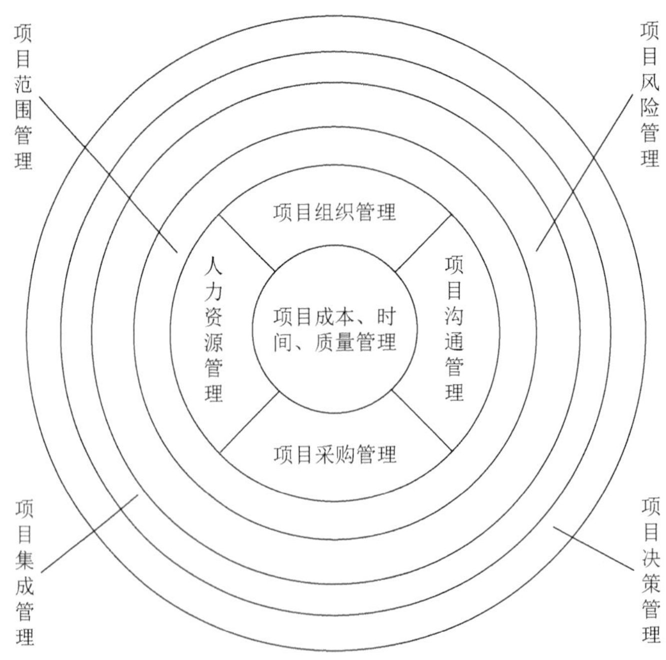

图 1-2　项目管理知识体系逻辑框架

由图 1-2 可见，项目管理的知识体系主要包括 3 个部分：①关于项目目标或指标（成本、时间、质量）的管理和控制；②关于项目资源和条件（组织、沟通、采购、人力资源）的管理和控制；③关于项目的决策和集成（范围、风险、决策、集成）等方面的控制。三者是一种项目目标、资源保障和管理保障的关系，3 个部分中的 11 个专项也是通过相互关联和相互作用构成一个整体。

三、现代项目管理的生命周期

（一）工程项目的生命周期

现代项目管理理论认为，任何项目都有自己的生命周期。一个项目的过程可以划分成一系列不同的项目阶段，这些项目阶段构成了项目的生命周期（project life cycle）。人们必须根据项目生命周期及其中各个阶段的目标、任务和里程碑做好项目的管理。

1. 项目生命周期的定义

项目从始至终的过程可以划分成一系列的阶段，这些项目阶段的时限、目标、任务和里程碑等内容构成了一个项目的生命周期。项目生命周期既是对项目的一种描述，也是一种项目管理工具。人们为开展项目管理而将项目划分成一系列的项目阶段，从而产生了项目生命周期的管理方法。

在项目生命周期的定义中，PMI 的定义最具代表性。PMI 指出："项目生命周期就是由项目各个阶段按照一定顺序所构成的整体，项目生命周期有多少个阶段和各阶段的名称取决于组织开展项目管理的需要。"因此，PMI 的项目生命周期定义是从项目管理和控制的角度出发，强调了项目过程的阶段性和项目生命周期的管理作用，实际上项目生命周期就是一种开展项目管理的方法和工具。

然而，人们必须严格区分两个完全不同的项目生命周期的概念，即项目生命周期和项目全生命周期的概念。项目全生命周期的概念最早由英国皇家特许测量师协会（Royal Institute of Charted Surveyors）给出，这一定义的具体表述为："项目全生命周期包括整个项目的建造、使用和最终清理全过程。项目全生命周期一般可划分成项目建造阶段、运营阶段和清理阶段。项目建造、运营和清理阶段还可以进一步划分为更详细的阶段，这些阶段构成了一个项目的全生命周期。"由此可以看出，项目全生命周期包括一般意义上的项目生命周期（即项目的建造周期）、项目的运营期和清除期 3 个部分。一般的项目生命周期只是这种项目全生命周期中的项目建造或开发阶段。弄清楚这两个定义和概念的不同之处，对于学习本书的后续内容是非常有意义的，如图 1-3 所示。

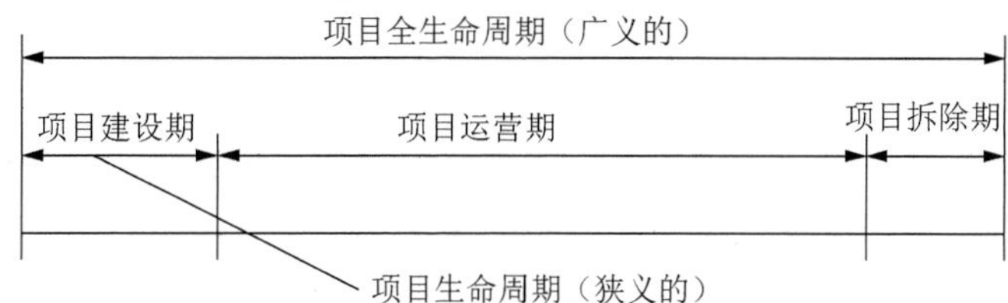

图 1-3　工厂建设项目的广义和狭义生命周期

项目生命周期法是现代项目管理的方法之一，在按照项目生命周期法管理项目的过程中，人们要根据具体项目所属专业领域的独特性、项目的具体情况和限制条件做好项目阶段的划分，以便能够按照过程管理的办法分阶段地做好项目的管理。实际上，项目管理的首要目标是生成项目产出物（或称项目成果）并由此实现项目目标，而项目生命周期法就是为保障项目目标的实现和项目产出物的生成服务的。

另外，人们还需要区分项目生命周期与项目所生产产品的生命周期的概念。例如，研究开发一种新式计算机的工作是一个项目，它有自己的项目生命周期，但是开发出来的新计算机有自己的产品生命周期，这种生命周期由计算机在市场上的投入期、成长期、成熟期和衰退期构成。所以，广义的项目生命周期包含狭义的项目生命周期、项目所生产产品的生命周期、项目的全生命周期等。

2. 项目生命周期的内涵

项目生命周期（狭义的）的内涵包括很多，这些内涵都具有项目管理的特定作用，图 1-4 为一个 4 个阶段的项目生命周期的模型及内涵。

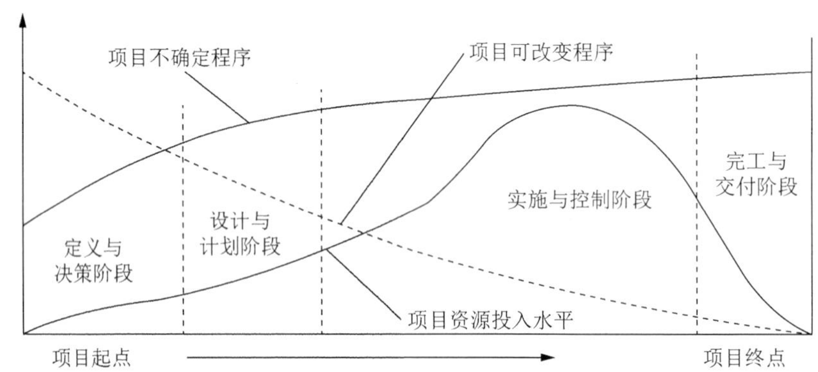

图 1-4　典型的项目生命周期模型与内涵示意图

由图 1-4 可知，典型的项目生命周期及内涵包括以下内容：

1）项目资源需求的变化。在项目初期阶段，资源的投入水平很低；在项目的实施与控制阶段，对资源的需求水平很高；在项目完工与交付阶段，资源的需求水平又会急剧下降。

2）项目不确定性的变化。项目初期阶段的不确定性和风险性都很高，随着项目实施的进展，这种项目的不确定性和风险性会不断降低，一直到最后项目才能变成完全确定性的。

3）项目可变性的变化。在项目初始阶段，项目相关利益主体有能力去改变项目产出物和项目工作；在项目实施后，其可变性不断降低；到最后，项目就会变得无法变更了。

3. 项目生命周期的描述

不管是狭义的还是广义的项目生命周期都应该包括下述几个方面的主要内容，或者说都需要使用以下几个方面做项目生命周期的描述。

（1）项目阶段

这是项目生命周期的主要内容之一，这包括项目主要阶段及项目主要阶段包含的具体阶段等。人们可以将一个项目分成一系列前后连接且便于管理的项目阶段并给出项目阶段的可交付成果，从而使人们可以据此开展项目管理。项目阶段可交付成果是指一种可见的和能验证的项目工作结果。例如，工厂建设项目通常可以划分成 4 个阶段，其中项目定义与决策阶段的产出物就是项目可行性研究报告和项目决策结果，项目设计与计划阶段的产出物是项目的设计和计划方案，项目实施与控制阶段的产出物是最终建成的项目工程实体和结果，完工与交付阶段的产出物是项目竣工验收报告和工程交付与合同终结文件等。

项目全生命周期同样也需要分成若干个项目阶段，并且每个项目阶段都需要进一步分解成一系列的具体项目阶段。例如，一个工厂建设项目全生命周期可以分成项目建设阶段、项目运营阶段和项目拆除阶段，如图 1-5 所示。

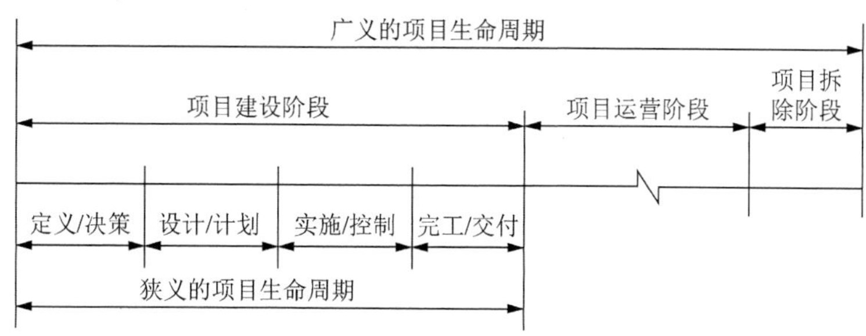

图 1-5　工厂建设项目的广义和狭义生命周期项目阶段

（2）项目时限

项目生命周期的阶段划分以后，人们还必须给出具体项目及其各阶段的时间限制。这种项目的时限既包括一个项目的起点和终点，也包括项目各阶段的起点和终点。这些项目或项目阶段的起点和终点，既有时点性的要求（即项目或项目阶段开始的时点和结束的时点），也有时期性的要求（即项目或项目阶段持续的时间长度）。

同样，对于项目全生命周期而言也需要给出项目和项目阶段的时限，这种时限同狭义项目生命周期的时限是一种镶嵌的关系。例如，上述工厂建设项目的狭义项目的整个生命周期时限就是该项目广义生命周期中项目建设阶段的时限。更进一步说，其狭义项目生命周期时限中还包括各具体项目阶段的起点和终点。需要特别注意的是，狭义项目生命周期时限相对比较确切和具体，而广义项目生命周期时限相对比较不确切和不具体，如图 1-6 所示。

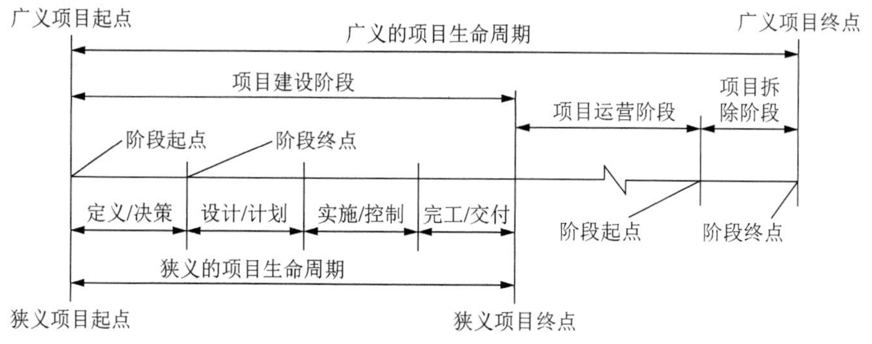

图 1-6　工厂建设项目的广义和狭义项目生命周期时限

（3）项目任务

这包括项目各个阶段的主要任务和项目各阶段主要任务中的主要工作，所以上述工厂建设项目的狭义项目生命周期中需要给出项目 4 个阶段的主要任务和工作。例如，该项目定义与决策阶段的主要任务包括项目建议书的编制、立项审查批准、项目可行性研究、项目初步设计和项目可行性报告评审与批准等主要任务。这样项目生命周期就能定义和给出项目和项目阶段究竟包括哪些任务，从而使项目的工作范围有严格的界定。

由于狭义的项目生命周期是广义项目生命周期中最早开展的“项目阶段”，因此狭义项目生命周期中各个阶段任务可以相对比较详细地给出；反之，由于广义的项目生命周期较长且后续阶段不确定，因此其各阶段的任务相对就比较粗略，如图 1-7 所示。

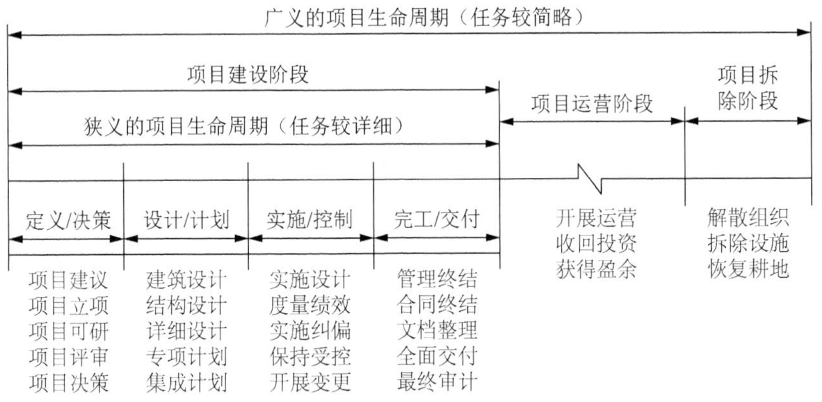

图 1-7　工厂建设项目的广义和狭义生命周期中的项目任务

（4）项目成果

项目成果就是一个项目各个阶段的里程碑，如上述工厂建设项目生命周期的定义与决策阶段的成果应该包括项目可行性研究报告和项目最终决策等，这是项目生命周期该阶段必须给出的成果。通常，项目生命周期的阶段性成果都是在下一个项目阶段开始之前提交的。但是有些项目后序阶段是在项目前序阶段的工作成果尚未交付之前就开始的，这种项目阶段的搭接作业方法通常称为快速平行作业法，这种做法在多数情况下可能会引发项目阶段性成果最终无法通过验收的风险，特别是会出现项目前一阶段的错误未能被及时发现而造成项目后一阶段错误扩大并形成实际损失的情况。所以，项目生命周期管理方法要求项目尽可能不要采取快速平行作业的方法，如我国的建设项目就坚决反对“三边工程”（边决策、边设计、边施工）。有关项目生命周期中项目各阶段成果，如图 1-8 所示。

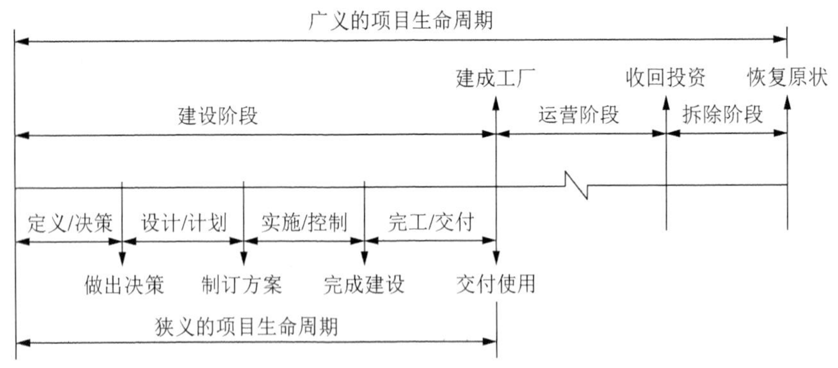

图 1-8　工厂建设项目的广义和狭义生命周期项目成果

任何项目都有自己的项目生命周期，每个项目都需要使用某种方法给出项目生命周期的描述。项目生命周期的描述既可用一般的文字描述方法，也可用图表的方法，甚至可以综合使用文字和图表及核检清单（check list）等方法。

一般工程建设项目的生命周期可以划分为 4 个阶段，图 1-9 为建设项目生命周期的图示描述方法。

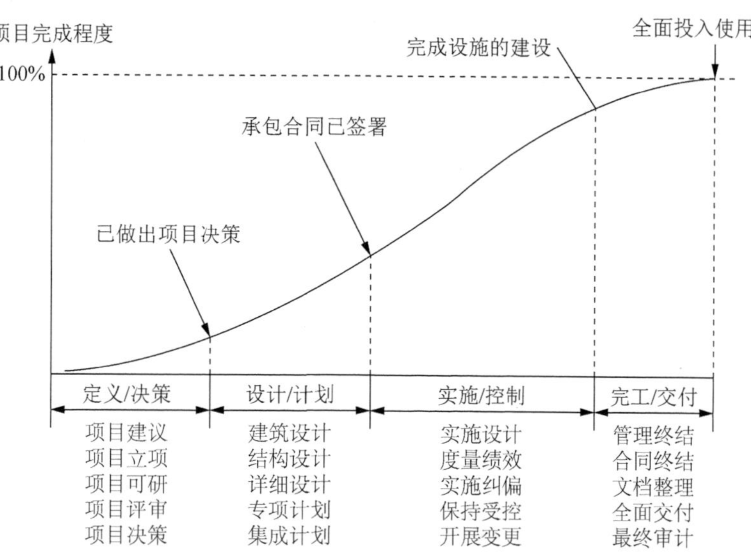

图 1-9　一般工程建设项目生命周期

由图 1-9 可见，工程建设项目包括 4 个主要阶段，每个阶段都有自己独特的任务和成果，这是一个典型的工程建设项目生命周期的描述方法，它不但给出了项目阶段的划分和时限，而且给出了项目阶段的任务和成果。当然，工程建设项目的生命周期也可以划分成更多项目阶段。

（二）工程项目的建设程序

工程项目建设程序是指一项工程项目从设想、提出到评估决策，经过设计、施工直到投产使用的全部过程的各个阶段及各项主要工作之间必须遵循的先后顺序。它是工程建设活动的客观规律，包括自然规律和经济规律的反映，也是人们长期工程建设实践过程中的技术和管理活动经验的理性总结，如此才能使人们的主观建设意图顺应客观规律的要求而得以实现，否则就要违背客观规律而受到挫折或惩罚，造成巨大的损失。

在我国，工程建设程序如图 1-10 所示。其中，项目建议书阶段和可行性研究阶段被称为“前期工作阶段”或“决策阶段”。

1. 项目建议书阶段

项目建议书阶段，也称初步可行性研究阶段，是项目建设的轮廓设想和立项先导，是项目法人向国家提出的要求建设某一建设项目的建议性文件，论述拟建项目的必要性、条件的可行性和获得的可能性，供基本建设管理部门进行选择并确定是否进行下一步工作。在客观上，建设项目要符合国民经济长远规划，符合部门、行业和地区规划的要求。

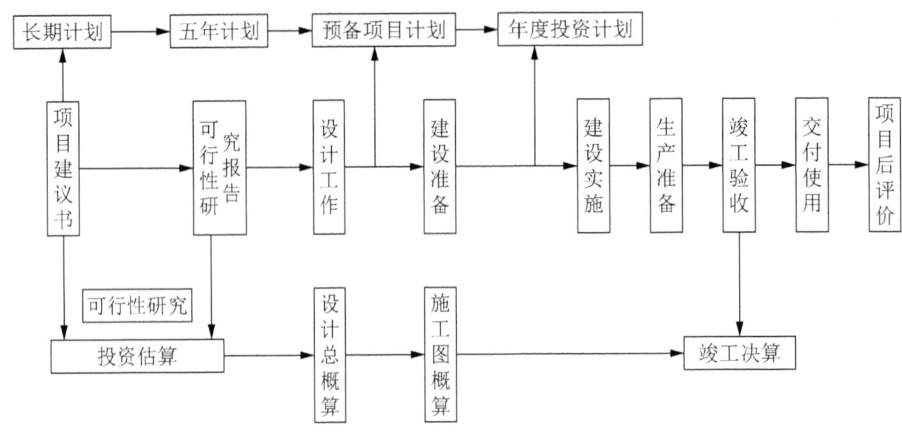

图 1-10　建设程序图

2. 可行性研究阶段

项目建议书批准后，应紧接着进行可行性研究，可行性研究是对建设项目在技术上、经济上（包括微观效益和宏观效益）是否可行进行的科学分析和论证工作，是技术经济的深入论证阶段，是项目前期工作最重要的内容。可行性研究是指在项目决策前，通过对项目有关的工程、技术、经济等各方面条件和情况进行调查、研究、分析，对各种可能的建设方案和技术方案进行比较论证，并对项目建成后的经济效益进行预测和评价，由此考查项目技术上的先进性和适用性、经济上的盈利性和合理性、建设的可能性和可行性，为项目最终决策提供直接的依据。

可行性研究的内容可概括为市场（供需）研究、技术研究和经济研究 3 项。具体来说，工业项目的可行性研究的内容是项目提出的背景、必要性、经济意义、工业依据与范围，需要预测拟建规模、资源材料和公用设施情况，建厂情况和厂址方案，环境保护，企业组织定员及培训，实际进度建议，投资估算数和资金筹措，社会效益与经济效益情况等。在可行性研究的基础上，编制可行性研究报告。

可行性研究报告批准后，即为初步设计的依据，不得随意修改和变更。如果在建设规模、产品方案、建设地区、主要协作关系等方面有变动及突破投资控制数时，应经原批准机关同意。可行性研究报告经批准，项目才算正式“立项”。

按照现行规定，大中型和限额以上项目可行性研究报告经批准后，项目可根据实际要求组成筹建机构，即组织项目法人。但一般改建、扩建项目不单独设筹建机构，仍由原企业负责筹建。

3. 设计工作阶段

可行性研究报告批准后，建设单位可委托设计单位，根据可行性研究报告的要求，编制设计文件。

一般工程项目（包括工业与民用建筑、城市基础设施、水利工程、道路工程等）设计过程划分为初步设计和施工图设计两个阶段。对技术复杂而又缺乏经验的项目，可根据不同行业的特点和需要，增加技术设计阶段。

（1）初步设计

初步设计是根据可行性研究报告的要求所做的具体实施方案，目的是阐明在指定的地点、时间和投资控制数额内，拟建项目在技术上的可能性和经济上的合理性，并通过对工程项目所作出的基本技术经济的规定，编制项目总概算。

初步设计不得随意改变被批准后的可行性研究报告所确定的建设规模、产品方案、工程标准、建设地址和总投资等控制目标。确因不可抗拒因素造成投资突破设计概算时或其他主要指标需要变更时，应说明原因和计算依据，并报可行性研究报告原审批单位同意。

1）初步设计文件包括以下内容：①设计说明书，包括设计总说明、各专业设计说明；②有关专业的设计图；③工程概算书。

2）初步设计深度应满足以下要求：①主要设备、材料订货的需要；②土地征用的需要；③建设项目投资控制的需要；④施工图设计编制的需要；⑤施工组织设计编制的需要；⑥施工准备和生产准备的需要。

（2）技术设计

技术设计是重大项目和特殊项目为进一步解决某些具体技术问题，或确定某些技术方案而进行的设计。它是针对在初步设计阶段中无法解决而又必须进一步研究解决的问题而安排的一个设计阶段，是初步设计阶段的延伸。技术设计文件是初步设计文件的进一步深化，如工艺流程、建设结构、设备选型及数量确定等，以使建设项目的设计更具体、更完善、技术指标更好。

技术设计文件应根据批准的初步设计文件进行编制。技术设计和修正总概算经批准后，作为建设工程编制施工图设计文件的依据。

技术设计的内容应视建设项目的具体情况、特点和需要而定。设计深度一般应能满足下列要求：

1）特殊工艺流程方面的试验、研究及确定。

2）新型设备的试验、制作及确定。

3）大型建筑、构筑物（如水坝、桥梁等）某些关键部位的试验、研究及确定。

4）某些技术复杂问题的研究及确定。

（3）施工图设计

施工图任务是根据批准的初步设计文件（或技术设计文件）及主要设备订货情况，进行施工图设计计算，绘制出正确、完整和详细的建筑、结构、安装图纸，编制有关施工说明，并据以指导施工。

施工图设计深度应满足以下要求：

1）设备材料订货及非标准设备制造的要求。

2）施工图预算的编制要求。施工图预算经审定后，即作为预算包干、工程结算等的依据。

3）指导施工的要求。

在施工图设计完成之后，可根据用户的要求，制作设计模型，为施工、安装和生产人员提供培训服务。

施工图设计完成后，必须委托由施工图设计审查单位审查并加盖审查专用章后使用。经审查的施工图设计还必须经有权审批的部门进行审批。

4. 建设准备阶段

（1）预备项目

初步设计已经批准的项目，可列为预备项目。国家的预备项目计划，是对列入部门、地方编报的年度建设预备项目计划中的大中型和限额以上项目，经过从建设总规模、生产力布局、资源优化配置及外部协作条件等方面进行综合平衡后安排和下达的。预备项目在进行建设准备过程中的投资活动，不计算建设工期，在统计上单独反映。

（2）建设准备的内容

建设准备的主要工作内容包括以下几个方面：

1）征地、拆迁和场地平整。

2）完成施工用水、电、路等工程。

3）组织设备、材料订货。

4）准备必要的施工图纸。

5）组织施工招标投标，择优选定施工单位。

（3）开工报告

按规定进行了建设准备和具备了开工条件以后，就应组织开工。建设单位申请批准开工，要经国务院发展改革委员会统一审核后编制年度大中型和限额以上建设项目的开工计划报国务院批准，部门和地方政府无权自行审批大中型和限额以上建设项目的开工报告。年度大中型和限额以上新开工项目经国务院批准后，由国务院发展改革委员会下达项目计划。

5. 建设实施阶段

建设项目经批准新开工建设，项目就进入了建设施工阶段。这是项目决策的实施、建成投产、发挥投资效益的关键环节。新开工建设的时间是指建设项目计划文件中规定的任何一项永久性工程第一次破土开槽开始施工的日期。不需要开槽的，正式开始打桩日期就是开工日期。铁路、公路、水库等需要进行大量土、石方工程的，以开始进行土、石方工程日期作为正式开工日期。分期建设的项目，分别按各期工程开工的日期计算。施工活动应按设计要求、合同条款、预算投资、施工程序和顺序、施工组织设计，在保证质量、工期、成本计划等目标的前提下进行，达到竣工标准要求，经过验收后，再移交给建设单位。

在施工阶段还要进行生产准备。生产准备是项目投产前由建设单位进行的一项重要工作。它是衔接建设和生产的桥梁，是建设阶段转入生产经营的必要条件。建设单位应适时组成专门班子或机构做好生产准备工作。

生产准备工作的内容根据企业的不同而异，总体来说，一般包括下列几项：

1）组建管理机构，制定管理制度和有关规定。

2）招收并培训生产人员，组织生产人员参加设备的安装、调试和工程验收。

3）签订原料、材料、协作产品、燃料、水、电等供应及运输的协议。

4）进行工具、器具、备品、备件等的制造或订货。

5）其他必需的生产准备。

6. 竣工验收阶段

建设工程项目全部完成并符合设计要求，同时具备竣工图表、竣工决算、工程总结等必要文件资料时，由项目主管部门或建设单位向负责验收的单位提出竣工验收申请报告。

竣工验收是建设项目投入使用前的最后一道工序，它是投资成果转入生产或使用的标志，是建设单位、设计单位和施工单位向国家汇报建设项目的生产能力或效益、质量、成本、收益等全面情况及交付新增固定资产的过程。竣工验收时促进建设项目及时投产，发挥投资效益及总结建设经验都具有重要作用。通过竣工验收，可以检查建设项目实际形成的生产能力或效益，也可避免项目建成后继续消耗建设费用。

7. 项目后评价阶段

工程项目后评价是工程项目竣工投产、生产运营一段时间后，对项目进行系统评价的一种技术经济活动。评价内容主要包括：①影响评价，即对项目投产后对各方面的影响进行评价；②经济效益评价，即对项目投资、国民经济效益、财务效益、技术进步和规模效益、可行性研究深度等进行评价；③过程评价，即对项目的立项决策、设计施工、竣工投产、生产运营等全过程进行评价。通过工程项目后评价以达到肯定成绩、总结经验、研究问题、吸取教训、提出建议、改进工作、不断提高项目决策水平和增强投资效果的目的。

目前，我国开展的工程项目后评价一般按 3 个层次组织实施，即项目法人的自我评价、项目所在行业的评价和各级发展计划部门（或主要投资方）的评价。

上述项目建设程序，只是一般工程项目建设程序，在实际工作中，除按基本建设程序办事外，还要区别不同情况，具体项目具体分析。各行各业的建设项目，具体情况千差万别，都有自己的特殊性。而一般的基本建设程序，只反映它们共同的规律性，不可能反映各行业的差异性。因此，在建设实践中，还要结合行业项目的特点和条件，有效地贯彻执行基本建设程序。

（三）工程项目的系统分析

工程项目内部系统的描述可以从不同角度，如技术系统、目标系统、行为系统和行为主体（即组织）系统等来定义项目的形象。同时，工程项目的外部环境系统也至关重要。在工程项目的实施过程中应注意环境的变化及对技术系统、目标系统、行为系统的影响。项目目标就是通过各个系统的综合作用而实现的。

任何工程项目都有其特定的建设意图和使用功能要求。大中型工程项目往往包括诸多形体独立、功能关联、共同作用的单体工程，形成建筑群体。就单体工程而言，一般也由基础、主体结构、装修和设备系统共同构成一个有机整体。

任何工程项目都需要投入巨大的人力、物力和财力等社会资源进行建设，并经历项目的策划、决策立项、场址选择、勘察设计、建设准备和施工安装等活动环节，最后才能提供生产或使用。它有自身的产生、形成和发展过程。构成工程项目的各个环节相互联系、相互制约，并受到建设条件的影响。

任何工程项目都处在社会经济系统中，它和外部环境有着各种各样的联系，项目的建设过程渗透着社会经济、政治、技术、文化、道德和伦理观念的影响和作用。

因此，任何一个工程项目都是一个系统，具有鲜明的系统特征。任何项目管理者、项目的参加者及工程技术人员，必须确立基本的系统观念，用系统工程学的原理研究分析项目的内部系统构成、外部系统环境、项目总目标和子目标、各个子系统和子目标之间，以及子系统、子目标和总体系统、总体目标之间的关系与运行管理问题，实现系统目标的总体优化及与外部环境的相互关联和协调发展。

1. 工程项目的内部系统

工程项目的内部系统可以按照一定的规则由粗到细、由总体到具体、由上而下地进行结构分解，它是项目系统分析中至关重要的工作。工程项目的内部系统一般可分为单项工程、单位工程、分部工程和分项工程。

（1）单项工程

单项工程是指具有独立设计文件的、建成后可以单独发挥生产能力或效益的一组配套齐全的工程项目。单项工程从施工的角度来看也是一个独立的系统，在工程项目总体施工部署和管理目标的指导下，形成自身的项目管理方案和目标，按其投资和质量的要求，如期建成交付生产和使用。

一个工程项目有时包括多个单项工程，但也可能仅有一个单项工程，即该单项工程就是建设项目的全部内容。生产性建设工程项目的单项工程是指能独立生产的车间，包括厂房建设、设备的安装及设备、工具、器具的购置等。非生产性建设工程项目的单项工程是指一栋住宅楼、教学楼、图书馆、办公楼等。单项工程的施工条件往往具有相对的独立性，因此一般单独组织施工和竣工验收。构成单项工程的是若干单位工程，单项工程体现了建设项目的主要建设内容和新增生产能力或工程效益的基础。

（2）单位工程

单位工程是单项工程的组成部分。一般情况下，单位工程是指一个单体的建筑物或构筑物，民用住宅工程也可能包括一栋以上同类设计、位置相邻、同时施工的房屋建筑或一栋主体建筑及其附带辅助建筑物共同构成一个单位工程。建筑物单位工程由建筑工程和建筑设备安装工程组成。住宅小区或工业厂区的室外工程，按照施工质量检验评定统一标准的划分，一般分为包括道路、围墙、建筑小品在内的室外建筑单位工程，包括电缆、线路、路灯等在内的室外电气单位工程，以及给水、排水、供热、煤气等组成的建筑采暖卫生与煤气单位工程。

一个单位工程往往不能单独形成生产能力或发挥工程效益，只有在几个有机联系、互为配套的单位工程全部建成竣工后才能交付生产和使用。例如，民用建筑物单位工程必须与室外各单位工程构成一个单项工程系统；工业车间厂房必须与工业设备安装单位工程及室外各单位工程配套完成，形成一个单项工程交工系统才能提供生产能力。

（3）分部工程

分部工程是建筑物按单位工程部位划分的组成部分，亦即单位工程的进一步分解。一般工业或民用建筑工程划分为地基与基础工程、主体工程、装饰装修工程、屋面工程4个部分，其相应的建筑设备安装工程由建筑采暖给水、排水及采暖工程、建筑电气与智能建筑安装工程、通风与空调工程、电梯安装工程组成。

（4）分项工程

分项工程是分部工程的组成部分。一般是按工种工程划分，也是形成建筑产品基本部构件的施工过程，如钢筋工程、模板工程、混凝土工程、砌砖工程、门窗制作等。分项工程是建筑施工生产活动的基础，也是计量工程用工用料和机械台班消耗的基本单元，是工程质量形成的直接过程。分项工程既有其作业活动的独立性，又有相互联系、相互制约的整体性。

2. 工程项目的外部关联系统

一个工程项目的建设，是一项有计划、有组织的系统活动，也是人的劳动和建筑材料、构配件、机具设备、施工技术方法以及工程环境条件等有机结合的过程。因此，从物质生产角度看，就是劳动主体和劳动手段、劳动资料的结合过程。这就必然涉及建筑市场，包括建设工程市场和建筑生产要素市场的各方主体。通过一定的交易方式形成以经济合同，包括工程勘察设计合同、施工承发包合同、工程技术物资采购供应合同等为纽带的种种经济关系或责任权利关系，从而构成工程项目和其外部各相关系统的关联关系。正确认识、把握和处理好这些关系，是工程项目管理全过程中必不可少的。

（1）项目业主

项目业主，即项目的投资者或出资者，由业主代表组成项目法人机构，取得项目法人资格。从投资者的利益出发，根据建设意图和建设条件，对项目投资和建设方案做出既要符合自身利益又要适应建设法规和政策规定的决策，并在项目的实施过程履行业主应尽的责任和义务，为项目的实施者创造必要的条件。业主的决策水平、业主行为的规范性等，对一个项目的建设起着重要的作用。

（2）项目使用者

非生产性建设项目，包括公共项目、办公楼宇、民用住宅等，既作为广义的物质手段，又作为人们生活的消耗资料，因此，使用者对工程项目使用功能和质量要求，随着社会生产力的发展、经济水平的提高以及消费观念的改变，也会发生新的变化，即工程项目质量的潜在需要是发展变化的，这对建设项目的策划、决策、设计及施工质量的形成过程提出了更高的要求。从质量管理的思想来说，要把“用户第一”“想到最终使用者”作为基本的指导方针，并且以使用者的最终评价作为评价工程建设质量的重要依据。

（3）研究单位

一个基本建设或技术更新改造建设项目的实施，往往也是新技术、新工艺、新材料、新设备及新的管理思想、方法和手段等自然科学和社会科学最新成果转化为社会生产力的过程。因此，研究机构是建设项目的后盾，它为项目的建设策划、决策、设计、施工等各个方面，提供社会化的、直接或间接的技术支援。无论在项目决策和实施的哪个阶段，项目管理者都必须充分重视社会生产力发展的最新动向和最新成果的应用，它不但对项目的投资、质量、进度目标产生积极的影响和作用，而且对项目建成后的生产运营、使用和社会效益都有极为重要的意义。

（4）设计单位

设计单位将业主或建设项目法人的建设意图、政府建设法律法规要求、建设条件作为输入，经过智力的投入进行建设项目技术、经济方案的综合创作，编制出用以指导建设项目施工安装活动的设计文件。设计联系着项目决策和项目建设施工两个阶段，设计阶段既是项目决策方案的体现，也是项目施工方案的依据。因此，设计过程确定项目总投资目标和项目质量目标，包括建设规模、使用功能、技术标准、质量规格等。设计先于施工，然而设计单位的工作还责无旁贷地延伸于施工过程，指导并处理施工过程可能出现的设计变更或技术变更，确认各项施工结果与设计要求的一致性。

（5）施工单位

施工单位是以承建工程施工为主要经营活动的建筑产品生产者和经营者，在市场经济体制下，施工单位通过工程投标竞争，取得承包合同后，以其技术和管理的综合实力，通过制订最经济合理的施工方案，组织人力、物力和财力进行工程的施工安装作业技术活动，以期在规定的工期内，全面完成质量符合发包方明确标准的施工任务。通过工程交付，取得预期的经济效益，实现其生产经营目标。因此，施工单位是将建设项目的建设意图和目标转变成具体工程目的物的生产经营者，是一个项目实施过程的主要参与者。在社会化大生产和专业化分工环境下，建筑业从其生产特点出发，推行多种模式的承发包体制，不同专业性质和不同施工能力的建筑企业，通过招投标和合约过程，结合成相互联系、相互制约的现场施工生产组织系统，共同承担着一个建设项目的施工任务。

（6）生产厂商

生产厂商包括建筑材料、构配件、工程用品与设备的生产厂家和供应商。他们为项目实施提供生产要素，其交易过程、产品质量、价格、服务体系等，直接关系项目的投资、质量和进度目标。通过市场机制配置建设资源，是项目管理按经济规律办事的重要方面。在项目管理目标的制定、物资资源的询价、采购、合约和供应过程，都必须充分注意生产厂商与建设项目之间的这种技术、经济上的关联性对项目实施的作用和影响。

（7）建设监理单位

我国实行建设监理制，依照国际惯常做法，社会监理单位依法登记注册取得工程监理资质，承接工程监理任务，为项目法人提供高层次项目管理咨询服务，实施业主方的工程项目管理，包括项目策划和投资决策阶段的咨询服务和项目实施阶段的合同管理、信息管理和项目目标控制。因此，监理单位的水平和工作质量，对项目建设过程的作用和影响也是非常重要的。

（8）政府主管与质量监督机构

建筑产品具有强烈的社会性，政府代表社会公众利益，对建设行为要进行法规监督与管理，以保证工程建设的规范性及其质量标准。政府主管通过执行基本建设程序，对建设立项、规划、设计方案进行审查批准；政府主管派出工程质量监督站，实施工程施工质量监督。因此，在建设项目的决策和实施过程中，与政府主管部门及其派出机构等的联络沟通是非常密切的。在执行建设法规和质量标准方面取得政府主管部门的审查认可，是建设项目管理过程必须遵守的规矩，不能疏忽和违背。

（9）质量检测机构

我国实行工程质量检测制度，由国家质量技术监督部门认证批准的国家级、省级及地区级工程质量检测中心，按其资质依法接受委托承担有关工程质量的检测试验工作，出具有关检测试验报告，为工程质量的认定和评价、为质量事故的分析和处理、为质量争端和调解与仲裁等提供科学的测试数据和有权威性的证据。由此可知，建设项目和质量检测机构，同样也有着密切的关系。

（10）地区社会

建设项目与所在地区有许多系统的接口配套，需要有关部门的协作配合才能得以妥善安排和解决，如项目内部交通与外部的衔接及供电、供气、给水、排水、消防、环卫、通信等，都必须和市政管理的有关方面进行联络、沟通和协商，使建设项目的各个子系统能够按照规定的要求和流程，与外部相应系统进行衔接，为项目提交生产或使用创造运行条件。

此外，在建设项目的全面施工过程中，还必须得到周边近邻单位，包括附近居民及过往人员、车辆等方面的配合与理解，以创造良好和安全的施工环境，这都需要在项目管理中充分注意公共关系及做好沟通协调工作。总之，工程项目外部关联系统的调查研究要做到详细、客观、系统、动态。

四、现代工程项目管理的类型

在建设工程项目实施过程中，每个项目参与单位依据合同或多或少地进行了项目管理，按照项目参与单位的不同，建设工程项目管理可以划分为业主方的项目管理、设计方的项目管理、咨询公司（项目管理公司）的项目管理、工程项目总承包方的项目管理、施工方的项目管理、供应商的项目管理及建设管理部门的项目管理。在我国，目前还有采用工程指挥部代替有关部门进行的项目管理。

在工程项目建设的不同阶段，参与工程项目建设各方的管理内容及重点各不相同。在设计阶段的工程项目管理分为项目发包人的设计管理和设计单位的设计管理两种情况；在施工阶段的工程管理则主要分为业主的工程项目管理、承包商的工程项目管理、监理工程师的工程项目管理。下面对在工程项目管理实践中常见的管理类型进行介绍。

（一）业主方的项目管理

业主方的项目管理是全过程、全方位的，包括项目实施阶段的各个环节，主要有以下目标控制：组织协调、合同管理、信息管理、投资、质量、进度、安全，通常概括为“一协调二管理四控制”或“四控制二管理一协调”。

由于工程项目的实施是一次性的任务。因此，业主方自行进行项目管理往往有很大的局限性。在技术和管理方面，缺乏配套的力量，即使配备了管理班子，没有连续的工程任务也是不经济的。在计划经济体制下，每个项目发包人都建立一个筹建处或基建处来搞工程，这既不符合市场经济条件下资源的优化配置和动态管理，也不利于建设经验的积累和应用。因此，在市场经济体制下，工程项目业主完全可以依靠咨询企业为其提供项目管理服务，这就是建设监理，监理单位接受工程业主的委托，提供全过程监理服务。由于建设监理的性质是属于智力密集型层次的咨询服务。因此，它可以向前延伸到项目投资决策阶段，包括立项和可行性研究等。这是建设监理和项目管理在时间范围、实施主体、所处地位、任务目标等方面的不同之处。

（二）设计方的项目管理

设计单位受业主委托承担工程项目的设计任务，以设计合同所界定的工作目标及其责任义务作为该项工程设计管理的对象、内容和条件，通常简称设计项目管理。设计项目管理就是设计单位对履行工程设计合同和实现设计单位经营方针目标而进行的设计管理。尽管其地位、作用和利益追求与项目业主不同，但它也是建设工程设计阶段项目管理的重要方面。

只有通过设计合同，依靠设计方的自主项目管理才能贯彻业主的建设意图和实施设计阶段的投资、质量和进度控制。

（三）工程项目总承包方的项目管理

业主在项目决策之后，通过招标择优选定总承包商全面负责建设工程项目的实施全过程，直至最终交付使用功能和质量符合合同文件规定的工程项目。因此，总承包方的项目管理是贯穿于项目实施全过程的全面管理，既包括设计阶段，又包括施工安装阶段，以实现其承建工程项目的经营方针和项目管理的目标，取得预期经营效益。显然，总承包方必须在合同条件的约束下，依靠自身的技术和管理优势，通过优化设计及施工方案，在规定的时间内，保质保量且安全地完成工程项目的承建任务。从交易的角度看，项目业主是买方，总承包单位是卖方，因此两者的地位和利益追求是不同的。

（四）施工方的项目管理

施工方项目管理是指建筑施工企业为履行工程承包合同和落实企业生产经营方针目标，在项目经理责任制的条件下，依靠企业技术和管理的综合实力，对工程施工全过程进行计划、组织、指挥、协调和监督控制的系统管理活动。

1. 施工方项目管理的目标

由于施工方是受业主方的委托承担工程建设任务，施工方必须树立服务观念，为项目建设服务，为业主提供建设服务；另外，合同也规定了施工方的任务和义务，因此施工方作为项目建设的一个重要参与方，其项目管理不仅应服务于施工方本身的利益，也必须服务于项目的整体利益。项目的整体利益和施工方本身的利益是对立统一的关系，两者有其统一的一面，也有其矛盾的一面。

施工方项目管理的目标应符合合同的要求，它包括以下几个方面：①施工的安全管理目标；②施工的成本目标；③施工的进度目标；④施工的质量目标。

如果采用工程施工总承包或工程施工总承包管理模式，施工总承包方或施工总承包管理方必须按工程合同规定的工期目标和质量目标完成建设任务。而施工总承包方或施工总承包管理方的成本目标是由施工企业根据其生产和经营的情况自行确定的。分包方则必须按工程分包合同规定的工期目标和质量目标完成建设任务，分包方的成本目标是由该施工企业内部自行确定的。

按照国际工程建设惯例，当采用指定分包商时，不论指定分包商与施工总承包方，还是与施工总承包管理方，或与业主方签订合同，由于指定分包商合同在签约前必须得到施工总承包方或施工总承包管理方的认可，因此施工总承包方或施工总承包管理方应对合同规定的工期目标和质量目标负责。

2. 施工方项目管理的目标制定依据

1）工程施工合同提出的施工企业应承担的施工项目总目标；项目经理与企业经理之间签订的项目管理目标责任书中的项目经理的责任目标。

2）国家的政策、法规、方针、标准和定额。

3）生产要素市场的变化动态和发展趋势。

4）有关文件、资料。

5）对于国际工程施工项目，制定控制目标还应根据工程所在国的各种条件及国际市场情况。

3. 施工方项目管理的任务

施工方项目管理的任务包括以下几个方面：①施工安全管理；②施工成本控制；③施工进度控制；④施工质量控制；⑤施工合同管理；⑥施工信息管理；⑦与施工有关的组织与协调等。

施工方的项目管理工作主要在施工阶段进行，但由于设计阶段和施工阶段在时间上往往是交叉的，因此，施工方的项目管理工作也会涉及设计阶段。在动工前准备阶段到保修阶段施工合同尚未终止，在这期间，还有可能出现涉及工程安全、费用、质量、合同和信息等方面的问题。因此，施工方的项目管理也涉及动工前准备阶段和保修阶段。

在工程实践中，一个建设工程项目的施工管理和该项目施工方的项目管理是两个相互有关联，但内涵并不相同的概念。施工管理是传统的较广义的术语，它包括施工方履行施工合同应承担的全部工作和任务，既包括项目管理方面专业性的工作（专业人士的工作），也包括一般的行政管理工作。

20 世纪 80 年代末 90 年代初，我国的大中型建设项目引进了为业主服务（或称代表业主利益）的工程项目管理的咨询服务，这属于业主方项目管理的范畴。在国际上，工程项目管理咨询公司不仅为业主提供服务，也向施工方、设计方和建设物资供应方提供服务。因此，施工方的项目管理不能认为只是施工企业对项目的管理。施工企业委托工程项目管理咨询公司对项目管理的某个方面提供的咨询服务也属于施工方项目管理的范畴。

4. 施工方项目管理的过程

从施工项目的生命周期来看，施工项目的管理过程可分为投标签约阶段、施工准备阶段、施工阶段、竣工验收阶段、质量保修与售后服务阶段等。

1）投标签约阶段。对于每一次可以参与投标的机会，施工单位都应从其经营战略的角度出发，做出是否投标争取承揽该项工程施工任务的决策。如果决定投标，则应马上从多方面、多渠道尽可能地获取大量信息，继而认真进行分析梳理，做出判断，编制投标书，进行投标。如果中标，则与招标单位进行合同谈判，并签订合同。

2）施工准备阶段。施工单位聘任项目经理，实行项目经理责任制。设立项目经理部，根据施工项目的规模、结构复杂程度、专业特点、人员素质、地域范围来确定项目经理部的组织形式及人员分配等。编制施工项目管理规划及规章制度，以指导和规范施工项目的管理工作。编制施工组织设计及质量计划，以指导规范施工准备工作与施工过程。做好施工现场准备，使现场具备施工条件，保证安全文明施工。编写开工申请报告，上报审批。

3）施工阶段。按照施工组织设计组织施工并进行管理。通过施工项目目标管理的动态控制，采用适当的管理措施、技术措施、经济措施等，保证实现施工项目的进度、质量、成本、安全生产管理、文明施工管理等预期目标。加强施工项目的合同管理、现场管理、生产管理、信息管理、项目组织协调工作。做好记录，及时收集和整理施工管理资料。

4）竣工验收阶段。在整个施工项目已按设计要求全部完成和试运转合格之后，且预验收结果符合工程项目竣工验收标准的前提下，组织竣工验收。竣工验收通过之后，办理竣工结算和工程移交手续。

5）质量保修与售后服务阶段。按照《建设工程质量管理条例》的规定，竣工验收通过的工程即进入工程保修阶段。为了保证工程的正常使用和维护施工单位的良好声誉，施工单位应定期进行工程回访，听取使用单位和社会公众的意见，总结经验教训；了解和观察使用中的问题，进行必要的维护、维修、保修和技术咨询服务。

（五）供货方的项目管理

从建设项目管理的系统分析角度看，建设物资供应工作也是工程项目实施的一个子系统，它有明确的任务和目标，明确的制约条件及项目实施子系统的内在联系。因此，制造厂、供应商同样可以将加工生产制造和供应合同所界定的任务，作为项目进行目标管理和控制，以适应建设项目总目标控制的要求。

（六）建设管理部门的项目管理

建设管理部门的项目管理就是对项目实施的可行性、合法性、政策性、方向性、规范性、计划性进行监督管理。

五、现代项目管理的重点内容

（一）项目管理的组织管理

人类社会进入 20 世纪 80 年代以后，有关项目组织管理的理论和方法得到不断发展和广泛应用。从 20 世纪 70 年代出现的矩阵型组织到后来盛行的虚拟组织，一直到 20 世纪 90 年代的学习型组织等都属于现代管理中有关项目组织管理的新发展。从 20 世纪 90 年代后期的项目管理办公室到最新的项目导向型组织和社会，以及战略项目管理办公室和组织项目管理成熟度模型等都属于现代项目管理学科中项目组织管理的最新发展①。

1. 项目组织管理理论和实务的发展根源

许多研究成果表明，国际社会自 20 世纪 70 年代先后进入了信息社会和知识经济时代，人们创造社会财富与福利的模式发生了很大的变化，以项目形式开展的“创新活动”成为知识经济中社会财富与福利的主要源泉，所以项目管理成了企业和社会的主导管理方法，甚至项目导向型社会和组织正在成为我们社会的组织主导模式。过去传统农业社会和工业社会以日常运营为导向的各种组织结构和管理方法正在被以项目导向型为主导的组织模式和管理方法所替代，所以全社会的组织管理模式、理论和方法都发生了很大的变化和进步。例如，微软、通用电气、西门子、三星和日立等以研发项目为主导的公司主要依靠科技和管理的创新活动不断获得竞争优势和创造巨额财富，因此他们这些组织的基本模式都是一种以项目为导向的组织模式，而不是传统的执行职能式的日常运营导向的组织模式。所以，当今社会的组织管理原理和方法都正在或已经发生巨大的变化。

2. 现有组织管理原理与方法中的问题

由于现有的组织管理原理和方法大多是面向工业和农业经济与社会的，是为这种以日常运营为主的生产模式服务的，所以他们多数采用一些传统的组织模式和管理方法。但是在信息社会和知识经济时代，企业和组织的主要活动是创新，而由于任何创新活动都具有

① 戚安邦，等，2007．项目管理学[M]．北京：科学出版社．

独特性、一次性和不确定性等项目的根本属性，因此它们都属于项目或项目群的范畴。所以，在信息社会和知识经济时代，组织管理的根本目标是为这些创新活动提供组织方面的保障，因而此时就必须采用以项目和项目管理为主的项目导向组织模式和组织管理方法。这就使我们原有的面向日常运营的组织模式和组织管理方法变得问题重重而无法适应社会和企业的要求。

然而，在原有现代项目管理知识体系和国内外项目管理理论中，内容多数是针对项目范围、工期、成本、质量、风险和资源等项目专项管理的原理和方法的，有关项目组织管理，尤其是项目组织的集成管理、原理和方法的研究系统性不足，甚至 PMI 研究提出的项目管理知识体系也没有将项目组织管理作为专门的一章或一个项目管理专项给出。另外，英国项目管理协会（Association of Project Management，APM）和澳大利亚项目管理协会（Australian Institute of Project Management，AIPM）等发达国家项目管理协会发布的项目管理知识体系，以及国际标准化组织的相关标准（ISO 10006）中，都没有将项目组织管理作为专门的知识领域单独列出。当然，其结果就是现在缺乏项目组织集成管理的要求、原理与方法，这就成了现代项目管理知识体系中的不足或问题。

3. 项目组织管理的定位问题

世上任何事情的成功大多需要组织保障，所以组织管理是管理学四大基本职能之一。由于项目组织本身所具有的开放性、临时性和团队性等特性，项目组织管理更为复杂、要求更高。所以，项目组织需要有自己的理论和方法，尤其是对项目相关利益主体的组织管理和项目组织全面集成管理的原理和方法，因为这是项目组织管理的核心问题和命脉。

（二）项目全过程成本管理

项目全过程成本管理理论与方法自 20 世纪 80 年代中期开始，在中国项目成本管理领域提出，随后经过建设项目造价管理界学者和实际工作者的努力取得了很大的发展，到 20 世纪 90 年代这种理论和方法正逐步成为中国和其他国家项目成本管理的主要方法①。

1. 项目全过程成本管理方法的核心及特点

1）项目全过程成本管理是一种全新的项目管理范式，是一种用来确定和控制项目成本的新方法。它认为项目实施是一个过程，项目成本的确定和控制也是一个过程，是一个关于项目成本的决策和实施过程，人们在项目全过程中都需要开展对于项目成本的管理工作。

2）项目全过程成本管理中的项目成本确定是一种基于活动的项目成本确定方法，这种方法将一个项目的工作逐层分解成项目活动，然后确定出每项活动所消耗的资源，最终根据这些资源的市场价格等信息确定该项目的成本。

3）项目全过程成本管理中的项目成本控制方法是一种基于活动的项目成本控制方法。这种方法认为，项目成本控制必须从对项目各项活动及其方法的控制入手，只有通过减少和消除不必要的活动才能减少资源的消耗，从而实现降低和控制项目成本的目的。

4）项目全过程成本管理必须有项目全体相关利益主体的参与，通过共同合作并分别

① 孙慧，2010．项目成本管理[M]．2 版．北京：机械工业出版社．

负责整个项目全过程中各项活动的成本确定与控制责任，最终做好项目全过程成本管理工作。

综上所述，项目全过程成本管理是一种现代项目成本确定与控制的方法，是一种适合建设项目成本确定和开展的科学方法，这一项目成本管理的范式已经在世界上许多地方得到了应用。

2. 项目全过程成本管理方法的不足

我国提出项目全过程成本管理的思想还存在很多问题，表现在以下两个方面：

1）方法论体系方面的问题。由我国项目成本管理界提出的项目全过程成本管理发展到今天，在很大程度上还停留在管理理念的层面上。虽然已经有很多人对这种项目成本管理的方法进行了探索和研究，但至今仍没有一套系统的项目全过程成本管理方法体系，这说明到现在为止，还没有形成一套成形的项目全过程成本管理的技术方法。但是如果一种项目成本管理的思想或理论没有技术方法作为支持手段，是难以用来指导管理实践的。也就是说，如果我们只有项目全过程成本管理的思想和理论，而没有相应的方法，人们难以真正开展对于项目全过程的成本管理。这一问题正是现在阻碍我们使用项目全过程成本管理方法的关键所在。

2）配套技术与工具方面的问题。实际上，我们不仅需要集中力量对项目全过程成本管理的方法论开展深入而系统的研究，还必须借用现代管理科学和项目管理科学等方面最新的技术和工具，去建立一套适用于项目全过程成本管理的技术方法和工具。因为即使我们的项目全过程成本管理思想是先进的，但是由于没有相应配套的项目成本管理的技术和工具，人们仍然没有办法使用这种思想和方法来开展项目全过程成本的管理，所以这方面的配套技术与工具的研究同样是不可或缺的。只有全面建设好项目成本管理的理论、方法、技术与工具，才能建立起适合市场经济条件的项目全过程成本管理的科学方法。

（三）不同角度的项目管理

建设项目管理、设计项目管理、施工项目管理之间既有联系又有区别①。

1. 联系

1）建设项目管理、设计项目管理、施工项目管理都是以工程项目为对象进行的一次性系统活动，都具备项目的一切特征和一般规律，都可以应用工程项目管理的理论和方法进行管理。

2）建设项目管理、设计项目管理、施工项目管理的客观活动共同构成了工程项目建设活动的整体，三者必须相互配合才能有效地实现工程建设的目标。

3）建设项目的管理主体（建设单位）是建筑市场的买方，设计项目的管理主体（设计单位）和施工项目的管理主体（施工单位）是主要卖方，三者共同形成建筑市场的主要交易活动。

---

① 王有志，张滇军，郝红漫，等，2009．现代工程项目管理[M]．北京：中国水利水电出版社．

2. 区别

1）管理的主体不同。建设项目的管理主体是建设单位，而设计项目的管理主体是设计单位，施工项目的管理主体是施工单位。

2）管理的目标不同。建设单位是以工程活动的投资者和建筑产品的购买者身份出现的，所以建设项目追求的管理目标是如何以最少的投资取得最有效的、满足功能要求的使用价值。建设项目管理的目标是一种成果性目标。设计单位和施工单位是以工程活动的执行者和建筑产品的出卖者身份出现的，他们追求的管理目标是如何在保证买方使用功能要求的条件下取得建筑产品的最大价值，即利润。设计项目管理与施工项目管理的这种目标是一种效率性目标，它对使用价值的关心只是作为手段而不是目的。

3）管理的内容不同。建设项目管理所涉及的范围包括工程从投资机会研究到工程正式投产使用，直到投资回收的全过程，内容包括全过程各个方面的工作。而施工项目管理范围只是从施工招标直到工程竣工移交的过程，内容由施工合同所界定。设计项目管理的范围主要是工程设计阶段，其内容包括委托设计合同中所界定的设计任务及在施工阶段的设计变更等。

综上所述，项目管理是以项目为对象的系统管理方法，其内容包括项目建设的全过程，具有针对性、系统性、程序性和科学性，其性质属于固定资产管理的范畴。从不同的角度，可将项目管理分成不同的类型，每一类型的项目管理都是在特定的条件下，从不同的角度、不同的利益出发，对项目建设过程进行管理的一个子系统。

建设单位的项目管理是指由项目法人或其委托人（建设项目经理）对项目建设全过程的监督与管理，建设监理是建设项目管理的制度和手段，建设监理不等于建设项目管理，更不能包容建设项目管理。

设计项目管理是设计单位为履行工程设计合同和实现设计单位经营目标而进行的设计管理，施工项目管理是施工企业为履行工程承包合同和实现施工企业经营目标，对工程项目施工过程进行计划、组织、指挥、协调和监督控制的系统管理活动。

第三节 项目管理的发展与对策

一、我国工程项目管理的研究现状

我国对项目管理系统研究和行业实践起步较晚，开始接触项目管理是在 20 世纪 80 年代。当时，随着我国利用世界银行贷款和国外政府贷款进行重大工程建设，国外成套技术设备的引进及外国工程承包商参与一些工程项目建设，工程项目管理作为国际通行的基本管理模式开始被我国引进。特别是 1986 年云南省鲁布革水电站利用世界银行贷款，在国内首次采用国际招标，实行工程项目管理，工期提前 5 个月，造价降低了 40%，取得了巨大的成功。

到 20 世纪 90 年代，我国对工程项目管理和工程监理制度进行了试点并进行了全面推广，扩大了项目管理的研究领域，包括合同管理、界面管理、项目风险管理、项目组织行为和沟通。在计算机应用上则加强了决策支持系统、专家系统和互联网技术应用的研究。

从此，我国的许多大中型工程相继实行项目管理体制，逐渐形成了我国工程项目管理的 4 项基本制度，即项目法人责任制、招标投标制、工程监理制、合同管理制，改变了传统的政府管理工程的计划模式，极大地提高了工程的质量与效益，并初步形成了我国工程项目管理的“四个一”（一门工程项目管理学科理论体系、一个工程项目管理方法体系、一批典型的工程项目管理的成功案例、一批工程项目管理的专业人员），为我国继续发展工程项目管理打下坚实的基础。

进入 21 世纪，我国在 2001 年和 2002 年分别实施了《建设工程监理规范》（GB 50319—2000）和《建设工程项目管理规范》（GB/T 50326—2001）。2002 年起进入一个崭新的阶段，即工程项目管理改革创新发展阶段，培育和发展工程总承包，实现工程项目管理方式的国际化，进而使工程项目管理规范化。2006 年 6 月 21 日，《建设工程项目管理规范》（GB/T 50326—2006）的颁布，进一步深化和规范了工程项目管理的实施。

但是，在看到我国工程项目管理发展的同时，也不能忽视在发展过程中依然存在的许多问题，如质量事故、工期拖延、费用超支等，特别是九江长江大堤、重庆綦江彩虹桥等“豆腐渣”工程，不仅给国家和人民的生命财产造成了巨大的损失，也造成了不良的社会影响。究其原因，无一例外都是与项目管理有关，都是由于项目管理不善、管理不规范所造成的。这表明在工程项目管理领域，我国与欧美发达国家相比还有相当大的差距，具体表现在以下几个方面：

1）工程项目管理组织体系不健全。据有关方面对我国 22 个行业 236 家企业的问卷调查，从服务功能、组织体系、技术管理体系、人才结构 4 个方面，按照国际通行的工程公司模式进行运作的，只占 15%；有 67%的单位在项目管理组织体系中没有项目控制部、采购部、施工管理部、试运行部，只是设了一个二级机构工程总承包部；有 50%的单位没有建立包括资源支持体系、程序文件、作业指导标准、工作手册在内的项目管理体系。

2）工程项目管理技术相对落后。现代化的工程项目管理是一个大系统，各系统之间具有很强的关联性，有大量的数据计算，有各种复杂关系的处理，需要使用和存储大量的信息，需要专业机构实施专门化的管理。国内的工程项目管理更多偏重于业主自行管理，以成立指挥部或类似机构来执行项目；设计采购施工（electronic product code，EPC）模式的优势还没有被更多的人了解，仅在个别项目中得到应用；项目管理承包（project management contract，PMC）模式对国内大多数人来说还是一个新概念，只是在近年国内大型合资项目中有所应用，与国外工程公司的先进管理技术差距很大。另外，项目管理人员的素质普遍较低，还没有掌握先进的管理技术。

3）对工程项目的可行性研究还不够充分重视。可行性研究本身是对拟建项目的技术、经济及其他方面的可行性进行研究，其目的是给投资者提供决策依据，同时为银行贷款、合作签约、工程设计等提供依据和基础资料。但许多投资者普遍对项目的可行性研究不够重视，受外界因素干扰过多，往往盲目投资，造成巨大经济损失，也为后来的工程事故埋下了祸根。

4）缺乏高素质的工程项目管理人才。由于工程项目管理在国内推广的时间不长，无论是行业还是单位，具有组织大型工程管理经验，能按国际通行工程项目管理模式、程序、方法和标准进行管理，熟悉工程项目管理软件，能进行速度、质量、材料、安全等控制的复合型高级工程项目管理人才十分缺乏，具备国际工程项目管理专业资质（International Project Manager Professional，IPMP）的专业人员更是少之又少，远远不能适应我国现代化建设的需要。

二、我国工程项目管理的发展趋势

（一）工程项目管理的国际化

随着改革开放的深入发展，中国经济日益深刻地融入全球市场，中国企业走出国门在海外投资和经营的项目也在增加，许多项目要通过国际招标、咨询或BOT（build-operate-transfer）方式运作，项目管理的国际化趋势正在形成。特别是我国加入世界贸易组织（World Trade Organization，WTO）多年后，行业壁垒下降，国内外市场全面融合，面对日益激烈的市场竞争，中国的企业必须以市场为导向，转换经营模式，增强应变能力，勇于进取，在竞争中学会生存，在拼搏中寻求发展。

（二）工程项目管理的信息化

伴随着Internet走进千家万户，智能化设备和终端的广泛应用，大数据、云计算技术的日益成熟，项目管理的信息化已成为必然趋势。21世纪的主导经济、知识经济已经来临，与之相适应的工程项目管理也将成为一个热门领域。知识经济时代的工程项目管理通过知识共享、运用集体智慧提高应变能力和创新能力。目前，西方发达国家的一些工程项目管理公司已经在工程项目管理中运用了计算机网络技术，开始实现了项目管理网络化、虚拟化和超前可视化。另外，许多工程项目管理公司开始大量使用工程项目管理软件进行项目管理，同时从事工程项目管理软件的开发研究工作。种种迹象表明，未来的工程项目管理将更多地依靠计算机网络技术，所以工程项目管理必将实现信息化。

（三）工程项目的全生命管理

全生命管理是指为了建设一个满足功能需求和经济上可行的工程项目，对其从工程项目前期策划，直至工程项目拆除的全生命期进行全过程策划、协调和控制，以使该项目在预定的建设期限内，在计划投资范围内顺利完成建设任务，并达到所要求的工程质量标准，满足投资方、项目经营者及最终用户的需求；并在项目运营期进行物业的财务管理、空间管理、用户管理和维护管理，以使该项目创造尽可能大的有形和无形的效益。

（四）工程项目管理的集成化

工程项目管理的集成化是指利用项目管理的系统方法、模型、工具对工程项目相关资源进行系统整合，并达到工程项目设定的具体目标和投资效益最大化的过程。例如，“SIPOC”工程项目管理模型将工程项目的管理过程简单描述为S（供应商）、I（工程项目输入）、P（工程项目的系统处理过程）、O（输出）、C（客户）。它将工程项目的利益相关者集合和工程项目的过程作为一个完整的整体进行研究，揭示了工程项目的系统集成是工程项目内在本质的要求。

（五）工程项目合作管理模式

在传统的建设合同中，业主方与承包商之间往往视彼此为对手，这就导致效率的降低和成本的增加。因此，业主方试图寻找一种新的模式来处理与承包商之间的工作关系。于是，合作管理开始为人们所重视和使用。合作管理模式是指业主方与工程参与各方在相互信任、资源共享的基础上达成一种短期或长期的协议；在充分考虑参与各方利益的基础上确定建设工程共同的目标；建立工作小组，及时沟通，以避免争议和诉讼的产生，相互合作、共同解决建设工程实施过程中出现的问题，共同分担工程风险和有关费用，以保证参与各方目标和利益的实现。选择了合作管理模式，就应实现一种“双赢”局面。因此，人际关系、权利的平衡和相关各方利益的满足是合作管理模式需要解决的问题。

（六）工程项目管理总承包模式

工程项目管理总承包模式于 20 世纪 90 年代中期在德国首次出现并形成相应的理论，我国于 1998 年首次引进该模式。工程项目管理总承包模式是指以独立和公正的方式，对工程项目实施活动进行综合协调，围绕工程项目的费用、进度和质量等目标进行综合系统规划，以使工程项目的实施成为一种可靠安全的目标控制机制。它通过对工程项目实施的所有环节的全过程进行调查、分析、建议和咨询，提出对工程项目实施切实可行的建议方案，供工程项目的管理层决策参考。根据建设工程的特点和业主方组织结构的具体情况可以分为单平面和多平面两种类型。我国现在推行的主要为以设计为核心的总承包模式和以施工为核心的总承包模式。

三、我国工程项目管理的对策

1）与国际惯例接轨。随着我国加入 WTO，项目管理要更多地走出国门，参与国际竞争，开拓国际市场，就必须全面与国际惯例接轨。从合同管理、工程管理、质量管理、安全管理和报价管理等方面向国际惯例靠拢。

2）工程项目管理规范化。工程项目管理必须严格按照法规、规程、规范和标准进行。规范化的目的是在总结成功经验的基础上做到统一方向，促进发展。规范化以后，可以形成合力，实施科学管理，强化管理绩效。《施工项目管理规程》《工程网络计划技术规程》《建筑法》《建设工程质量管理条例》《建设工程施工会同（示范文本）》等，都是工程项目管理规范性的文件。政府部门要充分运用法律手段，培养和发展我国的建筑市场体系，确保建设项目从前期策划、勘察设计、工程承包、施工到竣工等全部活动纳入法制轨道。

3）组建项目管理公司。建设项目需要通过一批掌握模式、管理程序、管理技术的企业型经济管理公司去实现。这种公司有资质、有经验，能够为业主提供贯穿项目建设全过程的优秀的管理服务。我国应大力培育专营项目管理和承包的工程公司和项目管理公司，鼓励更多的骨干设计院改造为国际性工程公司，面向国内外两个市场，以自身的专业技术、经验和项目管理能力代业主组织和管理整个建设项目。

4）做好项目的可行性研究工作。可行性研究是为了了解项目是否合理可行，而在实施前对该项目进行调查研究及全面的技术经济分析论证，旨在为项目的决策提供科学依据。由此考查项目经济上的合理性、营利性，技术上的先进性、适用性，实施上的可能性、风险性，真正把可行性研究与建设期的“一大管理，三大控制”纳入项目管理的核心内容，以期各投资项目获得最好的经济效益和社会效益。

5）提高项目管理人员的素质。发达国家相当重视项目管理专业人才的培养和资质认定。PMI 主办的项目管理专业资质（project management professional，PMP）考试和资质证书，得到了社会的公认。获得 PMP 的人有更多的机会被政府部门和大公司聘任和重用。我国对项目管理的系统研究和行业实践起步较晚，项目管理人才的培养也相对落后。为提高我国项目管理人才的素质，应经常开展项目管理学科的国内外交流和研讨，加强学会工作，出版专业刊物，在高等学校建立学科点、硕士点、博士点。同时，规范项目管理培训和资质认定工作。

6）坚持使用科学的工程项目管理方法。工程项目管理最主要的方法是目标管理方法（management by objectives，MBO），它的精髓是以目标指导行动，即工程项目管理以实现目标为宗旨来开展科学化、程序化、制度化、责任明确化的活动。目标管理方法要求进行"目标控制"，即控制投资（成本）、进度和质量三大目标。控制投资（成本）目标的最有效方法就是核算方法。各单位工程和单项工程都应有相应的投资控制目标，建设项目总投资控制目标由项目法人以已被批准的可行性研究报告投资估算为最高限额进行控制。控制进度目标的最有效方法是"工程网络计划"方法。控制质量目标的有效方法是全面质量管理（total quality management，TQC）方法，它的本质是"三全一多"，即"全员、全企业和全过程的管理，管理方法多样化"。ISO 质量体系标准是全面管理的基础工作之一，它不是控制方法。投资（成本）、质量、进度三大目标的关系是矛盾的，也是统一的，每个工程项目的三大目标之间都有最佳的结合点，不可能三者都优，更不能偏废某个目标而片面强调另一个目标，应做到综合优化，以满意为原则。

7）工程项目管理手段信息化、网络化。现代化的工程项目管理是一个大的系统，各系统之间具有较强的关联性，管理业务又十分复杂，有大量的数据计算，有各种复杂关系的处理，需要使用和存储大量信息，没有先进的信息处理手段是难以实现科学、高效管理的。必须寻找和发挥现代化的管理手段，这既是向国际接轨的需要，也是工程建设管理的需要。为此，应努力做好项目管理信息化、网络化方面的工作。

8）项目管理制度必须创新。首先，经理与项目经理就施工项目签订内部承包合同或项目责任书，明确项目经理的地位和责、权、利关系；其次，施工项目应实行单独核算制，以促进项目经理部加强科学管理，降低成本，把经济效益直接与个人的收益挂钩；再次，公司负责给项目经理部建立完善的质量保证体系，并监督项目经理部认真实施，把创造优良工程、树立企业形象作为考核项目经理的重要指标；最后，项目经理部应建立完善的管理制度、分配制度和灵活的用工制度，运用一切科学的项目管理方法，按施工承包合同的规定为业主完成建筑产品，为企业赢利。

9）实施先进的经营战略。针对知识经济时代的特点，在积极开展网络化经营、实现管理信息化的同时，还应实施先进的经营战略，包括虚拟经营、合作竞争、全球战略和跨文化竞争。其中，虚拟经营的目的是运用自身强大的优势与有限的资源和能力，最大限度地提高企业的竞争力。

总之，工程项目管理在我国得到了一定的发展，在一些重大项目（如三峡工程、国家体育场工程）中的广泛应用，取得了良好的效果。但我们也应该认识到，我国项目管理的研究和管理实践起步较晚，无论是从现代项目管理的职业化发展，还是从现代项目管理学术发展及在现代项目管理的实践方面，都与发达国家存在着一定的差距。在项目的实施过程中，我们对项目管理工作的重视程度不够，精力投入不足，对项目管理带来的优势认识也不够充分，缺乏工程项目管理的经验，尤其是缺乏国际建设工程项目管理经验。在项目超大型化和复杂程度日益增加的今天，现代项目管理不仅成为现实需要，而且必须得到良好的发展，这就需要政府、社会和企业自身的共同努力。在发展过程中，我们必然会遇到各种各样的问题，只有积极面对这些问题，并认清其发展方向，才能缩短与国外项目管理的差距，增强自身的竞争力，才能使项目管理得以在我国发展壮大。

思 考 题

1. 从项目管理的产生及发展中，我们能得到什么启发？
2. 项目管理有哪些基本概念？
3. 现代项目管理理论有哪些基本内容？
4. 如何理解现代项目管理的知识体系？
5. 工程项目的生命周期有哪些基本内容？
6. 如何理解工程项目的建设程序？
7. 现代项目管理有哪些类型？
8. 组织管理在现代项目管理中处于什么地位？
9. 我国的工程项目管理理论还会有什么样的发展阶段？
10. 你认为如何去学习项目管理理论？

第二章　节点法项目管理

节点法项目管理是以现代项目管理的知识体系、管理实践、创新成果为依托，以简洁、实用、有效为目标的工程项目管理新方法和新工具。它从系统的、整体的、组织的角度来组织工程项目管理，使工程项目管理各阶段参与部门和成员知道自己在项目整体中的位置，知道自己该做什么和怎么做，通过各阶段、各节点管控成果的点滴积累，由量变到质变，由此引导项目管理者在项目管理的各阶段、各环节中把难的做好、易的做精，进而引导项目管理者实现从局部到整体、从新手到高手的跨越。

节点法项目管理从实用有效、逐步提高、可持续管理的角度来建立一种量化的、连续的、可持续的工程项目管理的组织理念和知识体系，提供一种系统的、规范的、可改进的项目管理新方法和新工具。

需要强调的是，节点法项目管理是提高项目管理能力的新方法、新工具之一，不是提高项目管理能力的全部。对项目组织者、管理者而言，项目管理能力的提高要有持续改进的机制、动力、路径、认识、决心、勇气，要有脚踏实地、持之以恒的作风和坚定的信念。因此，扎实做好项目管理规范化、标准化、信息化的基础工作，坚持不懈地总结完善，有组织、有目标、有计划地改进提高，才是项目管理能力提升的关键。

第一节　节点法项目管理理论阐述

一、节点法项目管理的含义

节点法项目管理是以项目的“组织管理”为先导，以项目的“目标管理、过程管理、成果管理”为基础，以项目各阶段“关键节点”管控为重点的项目管理方法体系。它由创新的节点法组织模式、节点法系统方法和节点法技术工具 3 部分组成。

二、节点法项目管理的核心

1）在项目的组织管理中以“组织决定规则”“目标指导行动”“过程控制结果”“结果提升管理”为模式，以整体管控最优为目标，开展整体、阶段、节点的规则组织、流程组织、目标组织、责任组织、协调组织等有针对性的组织管控。

2）在项目的过程管理中以项目全过程的品质、成本管控为核心，用节点管控的系统方法，开展各阶段及关键节点的目标化、程序化、责任化、制度化的过程管控。

3）在项目的成果管理中以节点法系统管控表单为技术工具，开展有系统的、有组织的、可改进的、可持续的信息沟通和管理交流。

三、节点法项目管理的理念

（一）节点的自动化、信息化理念

1）节点在 IT 行业中（程序语言、绘图软件、网络拓扑……）都是由输入、输出和中

间计算组成。节点的表达为

——输入目标——计算——输出结果——

2）一个节点会从前一个节点取得数据作为自身的计算依据，然后在内部进行计算，最后将计算结果按要求交给下一个节点。

3）由此简单明了的节点运行管控，在无数节点的导向下、在各节点运行规则的过程控制中，系统会自动地实现和得到预期的、复杂的、可控的成果。

（二）节点法项目管理的管理理念

在项目管理的全过程中，对项目的整体管控、阶段管控、过程管控等各个环节，均实施规范化、信息化、模式化的节点管控，其表达形式为

——输入可交付目标——节点管控——输出可交付成果——

1）对关键的、能起决定性作用的项目管理环节，按照节点管控模式进行精细的、量化的、可交付的过程管控，并对上下游环节也按节点管控模式要求进行传承，由此达成项目管理的节点、阶段、整体的预期管理成果。

2）项目的各阶段、各环节必须按节点流程的规则完成本环节（时间、成本、质量……）既定目标的各项工作内容，并真正做到承上启下，而不能使本环节成为下一环节管理失控和管理混乱的起点。

3）项目的各节点成果与节点目标、阶段目标、整体目标出现偏离时，必须按节点反馈的路径及时进行节点成果修正或项目目标系统的均衡修正，而不允许节点成果偏离度的积累导致项目整体目标的偏离和失控。

（三）节点法项目管理的目标

在“组织决定规则”“目标指导行动”“过程控制结果”“结果提升管理”的管理模式中，用节点法项目管理的方法体系在全过程管理中实现：组织上保证——职责清晰、目标明确；决策上避免——朝令夕改、议而不决；设计上管住——自以为是、目标失控；管理上理顺——画地为牢、阶段脱节；结果上杜绝——放任自流、劳而无功；评价上做到——定性定量、系统全面。

四、节点法项目管理的实质

1）节点法把工程项目管理作为一个系统工程来研究，在遵循工程项目管理科学规律的前提下，用规范化和标准化的节点管控来统一工程项目管理全过程及各环节的行为规则，保证项目管理按规律和规则运行。其实质就是：在项目管理的模式、理念、交流、沟通上实现“书同文”；在项目管理的方法、技术、工具、成果上实现“车同轨”；在项目管理的考核、评价、总结、积累上实现“度量衡”。

2）节点法项目管理在整体组织上是一种系统管理的方法论，因此建立了完整的规范化、标准化、信息化的系统架构，其组织模式、方法体系、技术工具不会因管控内容的不同而不同，而仅仅是管理阶段的划分不同、管理目标的内容不同、管理节点的设置不同、管理过程的重点不同。节点法项目管理从“可持续管理”的角度来讲，创建了“系统规范、量化连续、持续改进”的项目管理新方法和新工具。节点法项目管理从“量变到质变”的角度来讲，创建了“超前预控、适时纠偏、复盘评价”的项目管理组织理念和知识体系。

第二节　节点法项目管理实现路径

一、节点法项目管理的系统设计

（一）阶段划分设计

节点法项目管理把工程项目从投资意向到项目建成的全过程，分为项目决策、项目实施、项目评价 3 个阶段。

1）项目决策阶段，包含项目策划、项目评估、项目决策 3 个节点。

2）项目实施阶段，包含项目设计、项目招标、项目施工 3 个节点。

3）项目评价阶段，包含管控评价、效益评价、可持续性评价 3 个节点。

（二）管控模式设计

节点法项目管理把项目的全过程作为一个系统来进行管理。

首先，项目的整体管理把项目的“目标确立、过程控制、成果管理”置于整体管理之中，使管理效果能连续地影响项目的全过程。

然后，把项目按工程建设规律来系统地分解为决策、实施、评价 3 个阶段，再用整体目标和分项目标的系统管理方法，把阶段划分为若干互为前提的节点，用节点目标管控的成功来保证阶段目标的成功，用阶段目标管控的成功来保证项目整体目标的成功。

节点法项目管理全过程的管控模式图如图 2-1 所示。

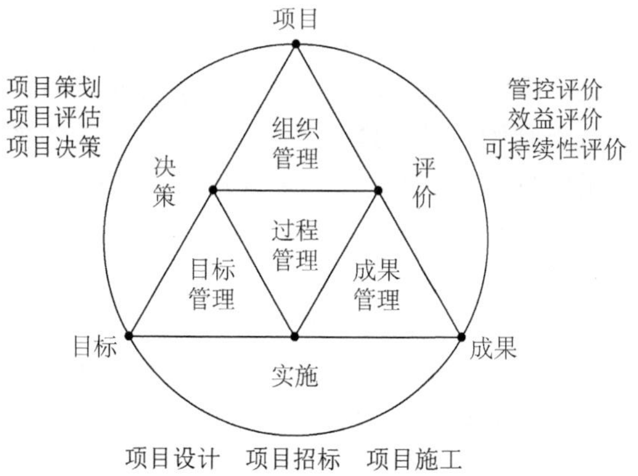

图 2-1　节点法项目管理全过程管控模式图

（三）管控模式图示说明

1）节点法项目管理是对项目整体的、全过程的管理，因此管控模式图按逆时针方向把项目管理分解为“决策阶段、实施阶段、评价阶段”。此时项目的决策、实施、评价 3 个管理阶段和项目、目标、成果 3 个关键环节一起，有机地形成了一个闭合的、完整的管理系统，即项目立项→决策组织→目标形成→实施组织→成果形成→评价组织→项目复制，体现了项目的组织管理只有形成闭合的管理循环，才能进行评价、改进、提高、复制，才能在项目管理中实现“量变到质变”的跨越，管控模式图体现了节点法系统的组织管理理念。

2）在这个系统中节点法把项目管理的“组织决定规则、目标指导行动、过程控制结果、成果提升管理”的 4 个要素置于管理闭环的核心位置之中，用模式化方法组织决策、实施、评价 3 个阶段的系统管理。管控模式图体现了 3 个阶段都要进行相同的“组织管理、目标管理、过程管理、成果管理”，从而形成可复制的、模式化的节点法项目组织和管理的方法论。

3）在这个系统中，节点法把项目的决策、实施、评价 3 个阶段的系统管理，进一步分解为细化的节点管理。项目决策阶段细化为项目策划、项目评估、项目决策 3 个节点，以此形成项目的总目标和分项目标。项目实施阶段细化为项目设计、项目招标、项目施工 3 个节点，以此保障项目管理实现预期的品质、成本目标成果。项目评价阶段细化为管控评价、效益评价、可持续性评价 3 个节点，而每个节点都要进行相同的组织管理、目标管理、过程管理、成果管理，以此建立项目全过程的后评价机制，建立模式化的可持续的学习、实践、复盘、改进、复制的管理循环机制。管控模式图体现了节点法模式化、可持续的精细化组织规则。

二、节点法项目管理的组织设计

（一）组织规则设计

1. 组织规则内容

节点法项目管理的组织规则就是要建立规范有序的节点法管理模式，让项目管理各阶段、各节点的组织者和管理者能够明确管理的目标是什么，怎样确立管理目标，达成管理目标的过程如何控制，怎样保证达到管理所预期的目标成果。

节点法项目管理的组织规则，就是要建立节点成果的交付、接收工作模式。节点成果必须是完整的可交付成果，其交付标准是下一节点的接收部门和管理者，能以此交付成果为基础，可以不受上一节点制约而独立地、系统地开展下一节点的工作。

节点法项目管理的组织规则，就是要保障项目管理的全过程都按照相同的组织方法来分阶段、分节点地实施，做到组织管理的“书同文、车同轨、度量衡”，当各阶段、各节点的管理成果可以在一个系统中进行“书同文”的沟通交流、“车同轨”的量化纠偏、“度量衡”的评价考核时，则项目管理的组织、管理、协调、配合就能顺畅高效，就能对项目管理各阶段及节点进行有效的过程控制，最终获得项目管理预期的成果，并能通过组织管理的循环改进提升，实现组织管理的“量变到质变”。

2. 组织规则流程

节点法项目管理的组织规则流程如表 2-1 所示。

表 2-1　节点法项目管理的组织规则流程

阶段	节点	目标	过程	成果
决策组织	策划节点	进度目标	目标确定	节点成果
	评估节点	成本目标	过程控制	阶段成果
	决策节点	质量目标	成果管理	整体成果

续表

阶段	节点	目标	过程	成果
实施组织	设计节点	进度目标	目标确定	节点成果
	招标节点	成本目标	过程控制	阶段成果
	施工节点	质量目标	成果管理	整体成果
评价组织	管控评价	进度目标	目标确定	节点成果
	效益评价	成本目标	过程控制	阶段成果
	可持续性	质量目标	成果管理	整体成果

3. 组织规则流程的设计说明

节点法项目管理的组织规则流程按照项目的整体、阶段、节点来进行组织设计。

首先，把项目的整体组织分解为决策组织、实施组织、评价组织 3 个阶段，每个阶段都要进行模式化的相关组织流程设计，即节点细分组织、节点目标组织（进度目标、成本目标、质量目标）、过程控制组织（目标确定、过程控制、成果管理）、成果管理组织（节点成果、阶段成果、整体成果）的流程设计，使项目的整体管理有阶段的管理路径可循。

其次，把决策组织再分为策划、评估、决策 3 个节点，把实施组织再分为设计、招标、施工 3 个节点，把评价组织分为管控评价、效益评价、可持续评价 3 个节点。每个节点都要进行模式化的相关组织流程设计，即节点目标组织（进度目标、成本目标、质量目标）、过程控制组织（目标确定、过程控制、成果管理）、成果管理组织（节点成果、阶段成果、整体成果）的流程设计，使项目的阶段管理有节点的管理路径可循。

最后，在每个节点都要进行模式化的组织流程设计，使节点组织的进度目标、成本目标、质量目标清晰，使节点控制的目标确定、过程确定、成果确定，使节点管理成果与阶段成果、整体成果关系明确，使项目的节点管理有模式化的目标、过程、成果的管理路径可循。

（二）节点细分设计

1. 节点细分规则

节点细分规则如表 2-2 所示。

表 2-2　节点细分规则

阶段 1	阶段 2	阶段 3	…	阶段 N
节点 1_1	阶段 2_1	阶段 3_1	…	节点 N_1
节点 1_2	阶段 2_2	阶段 3_2	…	节点 N_2
节点 1_3	阶段 2_3	阶段 3_3	…	节点 N_3
⋮	⋮	⋮	⋮	⋮
节点 1_n	阶段 2_n	阶段 3_n	…	节点 N_n

2. 节点细分规则要点

1）节点按阶段管控的深度及广度要求以“点、线、面”展开，细分到能确保每个节点“目标明确、管控到位、成果量化可交付”。同时上一节点要解决的问题必须在节点内系统地解决，使节点的可交付成果同时能成为下一节点的目标和依托，而不能成为下一节点的“工作困难”和“管理混乱”的开始。

2）节点细分的设置应该有明确的、科学的管理导向。节点法把管理认识分为3个层次：①想要管多细（感性的）；②能够管多细（资源的）；③应该管多细（科学的）。

想要管多细仅仅是对项目管理的节点目标、阶段目标、整体目标有感性的认识，是大概的、粗略的、经验的管理认识，按照节点法精细的、量化的、可交付的过程管控模式要求，要进行“目标明确、管控到位、成果量化可交付”的节点管理几乎不可能。

能够管多细是对项目管理的节点目标、阶段目标、整体目标有资源性的认识，是经验的、资源的、能力的管理认识，按照节点法精细的、量化的、可交付的过程管控模式要求，需要经过节点法的系统学习、管理导入、积累改进，才能够实施“目标明确、管控到位、成果量化可交付”的节点管理。

应该管多细管是对项目管理的节点目标、阶段目标、整体目标有科学的认识，是系统的、规范的、可操作的管理认识，能够实施“目标明确、管控到位、成果量化可交付”的节点管理。在项目的各节点成果与节点目标、阶段目标、整体目标出现偏离时，能够按节点反馈的路径及时进行节点成果修正或项目目标系统的均衡修正，不允许节点成果偏离度的积累导致项目的阶段目标、整体目标出现偏离和失控。

3. 全过程节点细分

（1）项目决策阶段

项目策划：机会研究、市场和条件研究、可行性研究、投资和效益研究……

项目评估：技术方案评估、工程方案评估、投资和融资评估、经济和财务评估、回报和风险评估……

项目决策：项目方案决策、项目投资决策、项目建设决策……

（2）项目实施阶段

项目设计：项目方案设计、项目初步设计、项目施工设计、项目专项设计……

项目招标：项目招标策划、项目询价策划、项目合同策划、项目服务招标、项目施工招标……

项目施工：施工管控策划、施工合同管理、施工签证管理、施工支付管理、施工服务管理、施工成果管理……

（3）项目评价阶段

项目管控评价：项目全过程管控总结与评价、项目目标实现程度评价……

项目效益评价：项目经济性评价……

可持续性评价：项目成功度评价、项目可持续发展条件评价、项目可持续发展能力评价……

（三）节点管理流程设计

1. 节点管理流程设计要素

节点法项目管理的流程设计，以全过程品质、成本控制为核心管理路径，把项目的决策、设计、交易、施工、竣工的不同阶段工作，以成本为纽带进行环环相连的流程组织，从而形成连续的节点贯穿项目管理的全过程。节点管理流程设计要素如表 2-3 所示。

表 2-3　节点管理流程设计要素

阶段	目标	过程	成果
决策阶段	项目策划	项目评估	项目决策
实施阶段	项目决策	方案设计	投资估算
	投资估算	初步设计	设计概算
	设计概算	施工图设计	施工图预算
	施工图预算	询价策划	拦标价
	拦标价	招标策划	中标价
	中标价	合同策划	合同价
	合同价	合同执行	结算价
评价阶段	项目管控	管控评价	管控成果
	项目效益	效益评价	效益成果
	项目综合	可持续评价	综合成果

2. 节点管理流程设计说明

1）在决策阶段，首先要进行项目的策划和评估，以决策过程的由浅入深来分层次地封闭决策信息不对称的缺口，保证决策时的信息收集对称、完整、有效，保证决策的质量；其次要建立决策的持续改进与提高机制。

2）在实施阶段，以项目决策为目标来组织方案设计，通过方案设计的过程控制形成投资估算；以投资估算为目标来组织初步设计，通过初步设计的过程控制形成投资概算；以投资概算为目标来组织施工图设计，通过施工图设计的过程控制形成施工图预算；以施工图预算为目标来组织询价策划，通过询价策划的过程控制形成拦标价；以拦标价为目标来组织招标策划，通过招标实施的过程控制形成中标价；以中标价为目标来组织合同策划，通过合同签订的过程控制形成合同价；以合同价为目标来组织合同执行，通过合同执行的过程控制形成结算价。

3）在评价阶段，以项目管控为目标来组织管控评价，通过管控评价的过程控制形成管控成果评价；以项目效益为目标来组织效益评价，通过效益评价的过程控制形成效益成果评价；以项目综合管理为目标来组织管理可持续性评价，通过管理可持续性评价的过程控制形成项目综合管理成果评价。

4）节点管理流程设计以成本为主线，将项目管理的全过程用项目成本的估算价、概算价、预算价、合同价、结算价的五算对比组织起来，形成环环相扣的管理链，把各阶段、各节点的管理组织进成本管理的数据链中，真实、连续地反映项目的管控状态。

5）当项目组织者和管理者能够以项目成本的估算价、概算价、预算价、合同价、结算价的客观规律来看待项目的整体联系，以各阶段的成本价格为前提、以各阶段管控不同的侧重点来系统地看待项目的整体管理时，项目管理的沟通和交流才能做到信息对称，才能做到在项目的目标、品质、规模、成本、进度、质量等管理目标和信息交流上做到“书同文、车同轨、度量衡”。

6）从节点法项目管理的整体架构（模式、理念、方法、技术）和核心内容（系统设计、组织设计、流程设计、节点设计）可以清晰地看到以下两方面：

① 节点法把工程项目管理作为一个系统工程来研究，在遵循工程项目管理科学规律的前提下，用规范化和标准化的节点管控来统一工程项目管理全过程及各环节的行为规则，保证项目管理按规律和规则运行。其实质就是在项目管理的模式、理念、交流、沟通上实现——书同文；在项目管理的方法、技术、工具、成果上实现——车同轨；在项目管理的考核、评价、总结、积累上实现——度量衡。

② 节点法项目管理在整体组织上是一个规范化、标准化、流程化的系统构架，但在管控内容上是一个包容的、开放的、个性化的技术工具，其管控模式、方法、技术不因管控内容的不同而不同，仅仅是管理的“划分阶段不同、目标内容不同、节点设置不同、流程规则不同、过程控制重点不同”而已。所以节点法项目管理可以结合不同的项目实施主体、不同的项目管理需求的具体实际，进行有针对性的、可持续改进的应用和实施。

三、节点法项目管理的表单设计

节点法项目管理表单是实施节点法项目管理的技术工具，通过管控表单来实施从上而下系统的、整体的、有组织的项目组织和管理，同时用表单记录全过程的管理成果，进行自下而上量化的、连续的、可操作的信息沟通和交流。用管控表单将从上而下的“管理流”与自下而上的“信息流”有机地组织起来，在体现组织流程的管控意志的同时，表达规范化、信息化的管控结果。

首先，按照节点法项目管理的管控流程和全过程成本管理的管控规则，将项目的管理模式与企业部门设置、项目管理职能定位、项目管理层级要求、分阶段分节点人力资源配置、各阶段各节点项目管理责任制的落实等工作有机地结合起来。

其次，结合多项目管控的集团化、扁平化要求，按专业化、规范化、标准化、信息化的节点法要求来系统地设计各节点管控表单，并以此作为整个项目管理沟通交流的平台，也以此作为各阶段、各节点过程管控的决策前提和决策依据。

最后，表单设计以建设项目管理中的组织管控、投资管控、设计管控、招标管控、服务管控、施工管控、评价管控、支付管控、签证管控、成本管控、资料管控等关键环节为节点进行设计。

（一）项目组织管控表

1. 组织管控目标和任务

节点法项目组织管控的基本目标和任务如下：

1）按照节点法项目管理的科学方法和规律，根据项目的具体管控要求，以全面性、系统性的观念建立项目全过程的组织和管控体系。

2）按照项目阶段节点管控的特点，以标准性、度量化的观念建立规范化和信息化的管控流程。

3）按照节点法过程行为管控的特点，以操作性、保障性的观念建立过程控制的行为准则，强化节点过程控制的落实和执行。

4）实现规范化、标准化的项目组织和管控。有效的、连续的项目组织和管控是达成管理目标的根本，规范化、标准化的项目组织和管控必须贯穿项目各阶段、各环节的过程管理。要明确项目的投资目标和管控要求，要确定项目实施各阶段、各节点的责任部门和责任人，要确定各部门的工作规则、办事流程，要制定有针对性的项目建设管理办法，要明确工作过程中的监督流程，将具体的组织管理成果表达在项目组织管控表单上。

5）实现各阶段的有效管控。实现各阶段关键节点的目标、过程、结果的有效管控，建立各阶段目标责任制和过程行为责任制，将阶段节点管理成果表达在节点管控表单上。

6）实现项目的核查评价管控。实现分阶段及整体的量化考核、评价总结管控，建立以目标为导向的团队协调、即时纠偏、考核激励、技能培训、知识积累、整体提升的持续改进机制，将阶段和整体的考核评价成果表达在项目统计分析管控表单上。

2. 组织管控表设计

节点法项目组织管控表如表 2-4 所示。

表 2-4 节点法项目组织管控表

项目地点		项目类型		项目用地	
项目名称		项目投资		建筑面积	
项目管控		投资管控		进度管控	
成本管控		招标管控		施工管理	
设计管控		评价管控		监督管控	

备注：

（一）投资指标及批复

（二）主要参建单位

（三）重要事项、重要变更

（二）项目投资管控表

1. 投资管控目标和任务

节点法项目投资管控的基本目标和任务如下：

1）节点法项目策划是项目成立的首要阶段，是项目全过管理的起点和核心。项目策划的正确与否，决定着项目管理的成败得失和投资效益水平的高低，决定着项目的预期效益和发展前途。节点法项目策划须达到项目初始决策的深度要求和目标。

2）节点法项目评估须从不同的出发点和角度，在项目可行性研究的基础上，以企业可持续发展和利益最大化为目标，对项目的目的、市场、资源、技术、工程、经济、风险等方面进行再分析和再评价，以期选择最佳投资项目和最佳投资方案。节点法项目评估须达到项目辅助决策的深度要求和目标，以期保证项目决策的成功和正确。

3）节点法项目决策须遵循策划、评估、决策的节点流程，以决策过程的由浅入深来分层次地封闭决策信息缺口，保证决策时的信息收集对称、完整、有效，保证决策质量的持续改进与提高。同时细化、量化决策目标，使项目方案的规模、范围、品质、费用的目标明确，使项目投资的强度、区间、周期、回报的目标明确，使项目建设的顺序、进度、质量、成本的目标明确。这些量化、明确的目标就是项目管理过程中上下沟通交流的信息源和基础，并以此来封闭项目全过程管理的信息缺口，保证项目的组织管理机构、阶段管理部门、具体实施管理者，在项目全过程管理中做到沟通有基础、交流有共识、实施有目标、检查有标准。节点法项目决策应体现决策成功是项目成功的最大保障，决策正确是项目成本的最大节约。

2. 投资管控表设计

节点法项目投资管控表如表2-5所示。

表2-5　节点法项目投资管控表

<table>
<tr><td colspan="6">项目策划</td></tr>
<tr><td>项目机会</td><td></td><td>项目市场</td><td></td><td>项目条件</td><td></td></tr>
<tr><td>项目可行</td><td></td><td>投资估算</td><td></td><td>项目效益</td><td></td></tr>
<tr><td colspan="6">项目评估</td></tr>
<tr><td>技术评估</td><td></td><td>工程评估</td><td></td><td>影响评估</td><td></td></tr>
<tr><td>投资评估</td><td></td><td>融资评估</td><td></td><td>经济评估</td><td></td></tr>
<tr><td>财务评估</td><td></td><td>回报评估</td><td></td><td>风险评估</td><td></td></tr>
<tr><td colspan="6">项目决策</td></tr>
<tr><td>方案决策</td><td colspan="5"></td></tr>
<tr><td>投资决策</td><td colspan="5"></td></tr>
<tr><td>建设决策</td><td colspan="5"></td></tr>
<tr><td colspan="6">备注</td></tr>
</table>

（三）项目设计管控表

1. 设计管控目标和任务

节点法项目设计管控的基本目标和任务如下：

1）成本与品质是在项目决策前提下的价值体现和限制条件，是设计达成决策目标的基础保证，各阶段设计必须与决策目标协调一致。因此，方案设计须确定合理的投资估算，初步设计须确定明确的投资概算。

2）在各阶段设计中，设计管理部门应建立设计成本控制的专家论证与支持体系，对建筑形式、结构体系、设备选型、地质条件及基础选型、场区总图、内外装修标准等方面进行优化论证，以达到从设计阶段控制造价和品质的目标。

3）施工图设计须符合初设的规模、品质、标准，内容须达到业主预算或招标控制价编制的深度和全面性要求。

2. 设计管控表设计

节点法项目设计管控表如表2-6所示。

表2-6　节点法项目设计管控表

<table>
<tr><td>阶段</td><td colspan="4">设计管控内容</td></tr>
<tr><td rowspan="3">1. 方案</td><td>投资估算</td><td></td><td>建筑面积</td><td></td></tr>
<tr><td>平米造价</td><td></td><td>建安费用</td><td></td></tr>
<tr><td>其他费用</td><td></td><td>预备费用</td><td></td></tr>
<tr><td>优化</td><td colspan="4"></td></tr>
</table>

续表

阶段	设计管控内容			
2. 初设	投资概算		建筑面积	
	平米造价		建安费用	
	其他费用		预备费用	
优化				
3. 施工	投资预算		建筑面积	
	平米造价		建安费用	
	其他费用		预备费用	
优化				
4. 专项设计	投资估算		建筑面积	
	平米造价		建安费用	
	其他费用		预备费用	
优化				

（四）项目招标管控表

1. 招标管控目标和任务

节点法项目招标管控的基本目标和任务如下：

1）建立项目招标控制价编、审、定的工作责任制，明确项目整体及各分部分项中概算价与控制价的关系（内容、品质、金额等）。

2）建立招标价格控制和主要材料询价体系，实施定额指导价、市场交易价、企业成本价的渐进策略，形成大宗材料价格、工程服务价格论证机制和集中采购机制。

3）招标管控须为合同的起草、会签、商务谈判、确认和执行做好前期准备，同时要对结算、支付、调价、签证、甲供材料、封闭结算缺口等方面给予充分考虑，使招标与合同执行做到无缝连接，从项目建设实施的起点体现业主成本、品质的管控意志。

2. 招标管控表设计

节点法项目招标管控表如表 2-7 所示。

表 2-7　节点法项目招标管控表

招标名称	招标管理内容			
招标 1	招标代理		投标价 1	
	分部概算		投标价 2	
方式：	控制价编		投标价 3	
类别：	控制价审		中标单位	
日期：	控制价定		中标价格	
备注				
招标 2	招标代理		投标价 1	
	分部概算		投标价 2	
方式：	控制价编		投标价 3	
类别：	控制价审		中标单位	
日期：	控制价定		中标价格	
备注				

续表

招标名称	招标管理内容			
招标 3 方式： 类别： 日期：	招标代理		投标价 1	
	分部概算		投标价 2	
	控制价编		投标价 3	
	控制价审		中标单位	
	控制价定		中标价格	
备注				

（五）项目服务管控表

1. 服务管控目标和任务

节点法项目服务管控的基本目标和任务如下：

1）建立服务合同管理责任制，明确合同执行主体。

2）以合同的有效执行为前提来组织合同的起草、会签、确认、审定，使合同执行部门能在实施过程中责权明确、管控到位、评价充分。

3）工程建设项目的服务种类较多，涉及项目的各个阶段，随服务因素变化而变化。服务合同的执行部门应建立分类集中采购制度，有效控制服务成本。

2. 服务管控表设计

节点法项目服务管控表如表 2-8 所示。

表 2-8　节点法项目服务管控表

服务合同	服务成本管理内容			
服务 1 分类： 日期：	合同单位		合同编码	
	标准费率		实际费率	
	合同金额		已付金额	
	增减金额		结算金额	
备注				
服务 2 分类： 日期：	合同单位		合同编码	
	标准费率		实际费率	
	合同金额		已付金额	
	增减金额		结算金额	
备注				
服务 3 分类： 日期：	合同单位		合同编码	
	标准费率		实际费率	
	合同金额		已付金额	
	增减金额		结算金额	
备注				

（六）项目施工管控表

1. 施工管控目标和任务

节点法项目施工管控的基本目标和任务如下：

1）建立施工合同管理责任制，明确合同执行主体。

2）以施工合同的有效执行为前提来组织施工合同的起草、会签、确认、审定，在合同前期强化组织协调、注重管控连续，避免形成影响施工成本管控及执行的被动条款。使施工合同的执行部门能在实施过程中责权明确、管控到位、评价充分。

3）建立针对项目特点的施工管理、施工成本、签证管理、造价审计、安全质量、资金管理、信息报送、监督核查等方面的管理大纲及各分部实施细则。

4）建立项目施工结算编、审、定的工作责任制，明确工作流程及责任部门和责任人。建立全面评价施工成本管控、施工管理效率、施工协调管控的评价总结机制。

2. 施工管控表设计

节点法项目施工管控表如表 2-9 所示。

表 2-9　节点法项目施工管控表

施工合同	施工成本管理内容			
施工 1	合同单位		合同编码	
	中标价格		合同金额	
	开竣工期		预留金额	
分部：	已付金额		签证金额	
日期：	结算送审		结算审定	
备注				
施工 2	合同单位		合同编码	
	中标价格		合同金额	
	开竣工期		预留金额	
分部：	已付金额		签证金额	
日期：	结算送审		结算审定	
备注				
施工 3	合同单位		合同编码	
	中标价格		合同金额	
	开竣工期		预留金额	
分部：	已付金额		签证金额	
日期：	结算送审		结算审定	
备注				

（七）项目评价管控表

1. 评价管控目标和任务

节点法项目评价管控的基本目标和任务如下。

1）项目评价应对整个实施全过程的工作进行回顾，对全过程的实际情况与预计情况进行比较研究。衡量和分析实际情况与预测情况发生偏离的程度，说明项目实施过程成功和不足的原因，总结经验教训并反馈给项目的各阶段管理者作为参考和借鉴，为在新项目中持续地改进管理和完善组织规则提供重要的信息依据和实践依据，以此来达到提高项目的决策、组织、管理、协调水平和提高投资效益的目的。

2）项目评价要从项目的政策因素、企业组织和企业文化、企业财务和项目财务、人才培养与技术提高、企业和项目的可持续发展等方面进行分析和研究。为企业实现整体和项目的既定投资、效益、运营目标服务。

2. 评价管控表设计

节点法项目评价管控表如表 2-10 所示。

表 2-10　节点法项目评价管控表

过程评价	组织管控		阶段管控		节点管控	
	成本管控		质量管控		进度管控	
效益评价	方案决策		投资决策		建设决策	
	经济评价		财务评价		回报评价	
可持续性评价	项目成功度评价					
	项目可重复评价					
	项目可持续评价					
备注						

（八）项目支付管控表

1. 支付管控目标和任务

节点法项目支付管控的基本目标和任务：规范项目支付管理和支付规则，明确各类支付与相应合同执行主体双方的责任，明确审批程序与流程，明确审批权限与层级，提高项目支付审批的有效性与效率。

2. 支付管控表设计

节点法项目支付管控表如表 2-11 所示。

表 2-11　节点法项目支付管控表

项目名称		支付编号	
支付明细			
付款内容			
支付金额			
开户银行		账号	
项目核算		项目负责	
项目财务		审批（1）	
审批（2）		审批（3）	
备注			

（九）项目签证管控表

1. 签证管控目标和任务

节点法项目签证管控的基本目标和任务：规范现场签证管理，明确签证各方责任和签证规则，杜绝事后补签；建立一事一签制度，明确签证的量、价计算规则和见证计量规则，简化项目及分部分项结算工作，封闭结算漏洞。

2. 签证管控表设计

节点法项目签证管控表如表 2-12 所示。

表 2-12　节点法项目签证管控表

<table>
<tr><td>项目名称</td><td colspan="2"></td><td>签证编号</td><td></td></tr>
<tr><td>施工单位</td><td colspan="2"></td><td>施工负责</td><td></td></tr>
<tr><td>签证原因</td><td colspan="2"></td><td>项目管理</td><td></td></tr>
<tr><td>签证费用</td><td colspan="2"></td><td>项目核算</td><td></td></tr>
<tr><td colspan="5">签证内容及附件资料</td></tr>
<tr><td>施工单位</td><td>监理单位</td><td>设计单位</td><td>造价审计</td><td>项目管理</td></tr>
<tr><td></td><td></td><td></td><td></td><td></td></tr>
<tr><td>备注</td><td colspan="4"></td></tr>
</table>

（十）项目成本管控表

1. 成本管控目标和任务

节点法项目成本管控统计的基本目标和任务：节点法项目管理的模式就是将管理成果量化为数据，而数据又紧紧围绕质量、费用、进度这 3 个工程项目管理的实质与核心。节点法使项目管理用数据说话成为现实，进而用数据检测项目管理的运行情况、预测项目管理的未来、辅助管理者进行各阶段、各节点的决策并及时纠偏、引导项目管控达到预定的目标成为现实。

2. 成本管控表设计

节点法项目成本管控表如表 2-13 所示。

表 2-13　节点法项目成本管控表

分部名称	概算价	预算价	合同价	签证价	结算价
地基基础					
主体结构					
装饰装修					
给水排水					
电器照明					
建筑智能					
通风空调					
机电设备					
室外工程					
合计					
备注					

3. 节点法项目成本管控统计图

节点法项目成本管控统计图如图 2-2 所示。

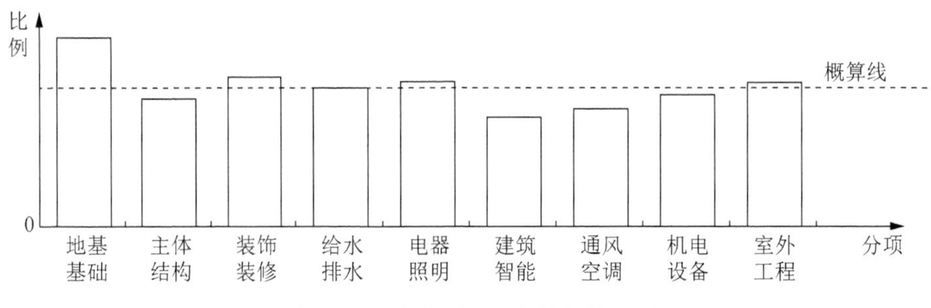

图 2-2　节点法项目成本管控统计图

4. 节点法项目成本五算统计图

节点法项目成本五算统计图如图 2-3 所示。

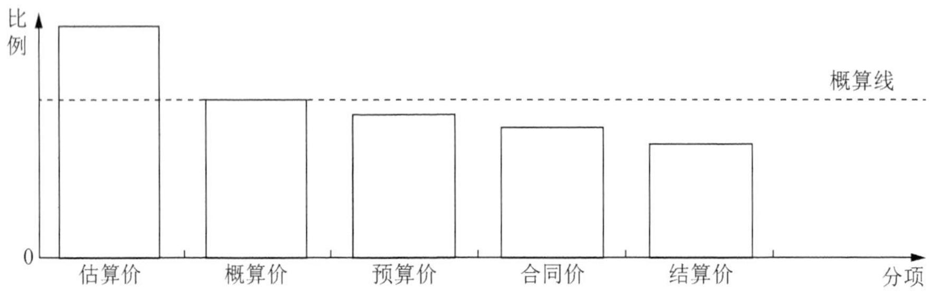

图 2-3　节点法项目成本五算统计图

（十一）项目资料管控表

节点法项目资料管控的基本目标和任务：要能够完整、准确、真实地反映项目各阶段和各节点的管理过程，记录各阶段和各节点的目标确立、过程控制、成果管理的组织管控状态，记录按项目管理流程进行必备档案有效管理的实际情况。

项目资料管控主要包括各节点前期策划和过程管控会议记录，成果反馈修正会议记录，各阶段决策图文资料和档案，各类合同策划纪要和合同文本，记录和反映项目管理、项目进程、项目形象、项目亮点、项目变更、项目整改的图文资料等。

按照管理的流程实现项目资料管控的信息化管理和存档。

第三节　节点法项目管理信息化

一、节点法项目管理信息化概述

（一）管理信息系统的定义

管理信息系统是在管理中引入其他学科的概念而形成的综合性新学科。

《中国企业管理百科全书》给管理信息系统下的定义是管理信息系统是一个由人或计

算机等组成的能进行信息的收集、传递、储存、加工、维护和使用的系统。管理信息系统能实测企业的各种运行情况，利用过去的数据预测未来，从企业全局出发辅助企业进行决策，利用信息控制企业的行为，帮助企业实现其规划的目标。这个定义强调的是管理信息系统的功能和性质，说明管理信息系统是把人包括在内的人机系统，是一个管理系统。同时，它强调了计算机是管理信息系统的一种重要工具，虽然管理信息系统并不一定使用计算机，没有计算机也有管理信息系统，但只要有管理，就会有信息，也就有管理信息系统。

（二）节点法项目管理信息化建设的理念

1）工程项目管理信息系统是一个针对工程项目管理的计算机应用软件系统，是以工程项目管理理论和管理现实需求为工作环境的系统。系统的设计必然要体现所依托的项目管理理论的思想、组织、方法、技术和工具。因此，工程项目管理模式的专业化、规范化、标准化在系统的设计研制中至关重要，这是实现项目管理信息化的基础和前提。

2）信息化是工程项目管理的工具和手段之一，但不是项目管理的实质与核心，信息化是管理成功之后的锦上添花，而非管理不善之下的雪中送炭。目前，工程项目管理信息化实施领域，各类项目管理信息系统建设的成功概率仅有一至二成。究其原因，是陷入了工程项目管理工具与实质、手段与核心的误区。因为项目管理信息化要解决的是自下而上的信息流，它是文字、数字、图表、音像或者代码，它表达的是已进行的管理事实和管理状态，如果不能从中识别出它所承载的管理实质与核心就毫无价值可言。而工程项目管理要解决的是自上而下的管理流，它是实施决策、实施方法、实施顺序、实施时间、实施过程或管理过程的控制及协调，它表达的是对项目的目标、质量、费用、进度进行综合管理的能力和水平。所以，工程项目管理的工具与实质、手段与核心是不能本末倒置的，要让工具来适应管理，而不能让管理来适应工具。

3）节点法项目管理的模式就是将管理成果量化为数据，而数据又紧紧围绕质量、费用、进度这 3 个工程项目管理的实质与核心。节点法使项目管理用数据说话成为现实，进而用数据检测项目管理的运行情况，用数据预测项目管理的未来，用数据辅助管理者进行各阶段、各节点的决策并及时纠偏，用数据引导项目管控达到预定目标成为现实。这是有目标、有流程、有管理的项目管理信息化建设，自然就成为工程项目管理的有力工具和强大手段，其管理信息系统的设计与编程就能做到专业分工、实用有效、规范兼容，对应于项目管理的组织与实施也才能做到目标明确、效率提高、层次分明，其项目管理信息系统承载的管理方法、目标体系、过程控制、分析预警、积累传承、持续改进功能也才能落到实处，成为项目管理的必要工作之一。

（三）节点法项目管理信息化建设路径

综上所述，节点法项目管理信息化建设的路径明确为专业化、规范化、标准化、信息化、网络化、虚拟化。遵循这个路径其信息化建设顺理成章、事半功倍。因为专业化、规范化、标准化是节点法项目管理的出发点，其理念、模式、规则、流程的管理需求已深深地融入节点法项目管理的系统设计之中。用数据说话是全过程成本管控的核心，也是节点法项目管理中节点过程管控的系统方法。而节点法项目管理在解决了管理需求、管理流程、管理技术的前提下，其项目管理的信息化建设，就变成了相对单纯的 IT 节点技术问题了。

二、信息化系统平台建设模式

（一）节点法业主管理系统平台

节点法业主管理系统是以节点法的组织管理理念为核心，在项目管理全过程的目标管理、过程管理、成果管理中，对项目管理的各阶段、各关键节点进行模式化的组织和管理的系统方法。其管控模式如图2-4所示。

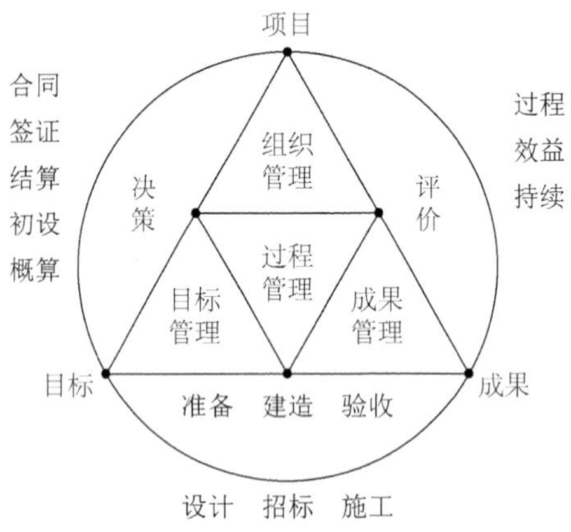

图2-4　业主组织管控模式图

业主组织管控模式包括组织模式、系统方法、技术工具。

1）组织模式。以构建模式化的业主组织管理体系为核心，按业主管理的组织流程对项目的组织管理、前期管理、设计管理、成本管理、招标管理、施工管理进行模式化的组织，以整体的、全过程管控最优为目标，对各关键节点、各阶段的管理规则和组织流程进行标准化的系统设计，开展业主管理全过程的决策责任组织、过程控制组织、综合协调组织等有针对性的组织管理。

2）系统方法。以项目的品质及成本的全过程管控为核心，用节点管控的组织设计和系统方法，开展前期、设计、成本、招标、施工各阶段及关键节点的管控，建立目标化、责任化、程序化、制度化的过程管控，达到预期的业主管理成果。

3）技术工具。用节点法业主管理系统为规范化、信息化的技术工具，管理记录各个分部分项的管理成果，建立参建团队和项目业主在项目管理、项目决策中的信息对称和协同管理机制，创新高效地开展系统的、连续的、可改进的管理沟通和交流，科学合理地进行项目管理、项目决策。

节点法业主管理模式是把项目的实施组织用流程化、规范化、信息化的管理系统组织起来，规范业主及参建单位的管理行为和成果交付，保障各参建单位与业主管理部门的沟通交流和信息对称，从而构建以项目的品质、成本为核心的协同管理模式，构建参建团队及业主共同对项目的目标、过程、成果进行决策和管控的信息化工作平台。以此实现业主管理与参建单位在建设过程中的实时对接及信息对称，使各参建单位的建设成果达到项目的品质和成本要求，减少建设过程中的沟通困难、工作失误、成果返工，支撑业主项目管理、决策的科学合理高效。

（二）节点法设计管理系统平台

节点法设计管理系统是以节点法的组织管理理念为核心，在设计全过程的目标管理、过程管理、成果管理中，对设计的各阶段、各关键节点进行模式化的组织和管理的信息化系统工作平台。其管控模式如图2-5所示。

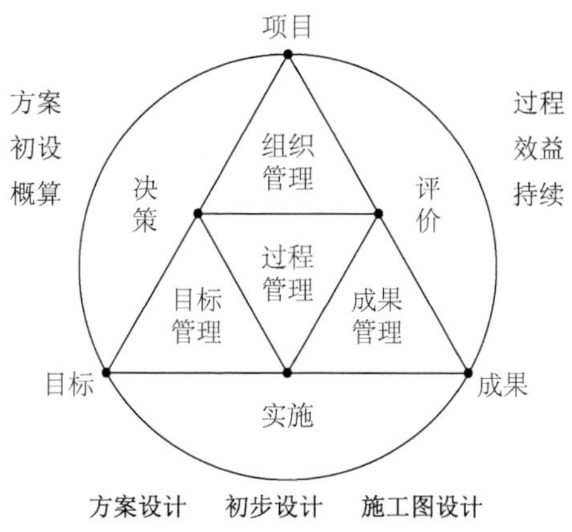

图2-5　设计组织管控模式图

设计组织管控模式包括组织模式、系统方法、技术工具。

1）组织模式。以构建模式化的设计组织管理体系为核心，以三节点控制（设计组织、技术管理、业主管理）、三阶段设计（方案设计、初步设计、施工图设计）为模式，以整体的、全过程管控最优为目标，对各关键节点、各设计阶段的管理规则和组织流程进行标准化的系统设计，开展设计全过程和全专业的决策责任组织、过程控制组织、综合协调组织等有针对性的组织管理。

2）系统方法。以设计阶段成果、分部分项成果的品质及成本的全过程管控为核心，用节点管控的组织设计和系统方法，开展各阶段及关键节点的目标化、责任化、程序化、制度化的过程管控，达到预期的设计管理成果。

3）技术工具。用节点法设计管理系统为规范化、信息化的技术工具，管理记录设计各个阶段、各个分部分项的管理成果，建立设计团队和项目业主在设计管理、设计决策中的信息对称和协同管理机制，创新高效地开展系统的、连续的、可改进的设计沟通和交流，科学合理地进行设计决策。

节点法设计管理模式是把设计的实施组织用流程化、规范化、信息化的管理系统组织起来，规范管理行为和成果交付，保障三节点管控、三阶段设计中各管理部门的沟通交流和信息对称，从而构建以项目设计全过程为核心的协同管理模式，构建设计团队及业主共同对设计项目的目标、过程、成果进行决策和管控的信息化工作平台。以此实现业主单位与设计团队在设计过程中的实时对接及信息对称，使设计的成果达到项目的品质和成本要求，减少设计过程中的沟通困难、工作失误、成果返工，支撑设计管理、决策的科学合理。

（三）节点法监理管理系统平台

节点法监理管理系统是以节点法的组织管理理念为核心，在监理全过程的目标管理、过程管理、成果管理中，对监理的各阶段、各关键节点进行模式化的组织和管理的信息化系统工作平台。其管控模式如图2-6所示。

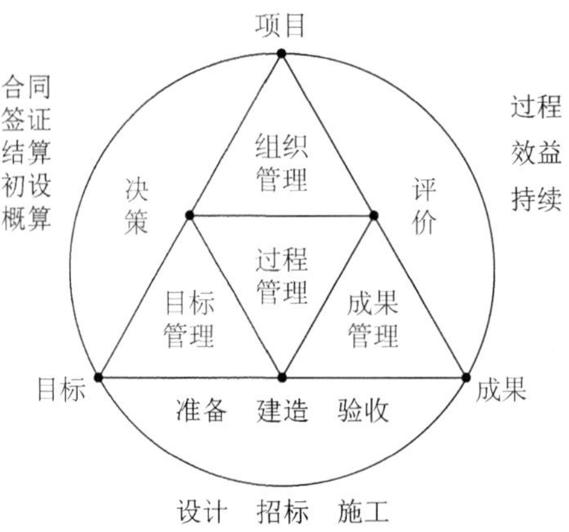

图2-6　监理组织管控模式图

监理组织管控模式包括组织模式、系统方法、技术工具。

1）组织模式。以构建模式化的监理组织管理体系为核心，以三控两管一协调为模式（质量控制、进度控制、成本控制，安全管理、信息管理，监理组织管理协调），以整体的、全过程管控最优为目标，对三控两管一协调的管理规则和组织流程进行标准化的系统设计，开展监理全过程和全专业的监理责任组织、过程控制组织、监理协调组织等有针对性的组织管理。

2）系统方法。以三控两管一协调的阶段成果、分部分项成果的全过程管控为核心，用节点管控的组织设计和系统方法，开展各阶段监理管理关键节点的目标化、责任化、程序化、制度化的过程管控，达到项目预期的质量、进度、成本的管理成果。

3）技术工具。用节点法监理管理系统为规范化、信息化的技术工具，管理记录监理各个阶段、各个分部分项的管理成果，建立监理团队、项目业主、参建单位在监理管理中的信息对称和协同管理机制，创新高效地开展系统的、连续的、可改进的监理沟通和交流，科学合理地进行监督组织与管理。

节点法监理管理模式是把监理的实施组织用流程化、规范化、信息化的管理系统组织起来，规范管理行为和成果交付，保障三控两管一协调中各管理部门的沟通交流和信息对称，从而构建以项目监理全过程为核心的协同管理模式，构建监理团队、项目业主、参建单位协同的信息化工作平台。实现监理成果达到项目的品质、进度、成本要求，减少监理过程中的沟通困难、工作误判，支撑监理组织管理的规范化、信息化。

（四）节点法施工管理系统平台

节点法施工管理系统是以节点法的组织管理理念为核心，在施工组织管理全过程的目标管理、过程管理、成果管理中，对施工的各阶段、各关键节点进行模式化的组织和管理的系统方法。其管控模式如图2-7所示。

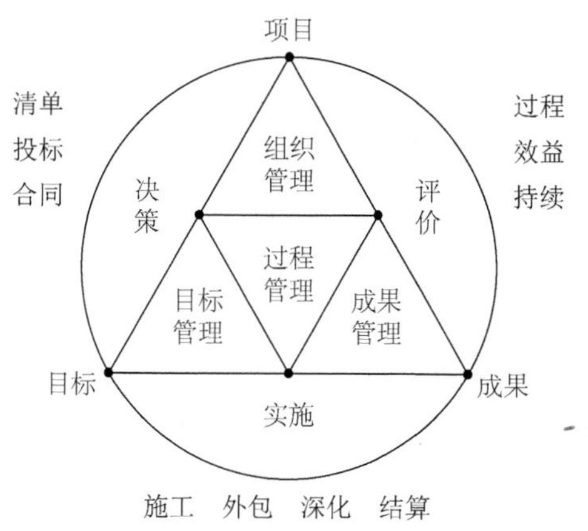

图 2-7　施工组织管控模式图

施工组织管控模式包括组织模式、系统方法、技术工具。

1）组织模式。以构建模式化的施工组织管理体系为核心，以工程量清单、投标报价、施工合同为决策基础，以施工组织、外包组织、深化组织、结算组织的节点控制为模式，以整体的、全过程管控最优为目标，对各关键节点、各施工阶段的管理规则和组织流程进行标准化的系统设计，开展施工全过程和全专业的决策责任组织、过程控制组织、综合协调组织等有针对性的组织管理。

2）系统方法。以施工阶段成果、分部分项成果的品质及成本的全过程管控为核心，用节点管控的组织设计和系统方法，开展各阶段及关键节点的目标化、责任化、程序化、制度化的过程管控，达到预期的施工管理成果。

3）技术工具。用节点法施工管理系统为规范化、信息化的技术工具，管理记录施工各个阶段、各个分部分项的管理成果，建立施工团队和项目业主在施工管理、施工决策中的信息对称和协同管理机制，创新高效地开展系统的、连续的、可改进的施工沟通和交流，科学合理地进行施工决策。

节点法施工管理模式是把施工的实施组织用流程化、规范化、信息化的管理系统组织起来，规范施工管理行为和施工成果交付，保障施工组织管理与成本管理、质量管理、进度管理、安全管理、分包管理的沟通交流和信息对称，从而构建以项目施工全过程为核心的协同管理模式，构建施工实施团队及相关管理部门共同对项目施工的目标管理、过程控制、成果管理进行施工决策和管控的信息化工作平台。以此实现施工管理团队各部门在项目实施全过程中的实时对接及信息对称，使项目施工的成果达到项目的品质和成本要求，减少施工管理过程中的沟通困难、工作失误、成果返工，支撑施工管理、决策的科学合理管理效果。

（五）节点法运维管理系统平台

节点法运维管理系统是以节点法的组织管理理念为核心，在运维管理系统的组织中把建设项目的数字化交付、信息化管理、智慧化运维有机地结合起来，实现建设管理与运维管理的目标、过程、成果有机的结合与创新，对运维管理的各阶段、各关键节点进行模式化的组织和管理的系统方法。其管控模式如图 2-8 所示。

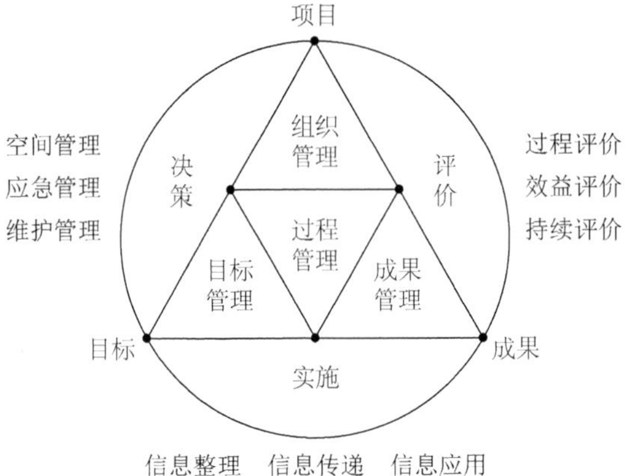

图 2-8　运维组织管控模式图

运维组织管控模式包括组织模式、系统方法、技术工具。

1）组织模式。以构建模式化的运营维护的组织管理体系为核心，把项目的数字化交付、信息化管理作为智慧化运维的基础。项目的数字化交付、信息化管理是项目建设管理的新延伸，是项目的数字化产品交付和数字化使用方法。智慧化运维是在数字化的基础上实现智能化、自动化、更合理、更优化的运维管理的新方法。在数字化交付阶段，以项目设计资料为基础、施工资料为补充，形成模式化的项目数字化资源信息整理、传递和应用。以项目建设成果全周期的数字化资源信息的应用管控最优为目标，对各节点、各阶段的信息管理规则和信息组织流程进行标准化的系统设计，开展项目运维的信息系统组织、信息过程控制、信息协调组织等有针对性的运维信息组织和管理。

2）系统方法。以设计成果、建设成果的信息组织管控为核心，用节点管控的组织设计和系统方法，开展各阶段及关键节点的目标化、责任化、程序化、制度化的过程管控，达到预期的信息组织、整理、传递、应用的管理成果。

3）技术工具。用节点法运维管理系统为规范化、信息化的技术工具，管理记录项目各阶段、各分部分项的信息管理成果，建立项目的建设团队和运维团队在数字化交付、信息化管理、智慧化运维全过程中的信息对称和协同机制，创新高效地开展系统的、连续的、可改进的沟通和交流，科学合理地进行项目的运行和维护。

节点法运维管理模式是把运维的实施组织用流程化、规范化、信息化的管理系统组织起来，规范建设成果交付和运维管理行为，保障数字化交付、信息化管理、智慧化运维三阶段中各管理部门的沟通交流和信息对称。构建以项目数字化交付为基础、以信息化管理为核心、以智慧化运维为目标的协同管理模式。构建项目的建设团队和运维团队共同对项目的信息进行组织、整理、传递、应用的运维管理的信息化工作平台。以此实现项目从建设到管理的信息化交接，实现项目使用功能、维护管理的信息化交付，实现运维团队在数字化交付基础上的信息化的运行维护管理，为智慧化的运维做好基础的、系统的、科学的前期准备，使运维团队能以此为基础，科学地实现智慧化运维目标。

三、信息化系统平台应用示例

（一）节点法设计管理系统平台

1）设计管理系统登录界面，如图 2-9 所示。

图 2-9 设计管理系统登录界面

2）设计管理系统项目组织界面之一，如图 2-10 所示。

图 2-10 设计管理系统项目组织界面之一

3）设计管理系统项目组织界面之二，如图 2-11 所示。

图 2-11　设计管理系统项目组织界面之二

4）设计管理系统信息组织界面，如图 2-12 所示。

图 2-12　设计管理系统信息组织界面

5）设计管理系统设计团队组织界面，如图 2-13 所示。

会展建设指挥部 设计管理平台

设计管理　技术管理　业主管理　方案阶段　初设阶段　施设阶段　文件查询

项目名称：商业K（跨环湖路平台）项目　　查阅准入　1/2页

序号	查阅部门	职责	姓名	电话
001	会展建设指挥部	业主决策		137****2685
002	会展建设指挥部	业主设计负责、辅助决策		130****7159
003	会展建设指挥部	业主系统管理员		186****0933
004	会展建设指挥部			158****0268
005	会展建设指挥部			135****8059
006	会展建设指挥部			158****0981
007	云南省设计院集团	结构总设计师		133****1636
008	云南省设计院集团	建筑负责人		135****1297
009	云南省设计院集团	BIM负责人		138****4258
010	云南省设计院集团	结构负责人		138****1791
设计管理　负责：罗文兵　填报：蔡宇凌		填报　修改　审核　打印　返回	查阅准入通知　管理准入	

设计单位：云南省设计院集团　　准入查询　　2017-08-03　　®节点法 设计管理平台

图 2-13　设计管理系统设计团队组织界面

6）设计管理系统设计协调管理界面，如图 2-14 所示。

图 2-14　设计管理系统设计协调管理界面

7）设计管理系统设计进度管理界面，如图2-15所示。

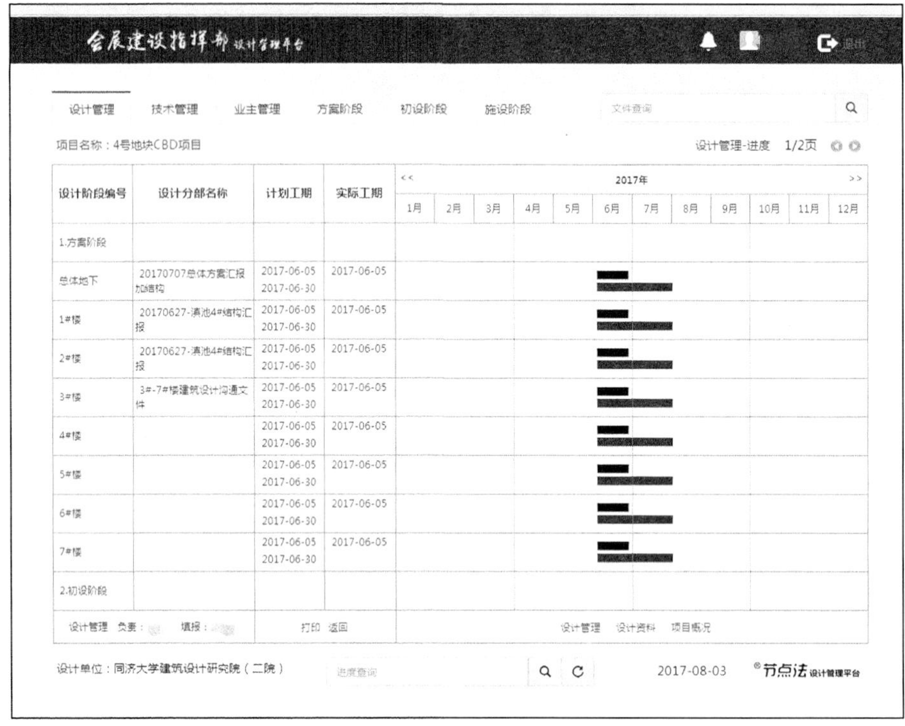

设计阶段编号	设计分部名称	计划工期	实际工期	2017年 1月	2月	3月	4月	5月	6月	7月	8月	9月	10月	11月	12月
1.方案阶段															
总体地下	20170707总体方案汇报加结构	2017-06-05 2017-06-30	2017-06-05												
1#楼	20170627-滇池4#结构汇报	2017-06-05 2017-06-30	2017-06-05												
2#楼	20170627-滇池4#结构汇报	2017-06-05 2017-06-30	2017-06-05												
3#楼	3#-7#楼建筑设计沟通文件	2017-06-05 2017-06-30	2017-06-05												
4#楼		2017-06-05 2017-06-30	2017-06-05												
5#楼		2017-06-05 2017-06-30	2017-06-05												
6#楼		2017-06-05 2017-06-30	2017-06-05												
7#楼		2017-06-05 2017-06-30	2017-06-05												
2.初设阶段															

图2-15　设计管理系统设计进度管理界面

8）设计管理系统设计资料管理界面，如图2-16所示。

序号	设计管理资料名称	日期	操作
001	设计协调002-2017年6月27日昆明水上乐园及T2T3结构会议纪要	2017-07-04	上传资料 | 查看 | 打包下载
002	设计协调001-三个酒店客房数及开间尺寸	2017-07-04	上传资料 | 查看 | 打包下载
003	设计协调004-170707 塔楼屋面泊车设置研究	2017-07-07	上传资料 | 查看 | 打包下载
004	设计协调005-170707 公寓机电设备	2017-07-07	上传资料 | 查看 | 打包下载
005	设计协调006-170707 消防设计沟通文件	2017-07-07	上传资料 | 查看 | 打包下载
006	设计协调007-170714 酒店落定位置、规模、客房开间进深及任务书	2017-07-14	上传资料 | 查看 | 打包下载
007	设计协调008-170714 塔楼倾斜角度调整	2017-07-19	上传资料 | 查看 | 打包下载
008	设计协调009-配合基坑开挖开工事宜	2017-07-21	上传资料 | 查看 | 打包下载

图2-16　设计管理系统设计资料管理界面

9）设计管理系统设计技术管理界面，如图 2-17 所示。

图 2-17　设计管理系统设计技术管理界面

10）设计管理系统设计技术过控界面，如图 2-18 所示。

图 2-18　设计管理系统设计技术过控界面

11）设计管理系统设计技术资料界面，如图 2-19 所示。

会展建设指挥部 设计管理平台　　退出

设计管理　技术管理　业主管理　方案阶段　初设阶段　施设阶段　文件查询

项目名称：5、6、10号地块项目　　技术资料　1/2页

序号	业主管理资料名称	日期	操作
001	方案阶段总图及地下室-170527发业主阶段设计文件业主管理意见	2017-07-03	上传资料 | 查看 | 打包下载
002	方案阶段总图及地下室-170613总体交通及地下室设计业主管理意见	2017-07-03	上传资料 | 查看 | 打包下载
003	方案阶段总图及地下室-170619塔楼发业主阶段文件业主管理意见	2017-07-05	上传资料 | 查看 | 打包下载
004	方案阶段总图及地下室-170622总体及地下室成果文件 业主管理意见	2017-07-05	上传资料 | 查看 | 打包下载
005	方案阶段总图及地下室-170425阶段汇总文件发出业主管理意见	2017-07-05	上传资料 | 查看 | 打包下载
006	方案阶段总图及地下室-170425阶段汇总文件发出业主管理意见	2017-07-05	上传资料 | 查看 | 打包下载
007	方案阶段总图及地下室-170425阶段汇总文件发出业主管理意见	2017-07-05	上传资料 | 查看 | 打包下载
008	方案阶段总图及地下室-170425阶段汇总文件发出业主管理意见	2017-07-05	上传资料 | 查看 | 打包下载
009	2017.4.10设计协调会会议纪要	2017-07-05	上传资料 | 查看 | 打包下载
010	2017.4.15成都协调会议纪要	2017-07-05	上传资料 | 查看 | 打包下载

业主管理　负责：　填报：　　填报　修改　审核　打印　返回　　业主管理

设计单位：同济大学建筑设计研究院（二院）　资料查询　　2017-08-03　节点法 设计管理平台

图 2-19　设计管理系统设计技术资料界面

12）设计管理系统业主管理界面，如图 2-20 所示。

会展建设指挥部 设计管理平台　　退出

设计管理　技术管理　业主管理　方案阶段　初设阶段　施设阶段　文件查询

项目名称：4号地块CBD项目　　技术过程　1/1页

设计阶段	分部设计名称	操作	业主管理意见	操作
总体地下	20170610地下室底板设计原则	查看 | 下载	按会议精神继续深化	上传资料 | 查看 | 下载
总体地下	20170624建筑设计沟通文件	查看 | 下载	按会议精神调整方案	上传资料 | 查看 | 下载
总体地下	20170702４#总体设计沟通文件	查看 | 下载	按会议精神继续深化	上传资料 | 查看 | 下载
总体地下	20170703住宅结构方案汇报	查看 | 下载	已阅	上传资料 | 查看 | 下载
总体地下	20170707总体方案汇报加结构	查看 | 下载	参考文件，已阅	上传资料 | 查看 | 下载

业主管理　负责：　填报：　　填报　修改　审核　打印　返回　　业主管理　业主资料

设计单位：同济大学建筑设计研究院（二院）　管理查询　　2017-08-03　节点法 设计管理平台

图 2-20　设计管理系统业主管理界面

13）设计管理系统业主过程控制界面，如图 2-21 所示。

会展建设指挥部 设计管理平台

设计管理　技术管理　业主管理　方案阶段　初设阶段　施设阶段　文件查询

项目名称：5、6、10号地块项目　　技术过程　1/1页

设计阶段	分部设计名称	操作	业主管理意见	操作
总图及地下室	170622总体及地下室成果文件	查看｜下载	要求设计院按照6.24成都会议要求修改	上传资料｜查看｜下载
总图及地下室	170619塔楼发业主阶段文件	查看｜下载	要求设计院按照6.24成都会议要求修改	上传资料｜查看｜下载
总图及地下室	170613总体交通及地下室设计	查看｜下载	不同意，参照会议纪要进行修改。温泉小镇正进行	上传资料｜查看｜下载
总图及地下室	170527发业主阶段设计文件	查看｜下载	不同意，参照会议纪要进行修改。酒店意见反馈会	上传资料｜查看｜下载
总图及地下室	170425阶段汇总文件发出	查看｜下载	按会议纪要进行修改	上传资料｜查看｜下载
总图及地下室	170626阶段成果汇总	查看｜下载		上传资料｜查看｜下载
总图及地下室	170717地下室退界和高度分析	查看｜下载		上传资料｜查看｜下载

业主管理　负责：　填报：　　填报　修改　审核　打印　返回　　业主管理　业主资料

设计单位：同济大学建筑设计研究院（二院）　管理查询　2017-08-03　®节点法设计管理平台

图 2-21　设计管理系统业主过程控制界面

14）设计管理系统业主管理资料界面，如图 2-22 所示。

会展建设指挥部 设计管理平台

设计管理　技术管理　业主管理　方案阶段　初设阶段　施设阶段　文件查询

项目名称：5、6、10号地块项目　　技术资料　1/2页

序号	业主管理资料名称	日期	操作
001	方案阶段总图及地下室-170527发业主阶段设计文件业主管理意见	2017-07-03	上传资料｜查看｜打包下载
002	方案阶段总图及地下室-170613总体交通及地下室设计业主管理意见	2017-07-03	上传资料｜查看｜打包下载
003	方案阶段总图及地下室-170619塔楼发业主阶段文件业主管理意见	2017-07-05	上传资料｜查看｜打包下载
004	方案阶段总图及地下室-170622总体及地下室成果文件 业主管理意见	2017-07-05	上传资料｜查看｜打包下载
005	方案阶段总图及地下室-170425阶段汇总文件发出业主管理意见	2017-07-05	上传资料｜查看｜打包下载
006	方案阶段总图及地下室-170425阶段汇总文件发出业主管理意见	2017-07-05	上传资料｜查看｜打包下载
007	方案阶段总图及地下室-170425阶段汇总文件发出业主管理意见	2017-07-05	上传资料｜查看｜打包下载
008	方案阶段总图及地下室-170425阶段汇总文件发出业主管理意见	2017-07-05	上传资料｜查看｜打包下载
009	2017.4.10设计协调会会议纪要	2017-07-05	上传资料｜查看｜打包下载
010	2017.4.15成都协调会议纪要	2017-07-05	上传资料｜查看｜打包下载

业主管理　负责：　填报：　　填报　修改　审核　打印　返回　　业主管理

设计单位：同济大学建筑设计研究院（二院）　资料查询　2017-08-03　®节点法设计管理平台

图 2-22　设计管理系统业主管理资料界面

15）设计管理系统方案阶段管理界面，如图 2-23 所示。

会展建设指挥部 设计管理平台

设计管理　技术管理　业主管理　方案阶段　初设阶段　施设阶段　文件查询

项目名称：4号地块CBD项目　　方案阶段　1/1页

1.方案阶段	方案分部名称	操作	方案阶段工期	计划：　至 实际：　至	过程管理
总体地下	20170707总体方案汇报加结构	查看 | 下载	方案分部工期	计划：2017-06-05 至 2017-06-30 实际：2017-06-05 至	过程管理
1#楼	20170627-滇池4#结构汇报	查看 | 下载	方案分部工期	计划：2017-06-05 至 2017-06-30 实际：2017-06-05 至	过程管理
2#楼	20170627-滇池4#结构汇报	查看 | 下载	方案分部工期	计划：2017-06-05 至 2017-06-30 实际：2017-06-05 至	过程管理
3#楼	3#-7#楼建筑设计沟通文件	查看 | 下载	方案分部工期	计划：2017-06-05 至 2017-06-30 实际：2017-06-05 至	过程管理
4#楼		查看 | 下载	方案分部工期	计划：2017-06-05 至 2017-06-30 实际：2017-06-05 至	过程管理
5#楼		查看 | 下载	方案分部工期	计划：2017-06-05 至 2017-06-30 实际：2017-06-05 至	过程管理
6#楼		查看 | 下载	方案分部工期	计划：2017-06-05 至 2017-06-30 实际：2017-06-05 至	过程管理
7#楼		查看 | 下载	方案分部工期	计划：2017-06-05 至 2017-06-30 实际：2017-06-05 至	过程管理
方案阶段　负责： 填报：		填报　修改　审核　打印　返回			方案资料

设计单位：同济大学建筑设计研究院（二院）　管理查询　2017-08-03　®节点法 设计管理平台

图 2-23　设计管理系统方案阶段管理界面

16）设计管理系统方案阶段过程控制界面，如图 2-24 所示。

图 2-24　设计管理系统方案阶段过程控制界面

17）设计管理系统方案阶段资料界面，如图 2-25 所示。

图 2-25 设计管理系统方案阶段资料界面

（二）节点法监理管理系统平台

1）监理管理系统登录界面，如图 2-26 所示。

图 2-26 监理管理系统登录界面

2）监理管理系统项目组织界面，如图 2-27 所示。

监理管理平台　admin　退出

监理单位：　　项目汇总 1/1页

序号	项目名称	监理管理部门	填报人	电话	准入日期
001	湖州培训中心	管理部门	admin	13901619229	2017-06-14 至 2017-08-31
002	华府庄园	项目一部	夏成	13901619229	2017-06-18 至 2017-09-19
003	测试项目1	测试组	测试2	18768183481	2017-07-04 至 2017-07-04
004	测试项目2	测试组	测试1		2017-07-04 至 2017-07-22
005	测试项目3	测试组	测试2	18768183481	2017-07-21 至 2017-07-31
006	测试项目4	测试组	测试2	18768183481	2017-07-22 至 2017-07-22
007	测试项目41	测试组	测试21		2017-08-03 至 2017-10-12
归档管理		填报 修改 审核 打印		系统管理 填报 修改 通知	

项目查询　　2017-08-03　节点法 监理管理系统

图 2-27　监理管理系统项目组织界面

3）监理管理系统信息组织界面，如图 2-28 所示。

监理管理平台　admin　退出

监理管理　质量管理　进度管理　造价管理　安全管理　信息管理　文件查询

项目名称：湖州培训中心　　管理准入

序号	管理分工	职责	部门	职务	姓名	电话	邮箱
01	监理管理负责人	审核	管理部门		测试1		
02	监理管理填报人	填报	管理部门		admin	[illegible]	
03	质量管理负责人	审核	质量部门		测试1		
04	质量管理填报人	填报	质量部门		测试2	[illegible]	
05	进度管理负责人	审核	进度部门		测试1		
06	进度管理填报人	填报	进度部门		测试2	[illegible]	
07	造价管理负责人	审核	造价部门		测试1		
08	造价管理填报人	填报	造价部门		测试2	[illegible]	
09	安全管理负责人	审核	安全部门		测试1		
10	安全管理填报人	填报	安全部门		测试2	[illegible]	
11	信息管理负责人	审核	信息部门		测试1		
12	信息管理填报人	填报	信息部门		测试2	[illegible]	
监理管理　负责：测试1　填报：admin				填报 修改 审核 打印 返回		管理准入通知	

监理单位：　　2017-08-03　节点法 监理管理系统

图 2-28　监理管理系统信息组织界面

4）监理管理系统团队组织界面，如图 2-29 所示。

图 2-29 监理管理系统团队组织界面

5）监理管理系统管理组织界面，如图 2-30 所示。

图 2-30 监理管理系统管理组织界面

6）监理管理系统管理协调界面，如图2-31所示。

图2-31　监理管理系统管理协调界面

7）监理管理系统管理资料界面，如图2-32所示。

图2-32　监理管理系统管理资料界面

8）监理管理系统质量管理界面，如图 2-33 所示。

图 2-33　监理管理系统质量管理界面

9）监理管理系统质量过程界面，如图 2-34 所示。

图 2-34　监理管理系统质量过程界面

10）监理管理系统质量资料界面，如图 2-35 所示。

监理管理平台　　admin　退出

监理管理　质量管理　进度管理　造价管理　安全管理　信息管理　文件查询

项目名称：湖州培训中心　　质量资料　1/1页

序号	质量资料名称	日期	操作
001	中太建设集团股份有限公司-2#楼建筑屋面工程-质量资料	2017-06-20	上传资料 | 查看 | 打包下载
002	质量管理003-中太建设集团股份股份公司-总承包;地基与基础;建筑屋面;智能建筑;建筑节能;室外设施;qqqq;	2017-06-27	上传资料 | 查看 | 打包下载
003	质量管理001-中太建设集团有限公司-1#楼主体结构工程	2017-07-03	上传资料 | 查看 | 打包下载
004	上海民波-建筑电气相关资料	2017-07-23	上传资料 | 查看 | 打包下载

质量管理　负责：测试1　填报：测试2　　填报　修改　审核　打印　返回　　质量管理

监理单位：　资料查询　2017-08-03　节点法监理管理系统

图 2-35　监理管理系统质量资料界面

11）监理管理系统进度管理界面，如图 2-36 所示。

图 2-36　监理管理系统进度管理界面

12）监理管理系统进度过程界面，如图 2-37 所示。

图 2-37 监理管理系统进度过程界面

13）监理管理系统进度资料界面，如图 2-38 所示。

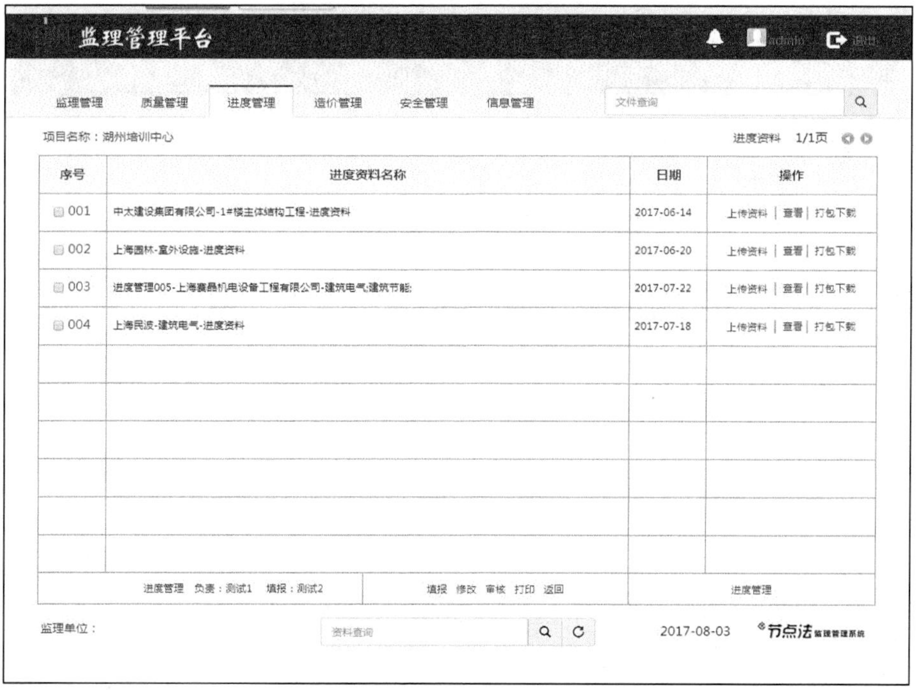

监理管理平台 admin

监理管理 质量管理 进度管理 造价管理 安全管理 信息管理 文件查询

项目名称：湖州培训中心　　进度资料 1/1页

序号	进度资料名称	日期	操作
001	中太建设集团有限公司-1#楼主体结构工程-进度资料	2017-06-14	上传资料 | 查看 | 打包下载
002	上海园林-室外设施-进度资料	2017-06-20	上传资料 | 查看 | 打包下载
003	进度管理005-上海赛晶机电设备工程有限公司-建筑电气;建筑节能;	2017-07-22	上传资料 | 查看 | 打包下载
004	上海民波-建筑电气-进度资料	2017-07-18	上传资料 | 查看 | 打包下载
进度管理 负责：测试1 填报：测试2	填报 修改 审核 打印 返回		进度管理

监理单位：　资料查询　2017-08-03　节点法监理管理系统

图 2-38 监理管理系统进度资料界面

14）监理管理系统造价管理界面，如图 2-39 所示。

图 2-39　监理管理系统造价管理界面

15）监理管理系统造价合同管理界面，如图 2-40 所示。

图 2-40　监理管理系统造价合同管理界面

16）监理管理系统造价支付管理界面，如图 2-41 所示。

监理管理平台　admin　退出

监理管理　质量管理　进度管理　造价管理　安全管理　信息管理　文件查询

项目名称：湖州培训中心　　支付明细　1/1页

合同号001	合同名称：建设工程施工合同		施工单位：中太建设集团股份股份公司		合同金额：3,300,000	
序号	支付日期	支付名称	支付金额	完成产值	已付金额	已付比例
001	2017-04-01	工程款支付	500,000	750,000	500,000	15.2%
002	2017-05-12	工程款支付	50,000	80,000	550,000	16.7%
003	2017-06-14	工程款支付	600,000	800,000	1,150,000	34.8%
造价管理　负责：测试1　填报：测试2			填报　修改　审核　打印　返回		合同管理	

监理单位：　支付查询　2017-08-03　节点法

图 2-41　监理管理系统造价支付管理界面

17）监理管理系统造价签证管理界面，如图 2-42 所示。

监理管理平台　admin　退出

监理管理　质量管理　进度管理　造价管理　安全管理　信息管理　文件查询

项目名称：湖州培训中心　　签证明细　1/1页

合同001	合同名称：建设工程施工合同		施工单位：中太建设集团股份股份公司			合同金额：3,300,000	
序号	签证名称	签证原因	签证编号	签证日期	送审金额	审定金额	操作
001	变更	框架梁变更	2017520	2017-06-14	50,000	35,000	上传资料 | 查看 | 下载
002	变更2	楼板厚度变更	2017522	2017-06-14	100,000	80,000	上传资料 | 查看 | 下载
造价管理　负责：测试1　填报：测试2			填报　修改　审核　打印　返回			合同管理	

监理单位：　签证查询　2017-08-03　节点法

图 2-42　监理管理系统造价签证管理界面

18）监理管理系统造价合同汇总管理界面，如图 2-43 所示。

监理管理平台　admin　退出

监理管理　质量管理　进度管理　造价管理　安全管理　信息管理　文件查询

项目名称：湖州培训中心　　合同汇总　1/1页

序号	合同名称	施工单位	合同编号	合同金额	已付金额	比例	结算金额	节超
001	建设工程施工合同	中太建设集团股份股份公司	gb-1999	3,300,000	1,150,000	34.8%	3,000,000	-9.1%
002	园林绿化合同	上海市园林工程有限公司	gh-2003	35,000,000	0	0.0%	0	暂无
003	机电合同	上海赛晶机电设备工程有限公司	GB-1999	2,000,000	140,000	7.0%	0	暂无
004	电气合同	上海民波	GB1995	3,000,000	0	0.0%	0	暂无

造价管理　负责：测试1　填报：测试2　　填报　修改　审核　打印　返回　　造价管理　合同管理

监理单位：　合同查询　2017-08-03　节点法监理管理系统

图 2-43　监理管理系统造价合同汇总管理界面

19）监理管理系统造价资料管理界面，如图 2-44 所示。

图 2-44　监理管理系统造价资料管理界面

20）监理管理系统安全管理界面，如图 2-45 所示。

监理管理平台　admin　退出

监理管理　质量管理　进度管理　造价管理　安全管理　信息管理　文件查询

项目名称：湖州培训中心　安全管理　1/1页

序号	施工单位名称	分部分项工程	日期	过程管理记录
001	中太建设集团股份股份公司	1#楼主体结构工程	2017-06-14	隐患检查 整改措施及成效
002	上海民波	建筑电气	2017-07-21	隐患检查 整改措施及成效
	安全管理　负责：测试1　填报：测试2	填报　修改　审核　打印　返回		安全资料

监理单位：　安全查询　2017-08-03　节点法监理管理系统

图 2-45　监理管理系统安全管理界面

21）监理管理系统安全过程管理界面，如图 2-46 所示。

图 2-46　监理管理系统安全过程管理界面

22）监理管理系统安全资料管理界面，如图2-47所示。

监理管理平台　admin　退出

监理管理　质量管理　进度管理　造价管理　安全管理　信息管理　文件查询

项目名称：湖州培训中心　　安全资料　1/1页

序号	安全资料名称	日期	操作
001	中太建设集团股份股份公司-1#楼主体结构工程-质量资料	2017-06-14	上传资料 | 查看 | 打包下载
002	上海民波1号楼建筑电气质量资料	2017-07-23	上传资料 | 查看 | 打包下载

安全管理　负责：测试1　填报：测试2　　填报　修改　审核　打印　返回　　安全管理

监理单位：　资料查询　2017-08-03　节点法监理管理系统

图2-47　监理管理系统安全资料管理界面

23）监理管理系统信息管理界面，如图2-48所示。

监理管理平台　admin　退出

监理管理　质量管理　进度管理　造价管理　安全管理　信息管理　文件查询

项目名称：湖州培训中心　　信息管理　1/1页

序号	参建单位名称	负责人	电话	联系人	电话	邮箱	过程管理记录
001	中太建设集团股份股份公司	武煜	15857264128	张非	13875845869		资质资格 材料设备
002	上海民波	陈天	15957270021	王琳	15957185698		资质资格 材料设备

信息管理　负责：测试1　填报：测试2　　填报　修改　审核　打印　返回　　信息资料

监理单位：　信息查询　2017-08-03　节点法监理管理系统

图2-48　监理管理系统信息管理界面

24）监理管理系统信息协调管理界面，如图 2-49 所示。

图 2-49　监理管理系统信息协调管理界面

25）监理管理系统信息资料管理界面，如图 2-50 所示。

图 2-50　监理管理系统信息资料管理界面

（三）节点法运维管理系统平台

1）运维管理系统登录界面，如图 2-51 所示。

图 2-51　运维管理系统登录界面

2）运维管理系统分项管理界面，如图 2-52 所示。

图 2-52　运维管理系统分项管理界面

3）运维管理系统项目简介管理界面，如图 2-53 所示。

图 2-53　运维管理系统项目简介管理界面

4）运维管理系统项目鸟瞰管理界面之一，如图 2-54 所示。

图 2-54　运维管理系统项目鸟瞰管理界面之一

5）运维管理系统项目鸟瞰管理界面之二，如图 2-55 所示。

图 2-55　运维管理系统项目鸟瞰管理界面之二

6）运维管理系统项目建设历程管理界面之一，如图 2-56 所示。

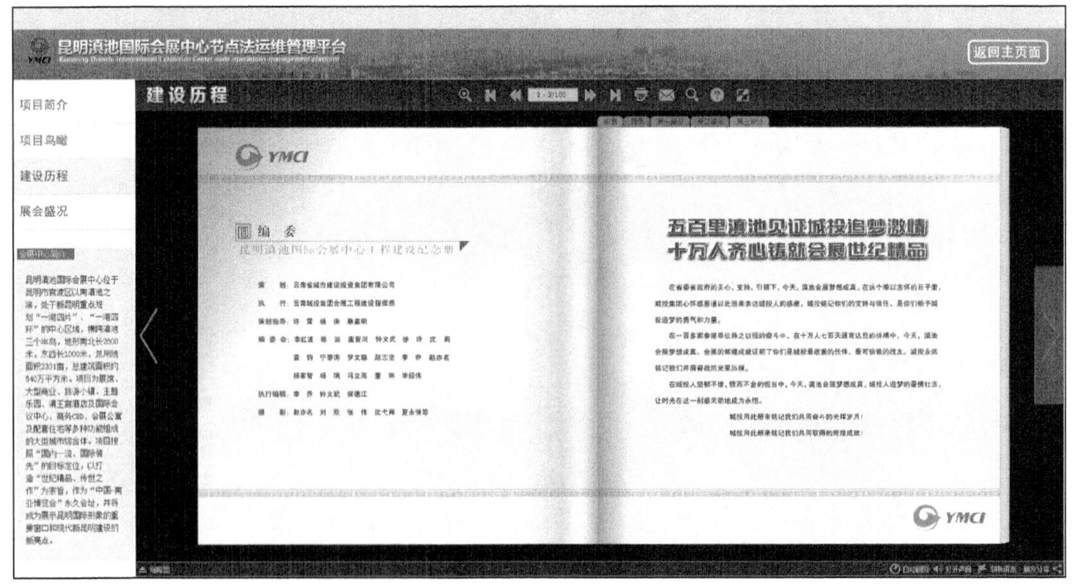

图 2-56　运维管理系统项目建设历程管理界面之一

7）运维管理系统项目建设历程管理界面之二，如图 2-57 所示。

图 2-57　运维管理系统项目建设历程管理界面之二

8）运维管理系统展会宣传管理界面，如图 2-58 所示。

图 2-58　运维管理系统展会宣传管理界面

9）运维管理系统项目市政设施管理界面之一，如图 2-59 所示。

图 2-59　运维管理系统项目市政设施管理界面之一

10）运维管理系统项目市政设施管理界面之二，如图 2-60 所示。

图 2-60　运维管理系统项目市政设施管理界面之二

11）运维管理系统项目市政设施管理界面之三，如图 2-61 所示。

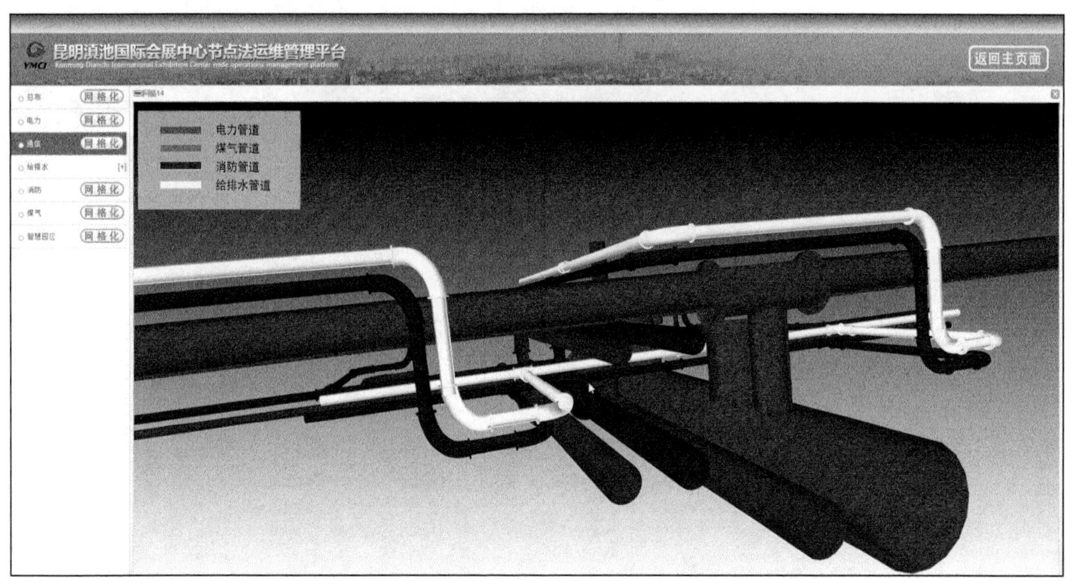

图 2-61　运维管理系统项目市政设施管理界面之三

12）运维管理系统项目外部交通组织管理界面，如图 2-62 所示。

图 2-62　运维管理系统项目外部交通组织管理界面

13）运维管理系统项目内部交通组织管理界面，如图 2-63 所示。

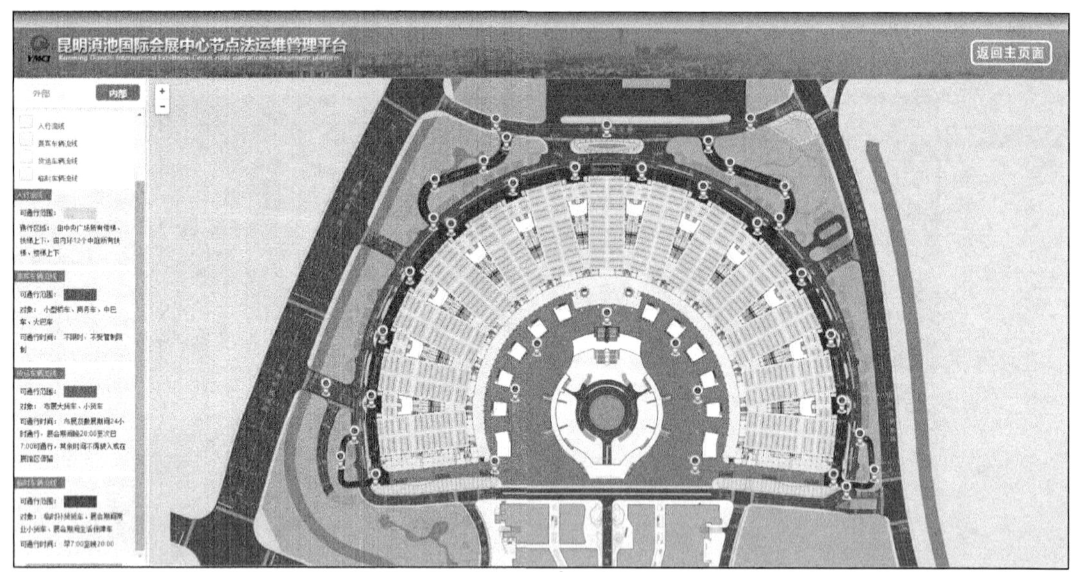

图 2-63　运维管理系统项目内部交通组织管理界面

14）运维管理系统项目内部交通组织管理界面之一，如图 2-64 所示。

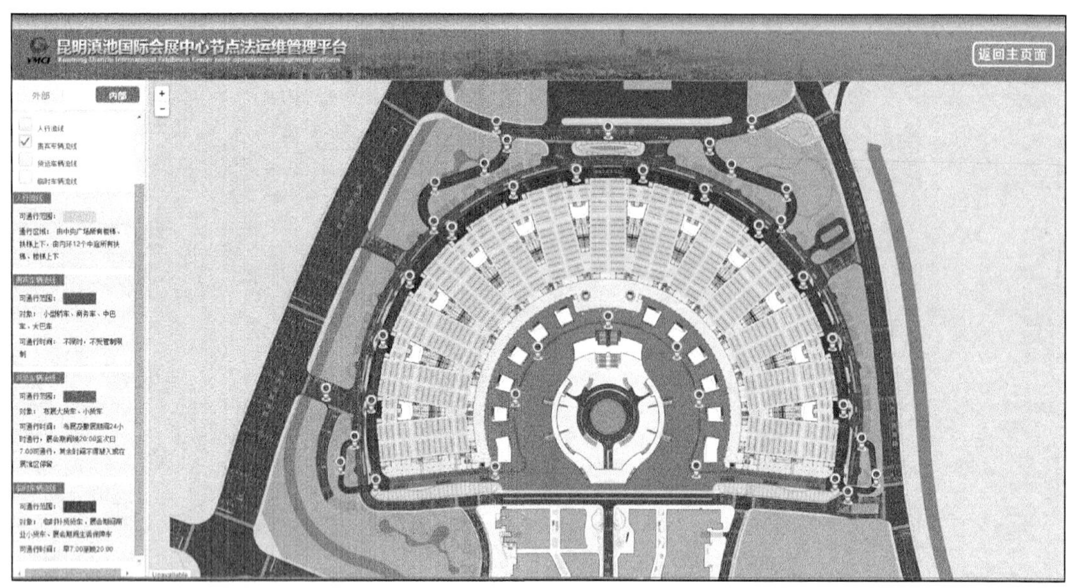

图 2-64　运维管理系统项目内部交通组织管理界面之一

15）运维管理系统项目内部交通组织管理界面之二，如图 2-65 所示。

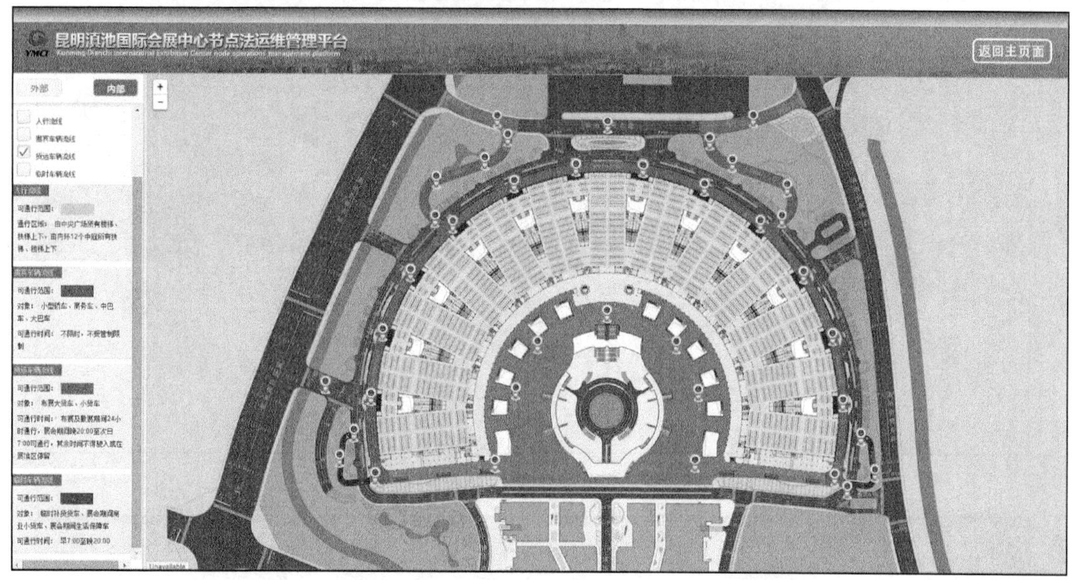

图 2-65　运维管理系统项目内部交通组织管理界面之二

16）运维管理系统项目内部交通组织管理界面之三，如图 2-66 所示。

图 2-66　运维管理系统项目内部交通组织管理界面之三

17）运维管理系统项目应急疏散管理界面之一，如图 2-67 所示。

18）运维管理系统项目应急疏散管理界面之二，如图 2-68 所示。

19）运维管理系统项目建筑功能管理界面之一，如图 2-69 所示。

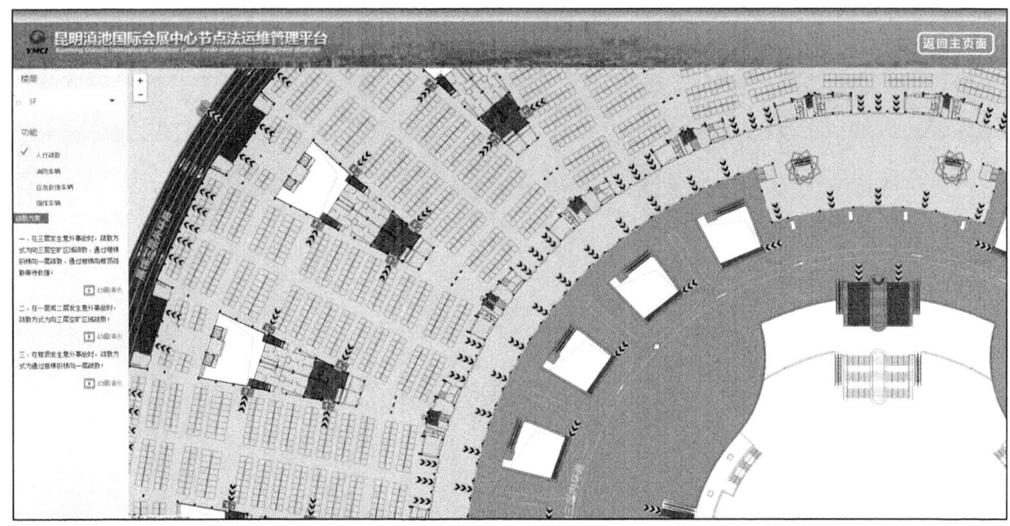

图 2-67　运维管理系统项目应急疏散管理界面之一

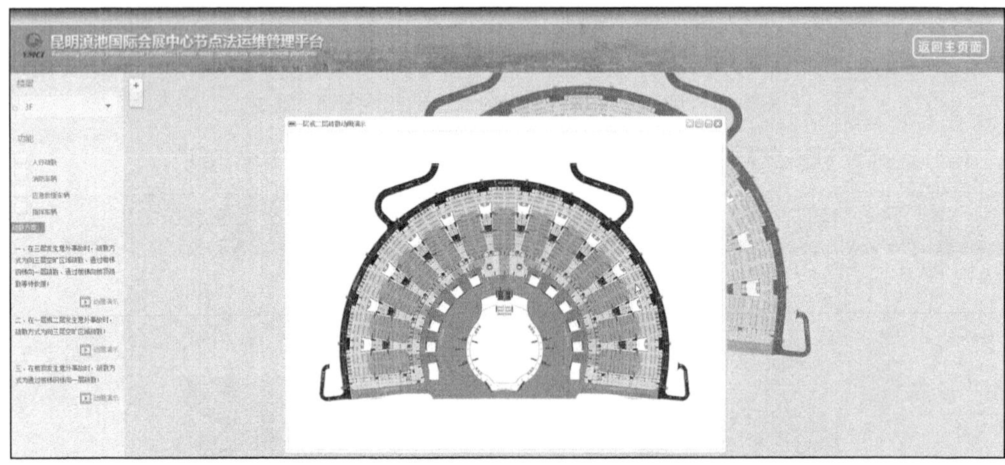

图 2-68　运维管理系统项目应急疏散管理界面之二

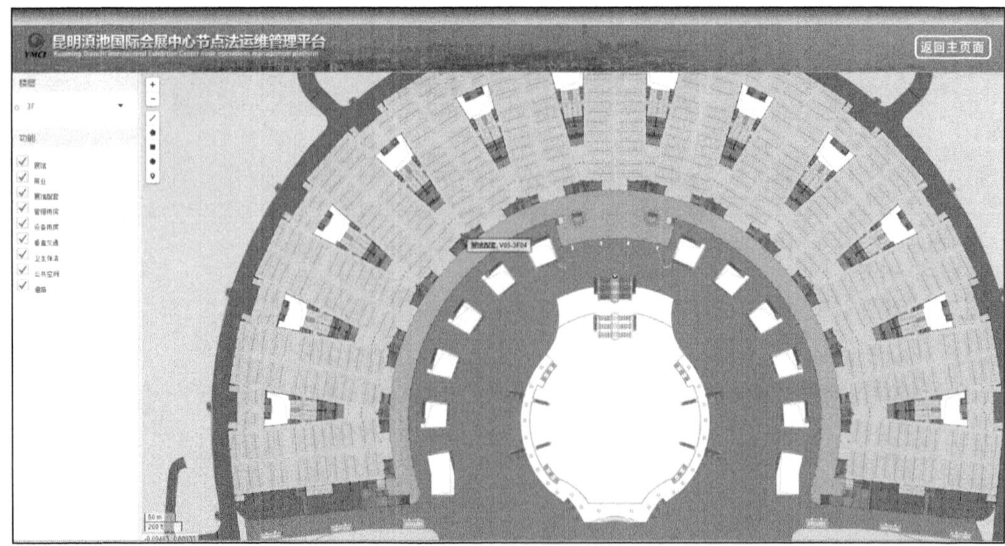

图 2-69　运维管理系统项目建筑功能管理界面之一

20）运维管理系统项目建筑功能管理界面之二，如图 2-70 所示。

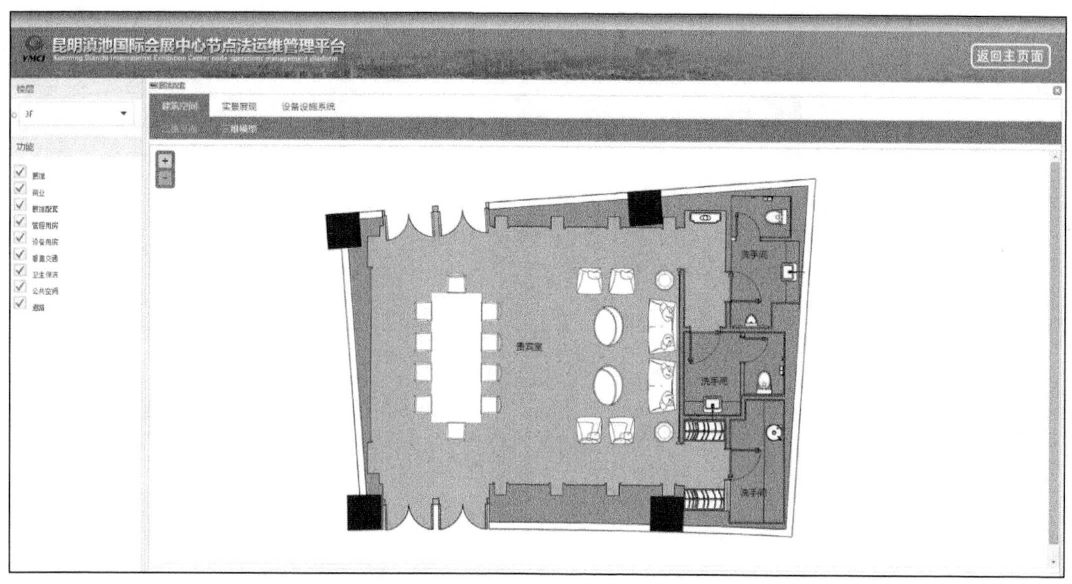

图 2-70　运维管理系统项目建筑功能管理界面之二

21）运维管理系统项目建筑功能管理界面之三，如图 2-71 所示。

图 2-71　运维管理系统项目建筑功能管理界面之三

22）运维管理系统项目建筑功能管理界面之四，如图 2-72 所示。

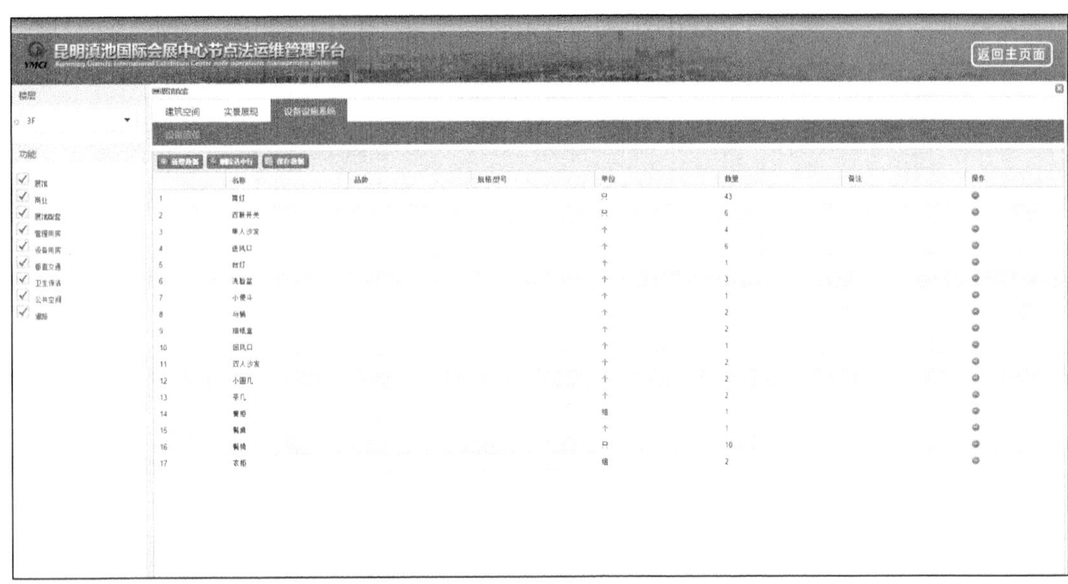

图 2-72　运维管理系统项目建筑功能管理界面之四

23）运维管理系统项目机电设施管理界面之一，如图 2-73 所示。

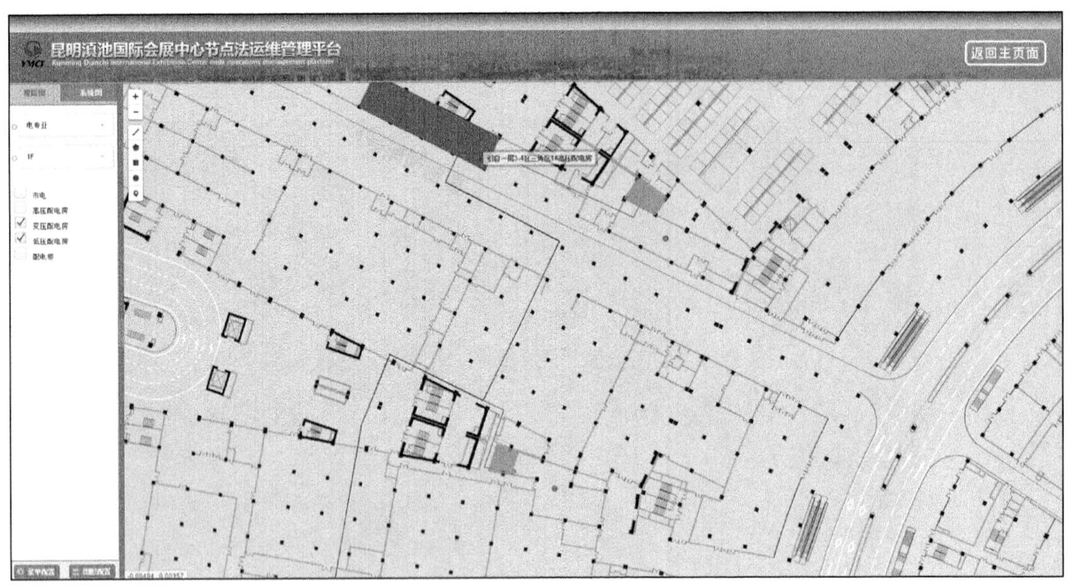

图 2-73　运维管理系统项目机电设施管理界面之一

24）运维管理系统项目机电设施管理界面之二，如图 2-74 所示。

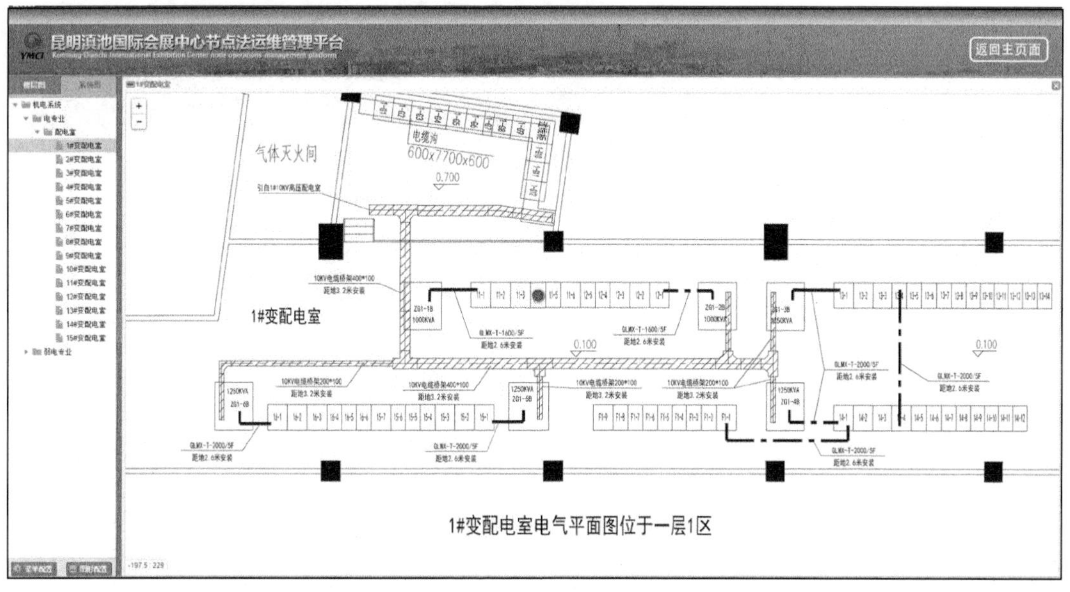

图 2-74　运维管理系统项目机电设施管理界面之二

25）运维管理系统项目机电设施管理界面之三，如图 2-75 所示。

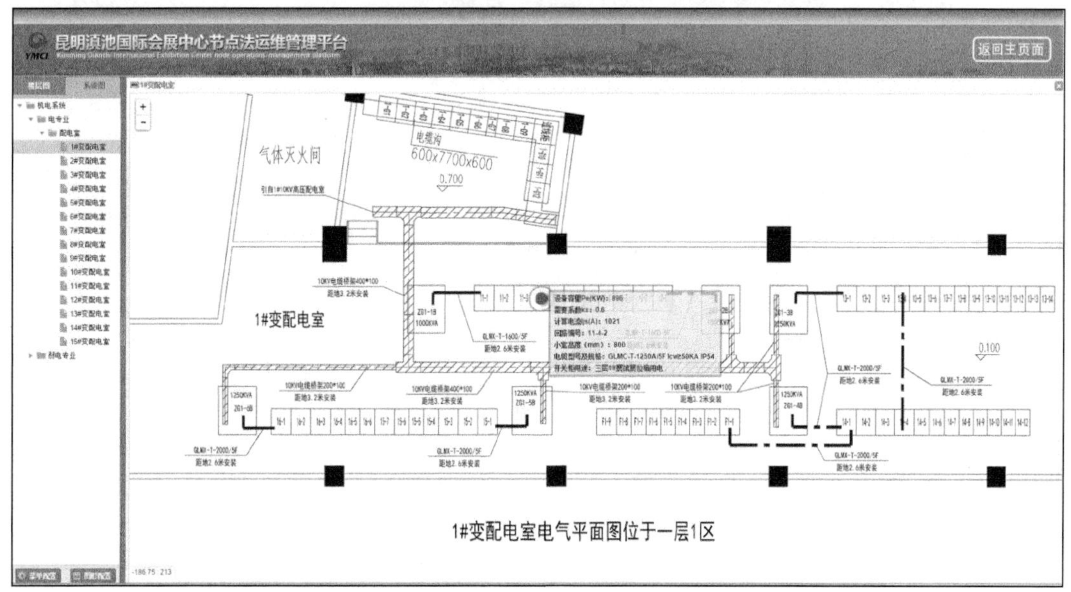

图 2-75　运维管理系统项目机电设施管理界面之三

26）运维管理系统分项管理界面之一，如图 2-76 所示。

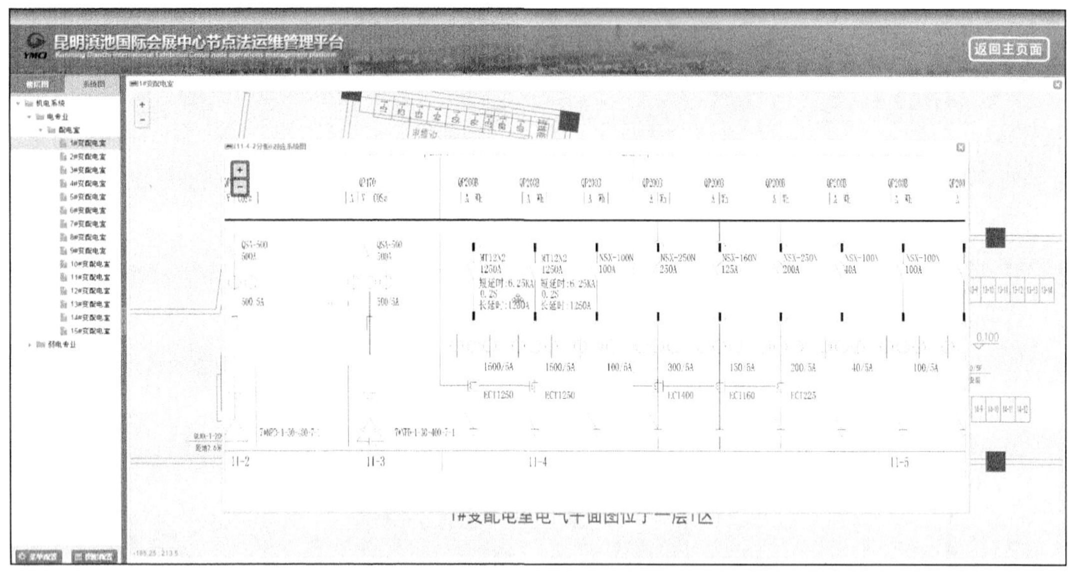

图 2-76　运维管理系统分项管理界面之一

27）运维管理系统分项管理界面之二，如图 2-77 所示。

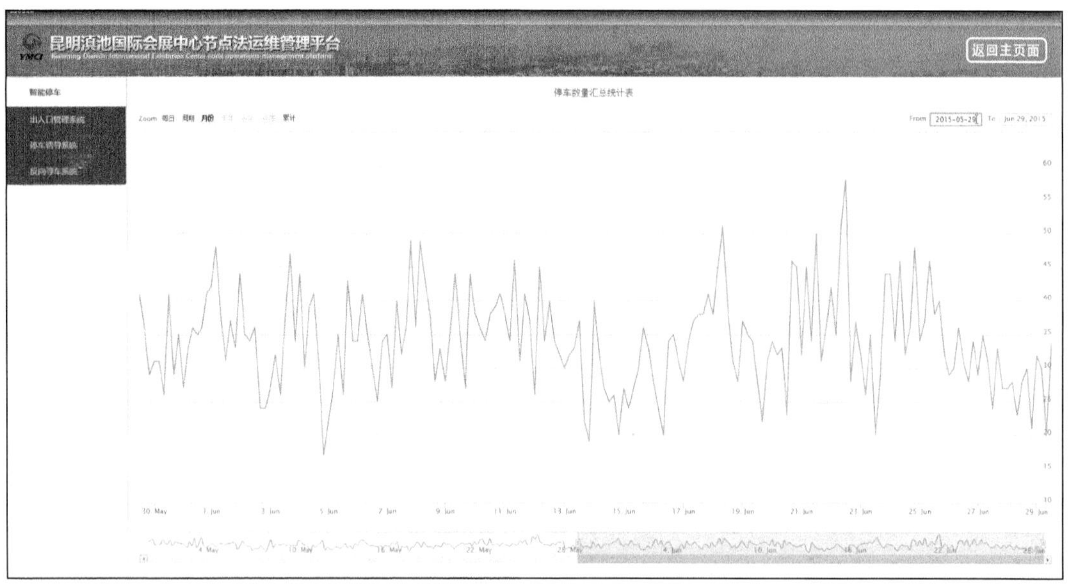

图 2-77　运维管理系统分项管理界面之二

28）运维管理系统分项管理界面之三，如图 2-78 所示。

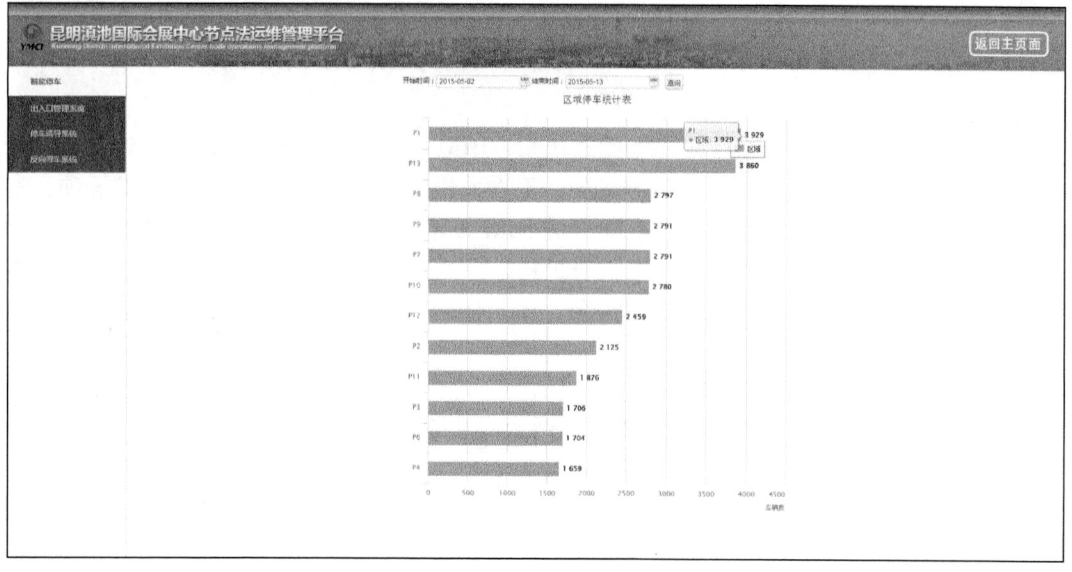

图 2-78　运维管理系统分项管理界面之三

思　考　题

1．节点法项目管理是在什么样的条件下产生的？
2．节点法项目管理的含义是什么？
3．节点法项目管理的核心是什么？
4．节点法项目管理的理念是什么？
5．节点法项目管理的实质是什么？
6．如何进行节点法项目管理的系统设计？
7．如何进行节点法项目管理的组织设计？
8．如何进行节点法项目管理的表单设计？
9．信息化系统平台的开发与使用对节点法项目管理有何意义？
10．节点法项目管理信息化系统平台应如何操作？

第三章　BIM 技术的发展及应用

随着相关政策法规、实施标准的陆续出台，BIM（building information model）技术在我国建筑行业的应用已经呈星火燎原之势。工程项目的建设、施工、设计、咨询等项目参与主体，从不同的应用需求出发，不断推进 BIM 技术的深化应用，使 BIM 技术从试点到逐步走向全面推广应用。广大高校、科研机构、行业协会、联盟、软件开发单位、培训机构也积极加入推动 BIM 技术应用的浪潮之中，BIM 技术广阔的发展前景已然成为业内共识。

第一节　BIM 技术概述

一、BIM 的起源

BIM，即建筑信息模型，1975 年由美国佐治亚理工学院的查理斯・伊斯特曼（Chuck Eastman）教授提出，因此查理斯・伊斯特曼教授也被誉为“BIM 之父”。查理斯・伊斯特曼教授在其研究的课题“Building Description System”中提出“a computer-based description of a building”，以便于实现建筑工程的可视化和量化分析，提高工程建设效率。此后，BIM 开始逐步完善，经历了几十年的发展历程，BIM 从概念逐渐走向成熟，渐渐被行业普遍接受，在全球范围内得以推广应用。

二、BIM 的定义

1. 美国建筑科学研究院对 BIM 的定义

根据美国建筑科学研究院（National Institute of Building Science，NIBS）2007 年编制的美国国家 BIM 标准对 BIM 的定义，BIM 有 3 个层次的含义：

1）BIM 是一个设施（建设项目）物理和功能特性的数字化表达。

2）BIM 是一个设施有关信息的共享知识资源，是一个分享有关该设施的信息，为该设施从建设到拆除的全生命周期中的所有决策提供可靠依据的基础。

3）BIM 是基于协同性能公开标准的共享数字表达。在项目的不同阶段，不同利益相关方通过在 BIM 中插入、提取、更新和修改信息，以支持和反映其各自职责的协同作业。

2. 美国建筑科学研究院对 BIM 的解释

根据美国建筑科学研究院（NIBS）2015 年编制的《美国国家 BIM 标准（第三版）》（NBIMS v3）对 BIM 的定义，BIM 是英文单词首字母的缩略词，可有以下 3 种理解：

1）建筑信息模型应用（building information model application）。建筑信息模型应用是创建和利用项目数据在其全生命周期内进行设计、施工和运营的业务过程，允许所有项目相关方通过使用不同技术平台之间的数据互用在同一时间利用相同的信息。

2）建筑信息模型（building information model）。建筑信息模型是一个设施（建设项目）

物理和功能特性的数字化表达，是该项目相关方的共享知识资源，为项目全生命周期内的所有决策提供可靠的信息支持。

3）建筑信息管理（building information management）。建筑信息管理是利用数字原型信息支持项目全生命周期信息共享的业务流程组织和控制过程。建筑信息管理的效益包括集中和可视化沟通、更早进行多方案比较、可持续分析、高效设计、多专业集成、施工现场控制、竣工资料记录等。

3. 中国对 BIM 的定义

根据中华人民共和国住房和城乡建设部（以下简称“住建部”）《建筑信息模型应用统一标准》的定义，建筑信息模型是在建设工程及设施全生命周期内，对物理特征和功能特性进行数字化表达，并依此设计、施工、运营的过程和结果的总称。BIM 是全生命周期工程项目或其组成部分物理特征、功能特性及管理要素的共享数字化表达。

三、BIM 的特征

从基本定义可以看出，BIM 不是 CAD 等设计绘图软件或者出图工具的升级，而是信息技术与工程项目全生命周期的深度融合，将大大提高工程项目的集成化程度和交付能力。BIM 具有模型信息的完备性、关联性、一致性、动态性。

模型信息的完备性是指模型可完整描述工程对象的物理特征和功能特性，客观表现工程对象之间的拓扑关系和工程逻辑关系。模型信息的关联性是指模型中的工程对象是可识别且相互关联的，模型中某个对象发生变化，与之相关联的所有对象均会随之发生相应变化。模型信息的一致性是指模型在生命周期的不同阶段的模型信息是一致的，同一信息无须重复输入。模型信息的动态性是指模型能够自动演化，动态描述全生命周期各阶段的过程信息。

真正的 BIM 技术应用具备以下 5 个特征：

1）可视化。在 BIM 中，项目从设计、建造到运营的整个过程都是可视化的，可视化的结果不仅可以用来展示项目的设计效果及报表生成。更重要的是，通过 BIM，项目参与人员可以在项目的设计、建造、运营过程中进行充分的沟通、交流、决策，使沟通、交流的双方或者多方有效实现信息对称，极大地提升了项目管控的科学化水平，如图 3-1 所示。

图 3-1　BIM 的可视化

2）协调性。BIM 中的对象是参数化、可识别且相互关联的，系统能够对模型的信息进行统计和分析，并生成相应的图形和文档。如果模型中的某个对象发生变化，与之关联的所有对象都会随之更新，以保持模型的完整性和一致性。BIM 的协调性可以帮助解决项目从设计到具体施工过程的协调问题，避免出现各专业项目信息“不兼容”的现象，减少不合理的变更方案或问题变更方案，支持项目管理过程的协同管理。

3）模拟性。模拟性并不是只能模拟设计出的建筑物模型，还可以模拟不能够在真实世界中进行操作的事物。在设计阶段，BIM 可以按照设计工作的需要进行模拟实验，如节能模拟、应急疏散模拟、日照模拟、热能传导模拟等，通过模拟实验进行设计性能分析。在施工阶段可以根据施工组织设计进行 4D 模拟（三维模型加项目的发展时间）和 5D 模拟（基于 4D 模型的造价控制），直观地呈现施工的界面、顺序，从而使各专业施工之间的施工协调变得清晰明了，使设备材料进场、劳动力分配、机械排班等各项工作的安排变得更有效、经济。一方面，可以指导现场施工；另一方面，为建设、管理单位提供非常直观的项目控制依据，如图 3-2 所示。

图 3-2　BIM 的模拟性

4）优化性。现代建筑的复杂程度大多超过参与人员本身的能力极限，BIM 及与其配套的各种优化工具提供了对复杂项目进行优化的可能。利用模型提供的各种信息进行项目优化，如几何信息、物理信息、规则信息及建筑物变化以后的各种情况信息，更有利于项目的优化，可以带来显著的工期和造价改进。

5）可出图性。BIM 不仅仅是提供大家日常多见的建筑设计院所出的设计图纸及一些构件加工的图纸，更是通过对建筑物进行可视化展示、协调、模拟、优化以后，基于 BIM 的高效的计算、准确的数据和科学的分析，帮助业主绘制综合管线图（经过碰撞检查和设计修改，消除了相应错误以后）、综合结构留洞图（预埋套管图）、碰撞检查侦错报告和建议改进方案等，支持项目逐步实现精细化管理，如图 3-3 所示。

图 3-3　BIM 的可出图性

四、BIM 的价值

在世界建筑工程领域，如果将 CAD 技术的应用视为工程设计的第一次革命，BIM 技术的实现则是互联网时代的第二次革命。在这次革命中，BIM 完成了对传统建筑业的颠覆，使建筑可视化设计成为可能，更促进了建筑施工行业的创新发展，对行业的科技进步与转型升级将产生重要的影响，同时成为建筑工程行业发展的巨大推动力，有效提升行业信息化程度，提高工程项目的精细化管理水平、集成化交付能力，促进工程项目的效益和效率的显著提升，BIM 将成为未来改进设计、建造、管理过程的重要推动力量，如图 3-4 所示。

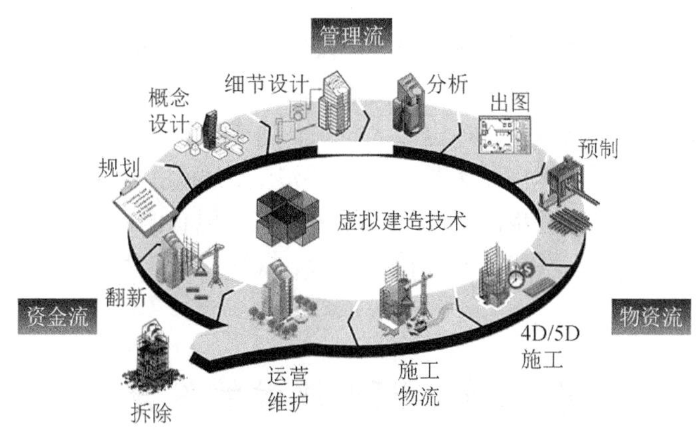

图 3-4　基于 BIM 的多方协同工作模式

BIM 技术可以使企业集约管理、项目精益管理落地，也将改变项目各参与方的协作方式，实现项目全生命周期各阶段、各参与方之间的信息共享与协同工作。对于建筑施工企业，BIM 可以模拟实际施工，便于在早期能够发现后期施工阶段可能出现的各种问题，以便提前处理，指导后期实际施工；也可作为可行性指导，优化施工组织设计和方案，合理配置项目生产要素，实现项目全生命周期的预测与控制，从而在最大范围内实现资源合理利用，对建造阶段的全过程管理发挥巨大价值。

从目前 BIM 技术在工程项目上的使用优势来看，BIM 的价值主要有以下几点：

1）通过 BIM 的终端设备能把业主和参建各方实时连接在一起，在项目的建设周期内让各方顺畅地沟通，通过搭建与实际完全一样的虚拟三维信息化模型，降低技术门槛，让很多不具备专业知识的业主能直观地了解项目的各种情况，如同现场参观实体建筑一样。

2）在设计阶段快速搭建方案设计三维模型，优化传统二维平面图或者彩色效果图，通过 BIM 技术所特有的所见即所得，让业主单位全方位地了解设计意图，以便确定是否实现了业主的功能要求。

3）设计阶段通过 BIM 系列软件搭建精细化三维模型，直观形象地表现出设计成果，以建筑模型强大的可协调性，搭建协同工作平台，使业主及监理各方可以随时跟踪进度，统计实体工程量，以便前期的造价控制及质量跟踪控制。

4）BIM 技术可以提供完美的设计产品，通过场地分析，地质情况研判，工程结构分析，节能设计，智能化设计，安全、环境和绿色节能分析，模拟分析项目建设成果，完整再现整个工程的实体情况。

5）在施工阶段依据设计图纸绘制三维建模过程中实现图纸审核，并在此基础上可实现各专业碰撞检查，完成各专业管线综合，提前预留相应的空洞，缩短施工工期。

6）在施工阶段，在建筑模型上实现动态、可视化的虚拟施工管理，将建筑物及施工现场模型与进度相连接，施工资源和现场布置信息集成一体，建立施工信息模型，实现建设项目施工阶段工程进度、人力、材料、机械设备、成本和场地布置的动态集成管理及可视化模拟，实现项目建设各方信息共享、基于网络平台实现图文提交、审核、批准及利用。

7）在前期设计和施工阶段，可以把大量的工程相关信息录入信息模型，并在运营过程中随时更新，为后期运营维护带来便利。

8）即使到了要拆除建筑物的阶段，如果使用 BIM 技术，可以先模拟拆除过程和方法，做到安全和材料回收。

互联网时代，信息技术的发展乃是大势所趋。对于建筑业而言，BIM 是一股难以阻挡的潮流，以强大的潜力和广阔的前景冲击着工程项目建设的各个领域，并完美解决了当前建设领域信息化的瓶颈问题，发挥出极大价值。随着各种项目参与力量的强势推动，整个建筑业将迎来一场以新技术应用为核心的发展浪潮，通过推广应用 BIM 技术，以技术创新带动管理创新，在技术进步的推动下，颠覆建筑业现有的生产模式、生产方式，促进建筑业生产方式的变革，实现建筑业的转型升级、持续发展，为国民经济的持续发展做出更大的贡献。

第二节　BIM 技术的发展

一、BIM 技术在国外的发展

BIM 概念的提出始于美国，且在全球信息化的革命浪潮推动下，BIM 在许多国家得到重视并不断推广发展。如今规定使用 BIM 的国家，主要包括美国、挪威、英国、丹麦、比利时、荷兰、新加坡、中国、日本、韩国等。

（一）美国

BIM 在美国的发展最为迅速，应用也最广泛。

1）1975 年，美国佐治亚理工学院的查理斯·伊斯特曼教授首先提出 BIM 的概念。

2）1994 年，以 Autodesk 为首的 12 家美国公司创立国际协作联盟（Industry Alliance for Interoperability，IAI）。

3）1996 年，Autodesk 发布第一个全功能的 3D 建模软件 Mechanical Desktop。

4）1997 年，Dassault 发布 CATWeb 浏览器，具有增强的 3D 模型浏览功能。

5）2000 年，Bentley 收购 Intergraph（鹰图），开始进入 CaBIM 市场竞争。

6）2001 年，ISO 开始编制关于建筑信息的 12006 标准，其主要内容即日后的 Omniclass 标准。

7）2002 年，Autodesk 收购 Revit，逐渐放弃将其 CAD 产品线进行 BIM 化的努力，BIM 渐成主流。

8）2003 年，美国总务管理局（U. S. General Services Administration，GSA）发布了 3D-4D-BIM 计划，对 BIM 技术进行试点应用，探索和验证 BIM 应用的模式、规则、流程等，随后在 2007 年进一步推进 3D-4D-BIM 计划，发布了 BIM 实施指南。

9）2004～2006 年，Autodesk 面向全球市场推出基于 Revit 的 BIM 产品。

10）2006 年，美国联邦陆军工程兵团（the U. S. Army Corps of Engineers，USACE）发布 BIM 发展规划。规划共设置了六大 BIM 战略发展目标：建立衡量标准用于评价过程改进、建立初始的 BIM 操作能力、形成项目全生命周期的数据互用、实现基于美国 BIM 标准的电子商务操作能力、把 BIM 应用于资产管理和运营管理、实现项目生命周期的任务自动化。

11）2006 年，美国营建规范协会（Construction Specification Institute，CSI）推出 Omniclass 建筑信息分类编码体系，并被 Revit 采纳内置为族系统的默认编码体系。随着 Revit 成为主流的 BIM 建模软件，Omniclass 也渐渐普及。

12）2007 年，IAI 更名为 buildingSMART，并分裂为国际上的 bSI 与美国 bSa（buildingSMART alliance）。bSI 继续研究 Open BIM；实力最强的 bSa 则并入全美建筑科学院 NIBS，同年推出全美 BIM 标准。在美国 BIM 标准现有版本中，标准由使用 BIM 过程和工具的各方定义，主要由相互之间数据交换要求的明细和编码组成，涉及信息交换和开发过程等方面的内容，主要包括出版交换明细用于建设项目生命周期整体框架内的各个专门业务场合；出版全球范围内接受的公开标准下使用的交换明细编码作为参考标准；促进软件厂商在软件中实施上述编码；促进最终用户使用经过认证的软件来创建和使用可以互通的 BIM 模型交换。

13）2007 年，Autodesk 完成了对 NavisWorks 的收购，标志着从模型创建时代（建模）开始进入模型使用时代（用模）。

14）2008 年，查理斯·伊斯特曼等人出版 *BIM handbook*，历时数年的全球 BIM 术语定义工作基本完全成型，BIM 成为一种创新的、被普遍认可的全生命周期信息化整合模式的代表。

15）2009 年，美国威斯康星州成为第一个要求州内新建大型公共建筑项目使用 BIM 的州政府。威斯康星州设施部门发布实施规则，要求从 2009 年 7 月 1 日开始，州内预算在 500 万美元以上的所有项目和预算在 250 万美元以上的施工项目，都必须应用 BIM 技术。

16）2011 年，在整个计算机工业都在向云计算转型的大背景下，Autodesk 推出了平民级家装设计云产品“美家达人”。

17）2011 年，IBM 收购 IWMS 系统 Tririga。CAFM/IWMS 软件市场开始进入巨头竞争时代。基于 BIM 思想设计的数据管理平台和 FM 软件开始出现。

18）2012 年，美国建筑研究科学院（NIBS）发布《美国国家 BIM 标准（第二版）》。

19）2015 年，美国建筑研究科学院（NIBS）发布《美国国家 BIM 标准（第三版）》。第三版 BIM 标准提出了建筑信息模型（building information model）、建筑信息模型应用（building information modeling）、建筑信息管理（building information management）的定义，形成了较完整的 BIM 标准体系，推动了 BIM 技术的深化发展。

20）2016 年，达沃斯经济论坛和波士顿咨询公司联合发布的研究报告表明，集成化开放性的 BIM 技术是对建筑业影响程度最大，也是最有可能发生的技术，进一步推动了 BIM 技术在全球的高速发展。

（二）英国

1）2010 年，英国开展了全国范围内的 BIM 调研，强制推行 BIM 技术。英国更重视 BIM 应用的实用性。

2）2011 年，英国发布《建筑业 BIM 标准》。该标准为自发形成的行业标准，英国希望借助 BIM 达到更高的效率和更低的成本。根据其政府内阁办公室在 2011 年 5 月公布的建筑策略，他们将与业界各专业团体合作订立标准，用以让整个建筑业供应链能利用 BIM 技术做出更佳的协作。

3）2012 年，发布政府级的 BIM 战略规划，要求实现项目 BIM 交付。

4）2012 年，英国建筑业委员会发布《英国建筑业 BIM 标准（第二版）》，规定了 BIM 实施方针，并基于该标准分别发布了针对 Revit、Bentley 等 BIM 软件的具体版本。

（三）新加坡

新加坡的 BIM 技术也发展较快且具有一定的水平，2004 年政府主导 CORENET 项目并开始引入 BIM 理念。2005 年新加坡成立 IBS 系统，从此 BIM 技术被全面引入新加坡建筑业。2011 年新加坡建筑管理署（Building and Construction Authority，BCA）发布 BIM 发展路线规划，提出了 BIM 发展的阶段性目标。2013 年新加坡建筑管理署（BCA）发布了《新加坡 BIM 指南》（*Singapore BIM Guide*）第二版。

（四）其他国家

2010 年，加拿大发布 BIM 工具调查报告及 BIM 标准环境审视报告。

2007 年，芬兰发布建筑业的 BIM 要求，规范设计行业 BIM 应用。

2009 年，丹麦发布招投标 BIM 要求，规范了 BIM 阶段应用及交付。

2009 年，日本施工、设计单位开始应用 BIM。2012 年，日本发布国家级 BIM 指南，成为日本 BIM 应用的参考性文件。2013 年，日本成立国内 BIM 方案解决联盟，研发国产 BIM 软件。

2010 年，韩国延世大学重点针对政府工程进行 BIM 调研。2011 年，发布 BIM 路线图，对 BIM 发展的节点做出了要求。2012 年，更新《设施管理 BIM 应用指南》，进而规范设计应用。

二、BIM 技术在中国的发展

BIM 技术在中国的应用起步较晚，但是国家层面、项目各阶段的参与方都意识到 BIM 存在的巨大潜力，加速推动了 BIM 的发展。

（一）中国 BIM 技术的发展历程

1）2003 年，中国工程建筑行业开始引进 BIM 技术。

2）2004 年，中国首个建筑生命周期管理（building lifecycle management，BLM）实验室在哈尔滨工业大学成立，并召开了 BLM 国际论坛会议。BLM 是 BIM 技术的一个应用领域。

3）2004～2005 年，清华大学、同济大学、华南理工大学也先后成立了 BLM 实验室。

4）2007 年，中国建筑标准设计研究院提出 JG/T 198—2007 标准，其非等效采用了 IFC 标准《工业基础类 IFC 平台规范》。

5）2008 年，中国建筑科学研究院、中国标准化研究院等单位共同起草了《工业基础类平台规范》，2008 年北京奥运工程开始采用 BIM 技术。

6）2010 年 5 月，被誉为“中国第一高楼”（总设计高度 632 m）的上海中心大厦全面应用 BIM 技术打造绿色、人文都市标志性建筑，使 BIM 技术的知名度得到了质的飞跃。

7）2010 年，清华大学提出中国建筑信息模型标准（Chinese Building Information Modeling Standard，CBIMS）框架。CBIMS 框架分为技术规范、解决方案、应用指导 3 个层次。其中，CBIMS 技术规范包含数据交换、信息分类、流程规则；CBIMS 解决方案包含技术选择说明、对应 CBIMS 说明、构件详细说明；CBIMS 应用指导包含构件制作、工程建模、模型应用。标准主要分为基础标准和应用标准两类，基础标准包括《建筑工程信息模型存储标准》《建筑工程信息模型分类和编码标准》和《建筑工程设计信息模型交付标准》；应用标准包括《建筑工程信息模型应用统一标准》和《建筑工程施工信息模型应用标准》。这些标准的编制对引导我国 BIM 应用、提升 BIM 应用效果和规范 BIM 应用行为都起到了积极的指导和推动作用。

8）2011 年，住建部颁布了《2011—2015 年建筑业信息化发展纲要》，将“加快 BIM 等新技术在工程中的应用”列入“十二五”建筑业信息化发展的总体目标和重要任务之一，这标志着 BIM 技术真正成为我国建筑信息化建设的主线，加快了 BIM 的推进脚步。发展纲要明确提出“十二五”期间基本实现建筑企业信息系统的普及应用，加快 BIM、基于网络的协同工作等新技术在工程中的应用，推动信息化标准建设。同时，加快推广 BIM、协同设计、4D 项目管理等技术在勘察设计、施工和工程项目管理中的应用，改进传统的生产与管理模式，提升建筑业的生产效率和管理水平。

9）2011 年，华中科技大学成立中国第一个 BIM 研究中心。

10）2012 年，住建部《关于印发 2012 年工程建设标准规范制定修订计划的通知》正式启动了中国 BIM 标准制定工作。至此，中国两项国家 BIM 标准——《建筑工程设计信息模型交付标准》和《建筑工程设计信息模型分类和编码标准》的编制工作在北京启动。

11）2013 年，住建部发布《关于征求<关于推荐 BIM 技术在建筑领域应用的指导意见（征求意见稿）>意见的函》。

12）2014 年，广联达收购芬兰 MagiCAD，推出 BIM 产品，欲成为国产 BIM 软件霸主，标志着国产 BIM 软件进入高速发展阶段。

13）2014 年，住建部发布的《关于推进建筑业发展和改革的若干意见》明确提出，推进 BIM 等信息技术在工程设计、施工和运行维护全过程的应用，提高综合效益；探索开展白图替代蓝图、数字化审图等工作；建立技术研究应用与标准制定有效衔接的机制，促进建筑业科技成果转化，加快先进适用技术的推广应用。

14）2015 年，住建部发布的《关于推进建筑信息模型应用的指导意见》强化了顶层设计，推进 BIM 已成共识。该指导意见充分明确了 BIM 技术在建筑领域推广应用的重要意义，并提出到 2020 年年末，建筑行业甲级勘察、设计单位及特级、一级房屋建筑工程施工企业应掌握并实现 BIM 与企业管理系统和其他信息技术的一体化集成应用；到 2020 年年末，以国有资金投资为主的大中型建筑新立项项目、申报绿色建筑的公共建筑和绿色生态示范小区新立项项目，在勘察设计、施工、运行维护中集成应用 BIM 的项目比率达到 90%。

15）2016 年，住建部发布《2016—2020 年建筑业信息化发展纲要》，指导思想是推动信息技术与建筑业发展深度融合，充分发挥信息化的引领和支撑作用，塑造建筑业新业态。由此，BIM 成为中国在“十三五”期间建筑业重点推广的五大信息技术之首，发展目标是要增强 BIM 与大数据、智能化、移动通信、云计算、物联网等信息技术集成应用能力，在建筑业数字化、网络（信息）化、智能化方面取得突破性进展。

16）2016 年，住建部发布《建筑信息模型应用统一标准》（GB/T 51212—2016），并于 2017 年 7 月 1 日起实施。

17）2016 年，第一届广义 BIM 矩阵（GIM）论坛举办，中国对 BIM 技术的研究与应用开始走向全球。

18）2017 年，国务院办公厅下发《关于促进建筑业持续健康发展的意见》，从国家层面明确提出加快推进 BIM 技术在规划、勘察、设计、施工和运营维护全过程的集成应用，以实现工程建设项目全生命周期数据共享和信息化管理，为项目方案优化和科学决策提供依据，促进建筑业提质增效。

19）2017 年，住建部发布《建筑业发展“十三五”规划》，从行业发展层面进一步明确提出加快推进 BIM 技术的发展与应用。

20）2017 年，中国工程建设标准化协会与中国 BIM 发展联盟联合发布《规划和报建 P-BIM 软件功能与信息交换标准》等 13 项 P-BIM 系列标准，对探索建立中国 BIM 应用标准体系、实现 BIM 软件国产化和 BIM 应用落地具有重要意义。

（二）中国 BIM 技术的发展特点

目前，BIM 在中国已经进入深入应用发展阶段。BIM 技术在中国的发展历程如图 3-5 所示。

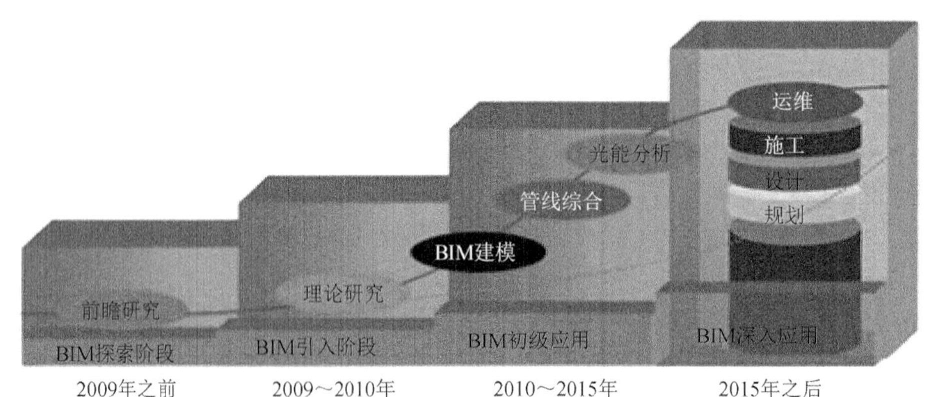

图 3-5　BIM 技术在中国的发展历程

一方面，BIM 技术已被行业内普遍认可；另一方面，BIM 深入应用的需求正在不断加大，设计阶段的 BIM 应用模式已基本形成，施工阶段和运维阶段的成熟应用模式还未形成。这一时期行业中各个层面都不同程度地对 BIM 起到了推动作用，突出表现为以下几个方面：

1）政府层面的重视。参照美国的 BIM 实施经验，政府对 BIM 的推动力不可或缺。

BIM 技术引入中国之后，政府层面对此也非常重视。住建部在《2011—2015 年建筑业信息化发展纲要》中曾多次提到 BIM 技术，明确指出：加快推广 BIM、协同设计、移动通信、无线射频、虚拟现实、4D 项目管理等技术在勘察设计、施工和工程项目管理中的应用，改进传统的生产与管理模式，提升企业的生产效率和管理水平。

2）行业的普遍认可。BIM 技术在建筑行业内掀起了改革风潮，行业 BIM 标准规范的编制工作也在紧锣密鼓地展开，由中国建筑科学研究院领导成立了“中国 BIM 发展联盟”，联合国内科研院所、高等院校、企业、软件开发商共同承担 BIM 标准的研究及 BIM 软件的开发。

3）项目爆发式增长。在过去几年中，国内工程项目特别是大型的工程项目出现爆发式增长的趋势。越来越多的业主在项目规划阶段频频与 BIM 团队进行合作，甚至在施工阶段招标文件中明确规定施工阶段必须使用 BIM 技术。目前在工程建设领域，BIM 既带来了现有技术的进步与更新，也对建设领域的生产组织模式和管理方式产生一定影响。BIM 的核心价值在于能够提供工程信息交换和共享平台，对建筑全生命周期做出完整分析与管理。上海中心大厦、中国尊、上海迪士尼、昆明滇池国际会展中心等大型项目均将这一技术应用到项目建设管理中。

4）研讨交流活动多。BIM 相关国际交流会议及 BIM 相关考察访问活动日益增多。中国建筑科学研究院已举办了四届“BIM 技术在设计、施工及房地产企业协同工作中的应用”国际技术交流会，参会人数逐渐增多，行业影响力日益增大。

三、BIM 技术最新发展趋势

随着 BIM 技术的快速发展，其呈现出以下发展趋势。

（一）BIM 与 PM 集成应用

PM 是 project management 的英文缩写，意为项目管理，是指在限定的工期、质量、费用目标内对项目进行综合管理以实现预定目标的管理工作。BIM 与 PM 集成应用是通过建立 BIM 应用软件与项目管理系统之间的数据转换接口，充分利用 BIM 的直观性、可分析性、可共享性及可管理性等特性，为项目管理的各项业务提供准确及时的基础数据与技术分析手段，配合项目的流程管理、统计分析等管理手段，实现数据产生、数据使用、流程审批、动态统计、决策分析的完整管理闭环，以提升项目综合管理能力和管理效率。BIM 与 PM 集成应用可以为项目管理提供可视化管理手段。例如，二者集成的 4D 管理应用，可直观反映出整个建筑的施工过程和形象进度，帮助项目管理人员合理制订施工计划、优化使用施工资源。同时，二者集成应用可为项目管理提供更有效的分析手段。例如，针对一定的楼层，在 BIM 集成模型中获取收入、计划成本，在项目管理系统中获取实际成本数据，并进行三算对比分析，辅助动态成本管理。此外，二者集成应用还可以为项目管理提供数据支持。例如，利用 BIM 综合模型可方便快捷地为成本测算、材料管理及审核分包工程量等业务提供数据，在大幅提升工作效率的同时，也可有效提高决策水平。

针对超高层施工难度大、多专业施工立体交叉频繁等问题，广州周大福国际金融中心与广联达软件股份有限公司合作开发了东塔 BIM 综合项目管理系统，实现了 BIM 模型与项目管理中各种数据的互联互通，有效降低了成本，缩短了工期，使项目管理水平大大提升，成为 BIM 与 PM 集成应用于超高层建筑施工的典范。据预测，基于 BIM 的项目管理系统将越来越完善，甚至完全可代替传统的项目管理系统。基于 BIM 的项目管理也会促进新的工程项目交付模式得到推广应用。项目集成交付（integrated project delivery，IPD）是在工程项目总承包的基础上，要求项目参与各方在项目初期介入，密切协作并承担相应责任，直至项目交付。参与各方着眼于工程项目的整体过程，运用专业技能，依据工程项目的价值利益做出决策。在 IPD 模式下，BIM 与 PM 集成应用可将项目相关方融入团队，通过扩展决策圈拥有更为广泛的知识基础，共享信息化平台，做出更优决策，实现持续优化，减少浪费而获得各方收益。因此，IPD 模式将是项目管理创新发展的重要方式，也是 BIM 与 PM 集成应用的一种新的应用模式。

（二）BIM 与 3D 扫描的集成应用

3D 扫描是集光、机、电和计算机技术于一体的高新技术，主要用于对物体空间外形、结构及色彩进行扫描，以获得物体表面的空间坐标，具有测量速度快、精度高、使用方便等优点，且其测量结果可直接与多种软件接口。3D 激光扫描技术又被称为实景复制技术，采用高速激光扫描测量的方法，可大面积高分辨率地快速获取被测量对象表面的 3D 坐标数据，为快速建立物体的 3D 影像模型提供一种全新的技术手段。3D 激光扫描技术可有效完整地记录工程现场复杂的情况，通过与设计模型进行对比，直观地反映出现场真实的施工情况，为工程检验等工作带来巨大帮助。同时，针对一些古建类建筑，3D 激光扫描技术可快速准确地形成电子化记录，形成数字化存档信息，方便后续的修缮改造等工作。此外，对于现场难以修改的施工现状，可通过 3D 激光扫描技术得到现场真实信息，为其量身定做装饰构件等材料。BIM 与 3D 扫描集成，是将 BIM 模型与所对应的 3D 扫描模型进行对比、转化和协调，达到辅助工程质量检查、快速建模、减少返工的目的，可解决很多传统方法无法解决的问题。

BIM 与 3D 激光扫描技术的集成，越来越多地被应用在建筑施工领域，在施工质量检测、辅助实际工程量统计、钢结构预拼装等方面体现出较大价值。例如，将施工现场的 3D 激光扫描结果与 BIM 模型进行对比，可检查现场施工情况与模型、图纸的差别，协助发现现场施工中的问题，这在传统方式下需要工作人员拿着图纸、皮尺在现场检查，费时又费力。再如，针对土方开挖工程中较难统计测算土方工程量的问题，可在开挖完成后对现场基坑进行 3D 激光扫描，基于点云数据进行 3D 建模，再利用 BIM 软件快速测算实际模型体积，并计算现场基坑的实际挖掘土方量。此外，通过与设计模型进行对比，还可以直观了解基坑挖掘质量等其他信息。上海中心大厦项目引入大空间 3D 激光扫描技术，通过获取复杂的现场环境及空间目标的 3D 立体信息，快速重构目标的 3D 模型及线、面、体、空间等各种带有 3D 坐标的数据，再现客观事物真实的形态特性。同时，将依据点云数据建立的 3D 模型与原设计模型进行对比，检查现场施工情况，并通过采集现场真实的管线及龙骨数据建立模型，作为后期装饰等专业深化设计的基础。BIM 与 3D 扫描技术的集成应用，不仅提高了该项目的施工质量检查效率和准确性，也为装饰等专业深化设计提供了依据。

（三）BIM 与数字化加工的集成应用

BIM 与数字化加工集成，意味着将 BIM 模型中的数据转换成数字化加工所需的数字模型，制造设备可根据该模型进行数字化加工。目前，主要应用在预制混凝土板生产、管线预制加工和钢结构加工 3 个方面，可提高生产效率、产品精度，节约工期。一方面，工厂精密机械自动完成建筑物构件的预制加工，不仅使制造出的构件误差小，而且可使生产效率大幅提高；另一方面，建筑中的门窗、整体卫浴、预制混凝土结构和钢结构等许多构件，均可异地加工，再被运到施工现场进行装配，既可缩短建造工期，又容易掌控质量。数字化是将不同类型的信息转变为可以度量的数字，将这些数字保存在适当的模型中，再将模型引入计算机进行处理的过程。数字化加工则是在应用已经建立的数字模型基础上，利用生产设备完成对产品的加工。

例如，深圳平安金融中心为超高层项目，有十几万平方米风管加工制作安装量，如果采用传统的现场加工制作安装，不仅大量占用现场场地，而且受垂直运输影响，效率低下。为此，该项目探索基于 BIM 的风管工厂化预制加工技术，将制作工序移至场外，由专门的加工流水线高效切割完成风管制作，再运至现场指定楼层完成组合拼装。在此过程中依靠 BIM 技术进行预制分段和现场施工误差测控，大大提高了施工效率和工程质量。未来，将以建筑产品三维模型为基础，进一步加入资料、构件制造、构件物流、构件装配以及工期、成本等信息，以可视化的方法完成 BIM 与数字化加工的融合。同时，更加广泛地发展和应用 BIM 技术与数字化技术的集成，进一步拓展信息网络技术、智能卡技术、家庭智能化技术、无线局域网技术、数据卫星通信技术、双向电视传输技术等与 BIM 技术的融合。

（四）BIM 与物联网的集成应用

物联网是通过无线射频识别、红外感应器、卫星定位系统、激光扫描器等信息传感设备，按约定的协议将物品与互联网相连进行信息交换和通信，以实现智能化识别、定位、跟踪、监控和管理的一种网络。BIM 与物联网集成应用，实质上是建筑全过程信息的集成与融合。BIM 技术发挥上层信息集成、交互、展示和管理的作用，而物联网技术则承担底层信息感知、采集、传递、监控的功能。二者集成应用可以实现建筑全过程“信息流闭环”，实现虚拟信息化管理与实体环境硬件之间的有机融合。目前 BIM 在设计阶段应用较多，并开始向建造和运维阶段应用延伸。物联网应用目前主要集中在建造和运维阶段，二者集成应用将会产生极大的价值。

在工程建设阶段，二者集成应用可提高施工现场安全管理能力，确定合理的施工进度，支持有效的成本控制，提高质量管理水平。例如，临边洞口防护不到位、部分作业人员高处作业不系安全带等安全隐患在施工现场无处不在，基于 BIM 的物联网应用可实时发现这些隐患并报警提示。高空作业人员的安全帽、安全带、身份识别牌上安装的无线射频识别模块，可在 BIM 系统中实现精确定位，如果作业行为不符合相关规定，身份识别牌与 BIM 系统会同时报警，管理人员可精准定位隐患位置，并采取有效措施避免安全事故发生。在建筑运维阶段，二者集成应用可提高设备的日常维护维修工作效率，提高重要资产的监控水平，增强安全防护能力，并支持智能家居。上海浦江大型 PC 保障房项目将 BIM 与物联网集成应用，基于 BIM 技术构建预制建筑建造信息管理平台，研究制定了构件编码规则，结合射频识别技术对预制构件进行动态管理，尝试了 BIM 技术在预制混凝土装配式建筑的设计、生产及施工全过程管理中的应用，实现了预制构件生产、安装的信息智能、动态管理，提高了施工管理效率。

BIM 与物联网集成应用目前处于起步阶段，尚缺乏数据交换、存储、交付、分类和编码、应用等系统化、可实施操作的集成和实施标准，且面临着法律法规、建筑业现行商业模式、BIM 应用软件等诸多问题，但这些问题将会随着技术的发展及管理水平的不断提高得到解决。BIM 与物联网的深度融合与应用，势必将智能建造提升到智慧建造的新高度，开创智慧建筑新时代，是未来建筑行业信息化发展的重要方向之一。未来建筑智能化系统，将会出现以物联网为核心，以功能分类、相互通信兼容为主要特点的建筑“智慧化”大控制系统。

（五）BIM 与 3D 打印的集成应用

3D 打印技术是一种快速成型技术，是以三维数字模型文件为基础，通过逐层打印或粉末熔铸的方式来构造物体的技术，综合了数字建模技术、机电控制技术、信息技术、材料科学与化学等方面的前沿技术。BIM 与 3D 打印的集成应用，主要是在设计阶段利用 3D 打印机将 BIM 模型微缩打印出来，供方案展示、审查和进行模拟分析；在建造阶段采用 3D 打印机直接将 BIM 模型打印成实体构件和整体建筑，部分替代传统施工工艺来建造建筑。BIM 与 3D 打印的集成应用，可谓两种革命性技术的结合，为建筑从设计方案到实物的过程开辟了一条“高速公路”，也为复杂构件的加工制作提供了更高效的方案。

目前，BIM 与 3D 打印技术集成应用有 3 种模式，即基于 BIM 的整体建筑 3D 打印、基于 BIM 和 3D 打印制作复杂构件、基于 BIM 和 3D 打印的施工方案实物模型展示。

1）基于 BIM 的整体建筑 3D 打印。应用 BIM 进行建筑设计，将设计模型交付专用 3D 打印机，打印出整体建筑物。利用 3D 打印技术建造房屋，可有效降低人力成本，作业过程基本不产生扬尘和建筑垃圾，是一种绿色环保的工艺，在节能降耗和环境保护方面较传统工艺有非常明显的优势。

2）基于 BIM 和 3D 打印制作复杂构件。传统工艺制作复杂构件，受人为因素影响较大，精度和美观度不可避免地会产生偏差。而 3D 打印机由计算机操控，只要有数据支撑，便可将任何复杂的异型构件快速、精确地制造出来。BIM 与 3D 打印技术集成进行复杂构件制作，不再需要复杂的工艺、措施和模具，只需将构件的 BIM 模型发送到 3D 打印机，短时间内即可将复杂构件打印出来，缩短了加工周期，降低了成本，且精度非常高，可以保障复杂异型构件几何尺寸的准确性和实体质量。

3）基于 BIM 和 3D 打印的施工方案实物模型展示。用 3D 打印制作的施工方案微缩模型，可以辅助施工人员更为直观地理解方案内容，携带、展示不需要依赖计算机或其他硬件设备，还可以 360° 观察，克服了打印 3D 图片和三维视频角度单一的缺点。

随着各项技术的发展，现阶段 BIM 与 3D 打印技术集成存在的许多技术问题将会得到解决，3D 打印机和打印材料价格也会趋于合理，应用成本下降也会扩大 3D 打印技术的应用范围，提高施工行业的自动化水平。虽然在普通民用建筑大批量生产的效率和经济性方面，3D 打印建筑较工业化预制生产没有优势，但在个性化、小数量的建筑上，3D 打印的优势非常明显。随着个性化定制建筑市场的兴起，3D 打印建筑在这一领域的市场前景非常广阔。

（六）BIM 与虚拟现实技术的集成应用

虚拟现实，又称为虚拟环境或虚拟真实环境，是一种三维环境技术，集先进的计算机技术、传感与测量技术、仿真技术、微电子技术等于一体，借此产生逼真的视、听、触、力等三维感觉环境，形成一种虚拟世界。虚拟现实技术是人们运用计算机对复杂数据进行的可视化操作，与传统的人机界面及流行的视窗操作相比，虚拟现实在技术思想上有了质的飞跃。BIM 技术的理念是建立涵盖建筑工程全生命周期的模型信息库，并实现各个阶段、不同专业之间基于模型的信息集成和共享。BIM 与虚拟现实技术集成应用，主要内容包括虚拟场景构建、施工进度模拟、复杂局部施工方案模拟、施工成本模拟、多维模型信息联合模拟及交互式场景漫游，其目的是应用 BIM 信息库，辅助虚拟现实技术更好地在建筑工程项目全生命周期中应用。

BIM 与虚拟现实技术集成应用，可提高模拟的真实性。传统的二维、三维表达方式，只能传递建筑物单一尺度的部分信息，使用虚拟现实技术则可展示一栋虚拟建筑物的全部信息，使人产生身临其境之感。并且，可以将任意相关信息整合到已建立的虚拟场景中，进行多维模型信息联合模拟。可以实时、任意视角查看各种信息与模型的关系，指导设计、施工，辅助监理、监测人员开展相关工作。

BIM 与虚拟现实技术集成应用，可有效支持项目成本管控。据不完全统计，一个工程项目大约有 30%的施工过程需要返工、60%的劳动力资源被浪费、10%的材料被损失浪费。不难推算，在庞大的建筑施工行业中每年约有万亿元的资金流失。BIM 与虚拟现实技术集成应用，通过模拟工程项目的建造过程，在实际施工前即可确定施工方案的可行性及合理性，减少或避免设计中存在的大多数错误，可以方便地分析出施工工序的合理性，生成对应的采购计划和财务分析费用列表，高效地优化施工方案，还可以提前发现设计和施工中的问题，对设计、预算、进度等属性及时更新，并保证获得数据信息的一致性和准确性。二者集成应用，在很大程度上可减少建筑施工行业中普遍存在的低效、浪费和返工现象，大大缩短项目计划和预算编制的时间，提高计划和预算的准确性。

BIM 与虚拟现实技术集成应用，可有效提升工程质量。在施工之前，将施工过程在计算机上进行三维仿真演示，可以提前发现并避免在实际施工中可能遇到的各种问题，如管线碰撞、构件安装等，以便指导施工和制订最佳施工方案，从整体上提高建筑施工效率，确保工程质量，消除安全隐患，并有助于降低施工成本与时间耗费。

BIM 与虚拟现实技术集成应用，可提高模拟工作中的可交互性。在虚拟的三维场景中，可以实时切换不同的施工方案，在同一个观察点或同一个观察序列中感受不同的施工过程，有助于比较不同施工方案的优势与不足，以确定最佳施工方案。同时，可以对某个特定的局部进行修改，并实时与修改前的方案进行分析比较。此外，还可以直接观察整个施工过程的三维虚拟环境，快速查看不合理或者错误之处，避免施工过程中的返工。

虚拟施工技术在建筑施工领域的应用将是一个必然趋势，在未来的设计、施工中的应用前景广阔，必将推动我国建筑施工行业迈入一个崭新的时代。

（七）BIM 与云计算的集成应用

云计算是一种基于互联网的计算方式，以这种方式共享的软硬件和信息资源可以按需提供给计算机和其他终端使用。BIM 与云计算集成应用，是利用云计算的优势将 BIM 应用转化为 BIM 云服务，目前在我国尚处于探索阶段。基于云计算强大的计算能力，可将 BIM 应用中计算量大且复杂的工作转移到云端，以提升计算效率；基于云计算的大规模数据存储能力，可将 BIM 模型及其相关的业务数据同步到云端，方便用户随时随地访问并与协作者共享；云计算使 BIM 技术走出办公室，用户在施工现场可通过移动设备随时连接云服务，及时获取所需的 BIM 数据和服务等。

天津高银金融 117 大厦项目，在建设之初启用了广联云服务，将其作为 BIM 团队数据管理、任务发布和信息共享的数据平台，并提出基于广联云的 BIM 系统云建设方案，开展 BIM 技术深度应用。广联云为该项目管理了上万份工程文件，并为来自 10 个不同单位的项目成员提供模型协作服务。项目部将 BIM 信息及工程文档同步保存至云端，并通过精细的权限控制及多种协作功能，满足了项目各专业、全过程海量数据的存储、多用户同时访问及协同的需求，确保了工程文档能够快速、安全、便捷、受控地在团队中流通和共享，大大提升了管理水平和工作效率。根据云的形态和规模，BIM 与云计算集成应用将经历初级、中级和高级发展阶段。初级阶段以项目协同平台为标志，主要厂商的 BIM 应用通过接入项目协同平台，初步形成文档协作级别的 BIM 应用；中级阶段以模型信息平台为标志，合作厂商基于共同的模型信息平台开发 BIM 应用，并组合形成构件协作级别的 BIM 应用；高级阶段以开放平台为标志，用户可根据差异化需要从 BIM 云平台上获取所需的 BIM 应用，并形成自定义的 BIM 应用。

（八）BIM 与地理信息系统的集成应用

地理信息系统（geographic information system，GIS）是用于管理地理空间分布数据的计算机信息系统，以直观的地理图形方式获取、存储、管理、计算、分析和显示与地球表面位置相关的各种数据，BIM 与 GIS 集成应用，是通过数据集成、系统集成或应用集成来实现的，可在 BIM 应用中集成 GIS，也可以在 GIS 应用中集成 BIM，或是 BIM 与 GIS 深度集成，以发挥各自优势，拓展应用领域。目前，二者集成在城市规划、城市交通分析、城市微环境分析、市政管网管理、住宅小区规划、数字防灾、既有建筑改造等诸多领域有所应用，与各自单独应用相比，在建模质量、分析精度、决策效率、成本控制水平等方面都有明显提高。

BIM 与 GIS 集成应用，可提高长线工程和大规模区域性工程的管理能力。BIM 的应用对象往往是单个建筑物，利用 GIS 宏观尺度上的功能，可将 BIM 的应用范围扩展到道路、铁路、隧道、水电、港口等工程领域。例如，邢汾高速公路项目开展 BIM 与 GIS 集成应用，实现了基于 GIS 的全线宏观管理、基于 BIM 的标段管理及桥隧精细管理相结合的多层次施工管理。BIM 与 GIS 集成应用，可增强大规模公共设施的管理能力。现阶段，BIM 应用主要集中在设计、施工阶段，而二者集成应用可解决大型公共建筑、市政及基础设施的 BIM 运维管理，将 BIM 应用延伸到运维阶段。例如，昆明新机场项目将二者集成应用，成功开发了机场航站楼运维管理系统，实现了航站楼物业、机电、流程、库存、报修与巡检等日常运维管理和信息动态查询。BIM 与 GIS 集成应用，还可以拓宽和优化各自的应用功能。导航是 GIS 应用的一个重要功能，但仅限于室外。二者集成应用，不仅可以将 GIS 的导航功能拓展到室内，还可以优化 GIS 已有的功能。例如，利用 BIM 模型对室内信息的精细描述，可以保证在发生火灾时选择最合理的室内逃生路径，而不只是选择最短的路径。

随着互联网的高速发展，基于互联网和移动通信技术的 BIM 与 GIS 集成应用，将改变二者的应用模式，向着网络服务的方向发展。当前，BIM 和 GIS 不约而同地开始融合云计算技术，分别出现了“云 BIM”和“云 GIS”的概念，云计算的引入将使 BIM 和 GIS 的数据存储方式发生改变，数据量级也将得到提升，其应用也会得到跨越式发展。

（九）BIM 与智能型全站仪的集成应用

施工测量是工程测量的重要内容，包括施工控制网的建立、建筑物的放样、施工期间的变形观测和竣工测量等内容。近年来，外观造型复杂的超大、超高建筑日益增多，测量放样主要使用全站型电子速测仪（以下简称“全站仪”）。随着新技术的应用，全站仪逐步向自动化、智能化方向发展。智能型全站仪由马达驱动，在相关应用程序控制下，在无人干预的情况下可自动完成多个目标的识别、照准与测量，且在无反射棱镜的情况下可对一般目标直接测距。

BIM 与智能型全站仪集成应用，是通过对软件、硬件进行整合，将 BIM 模型带入施工现场，利用模型中的三维空间坐标数据驱动智能型全站仪进行测量。二者集成应用，将现场测绘所得的实际建造结构信息与模型中的数据进行对比，核对现场施工环境与 BIM 模型之间的偏差，为机电、精装、幕墙等专业的深化设计提供依据。同时，基于智能型全站仪高效精确的放样定位功能，结合施工现场轴线网、控制点及标高控制线，可高效快速地将设计成果在施工现场进行标定，实现精确的施工放样，并为施工人员提供更加准确直观的施工指导。此外，基于智能型全站仪精确的现场数据采集功能，在施工完成后对现场实物进行实测实量，通过对实测数据与设计数据进行对比，检查施工质量是否符合要求。与传统放样方法相比，BIM 与智能型全站仪集成放样，精度可控制在 3mm 以内，而一般建筑施工要求的精度在 1～2cm，远超传统施工精度。传统放样至少要两人操作，BIM 与智能型全站仪集成放样，一人一天可完成几百个点的精确定位，效率是传统方法的 6～7 倍。

目前，国外已有很多企业在施工中将 BIM 与智能型全站仪集成应用进行测量放样，而在我国尚处于探索阶段，只有深圳市城市轨道交通 9 号线、深圳平安金融中心和北京望京 SOHO 等少数项目应用。未来，二者集成应用将与云技术进一步结合，使移动终端与云端的数据实现双向同步；还将与项目质量管控进一步融合，使质量控制和模型修正无缝融入原有工作流程，进一步提升 BIM 应用价值。

四、BIM 技术最新发展方向

随着全球 BIM 技术的快速发展，BIM 技术应用呈现五大发展应用方向。

（一）从聚焦设计阶段应用向施工阶段一体化深化应用延伸

一直以来，BIM 技术在设计阶段的应用成熟度高于施工阶段的 BIM 应用，应用时间也较长。近几年，BIM 技术在施工阶段的应用价值越来越凸显，发展也非常快。调查显示，59.7%的受访者认为从设计阶段向施工阶段延伸是 BIM 发展的特点，有四成以上的用户认为施工阶段是 BIM 技术应用最具价值的阶段。由于施工阶段对工作高效协同和信息准确传递要求更高，对信息共享和信息管理、项目管理能力及操作工艺的技术能力等方面要求都比较高，因此 BIM 应用有逐步向施工阶段深化应用延伸的趋势，如图 3-6 所示。

图 3-6　BIM 技术在施工阶段的应用

（二）从单业务应用向多业务集成应用转变

目前，很多项目通过使用单独的 BIM 软件来解决单点业务问题，以局部应用为主。调查显示，60.7%的受访者认为 BIM 发展将从基于单一 BIM 软件的独立业务应用向多业务集成应用发展。基于 BIM 的多业务集成应用主要包括不同业务或不同专业模型的集成、支持不同业务工作的 BIM 软件的集成应用、与其他业务或新技术的集成应用。而集成应用模式可根据业务需要通过软件接口或数据标准集成不同模型，综合使用不同软件和硬件，以发挥更大的价值。例如，基于 BIM 的工程量计算软件形成的算量模型与钢筋翻样软件集成应用，可支持后续的钢筋下料工作。随着建筑工业化的发展，很多建筑构件的生产需要在工厂完成，如果采用 BIM 技术进行设计，可以将设计阶段的 BIM 数据直接传送到工厂，通过数控机床对构件进行数字化加工，对于具有复杂几何造型的建筑构件，可以大大提高生产效率，如图 3-7 所示。

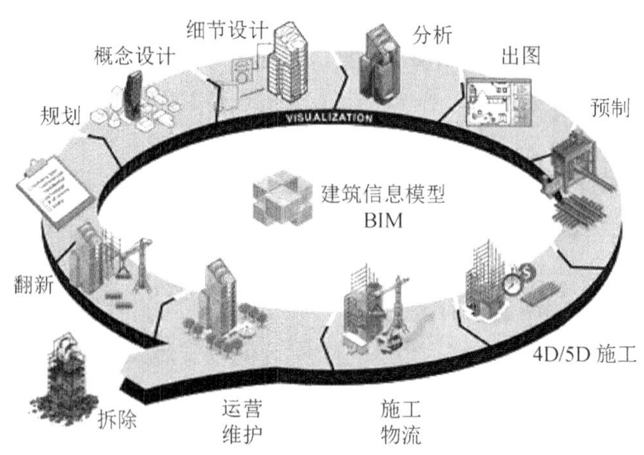

图 3-7　BIM 的多业务集成应用

（三）从单纯技术应用向与项目管理集成应用转变

BIM 技术可有效解决项目管理中生产协同、数据协同的难题，目前正在深入应用于项目管理的各个方面，包括成本管理、进度管理、质量管理等，与项目管理集成将成为 BIM 应用的一个趋势。BIM 技术可为项目管理过程提供数据有效集成的手段及更为及时准确的业务数据，可提高管理单元之间的数据协同和共享效率。BIM 技术可为项目管理提供一致的模型，模型集成了不同业务的数据，采用可视化方式动态获取各方所需的数据，确保数据能够及时、准确地在参建各方之间得到共享和协同应用。

此外，BIM 技术与项目管理集成需要信息化平台系统的支持。需要建立统一的项目管理集成信息平台，与 BIM 平台通过标准接口和数据标准进行数据传递，及时获取 BIM 技术提供的业务数据；支持各参建方之间的信息传递与数据共享；支持对海量数据的获取、归纳与分析，协助项目管理决策；支持各参建方沟通、决策、审批、项目跟踪、通信等。

（四）从单机应用向基于网络的多方协同应用转变

物联网、移动应用等新的客户端技术迅速发展普及，依托于云计算、大数据等服务端技术实现了真正的协同，满足了工程现场数据和信息的实时采集、高效分析、及时发布和随时获取，形成了“云+端”的应用模式。这种基于网络的多方协同应用方式可与 BIM 技术集成应用，形成优势互补。一方面，BIM 技术提供了协同的介质，基于统一的模型工作，降低了各方沟通协同的成本；另一方面，“云+端”的应用模式可更好地支持基于 BIM 模型的现场数据信息采集、模型高效存储分析、信息及时获取沟通传递等，为工程现场基于 BIM 技术的协同提供新的技术手段。因此，从单机应用向“云+端”的协同应用转变将是 BIM 应用的一个趋势。云计算可为 BIM 技术应用提供高效率、低成本的信息化基础架构，二者的集成应用可支持施工现场不同参与者之间的协同和共享，对施工现场管理过程实施监控，将为施工现场管理和协同带来革命。

（五）从标志性项目应用向一般性项目应用延伸

随着企业对 BIM 技术认识的不断深入，很多 BIM 技术的相关软件逐渐成熟，应用范围不断扩大，从最初应用于一些大规模、标志性的项目，发展到近两年已开始应用到一些中小型项目，基础设施领域也开始积极推广 BIM 应用。一方面，各级地方政府积极推广 BIM 技术应用，要求政府投资项目必须使用 BIM 技术，这无疑促进了 BIM 技术在基础设施领域的应用推广；另一方面，基础设施项目往往工程量庞大、施工内容多、施工技术难度大，施工过程周围环境复杂，施工安全风险较高，传统的管理方法已不能满足实际施工需要，BIM 技术可通过施工模拟、管线综合等技术解决这些问题，使施工准确率和效率大大提高。例如，城市地下空间开发工程项目，应用 BIM 技术在施工前可以充分模拟，论证项目与周围的城市整体规划的协调程度，以及施工过程对周围环境的影响，从而制定更好的施工方案。

第三节　BIM 技术的应用现状

一、中国 BIM 技术应用现状

根据《中国 BIM 应用价值研究报告（2015）》，2015 年中国对 BIM 技术的应用率不高，依据当时中国区域的企业对 BIM 技术应用理念、应用策略的不同，中国区域企业的 BIM 技术应用可大致划分为 3 种类型：①应用 BIM 技术支持市场业务开拓；②应用 BIM 技术提升技术水平、强化管理；③应用 BIM 技术支撑企业的长期发展战略，如图 3-8 所示。

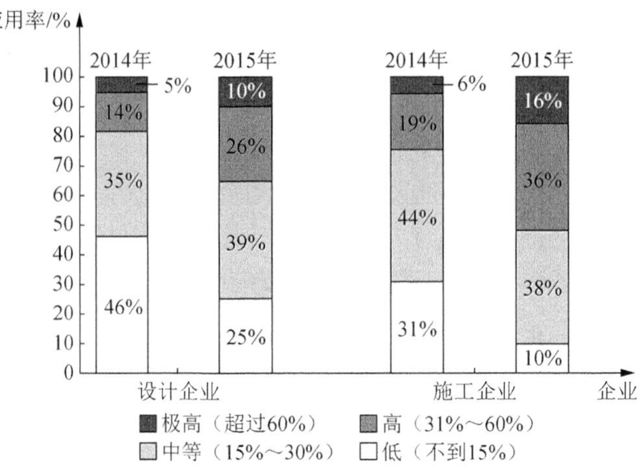

图 3-8　我国 BIM 技术的应用率

1. 市场业务开拓型

（1）某营造股份有限公司

某营造股份有限公司是大型施工单位，曾经负责建设医疗大楼、办公大楼、运动中心等。

1）BIM 发展路线。由于是施工企业，所以该公司的 BIM 发展侧重在“可视化展示+个性化开发”。

2）BIM 具体应用。该公司的可视化“所见即所得”的程度比较高，因为做得很细，在施工过程中的进度管控、绿色建筑指标等，选择的是 API（插件）开发，利用个性化的插件来解决不同的需要。这种个性化的需求是项目之间的差异性所带来的，所以他们也开发了很多小的 API。

（2）某工程顾问股份有限公司

某工程顾问股份有限公司是集设计、施工、运维、管理顾问等建设全过程于一身的建设公司，涵盖房屋、公路、桥梁等多个领域，在中国、马来西亚、美洲、欧洲等国家和地区都有项目和业务。

1）BIM 发展路线。该公司内部分管 BIM 的部门为 BIM 整合中心，BIM 发展路线是“自己搭建平台”，由于在当地的建设项目渐少，所以公司将 BIM 的重心放在了平台的搭建，侧重于建设过程中的 BIM 咨询，服务对象不局限于本公司，类似于第三方 BIM 咨询公司的角色。由于该公司自己开发了平台，且根据定位，平台可以切入到工程建设从设计到运维的方方面面，并且建立了平台和 Revit 等主流软件之间的良好接口。

2）BIM 具体应用。选择游戏引擎 Unity，实现虚拟现实（virtual reality，VR）、增强现实（augmented reality，AR）、用户界面（user interface，UI）、进度控制等功能。VR 是平台内进行模型漫游和构件信息展示（漫游的同时进行模型及构件信息的展示）；AR 就是在待建设的地方模拟出要建设的构造物；UI 展示模型时旁边会有很多信息的展示；进度控制不仅能做到建筑整体建设过程的展示，也能做到某一工法的建设过程展示。

2. 提升技术、强化管理型

（1）某工程顾问股份有限公司

某工程顾问股份有限公司业务涵盖电力、水利、城市建设、交通等，涉及科研、勘测、规划、设计、检验、施工监督、项目管理及总包工程，曾先后在印度尼西亚、越南、沙特阿拉伯、欧洲等国家和地区提供工程技术顾问服务。

1）BIM 发展路线。该公司内分管 BIM 的部门为 BIM 中心，公司本身并不从事施工，所以公司的 BIM 发展路线主要是“使用多种软件来辅助设计和管理+少量开发”。其服务对象多是本公司承接的项目。这种模式往往更适用于工程建设的设计阶段和运维管理阶段。

2）BIM 具体应用。该公司使用的 BIM 类软件（不含 CAD、SU 等非 BIM 类软件）至少有 12 种，其业务大部分功能依靠不同软件之间的协同来实现。如果软件有些功能不能实现，则选择自己开发，如一些软件之间的接口、个别 Revit 的 API 等。

（2）某建筑设计院有限公司

某建筑设计院有限公司从 2004 年国家体育场（鸟巢）项目 BIM 设计开始至今 10 多年，有近 500 万 m^2 BIM 项目的设计和 BIM 咨询经验，结合企业未来 BIM 设计全面推广应用的目标，于 2012 年 10 月成立了 BIM 设计研究中心，至 2015 年已有 100 多人规模，其中建筑、结构、机电设计师 60 多人，软件开发人员 30 多人，其中拥有硕士学位及以上学历的人员占员工总数的 70%以上。

1）BIM 发展路线。BIM 中心为核心，将研究成果逐步推广到全院，为设计院的发展奠定坚实的技术和人才基础。中心负责设计院整体解决方案、设计软件开发和协同平台开发、虚拟桌面系统研发，以及院标定制、BIM 培训推广等工作。各专业团队全部采用 BIM 技术按流程设计，提交设计及 BIM 成果。同时，负责软件开发需求整理、对外的 BIM 咨询服务。

2）BIM 具体应用。工程项目全专业、全过程 BIM 设计。BIM 顾问咨询服务，为业主、地产开发商等提供从项目规划、概念设计、初步设计、施工图设计、项目招投标、施工深化与施工辅助管理、竣工与运维等项目全生命期各阶段顾问咨询服务。BIM 技术研究与推广应用。

（3）某建工集团

某建工集团 BIM 体系构筑主要分 3 个层面：集团 BIM 中心、子公司 BIM 分中心和项目部 BIM 工作站。中心负责引领集团的 BIM 工作，下设 BIM 设计所、行政处、技术处和业务处，其中 BIM 设计所负责 EPC 工程总承包项目的设计 BIM 服务；行政处负责集团人才培训及考证；技术处从事 BIM 技术研究与攻关；业务处分别对口集团各子公司，配备土建等各专业 BIM 工程师，对 BIM 分中心及工作站进行业务指导。子公司 BIM 分中心统筹子公司内部 BIM 工作。项目部 BIM 工作站，是 BIM 工作的触角和终端，是 BIM 技术应用的落脚点。

1）BIM 发展路线。与项目一线生产结合，将 BIM 从建模走向应用，从技术方面带来项目生产效率的提升。从技术应用过渡到管理应用，为项目及企业降本增效。采用“流动站+固定站”的形式，改变 BIM 技术作为咨询与指导的外围服务性质，使 BIM 技术真正融入项目管理核心。

2）BIM 具体应用。BIM 1.0 技术应用，如管线综合、砌体排布；BIM 2.0 管理应用，如基于 BIM 的施工管理流程再造。

（4）某建工集团

某建工集团 BIM 中心是在综合集团房地产开发、设计、总承包、专业分包、物业运维、加工制造等全产业链优势的基础上组建的，由集团 BIM 中心总部和 21 个 BIM 分中心组成，总人数超过 300 人，组织较大规模工程 BIM 实施超过 100 项。

1）BIM 发展路线。在集团 BIM 中心成立之初，就将集团 BIM 实施目标规划为“提升企业形象”“解决技术问题”“实现企业流程再造”3 个阶段，并确立了以 BIM 技术提升精细化管理，促进企业发展的战略思路。

2）BIM 具体应用。通过大量工程项目实践应用，已将 BIM 应用贯穿于项目前期及规划、房地产开发、设计、投标、施工、运维等建筑的多个生命周期。在基础建模、模型数据分析、绿色建筑规划到深化设计、4D 施工模拟、方案论证和专业技术软件开发等多个领域都取得了显著的成果。

3. 企业长期发展战略型

（1）某房地产集团公司

某房地产集团公司是国内最大的住宅开发企业，业务覆盖以珠三角为核心的广深区域、以长三角为核心的上海区域、以环渤海为核心的北京区域、中西部中心城市组成的成都区域四大区域的 65 个主要城市，以及中国香港、新加坡、旧金山、纽约 4 个城市。

1）BIM 发展路线。以公司建筑研究中心作为 BIM 中心，建立基于 BIM 的项目数据库和项目管理平台，对公司项目进行统一的设计、建造、运营管理，通过项目数据积累分析和应用实践，逐步实行工业化建造，并最终实现规模化定制。

2）BIM 具体应用。建立统一的土建、钢构、机电建模规则与精度要求，确保专业模型准确融合成集成模型，避免设计与施工脱节。通过平台调用项目数据库中的 BIM 数据，施工阶段指导进行施工组织、进度支付、竣工结算等，运营阶段实现资产管理、设备管理、能耗监控等。

（2）某房地产集团公司

某房地产集团公司是中国商业地产行业的龙头企业。拥有全国唯一的商业规划研究院、全国性的商业地产建设团队、全国性的连锁商业管理公司，形成商业地产的完整产业链和企业的核心竞争优势。某广场项目是集团独创的商业地产模式，包括大型商业中心、五星级酒店、餐饮、娱乐等，形成独立的大型商圈。

1）BIM 发展路线。把 BIM 应用作为集团的顶层战略，以 BIM 作为载体，对建筑业进行标准化、信息化，把某广场设计、施工、运营的流程管理进行复制，降低商业运营风险。靠品牌输出实现轻资产转型，就是开始做代建+代运营。

2）BIM 具体应用。以 BIM 技术为基础，通过项目信息化集成管理平台进行“BIM 总发包管理模式”，把开发方、设计总包方、工程总包方、工程监理方纳入同一平台对项目实现“管理前置、协调同步、模式统一”的创新性管理。

综上所述，通过以上 8 家公司的 BIM 发展路线和 BIM 具体应用我们可以看到，所有企业都在积极把握技术变革的历史机遇，把 BIM 技术应用作为引领企业未来发展的重要引擎和突破口，从不同的应用理念、应用策略出发来参与 BIM 技术的推广应用，有的还处在技术吸收、摸索阶段，但有的已经探索出适合自我发展的理念、模式、路径，总体来讲实现 BIM 任重道远。

二、中国 BIM 技术市场预测

随着技术、理论的发展，政策的推进，全球工程行业人士普遍认识到 BIM 技术将成为建筑行业的革命性力量。中国建筑行业也逐步通过应用 BIM 技术取得一定成果。为此，互联立方咨询技术服务有限公司对中国 BIM 市场规模进行了初步的分析预测。

（一）中国 BIM 产业发展现状

中国 BIM 产业主要可分为 4 个细分市场：软件、咨询、培训和运维，可分为 3 类：BIM 软件研发、BIM 咨询和 BIM 培训。

目前，国内 BIM 软件企业是 BIM 产业中的核心，诸多本土 BIM 软件厂商结合国内软件应用环境和实际情况，围绕建筑设计、建造、运维 3 个阶段进行 BIM 软件的研发，推出切合中国市场的 BIM 产品。近几年，国内 BIM 软件厂商的发展总体呈现良好态势，通过本地化产品和配套的技术服务支撑，取得了不错的成绩。但因软件研发需要大量的资金投入，目前有实力的 BIM 研发企业数量还较少。

BIM 咨询市场是 BIM 产业中交易最活跃的细分市场，也是 BIM 产业中企业数量最多的领域，主要为建设方、施工企业提供 BIM 咨询服务。因进入门槛较低，存在大量的咨询企业，有的依托软件研发业务提供咨询服务；有些传统的设计院、工程咨询公司新开辟 BIM 咨询业务；也有新人看准机遇另起炉灶，以 BIM 咨询为主营业务的大量企业发展起来。

因产业技术的升级换代，行业面临大量的培训需求。人力资源和社会保障部教育培训中心适时推出全国 BIM 等级考试、中国建设教育协会推出的全国 BIM 应用技能考试，以应对大量的 BIM 培训与考证需求。BIM 培训企业虽然规模较小，但面对 4 000 万建筑行业人士的培训需求，整个市场前景广阔。

（二）2020 年中国 BIM 产业的市场规模分析

根据 BIM 产业的特点，可以估算 2020 年中国 BIM 产业的细分市场规模。

1）由于国家政策引导，以及建筑业市场发展倒逼，众多特一级企业愈发重视 BIM 技术的应用投入。根据 2016 年 7 月 21 日住建部发布的《关于公布第一批建筑业企业资质换证名单的通知》统计，国内有 9 604 家特一级建筑企业，按照每家企业 BIM 系统投入每年（维护、升级等费用也计入）200 万元计算，BIM 软件的市场规模在 100 亿元左右。

2）依据上海市住房和城乡建设委员会出台的《关于本市保障性住房项目实施建筑信息模型技术应用的通知》，对各阶段和项目规定的 BIM 使用价格在 10～25 元/m^2，结合国家统计局公布 2016 年的房屋新开工面积为 16.69 亿 m^2，按照 5%的增速计算，BIM 应用年市场容量将在 150 亿～400 亿元。

3）BIM 技术是未来建筑业从业人员必备的技能，根据每人每年投入 100～200 元的培训费用，BIM 培训市场规模在 50 亿～100 亿元。

4）根据国家统计局数据，全国既有建筑面积达 600 亿 m^2，其中，城市既有建筑面积约为 360 亿 m^2，按照每平方米每年产生 5 元的运维费用，则 BIM 运维市场的规模在 1 800 亿元左右。2020 年 BIM 产业的市场规模为 2 250 亿～2 600 亿元，BIM 市场发展空间广阔。

（三）2020 年中国 BIM 市场容量测算

国务院《关于进一步加强城市规划建设管理工作的若干意见》明确提出，要争取用 10 年左右的时间，使装配式建筑占新建建筑的比例达到 30%。同样，加快城镇化步伐、推进城乡一体化发展离不开基础设施的建设。“十三五”期间我国将加强关键领域薄弱环节重大工程建设，实施交通“一二三百”工程。“十三五”期间，国家大力推广装配式建筑，加大基础设施建设。可以预见，市政 BIM 细分市场、装配式建筑 BIM 细分市场成为 BIM 技术有潜力的市场之一。在市政 BIM 细分市场，2016 年基础设施投资 118 878 亿元，比 2015 年增长 17.4%，增速提高 0.2 个百分点。“十三五”期间，国家将大力发展交通基础设施建设，基建投资加大力度。基于此，以平均增速 17%对“十三五”期间基建投资规模进行估算，以 2016 年我国整体基础设施投资规模 118 878 亿元为基准来测算，市政 BIM 技术的投入按照 0.5%的规模计算，“十三五”期间，市政 BIM 市场的年规模将达到 600 亿～1 100 亿元。

（四）BIM 在装配式建筑市场规模测算

在装配式建筑 BIM 细分市场，国务院《关于进一步加强城市规划建设管理工作的若干意见》提出，力争用 10 年左右时间，使装配式建筑占新建建筑的比例达到 30%。依据国家统计局数据，2016 年建筑业房屋新开工面积为 16.69 亿 m^2，假设到 2026 年，全国房屋新开工面积年均增长 5%，按 30%的比例算，装配式建筑也将达 8.16 亿 m^2。根据《装配式建筑工程消耗量定额（征求意见稿）》，装配式建筑投资在 2 000～2 800 元/m^2，这就意味着，在既定条件不变的情况下，预计 2026 年装配式建筑市场规模 1.5 万亿～2.5 万亿元，核算 BIM 年市场容量将在 80 亿～210 亿元。

（五）未来发展趋势

全球建筑业界已普遍认同 BIM 是未来趋势，还将有非常大的发展空间，对整个建筑行业的影响是全面性的、革命性的。BIM 技术的普及成熟，对建筑业变革产生的影响将超越计算机当前对建筑业的影响。

三、全球 BIM 技术应用现状

（一）2016 年度英国国家统计局国际 BIM 报告

英国国家统计局（National Bureau of Statistics，NBS）根据英国、加拿大、丹麦、日本与捷克 5 个国家的 BIM 应用现状、变化轨迹，针对 2016 年全球的 BIM 发展发布了一份报告。

1）关于 BIM 与未来的调查分析。在所有的国家中，有超过 75%的受访者认为，BIM 是项目的未来，且都不考虑 BIM 技术的成熟性，如图 3-9 所示。

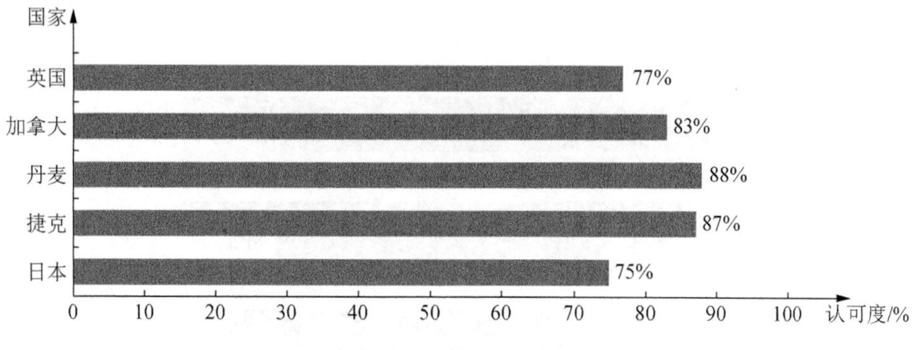

图 3-9　BIM 是项目未来的认可度的调查结果

2）关于 BIM 认知度的调查分析。在所有国家中，除了捷克，其他国家的认知度都超过 90%，捷克的认知度才刚刚超过 50%，如图 3-10 所示。但是可以预测捷克的 BIM 的认知度会像其他国家一样迅速增长。这些图表表明，BIM 正在加速成为这些国家建设信息的标准规范。确实，采用 BIM 已经成为在海外工作的先决条件。

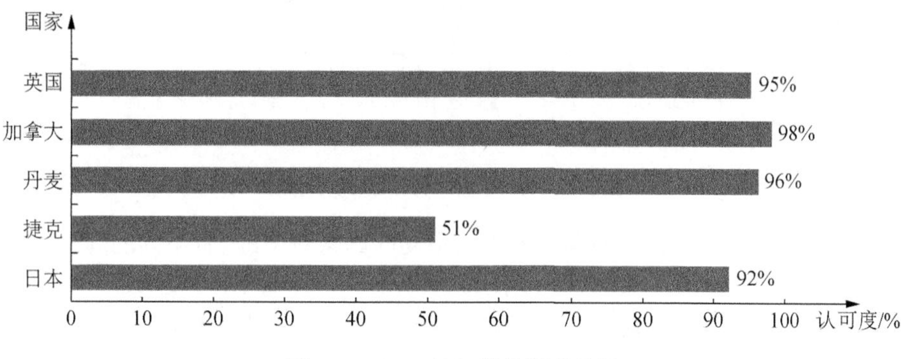

图 3-10　BIM 认知度的调查结果

3）关于 2016 年 BIM 使用情况的调查分析。BIM 在丹麦的采用率最高，而在捷克则是最低。在日本和英国，图表显示使用率则刚好低于一半水平。英国从 2013 年的 39%增长到 48%，加拿大则从 64%增加到 67%，英国与加拿大的 BIM 使用者数量呈快速上升趋势，如图 3-11 所示。

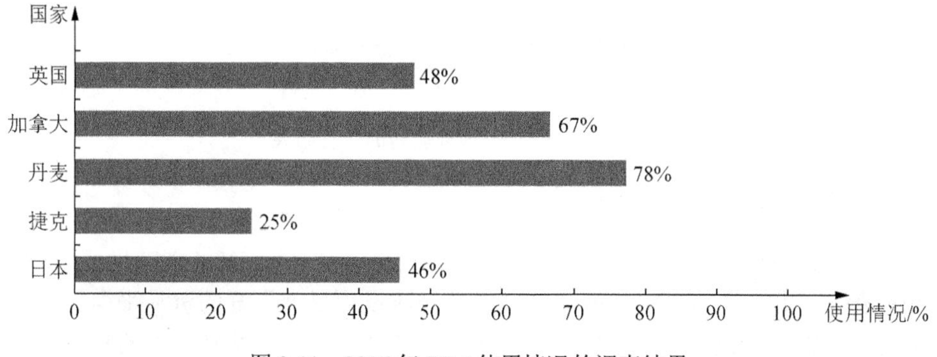

图 3-11　2016 年 BIM 使用情况的调查结果

4）关于 BIM 应用方向的调查分析。超过 90%的人用于三维可视化效果，超过 75%的人用于碰撞检测，约 50%的人用于性能分析，通过性能分析决策设计理念和保证设计品质，如图 3-12 所示。

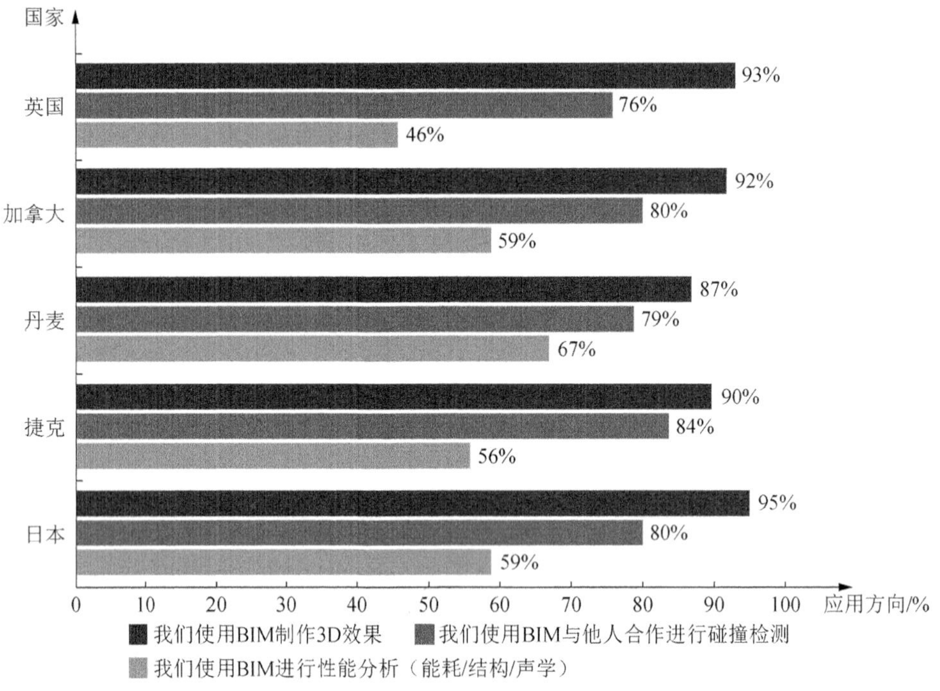

图 3-12　BIM 应用方向的调查结果

5）关于对 BIM 理解能力的调查分析。不同的国家对 BIM 有不同的理解，对它的理解和定义还没有完全清晰，如图 3-13 所示。报告显示：尽管 BIM 技术还不成熟，仍存在应用风险，但绝大多数人认为，机遇大于挑战，都在积极抢占先机。

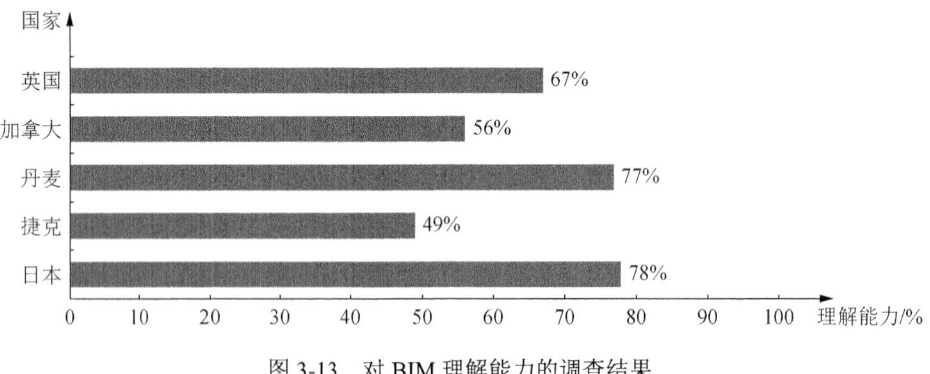

图 3-13　对 BIM 理解能力的调查结果

（二）2017 年度 NBS 国际 BIM 报告

1）英国政府对 BIM 的认知度。政府希望在项目交付时，BIM 能有助于实现更低成本、更快速度、更少量的温室气体排放，以及在建设项目上更好的贸易平衡。调查显示：60%的调查对象认为 BIM 有助于提高时间效率，减少项目从开始到结束的时间；70%的调查对象相信，在设计、建造、维护生命周期中的成本节省将会被实现。但是，这些调查对象不太相信 BIM 在以下两方面的能力，即减少温室气体排放（44%同意）和改善贸易逆差（32%同意），如图 3-14 所示。

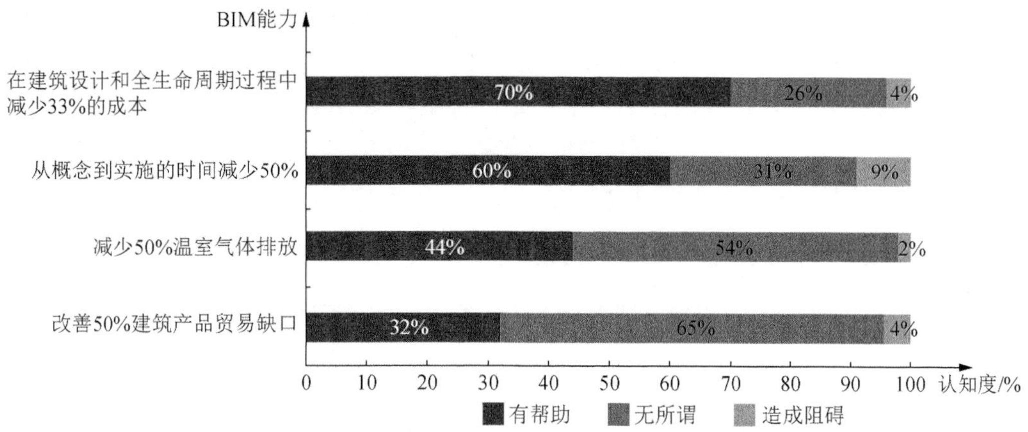

图 3-14　英国政府对 BIM 的认知度调查结果

2）行业对 BIM 使用和认知度。行业对 BIM 的认知接近普及，应用逐年增长（了解并使用 BIM 的占 62%，比 2015 年提高了 8%）。的确，2016 年是 2014 年以来英国 BIM 应用增长最快的一年，如图 3-15 所示。

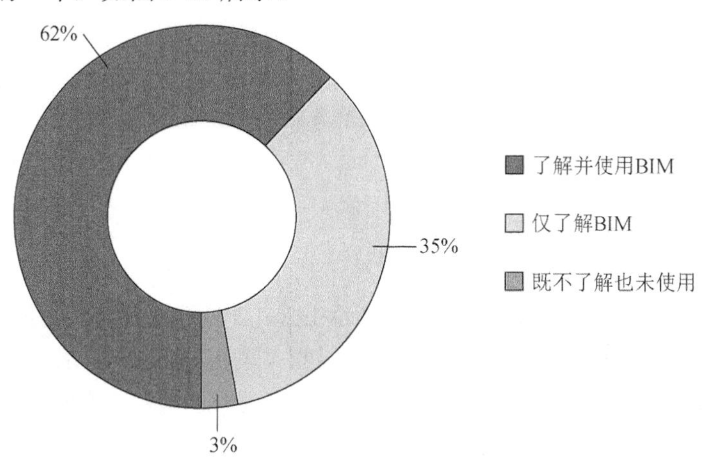

图 3-15　行业对 BIM 使用和认知度调查结果

小公司（员工<15 名）采用 BIM 的比较少（只有 48%）。而 74%的中型公司（员工 16～50 名）和大型公司（员工超过 50 名）已经采用了 BIM，如图 3-16 所示。

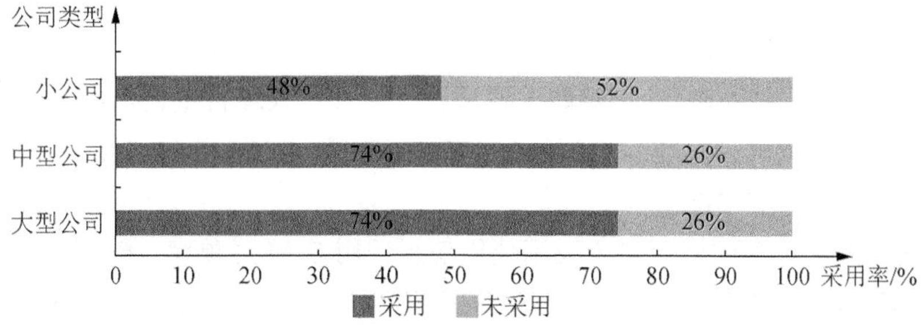

图 3-16　公司采用 BIM 调查结果

谈到 BIM 的未来应用，90%的调查对象相信他们将在未来一年内使用 BIM，95%的人相信他们将在未来 3 年内使用 BIM。尽管意图并不总能变成现实，但是过去 6 年大约 60%的 BIM 应用增长，使英国在下一个 5 年里有望实现 BIM 应用达到 95%的目标，如图 3-17 所示。

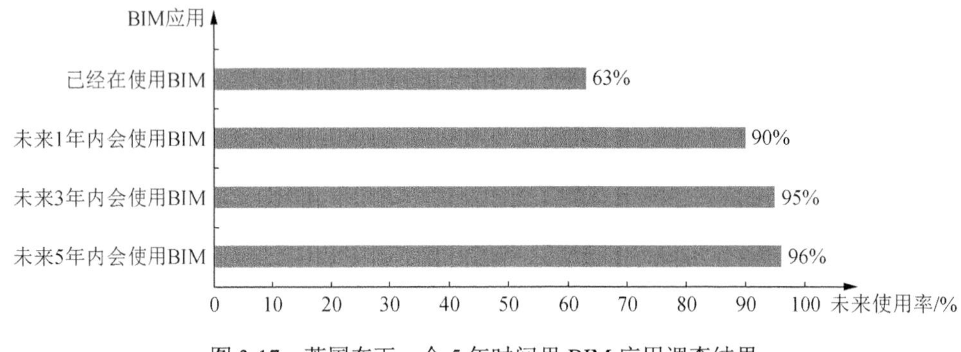

图 3-17　英国在下一个 5 年时间里 BIM 应用调查结果

3）BIM 的成熟度。有超过半数的人认为自己对 BIM 有信心（即 55%，2012 年是 35%），如图 3-18 所示。

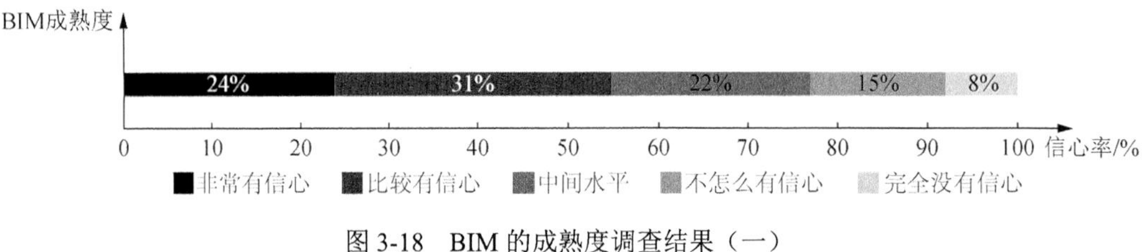

图 3-18　BIM 的成熟度调查结果（一）

关于 BIM 的成熟度，大部分调查对象表示 Level 2 是其项目达到的最高水平（70%）。7%的人表示他们处于 BIM Level 3 的水平，22%的人表示处于 Level 1。调查显示，已经采用 BIM 的组织，75%以上正处于或超过了 BIM 强制要求的等级，如图 3-19 所示。

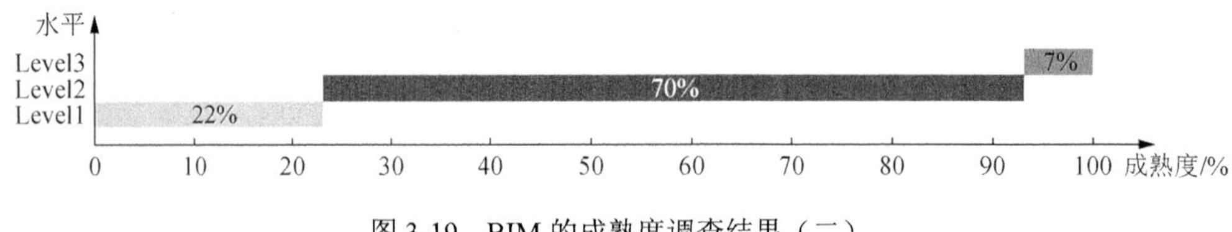

图 3-19　BIM 的成熟度调查结果（二）

协同设计工作是标准的实践方式（71%的调查对象创建 3D 模型，内部分享模型的有 59%，外部分享模型的占 63%）。然而，要把这一方式植入项目生命周期的后期阶段，还有很多工作需要完成（只有 45%从开始到结束一直使用一个模型，26%的人表示他们将模型用于建筑管理），如图 3-20 所示。

4）BIM 资源。45%的调查对象表示他们使用通用 BIM 对象库（66%的人按需创建对象），内部创建并在多个项目上使用。58%的调查对象选择制造商提供的模型，而 45%的选择使用通用模型，如图 3-21 所示。

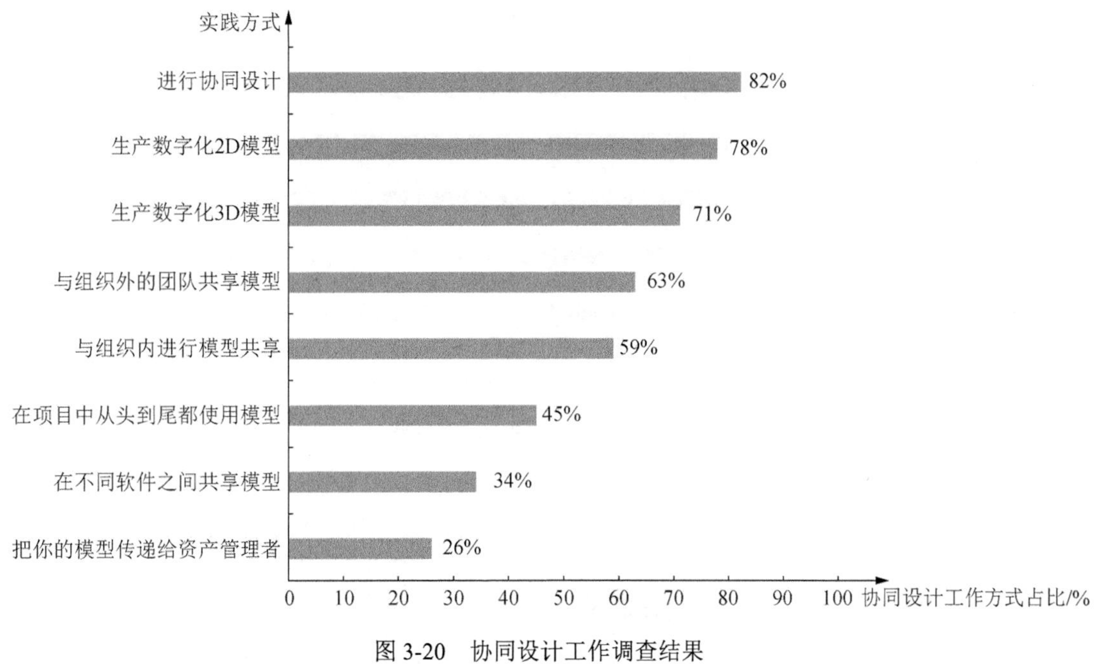

图 3-20　协同设计工作调查结果

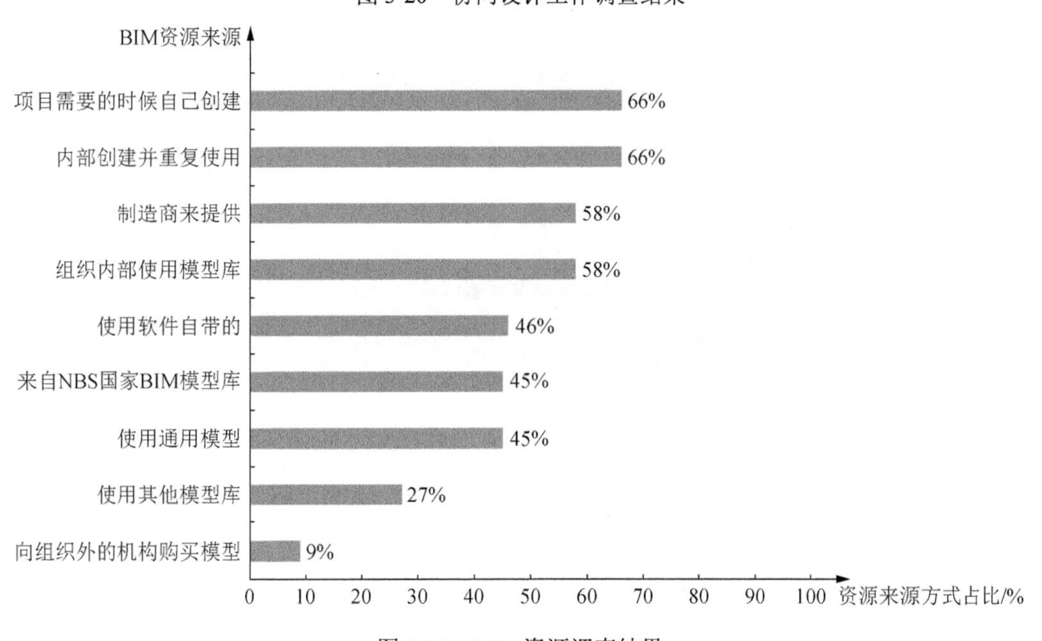

图 3-21　BIM 资源调查结果

5）BIM 经验。78%的调查对象把 BIM 看作项目信息的未来。但是，还有工作要做，65%的调查对象表示 BIM 在设计阶段以后，即运营和维护阶段能带来资金节约，而 72%的调查对象相信客户并不理解这些收益，如图 3-22 所示。

93%的人表示 BIM 应用需要改变原来的工作流、实践和规程。实施了 BIM 的人对于提高效率、节约项目成本、提高盈利等方面，认为需要加以改变的程度要高于未实施 BIM 的人，如图 3-23 所示。

BIM经验
BIM是项目信息化的未来
78%
13%
8%
业主不理解BIM的好处
72%
17%
11%
BIM的成果会在运维上有用处
65%
27%
8%
我相信我听到的BIM信息
33%
43%
24%
BIM只是给大型公司用的
25%
15%
61%
0 10 20 30 40 50 60 70 80 90 100
同意度/%
同意
中立
不同意

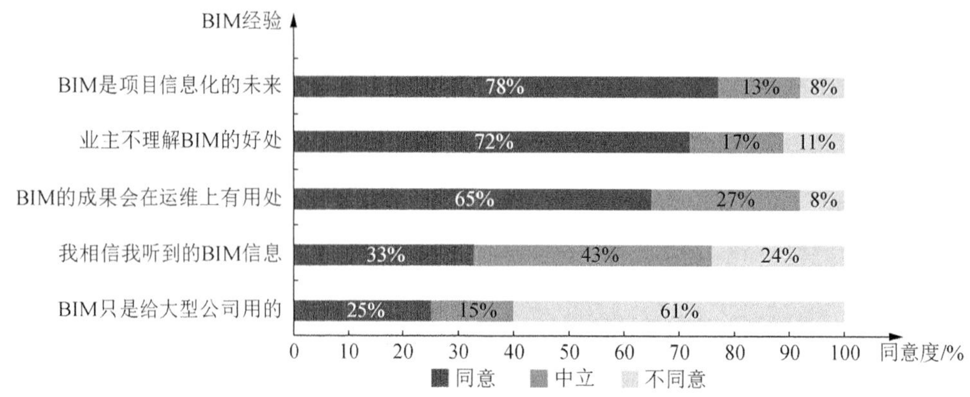

图 3-22　BIM 经验调查结果

BIM应用需要改进方面
实施BIM意味着工作流程需要改变
93%
87%
BIM能提高项目文件的合作性能
76%
69%
业主会越来越希望我们使用BIM
69%
37%
施工单位会越来越希望我们使用BIM
64%
35%
实施BIM能带来成本节约
54%
39%
BIM能提高支付效率
49%
35%
BIM能提高公司的赢利能力
41%
26%
BIM能让我们去做新型的项目
33%
44%
实施BIM能更好地与国际接轨
32%
32%
BIM让传统的技术说明变得多余
14%
25%
我很后悔/希望我们使用了BIM
4%
25%
0 10 20 30 40 50 60 70 80 90 100
改进程度/%
实施了BIM的人
未实施BIM的人

图 3-23　BIM 应用需要改进调查结果

第四节　BIM 技术的应用路径

一、BIM 技术应用模式

随着 BIM 技术、理论的发展，中国对 BIM 技术的推广应用也高速发展，目前中国对 BIM 技术的应用模式主要为 3 种，即设计方主导模式、施工方主导模式和业主方主导模

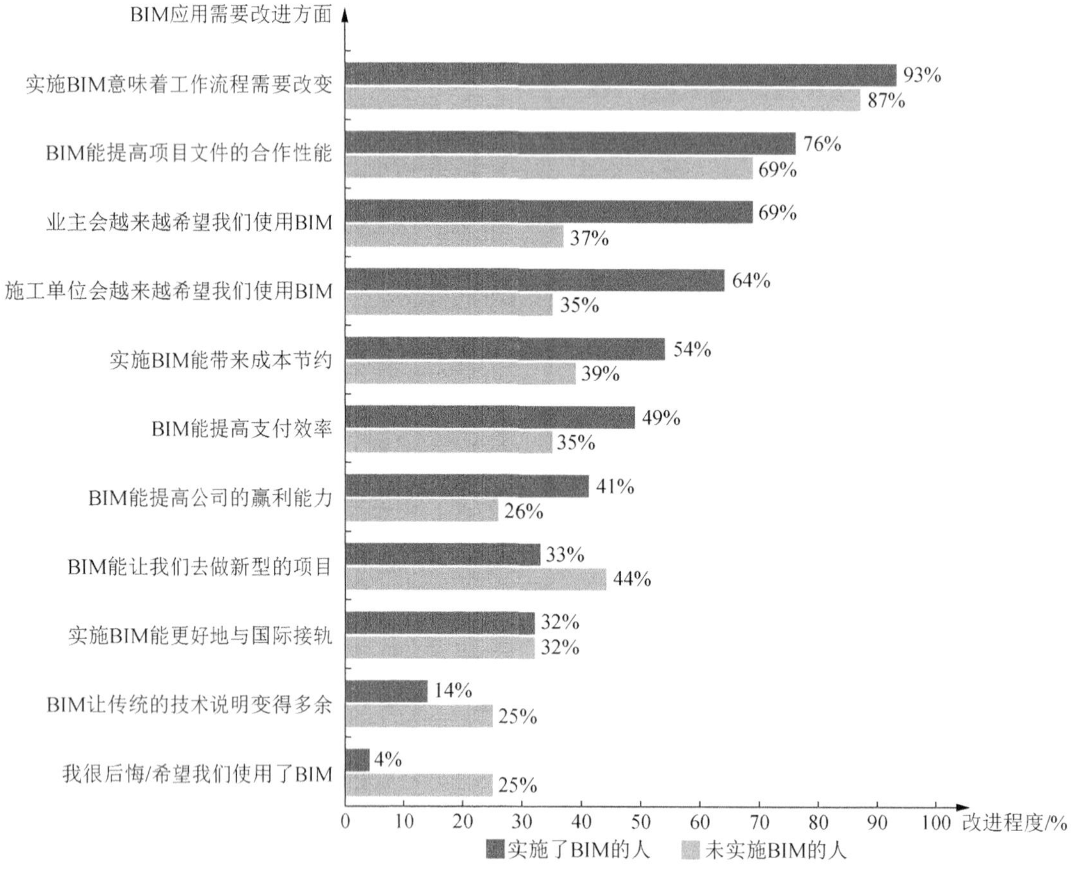

式。设计方主导模式是采用最广泛的应用模式，设计单位是中国最先支持、倡导 BIM 技术应用的应用主体之一，也是目前对 BIM 技术应用最全面、最系统、最深入的应用群体，正因为设计单位、设计人员积极支持、倡导 BIM 技术应用，BIM 技术应用得到了快速发展。随着 BIM 技术的推广应用，施工方已快速地加入 BIM 技术推广应用的行列中，从应用 BIM 技术提高项目建设效率角度推进 BIM 技术在项目建设阶段的应用，形成了施工方主导的 BIM 技术应用模式，推动了 BIM 技术的高速发展，开拓了 BIM 技术广阔的发展空间。业主方主导的 BIM 应用模式是 3 种应用模式中最有价值的应用模式，主要因为业主方是项目全生命周期的决策主体，在项目全生命周期中起到承上启下的作用，能够使 BIM 技术应用形成项目全生命周期的应用闭环，可实现 BIM 技术在项目全生命周期的应用价值最大化，业主方主导的 BIM 应用模式应该在 BIM 技术的推广应用过程中发挥更大的作用与价值，但由于 BIM 技术的瓶颈制约，业主方主导的 BIM 应用模式没有能够全面发挥应有的作用和价值。BIM 技术应用模式的主要特征如下。

（一）设计方主导模式

设计方主导模式是 BIM 在工程项目建设中应用的比较早的一种模式，也是应用最广泛的一种模式。设计单位为了更好地表达自己的设计意图，增加中标的概率，特别是大型建筑项目都会采用 BIM 技术进行三维设计，用于向业主展示设计理念及设计成型后的效果图，当设计方案为业主接受与了解后，如果业主不做要求，则设计单位往往就不再继续拓展应用，也就是说，设计方主导模式主要是在项目设计阶段初期使用 BIM 技术，而没有在项目全生命周期中应用，主要原因是目前主流的设计单位均未形成系统的基于 BIM 技术的管理流程和工作模式，BIM 技术应用仍是传统工作方法的辅助和补充。另外，技术瓶颈也是制约设计方主导的 BIM 应用模式发挥更大价值的原因。由于技术瓶颈的制约，设计方创建的 BIM，不能向施工阶段和运维阶段进行有效传递，导致设计方创建的 BIM 不能在项目的全生命周期中发挥更大的价值，影响设计方应用 BIM 技术的积极性和主动性。

（二）施工方主导模式

施工方主导模式是指施工单位为了提高企业竞争力，节约企业成本，而采用 BIM 技术进行施工模拟，以提前排除建设过程中可能发生的冲突。施工单位采用 BIM 技术主要包括两个原因：①增加中标机会，施工单位可以利用 BIM 的施工模拟技术向业主直观地展示施工方案，包括进度安排、资源调度安排、施工工序搭接等，展示施工单位的技术实力，提高业主的主观感受；②提高施工管理的效率，在工程项目建设中，尤其是大型项目，不确定因素很多，施工的工序搭接、进度安排、资源调度安排等往往存在着众多矛盾，施工单位通过 BIM 模型可在项目施工之前预先模拟项目施工过程，提前将可能出现的问题找出并加以解决，保证项目的顺利进行，在保证工期的同时也节约了返工等带来的不必要成本。施工方处在项目全生命周期的项目建设阶段，要推进 BIM 应用需从设计阶段承接项目的 BIM，由于设计方创建的 BIM 很难有效地向项目建设阶段传递，制约了施工方主导的 BIM 技术应用的应用效果，也增加了应用成本，而且 70%～80%影响项目建设成本的关键因素是在项目设计阶段形成的，项目建设阶段对项目生命周期成本的影响有限，制约了施工方主导的 BIM 应用模式在项目生命周期中发挥更大的价值。同时，技术瓶颈也是制约施工方主导的 BIM 应用模式发挥更大价值的原因。由于技术瓶颈的制约，施工方创建的 BIM 不能向运维阶段进行有效传递，导致施工方创建的 BIM 不能在项目的全生命周期中发挥更大的价值，也影响了施工方应用 BIM 技术的积极性和主动性。

（三）业主方主导模式

业主方主导模式是随着 BIM 的不断深化发展而产生的，这种模式是最符合项目全生命周期的理念，业主方主导模式加强了业主方对建设项目的控制力，有效地克服了业主方工程专业知识不足的缺点，为建设项目各参与方提供了协同工作的平台。在设计阶段，BIM 模型成为业主与设计单位的沟通平台，一方面，业主可以及时了解项目设计情况，控制设计的进度；另一方面，业主可以充分了解项目建成后的几何形状、建筑环境及建筑品质，并通过变换影响项目的各种不确定因素来预测不同条件下的项目成本、建设工期等，从而对项目进行优化比选，实现最佳的项目决策。在施工阶段，BIM 模型作为项目建设信息的交流平台，业主可以很好地控制施工进度，合理安排进度款的支付，起到监督施工的作用，在保证项目工期的同时保证了项目质量。在运营阶段，BIM 信息模型经过设计单位、施工单位的完善，已经包括了项目所有的相关信息，利用 BIM 模型进行信息挖掘，可以对建筑物的空间形态、设备设施进行有效管理，建立更加快速响应企业业务发展的工作模式及工作平台，提高运维管理效率。但是，由于受技术瓶颈的制约，业主方主导的 BIM 应用模式未能全面发挥应有的地位和价值，应该倡导更多地采用业主方主导的 BIM 应用模式推动 BIM 技术的应用与发展。

在推动 BIM 技术应用时，首先要合理选择 BIM 技术应用的技术路径，综合考虑设计方主导模式、施工方主导模式、业主方主导模式的优势和劣势，并结合企业自身的应用目标、应用基础、应用内容选择不同主体主导的 BIM 技术应用模式，以实现以最小的成本产生最大的 BIM 应用价值。

二、BIM 技术标准体系

（一）BIM 标准的编制基础

BIM 标准是指直接应用在 BIM 技术应用过程中的标准，在 BIM 标准的编制过程中，主要利用了 3 类基础标准，即建筑信息组织基础标准、BIM 信息交付手册基础标准及数据模型表示标准。

1）建筑信息组织基础标准。建筑信息组织基础标准包括 ISO 12006—2 和 ISO 12006—3。ISO 12006—2 定义了简单信息分类框架和一些分类表定义，而不是分类本身，它适用于有关机构编制建筑全生命周期各阶段的建筑信息分类标准。ISO 12006—3 定义了与语言无关的数据模型，该数据模型对开发用于保存和提供建筑信息的字典是十分有必要的。

2）BIM 信息交付手册基础标准。BIM 信息交付手册基础标准为《建筑数据模型——信息交付手册第一部分：方法论和格式》（ISO 29481—1）。ISO 29481—1 介绍了识别和描述建设阶段所开展的过程，执行过程所需要的信息及产生的结果，规定了 BIM 信息交付手册标准的编制方法和格式，ISO 29481—1 规定 IDM（信息交付手册）标准包含过程图、信息交换需求、功能部件、业务规则、验证试验 5 个部分。

3）数据模型表示标准。数据模型表示标准主要有 EXPRESS 语言和 XML。EXPRESS

语言是由 ISO 10303—11 规定的一种形式化的产品数据描述语言，它提供了对产品数据进行按面向对象方法进行描述的机制，应用 EXPRESS 语言，可以定义或说明数据类型、实体、常量、算法、规则、界面等。XML（可扩展标记语言）是一种用于标记电子文件使其有结构性的语言，核心特征是将内容与对内容的描述分离。

（二）国外主要 BIM 标准

1. 主要基础 BIM 标准

1）建筑产品数据表达与交换标准（Industry Foundation Class，IFC）。IFC 标准是开放的建筑产品数据表达与交换的国际标准，可用在从勘察、设计、施工到运维的项目全生命周期中，采用面向对象方法进行描述，其体系构架由资源层、核心层、共享层、领域层 4 个层次组成，基于上述体系构架使用 EXPRESS 语言和图形表示方法 EXPRESS-G 描述工程信息。其中，资源层用于定义模型的基本信息，如人员、属性、几何和拓扑信息等，将作为信息描述的基础应用于整个信息模型；核心层用于定义 IFC 模型的基本框架和扩展机制，在 IFC 模型中，除资源层类型外，所有实体类型均由核心层实体 IfcRoot 继承而来，核心层主要定义了各类模型元素的抽象父类型；信息共享层用于表达模型的共享信息，可用于不同应用领域之间的信息交互；领域层用于针对建筑行业不同领域的特点，定义各领域的专业信息，如建筑、暖通空调、电气、施工管理、物业管理等。

2）国际数据字典框架（International Framework for Dictionaries，IFD）。为解决 IFC 中基于属性集的信息描述与关联机制易冲突、不易识别的缺点，IFD 提供了多种语言的翻译功能，对任何概念的全局唯一标识，对 IFC 模型扩展，包括属性集、属性的扩展，存储术语和定义的数据库。其由概念、关系、过滤 3 个部分组成，可表现为字典、概念体系、映射关系 3 个层次。

3）信息交付手册（Information Delivery Manual，IDM）。IDM 是针对信息提取与集成过程而提出的一种方法，规范了信息交换过程项目参与方之间的信息流，提高了信息交换的质量，支持更加可靠和有效的 IFC 应用。

2. 主要 BIM 应用标准

1）美国国家 BIM 标准（NBIMS）。2012 年 5 月，NIBS 发布了《美国国家 BIM 标准第二版》（NBIMS v2），包含 BIM 参考标准、信息交换标准与指南和应用 3 个部分，信息交换标准包含 COBie、空间规划复核、能耗分析、工程量和成本分析等。2015 年，发布了《美国国家 BIM 标准第三版》（NBIMS v3），包括参考标准的一致性规范，描述了在建筑全生命周期中不同部分信息交换标准要求，明确包括建模、管理、沟通、项目执行与交付等。

2）英国建筑业 BIM 协议。2012 年，英国建筑业委员会发布了《英国建筑业 BIM 协议第二版》[AEC (UK) BIM Protocol v2.0]，规定了 BIM 实施方针，并基于该规范分别发布了针对 Autodesk Revit、Bentley ABD、GRAPHISOFT ArchiCAD 等 BIM 软件的具体版本。英国标准学会（The British Standards Institution，BSI）也发布实施了工程方面的 BIM 国家标准 BSI192，具体包括《建筑工程信息协同工作规程》《BIM 工程项目建设交付阶段信息管理规程》《BIM 项目/资产运行阶段信息管理规程》《使用 COBie 满足业主信息交换要求的信息协同工作规程》《建筑信息模型、数字建筑环境与智慧资产管理安全规程》5 个部分。

3）芬兰通用 BIM 需求。2012 年 3 月，芬兰 buildingSMART 发布了《通用 BIM 需求》（*Common BIM Requirements*），包括总则、建模环境、建筑、水电暖、构造、质量保证、模型合并、造价、可视化、水电暖分析及使用等，涉及建筑全生命周期中产生的全部内容。

4）韩国建筑领域 BIM 应用指南和路线图。2010 年，发布《建筑领域 BIM 应用指南》《韩国设施产业 BIM 应用基本指南书——建筑 BIM 指南》《BIM 应用设计指南——三维建筑设计指南》。

5）荷兰 Rgd BIM 标准。2013 年 2 月，荷兰政府大楼署 RGD（Rijksgebouwendienst）发布了《Rgd BIM 标准》（*Rgd BIM Norm*）1.1 版。

6）加拿大建筑业 BIM 协议。2012 年 10 月，加拿大 BIM 委员会 CanBIM（Canada BIM Concill）发布了《加拿大建筑业 BIM 协议 1.0 版》[AEC (CAN) BIM Protocol v1.0]。

7）澳大利亚 NATSPEC 国家 BIM 指南。2011 年 9 月，建设信息系统有限公司 NATSPEC 发布了《NATSPEC 国家 BIM 指南》（*NATSPEC National BIM Guide*）。

8）新加坡 BIM 指南。2013 年 8 月，新加坡建筑管理署 BCA（Building and Contruction Authority）发布了《新加坡 BIM 指南》（*Singapore BIM Guide*）第二版。

（三）国内主要 BIM 标准

1. 中国 BIM 标准框架

2010 年，清华大学提出 CBIMS 中国 BIM 标准框架，如图 3-24 所示，CBIMS 框架分为技术规范、解决方案、应用指导 3 个层次。其中，CBIMS 技术规范包含数据交换、信息分类、流程规则；CBIMS 解决方案包含技术选择说明、对应 CBIMS 说明、构件详细说明；CBIMS 应用指导包含构件制作、工程建模、模型应用。

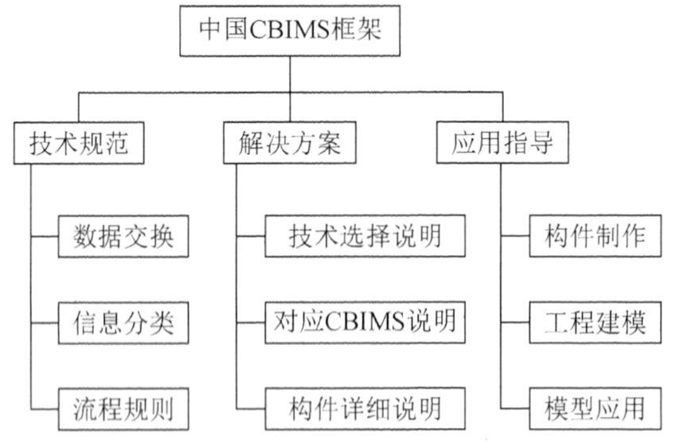

图 3-24　CBIMS 中国 BIM 标准框架

2. 主要基础 BIM 标准

1）《建筑工程信息模型存储标准》（未发布）。该标准适用于建筑工程全生命周期模型数据的存储。

2）《建筑工程设计信息模型分类和编码标准》（未发布）。该标准用于实现建筑工程建设与使用各阶段建筑工程信息的有序分类与传递，为建筑工程规划、设计、施工阶段的预算与控制，设计阶段项目描述建立，BIM 数据库建立，规范建筑工程中建筑产品信息交换、共享，促进建筑工程信息化发展。

3)《建筑工程设计信息模型交付标准》(未发布)。该标准用于指导基于 BIM 的建筑工程设计过程中，各阶段数据的建立、传递和解读，特别是各专业之间的协同、工程设计参与方的协作，以及质量管理体系中的管控过程，也可用于评估 BIM 数据的完整度，还可用于在建筑工程行业的多方交付。

4)《建筑工程设计信息模型制图标准》(未发布)。该标准用于规定 BIM 的创建、表达及模型深度等内容。

3. 主要 BIM 应用标准

1)《建筑信息模型应用统一标准》(GB/T 51212—2016)。该标准共 6 章，主要技术内容是总则、术语与缩略语、基本规定、模型结构与扩展、数据互用、模型互用。总则说明本标准制定的背景和使用范围。术语与缩略语规定了建筑信息模型、建筑信息子模型、建筑信息模型元素、建筑信息模型软件等术语。基本规定提出协同工作、信息共享的基本要求，并推荐采用 P-BIM 方式，还对 BIM 软件提出了要求。模型结构与扩展提出唯一性、开放性、可扩展性等要求，并规定模型结构由资源数据、共享元素、专业元素组成，以及模型开展的注意事项。数据互用对数据交付与交换提出正确性、协调性和一致性检查的要求，规定了互用数据的内容和格式，对数据的编码与存储也提出要求。模型互用对模型创建和使用提出要求，对 BIM 软件提出专业功能和数据互用功能要求，并提出企业组织实施 BIM 应用的规定。

2)《建筑信息模型施工应用标准》(GB/T 51235—2017)。该标准提出建筑工程施工信息模型应用的基本要求，内容涵盖施工过程中所有相关工作的 BIM 应用，内容包括总则、术语、基本规定、施工 BIM 应用策划与管理、施工模型、深化设计 BIM 模型、质量和安全管理 BIM 应用、施工监理 BIM 应用、竣工验收与交付 BIM 应用。该标准已正式发布，自 2018 年 1 月 1 日起实施。

3) P-BIM 标准系列。中国建筑科学研究院会同相关单位完成了主编规划和报建、规划审批等一系列 P-BIM 标准计划工作。其中，《规划和报建 P-BIM 软件功能与信息交换标准》等 13 项标准自 2017 年 10 月起施行。

(四) BIM 基础标准的分类

如果按照 BIM 标准的性质进行划分，BIM 基础标准可分为分类编码标准、数据模型标准、过程标准 3 类。

1) 分类编码标准。分类编码标准主要是直接规定建筑信息的分类，明确应该如何划分建筑信息，信息分类编码包含分类和编码两部分。分类的目的是甄别具体的信息属于哪个类别。编码是给分类后的条目赋予的一个唯一代码，以便计算机处理，如建筑信息分类与编码标准 Omniclass、《建筑产品分类和编码标准》(JG/T 151—2003)。

2) 数据模型标准。数据模型标准主要是规定 BIM 数据的交换格式，明确建筑信息在保存、交换、使用时应该采用的格式，规定用以交换的建筑信息内容及结构，是建筑工程软件交换和共享信息的基础，如 IFC 标准、CIS/2 标准、GBXML 标准、《建筑对象数字化定义》(JG/T 198—2007)、《工业基础类平台规范》(GB/T 25507—2010)。

3）过程标准。主要是规定用于 BIM 数据交换的内容，即谁在什么阶段产生什么信息，对传递过程中涉及的信息内容、传递流程、参与方等内容进行规定，以保证信息传递的准确性和完整性，提高各参与方、各阶段间的 BIM 信息传递的效率与可靠性，如 IDM 标准、MVD 标准、IFD 标准。

三、BIM 应用环境搭建

（一）BIM 硬件的基本要求

BIM 是主要基于三维条件下的工作方式，其文件大小根据项目的体量从几十 MB 至上千 MB，对计算机的计算能力、图形处理能力提出很高要求。

1）CPU。CPU 在 BIM 的交互设计过程中承担大量的关联运算，在模型三维图像生成过程中承担渲染功能，随着项目的复杂程度和体量日益提升，需要 CPU 频率越来越高、核数越来越多，尤其在保存、渲染、链接的时候，需要用到多线程技术，故 BIM 软件的 CPU 一般推荐采用二级或三级高速缓冲存储器，并采用 64 位架构。一般地，个人计算机采用 Inter i 系 CPU，服务器一般采用 Inter E 系 CPU。

2）内存。BIM 模型文件所占用内存容量至少为文件自身大小的 20 倍，为发挥 64 位操作系统优势，8GB 或 16GB 已成为计算机内存的标准配置。当模型达到 100MB 时，至少配置 4 核处理器，主频不低于 2.6GHz、8GB 内存；当模型达到 300MB 时，至少配置 6 核处理器，主频不低于 2.4GHz、4GB 内存；当模型达到 700MB 时，至少配置 4 个 4 核处理器，主频不低于 3.0GHz、16GB 内存（32～64GB 内存最佳）。

3）显卡。显卡性能对模型表现和模型处理至关重要，显卡越高端，三维效果越逼真，图面切换越流畅。为此，应该选用独立显卡，支持 DirectX 9.0 和 Shader model 3.0 以上，显存容量不宜少于 1GB。

4）硬盘。硬盘转速越快越好，当设有虚拟内存并处理复杂模型时，硬盘读写性能显得十分重要。为提升系统及软件的运行速度和文件存储速度，可采用“平台硬盘+固态硬盘（SSD）”配置模式，并将软件和虚拟内存（与物理内存之比为 2∶1）都安置于 SSD 中。

5）显示器。BIM 软件多视图对比效果可在多个显示器上展现，为避免多软件间频繁切换，推荐采用双显示器或多显示器。常规图显示分辨率为 1920×1080px，专业图显示分辨率为 2560×1600px。

6）参考配置。①台式机。操作系统：Windows 7 旗舰版 64 位。CPU：英特尔 Xeon E3-1230 v3@3.3 GHz。内存：16 GB DDR3。主板：华硕 B85-PLUS。显卡：NVIDIA GeForce GTX660。显示器：两台 MAYA MAY2370 LED2370。②笔记本式计算机。型号：联想 ThinkPad T430。CPU：英特尔第三代酷睿 i5-3230M@2.60 GHz 双核。主板：联想 23472D0，英特尔 Ivy Bridge-QM77Express 芯片组。内存：8GB DDR3 1600GHz。显卡：Nvidia NVS5400M（2GB）。显示器：LEN40A1（14in，1in=2.54cm）。

（二）主要 BIM 应用软件

从软件角度来说，BIM 是建筑信息模型；从核心价值来看，BIM 是一门建筑工程的智能控制管理技术。BIM 软件分为建模软件、分析软件、管控软件、运维软件。BIM 从设计到运维的软件很多，只有真正符合现行国家标准的软件，才能在国内 BIM 市场获得认可和推广。

1. 规划设计、建筑设计建模软件

常用的软件有 Revit、Rhino（犀牛）、品茗 HiBIM、Tekla。

1）Revit 软件。Revit 主要用于进行建筑信息建模，Revit 强大的体量创建、自适应族的建筑复杂造型功能是它的优势。Revit 平台是一个设计和记录系统，它支持建筑项目所需的设计、图纸和明细表。BIM 可提供用户需要使用的有关项目设计、范围、数量和阶段等信息。Revit 是国内民用建筑领域里，最为常用的 BIM 建模软件。Revit 的原理是组合，它的门、窗、墙、楼梯等都是组件，而建模的过程则是将这些组件拼成一个模型。所以，Revit 对于容易分辨这些组件的建筑会很容易建模，但是对于异形建筑而言就会比较难，因为墙体和其他组件都不是常规的，所以组装起来比较麻烦，如图 3-25 所示。

图 3-25　Revit 机电模型效果图

2）Rhino 软件。Rhino 是美国 Robert McNeel & Associates 开发的 PC 上强大的专业 3D 造型软件，它可以广泛地应用于三维动画制作、工业制造、科学研究及机械设计等领域。它能轻易整合 3ds Max 与 Softimage 的模型功能部分，对要求精细、弹性与复杂的 3D NURBS 模型，有点石成金的效能，能输出 OBJ、DXF、IGES、STL、3dm 等不同格式，并适用于几乎所有 3D 软件，尤其对增加整个 3D 工作团队的模型生产力有明显效果。

3）品茗 HiBIM 软件。HiBIM 是 Revit 的最佳搭档。品茗 HiBIM 是基于 Revit 平台研发的目前国内唯一一款集建模翻模、设计优化、工程算量于一体的 BIM 应用软件，是针对中国用户使用习惯打造的 BIM 应用引擎。类似 CAD 的操作方式简化了 Revit 的操作难度，并充分利用了 Revit 平台自身的三维建模精度和可扩展性，为后期模型复用提供更逼真的可视化效果，并有效地避免了重复建模，实现了“一模多用”，是 BIM 应用的入口级产品。总的来说，HiBIM 贯穿整个项目的全生命周期，它串连了设计、施工、造价、咨询等，给用户带来了极大的利益。

4）Tekla 软件。全称为 Tekla Structures，是 Tekla 公司出品的钢结构详图设计软件。Tekla 的功能包括 3D 实体结构模型与结构分析完全整合、3D 钢结构细部设计、3D 钢筋混凝土设计、专案管理、自动 Shop Drawing、BOM 表自动产生系统。Tekla Structures 有效地控制整个结构设计的流程，设计资讯的管理透过共享的 3D 界面得到提升。Tekla 完整深化设计是一种无所不包的配置，囊括了每个细部设计专业所用的模块。用户可以创建钢结构和混凝土结构的三维模型，生成制造和架设阶段使用的输出数据。Tekla 软件是国内钢结构应用最为广泛的 BIM 软件，具有强大的钢结构设计、施工及制造的能力。

2. 规划设计、建筑设计分析软件

国内比较权威的分析软件有 PKPM、CHCE 软件。

1）PKPM 软件。它是中国建筑科学研究院建筑工程软件研究所研发的工具软件，它可以直接从 DWG 文件中提取建筑模型进行节能设计，最大限度地减轻建筑师的工作量，在方案、初设和施工图等不同设计阶段方便地进行节能设计，避免了二次建模的工作。

2）CHCE 软件。CHCE 软件提供了自带的建模工具，可以快速高效地完成建筑模型的建立，可以直接利用 PKPM 软件的 PMCAD 建模数据。如果有了 PMCAD 的数据，则可以直接进行下一步的节能设计工作，如建筑节能设计计算、动态能耗分析计算、节能建筑的经济指标核算、能进行节能和非节能设计的工程造价比较、能进行在达到相同保温效果下分析不同保温系统的工程造价比较、帮助设计师和甲方选择最为合理的保温系统、节能设计说明书和计算、CHEC 软件可生成符合设计和审图要求的输出文件等功能。

3. 招投标、施工阶段管理软件

常采用 BIM5D、Navisworks 等软件，进行进度工期控制、造价控制、质量管理、安全管理、施工管理、合同管理、物资管理、施工拍砖、三维技术交底、施工模拟等工程管理控制。

1）广联达 BIM5D 软件。以 BIM 平台为核心，集成全专业模型，并以集成模型为载体，关联施工过程中的进度、合同、成本、质量、安全、图纸、物料等信息，为项目提供数据支撑，实现有效决策和精细管理，从而达到减少施工变更，缩短工期、控制成本、提升质量的目的。

2）Navisworks 软件。该软件为 Autodesk 公司开发。Navisworks 软件很大，功能和操作却很简单。它能将很多种不同格式的模型文件和并在一起，基于该能力，产生 3 个主要的应用功能：漫游、碰撞检查、施工模拟。漫游是指在虚拟环境里行走。碰撞检查是指发现管道和梁或管道和管道发生了碰撞。施工模拟是指把施工的过程做成一个动画，使每一天的施工进度可视化。

4. 运维阶段软件

ArchiBUS 是目前美国运用比较普遍的运维管理系统，而且可以通过端口与现在的最先进的建筑技术 BIM 相连接，形成有效的管理模式，提高设施设备维护效率，降低维护成本。它是一套用于企业各项不动产与设施管理（corporate real estate and facility management）信息沟通的图形化整合性工具，各项资产（土地、建筑物、楼层、房间、机电设备、家具、装潢、安全监视设备、IT 设备、电信网络设备）、空间使用、大楼营运维护等皆为其主要管理项目。

5. BIM 软件应用

目前，突出的 BIM 软件拓展应用是基于 BIM 模型的“ND”应用。在一般的应用场景中，3D 代表三维几何模型，4D 加入了时间属性，5D 加入了成本属性，6D 加入了经营数据，7D 加入了运维数据，8D 加入了安全数据。国内外很多软件开始 4D、5D 的探索，但是大都处于初步探索阶段，真正在项目上成功的案例并不多见。

四、BIM 技术应用策略

（一）BIM 技术应用策略

为了降低 BIM 技术推广应用的成本，提高推广应用的价值和效率，BIM 技术的推广应用一般是从一些粗浅的应用点开始，随着应用程度的加深，就会根据应用目标的需要扩大应用范围和应用面，进行一些更有价值的应用。在新技术的推广应用过程中，总是遵循这种从浅到深、从点到面的自然过程，在整个推广应用过程中，虽然应用点、应用内容、应用深度在不断改变，但有一个目标是始终不变的，贯穿于整个推广应用的全过程，即体现和提高新技术推广应用的价值。

1）据《中国 BIM 应用价值研究报告（2015）》显示，设计单位应用 BIM 技术价值最高的是解决设计方案优化的问题，施工单位应用 BIM 技术价值最高的是解决施工图错漏的问题，而排在设计单位和施工单位应用 BIM 技术价值第二位的价值点，恰好是将设计单位和施工单位应用 BIM 技术价值最高的价值点互换位置，即设计单位应用 BIM 技术第二价值点是解决施工图错漏的问题，施工单位应用 BIM 技术第二价值点是解决设计方案优化的问题，表明一个高品质的设计成果不仅对设计单位至关重要，而且对整个项目及整个项目的参与方都至关重要，应该把提高设计成果品质作为 BIM 技术的首要应用内容。

2）据《中国 BIM 应用价值研究报告（2015）》显示，设计单位和施工单位都把提高客户的参与度、增进了解作为应用 BIM 技术的第三价值点，表明设计单位和施工单位都把应用 BIM 技术作为准确掌握客户需求、全面展示自身能力的重要技术手段。

3）据《中国 BIM 应用价值研究报告（2015）》显示，设计单位和施工单位均把减少施工现场协调问题和减少返工排在应用 BIM 技术第四、第五价值点，表明在保证设计成果品质、准确掌握客户需求、全面展示自身能力之后，设计单位和施工单位均把提高项目建设效率作为应用 BIM 技术的第四价值点，把降低建设成本作为应用 BIM 技术的第五价值点，如图 3-26 所示。

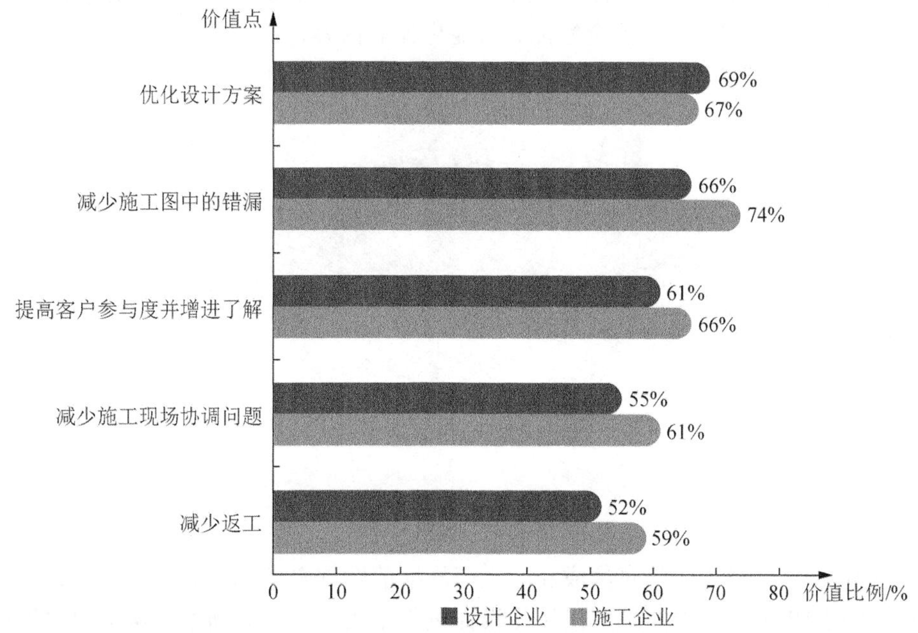

图 3-26　五大 BIM 项目效益按获得高/极高效益的中国企业占比呈现

因此，我们在推广应用 BIM 技术时，应用策略应该是首先考虑如何应用 BIM 技术提高设计成果品质，其次考虑如何应用 BIM 技术准确掌握客户需求、全面展示自身能力，再次考虑如何应用 BIM 技术提高项目建设效率，最后是应用 BIM 技术降低项目建设成本。当然，我们在推广应用 BIM 技术时，同样应该遵循从浅到深、从点到面的自然过程，并结合自身的实际情况和项目所处的阶段合理地确定 BIM 技术的应用点和应用内容。

（二）BIM 技术应用的参考内容

根据 BIM 技术应用的主要价值点，在实际工程项目建设中，可综合考虑选择以下内容进行综合应用：

1）可视化。可视化即“所见所得”，BIM 技术提供了可视化的工具，使以往的二维的线条式构件形成一种三维的立体实物图形展示在人们面前，并能够同构件之间形成互动性和反馈性，如图 3-27 所示。

图 3-27　可视化

2）仿真模拟。通过对项目的建筑信息模型进行仿真模拟分析，定性定量地模拟分析项目的适用性能、环境性能、安全性能、节能环保等内容，科学评价设计成果，指导进行设计成果的优化，提高设计成果品质，如图 3-28 所示。

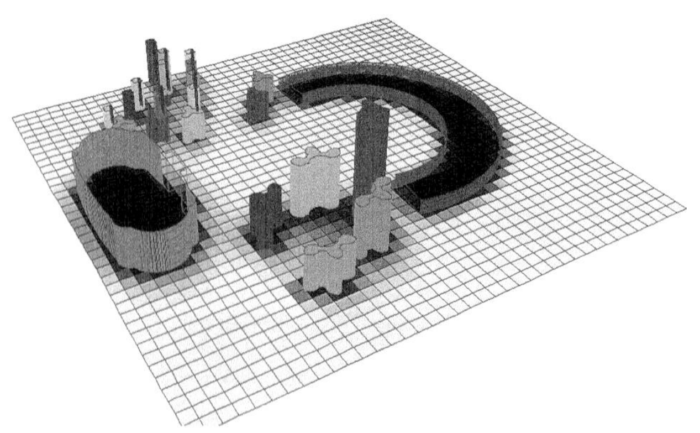

图 3-28　仿真模拟

3）深化设计。BIM 的信息集成和全生命周期的数据管理优势对于深化设计具有重要的意义，利用 BIM 可以很好地解决深化设计过程中的信息冲突问题，保证深化设计能够准确体现设计意图并进行效果还原。

4）施工方案模拟。施工方案模拟是基于三维可视化功能再加上时间维度，可以进行虚拟施工，随时随地直观快速地将施工计划与实际进展进行对比，同时进行有效协同，施工方、监理方甚至非工程行业出身的业主领导都对工程项目的各种问题和情况了如指掌。通过 BIM 技术结合施工方案、施工模拟和现场视频监测，大大减少建筑质量问题、安全问题，减少返工和整改，如图 3-29 所示。

图 3-29　施工方案模拟

5）碰撞检查。碰撞检查是 BIM 的热点应用，也是典型应用之一，在很长的一段时间内成了 BIM 协同的代名词，工作成果是通过“碰撞检查报告”为载体，通常以 Excel 文档的形式出现，对照模型明确碰撞修改的位置，在很多大型项目中，碰撞点往往有几千条甚至上万条，人工将一条条对照表格解决，容易造成错行或漏行的失误，应用 BIM 进行碰撞检查，大大提高了准确度和工作效率，如图 3-30 所示。

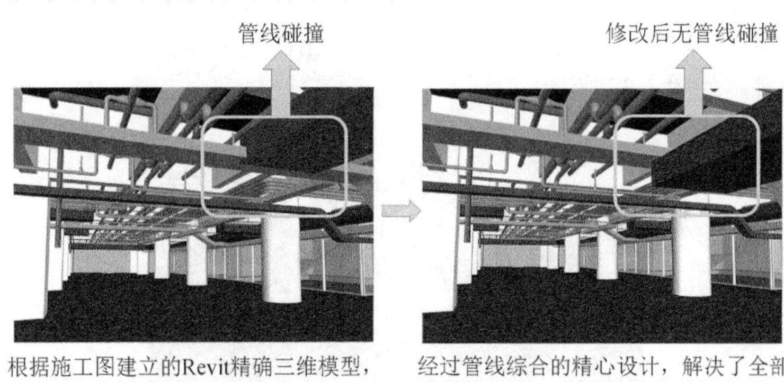

图 3-30　碰撞检查

6）电管线综合与净高分析。BIM 技术在机电方面的应用主要以碰撞检查、管线综合和净高分析为主。首先，整合各专业 BIM 模型，记录机电各专业的碰撞问题，在管线密集区域找出项目的施工难点；然后，根据机电管线的排布原则，合理地进行管线综合。对于净高要求较高的项目，调整管线综合后需要制作净高分析报告，显示能够达到的净空高度。

7）图纸审核、模型变更。根据所给定的建筑、结构和机电等各专业施工图纸，运用 BIM 建模软件进行建模。在建模过程中梳理施工图纸中的问题，并整理成问题集，模型完成后对模型进行核查，同时对在建模和核查过程中所发现的图纸问题进行系统解决，如

图 3-31 所示。

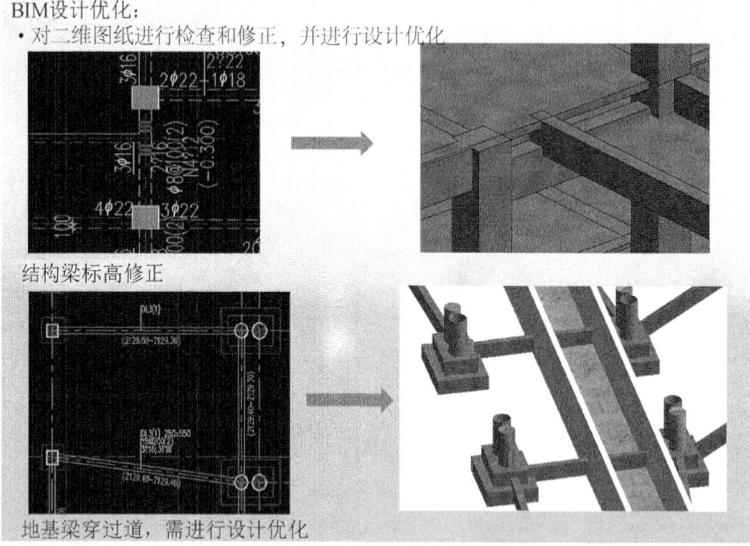

图 3-31　图纸审核、模型变更

8）投标应用。在项目施工投标阶段，借助 BIM 技术模拟各个施工节点的形象进度，通过 BIM 技术施工模拟，非常直观地为业主展示工程的具体施工安排和现场规划，为投标工作的顺利进行提供技术支持。在项目设计投标阶段，借助 BIM 技术模拟设计方案，非常直观地为业主展示项目的最终设计成果，以赢得中标机会。

9）装饰工程排布。利用 BIM 软件对墙面、地面、天花板的装修面进行排布划分，优化设计排布方案，合理布置地漏、插座等设备，并出图指导施工，也可自动进行工程量的统计，控制下料，如图 3-32 所示。

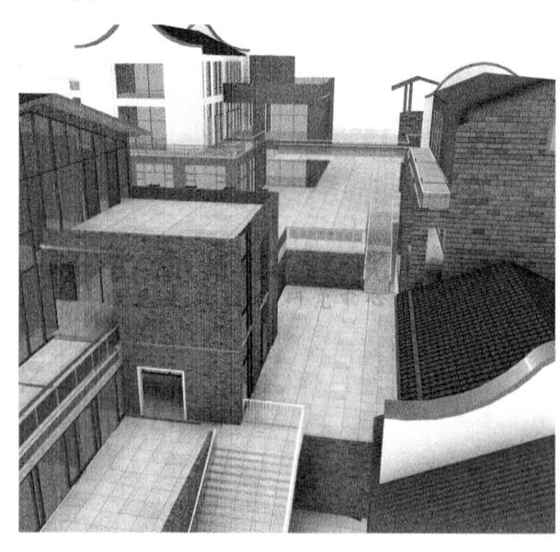

图 3-32　装饰工程排布

10）砌体结构排砖与优化。运用 BIM 模型进行墙体排砖的设计，能够指导现场排砖，极大地提高现场砌墙施工效率，大幅度减少裁砖量，提高砖块的利用率，以达到砌体工程施工规范要求，并增强整体的观感效果，减少成本。

11）质量安全管理应用。施工现场危险源辨识，通过 BIM 模型可以自动识别洞口，将更多的时间用于安全风险的评估与措施的制定，提前在模型中进行安全防护，将防护栏布置完善。事前让现场工人在安全员的教育下，模拟事故动态画面，让工人受到现场教育，起到较好的教育效果。

思　考　题

1．如何定义 BIM 及其技术？
2．BIM 技术的发展与应用体现在哪些方面？
3．如何理解 BIM 的应用现状？
4．BIM 技术有哪些应用模式？
5．如何理解 BIM 的应用环境？
6．面对 BIM 技术的日新月异，有哪些应对策略？

第四章　节点法项目管理的 BIM 应用模式

BIM 技术的发展应用推动了建筑业的变革，促进了建筑业的发展，但 BIM 技术尚处在提出和发展阶段，理论体系还不够成熟，应用路径也不够明晰。为了加快 BIM 技术的发展应用，以技术创新推动管理创新，变革建筑业现有的生产方式、管理模式，实现建筑业可持续发展。以节点法项目管理的知识体系引领 BIM 技术应用落地，通过构建节点法项目管理的 BIM 应用模式，为 BIM 技术的发展应用提供模式指引及案例参考。

第一节　BIM 技术推动建筑业的变革

BIM 技术是一门新兴的信息技术，它改变了传统项目管理过程中的信息传递方式，建立了协同工作模式，提高了管理效率。BIM 技术的发展应用，必将打破建筑业原有的传统生态结构，构建一种全新的生产方式，推动建筑业的一系列变革。

一、BIM 技术的内涵

根据麦格劳-希尔建筑信息公司对 BIM 技术的定义，BIM 是指创建并利用数字模型对项目进行设计、建造及运营管理的过程，即利用计算机及三维软件工具，创建建筑工程项目的完整数字模型，并在该模型中包含详细工程信息，能够将这些模型用于建筑工程的设计、建造、运营管理等项目全生命周期管理过程中。该定义表明，BIM 技术是信息技术与建筑领域的结合应用，要通过推广应用 BIM 技术，提高工程项目管理的效率和效果，促进项目全生命周期价值的最大化，促进建筑业的持续发展。在建筑工程的设计、建造、运营管理等项目全生命周期管理中，应用 BIM 技术的过程实际是应用 BIM 中所包含的工程项目信息的过程。

二、项目信息的特征

（一）项目信息的定义

项目信息是信息的重要组成内容，是组织进行有效的项目管理活动的基础，一组项目数据要成为有效的项目信息，必须满足时间、空间、形式 3 个维度的要求。

1）时间维度。项目信息的时间维度是指当项目要进行某项建设管理活动时，可以及时获得相应的项目信息，而且所获得的项目信息与即将进行的项目的建设管理活动相关，但项目信息会因获得不及时而变得陈旧、过时，甚至失去价值。

2）空间维度。项目信息的空间维度是指信息的便利性，即无论项目的建设管理活动在什么地方进行，都能获得项目信息。

3）形式维度。项目信息的形式维度是指项目信息以最适当的方式被提供，如文档、数据、影像、声音、2D、3D、动画、虚拟等形式，并且信息是准确的。

（二）项目信息分层

根据管理的需要和项目信息的特性，项目信息可分为决策层信息、管理层信息、信息层信息、软件层信息和执行层信息5个层次。

1）决策层信息是指确定项目的总体建设目标，为项目建设管理工作提供整体的方向和指导的信息。

2）管理层信息是指管理层根据项目的总体建设目标，进行项目任务分解和制定下一级项目目标所产生的信息。

3）信息层信息是指根据项目分解任务和分解目标的要求，组织完成项目的分解任务，指挥实现项目的分解目标所产生的信息。

4）软件层信息是指根据项目分解任务和分解目标，通过特定的渠道或软件传递给执行该项分解任务和分解目标的项目干系人过程中产生的信息。

5）执行层信息是指收到项目分解任务和分解目标后，完成该项分解任务、实现该项分解目标所产生的信息。

（三）信息传递路径

在传统的项目管理过程中，项目信息的传递路径有向上传递、向下传递、水平传递和向外传递4种。水平传递和向外传递的项目信息最终要转化为向上传递或向下传递的项目信息，才能形成有效的管理流和信息流，才能推动完成项目的分解任务和促进实现项目的分解目标。项目信息的分层和传递路径如图4-1所示。

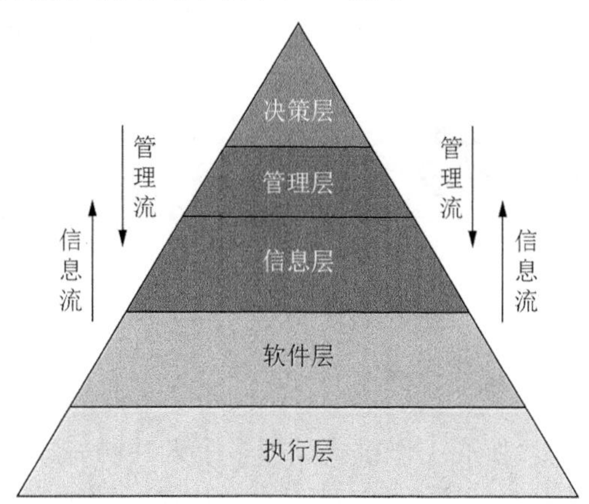

图4-1　项目信息的分层和传递路径

1）向上传递。向上传递是指为了反馈当前项目建设管理的工作成果、工作进展和工作问题等，把具有与完成某项项目分解任务和实现某项项目分解目标相关的项目数据，以报告、请示、反馈等方式，由执行层向决策层传递，形成自下而上的信息流过程。

2）向下传递。向下传递是指决策层确定总体建设目标后，为指导项目建设管理工作，依据总体建设目标进行项目任务分解和制定下一级项目目标，以通知、指令、命令、协调等方式，由决策层向执行层传递，形成自上而下的管理流过程。

3）水平传递。水平传递负责完成某项分解任务和实现某项分解目标的项目团队内部成员之间的，为了协同工作，在同一层次进行信息传递过程。

4）向外传递。向外传递负责完成某项分解任务和实现某项分解目标的项目团队，与该项目团队之外的项目相关单位之间的信息传递过程。

三、BIM 对项目管理的影响

（一）BIM 对信息传递方式的影响

在传统的建设项目管理过程中，项目信息是通过向上、向下、水平和向外 4 种传递路径，采取点对点、一对多的传递方式进行传递，信息管理关系十分复杂，传递效率相当低下，而且由于采用点对点、一对多的信息传递方式，每个项目管理团队都要建立自己的信息标准和信息规则，导致数据信息壁垒和数据信息冗余，难以形成有效的协同工作模式。应用 BIM 技术以后，在建设项目管理过程中形成了以 BIM 为中心的，一对一信息传递方式，即所有项目信息都是通过 BIM 进行一对一向上或向下传递，简化了对信息的管理关系，提高了信息的传递效率，如图 4-2 所示。而且，BIM 是基于共同的标准和共享规则创建的，有效地避免了各类管理团队之间的信息壁垒和信息不对称，为有效的协同工作奠定了基础。

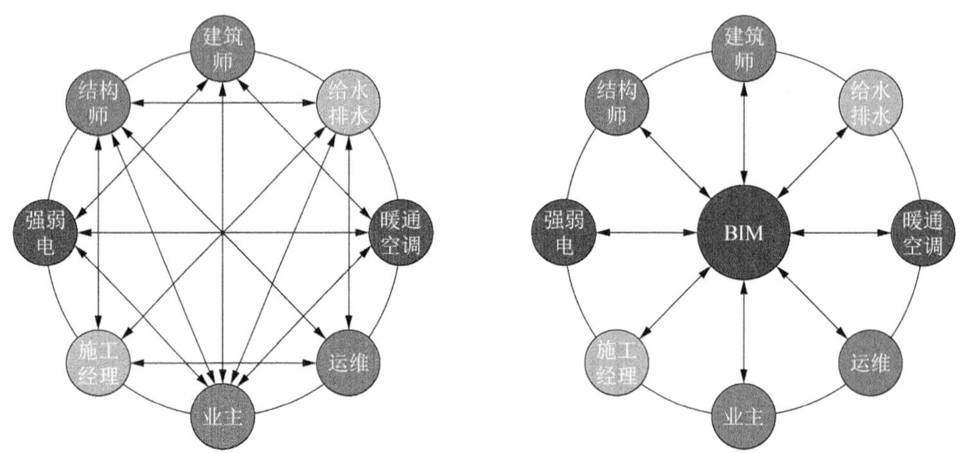

图 4-2　BIM 技术对信息传递方式的改变

（二）BIM 技术对项目管理的影响

1）对管理关系的影响。协同工作模式是指多个人共同完成一件或者多件事项，或者说是协调两个或者两个以上的不同资源或者个体，协同一致地完成某一目标的过程。在协同工作模式下，可以很便捷地实现分工协作、资源整合，使很多处于随机和发散状态的工作实现有序化、可跟踪化、可追溯化，实现“1+1>2”的效果。应用 BIM 技术以后，形成了协同工作模式，形成了以 BIM 为中心的一对一信息传递方式，简化了建设项目管理过程中的管理关系。在基于 BIM 技术的建设项目管理过程中，所有项目相关方都通过 BIM 向上或向下传递信息，清晰地表达建设项目管理过程中的工作目标、工作范围、工作关系，形成了项目全生命周期内可靠的共享信息源，为项目全生命周期的协同工作奠定基础。

2）对管理目标的影响。目标管理是指对一个事项或活动进行目标管理、过程管理、成果管理的过程。在建设项目管理过程中，目标管理是指各项目参与方自上而下地确定工作目标，并在工作过程中实行“自我控制”，自下而上地进行成果管理，保证管理目标实现的过程。目标管理的最大特征就是方向明确，非常有利于把整个项目管理团队的思想和行动统一到共同的项目建设目标上，是提高项目建设管理效率的有效手段。但是目标管理往往由于管理目标难以制定或难以描述而影响目标管理的效果。在 BIM 中，整个管理过程都是三维的、虚拟的、可视化的，而可视化的效果不仅可以用作管理目标的效果展示及报表生成，更重要的是项目的设计、建造、运维过程中的沟通、讨论、决策都在可视化状态下进行。通过 BIM，所有项目参与方“所见即所得”，所有面向对象的信息都得到了完整传递，没有信息丢失，强化了项目的目标管理。

3）对管理过程的影响。过程管控是指在项目建设管理过程中，通过对实现分解项目建设目标的每个节点进行管控，从而实现项目整体建设目标的管控过程。项目的基本特征是一次性、不可重复性，决定了项目的过程管控也是一次性的，一旦项目结束就再也没有纠偏的可能，导致建筑成为一门遗憾的艺术。在 BIM 中，可以模拟项目的整个建设管理过程，模拟不能在真实环境中进行操作的事物。例如，在设计阶段，BIM 可以根据设计的需要进行模拟实验；在建造阶段，可以进行 4D 模拟从而确定合理的施工方案，指导项目的过程管控，也可进行 5D 模拟，从而对项目建造成本实现有效的过程管控；在运维阶段，可以模拟运维管理过程中的各应急预案、管理方案，指导对运维工作有效的开展。由于 BIM 的可模拟性，改变了项目一次性、不可重复性的基本特征，可以通过反复的模拟，确定最佳过程管控方案，指导过程管控工作有效进行。

4）对管理效率的影响。BIM 是基于共同的标准和共享规则创建的，有效地避免了各类管理团队之间的信息壁垒和信息不对称。BIM 准确存储及高速处理大量信息，减少了项目建设管理过程中的工作错误，大量缩短了工作时间，降低了各种与处理信息相关的成本。由于 BIM 有较强的内在逻辑关系，相互之间又形成了密切的关联关系，模型的一个部分发生修改，其他关联部分也会随之修改，大大提高了工作效率。而且，形成了以 BIM 为中心的管理关系，为建立协同工作模式奠定了基础，提高了项目的管理效率。

5）对管理极限的影响。传统的项目建设管理过程是一种二维的工作模式，应用 BIM 技术后，使传统的项目建设管理过程转变成一种三维的工作模式，三维工作模式是一种比二维工作模式更高级的工作模式，当以三维工作模式解决二维的工作问题时，解决问题的方式会更直观、更有效，而且三维工作模式还能解决一些二维工作模式所不能解决的问题，突破二维工作模式的技术极限、管理极限。例如，BIM 可以聚合所有专业的几何信息进行分析，可以基于 BIM 进行参数化设计，用于多曲面异形构件的设计、制作、安装，实现项目管理的可视化、建立协同工作模式等。

四、BIM 推动建筑业的变革

随着 BIM 的推广应用，BIM 在建筑业中的地位越来越高，BIM 成为提高建筑业生产效率和建设质量、缩短工期和节约成本的利器。BIM 的应用已经触及建筑业的深层次问题，包括工作模式、管理方式、协作形式、组织结构等方面，随着 BIM 应用的逐步深入，建筑业的传统生态结构将被打破，一种新的生态架构将取而代之。为此，各级政府部门陆续发布各种政策文件，制定相关 BIM 标准推动 BIM 的应用发展。

1）2015 年，住建部发布《关于推进建筑信息模型应用的指导意见》，明确 BIM 技术在建筑领域推广应用的重要意义，强化顶层设计，推动形成 BIM 发展应用共识，并提出到 2020 年年末，建筑行业甲级勘察、设计单位及特级、一级房屋建筑工程施工企业，应掌握并实现 BIM 与企业管理系统和其他信息技术的一体化集成应用；到 2020 年年末，以国有资金投资为主的大中型建筑新立项项目、申报绿色建筑的公共建筑和绿色生态示范小区新立项项目，在勘察设计、施工、运行维护中集成应用 BIM 的项目比率达到 90%。

2）2016 年，住建部发布《2016—2020 年建筑业信息化发展纲要》，指导思想是推动信息技术与建筑业发展深度融合，充分发挥信息化的引领和支撑作用，塑造建筑业新业态，BIM 成为“十三五”建筑业重点推广的五大信息技术之首。发展目标是要增强 BIM 与大数据、智能化、移动通信、云计算、物联网等信息技术集成应用能力，在建筑业数字化、网络（信息）化、智能化方面取得突破性进展。

3）2016 年，住建部发布的《建筑信息模型应用统一标准》（GB/T 51212—2016），于 2017 年 7 月 1 日实施。

4）2017 年，国务院办公厅下发《关于促进建筑业持续健康发展的意见》，从国家层面明确提出加快推进 BIM 技术在规划、勘察、设计、施工和运营维护全过程的集成应用，以实现工程建设项目全生命周期数据共享和信息化管理，为项目方案优化和科学决策提供依据，促进建筑业提质增效。

5）2017 年，住建部发布《建筑业发展“十三五”规划》，从行业发展层面进一步明确提出加快推进 BIM 技术的发展与应用。

随着各级政府部门对推动 BIM 应用发展的各种政策文件、标准的陆续出台，BIM 已经成为主导建筑业进行大变革的推动力量。

第二节　BIM 技术促进建筑业的发展

随着社会经济的高速发展，建筑业面临全球化发展、可持续发展等方面的巨大挑战，BIM 技术的发展应用为建筑业有效应对这些挑战提供了机遇。

一、推动建筑业全球化发展

随着世界经济的高速发展，全球化是当今时代的基本特征，在全球化的过程中出现了相应的地区性、国际性的经济管理组织与经济实体，以及文化、生活方式、价值观念、意识形态等精神力量的跨国交流、碰撞、冲突与融合。全球化产生的动力包括技术、经济、金融、贸易、投资等方面。就信息技术来讲，信息技术使前所未有的交往和通信变为可能，加强了世界各地的相互往来和互相理解，把生活在地球上的人类变成了在同一时间、同一空间里共同生存的整体，而信息技术不能仅被当作一种工具来看，在执行工具这一职能时，实际上参与了不同文化、不同管理理念、不同管理模式之间的相互作用，BIM 技术就是技术全球化的一个代表。

2003 年，中国工程建筑行业开始引进 BIM 技术，至今已经有十多年的发展历史，目前 BIM 在国内的发展已经进入“深水区”，一方面 BIM 技术已被行业内普遍认可，另一方面 BIM 深入应用的需求正在不断提升。住建部在《2011—2015 年建筑业信息化发展纲要》中曾多次提到 BIM 技术，已经把 BIM 技术作为支撑建筑业产业升级的核心力量，明确指出加快推广 BIM、协同设计、虚拟现实、4D 项目管理等技术在勘察设计、施工和工程项目管理中的应用，改进传统的生产与管理模式，提升建筑业的生产效率和管理水平。

近年来，国内工程项目特别是大型工程项目出现爆发式推广应用 BIM 技术的趋势。越来越多的业主，在项目规划阶段频频与 BIM 团队进行合作，甚至在施工阶段招标文件中明确规定施工阶段必须使用 BIM 技术，在工程建设领域，BIM 带来了现有技术的进步与更新，也对建筑领域的生产组织模式和管理方式产生较大影响。

随着全球化进程的发展，建筑业的全球化水平也越来越高，全球化的建筑市场也在逐步形成。一方面，中国的建筑企业开始逐步走向世界；另一方面，国外的设计公司、施工企业及承包公司也纷纷进入中国建筑市场，与中国的建筑企业展开竞争与合作。在北京奥运会场馆、上海世博会各国展馆等重大项目中，都有建筑企业跨国界、跨地域、跨文化的合作成果，乃至材料、设备的全球化采购已经成为项目建设的一种常态。2017 年 2 月，国务院办公厅颁发的《关于促进建筑业持续健康发展的意见》（国办发〔2017〕19 号）指出，要打造“中国建造”品牌，加快建筑业企业“走出去”，提高对外承包能力，充分发挥我国建筑业企业在超高层房屋建筑、高速铁路、高速公路、大体量坝体、超长距离海上大桥、核电站等工程建设方面的比较优势，有目标、有重点、有组织地对外承包工程。为实现建筑业全球化发展的战略目标，BIM 技术必将成为中国建筑业全球化发展战略的核心竞争力。

BIM 技术是支撑中国建筑业产业转型升级的核心技术，但 BIM 技术的整个基础理论体系都来自国外先进国家，导致国内的 BIM 软件仍是由 Revit 软件、Rhino 软件、Tekla 软件等国外软件占主导地位。尽管清华大学提出 CBIMS 中国 BIM 标准框架，中国工程建设标准化协会与中国 BIM 发展联盟联合研究制定了《规划和报建 P-BIM 软件功能与信息交换标准》等 13 项 P-BIM 系列标准，对探索建立中国 BIM 应用标准体系、实现 BIM 软件国产化和 BIM 应用落地具有重要意义。但中国与国外先进国家相比，对 BIM 技术的研究应用水平仍有一定差距，来自国外先进国家的 BIM 技术的基础理论体系制约了中国对 BIM 技术的长远发展，制约了对实现建筑业转型升级核心技术的全面掌控。为此，我们应该加大对 BIM 技术的研究、实践、应用投入的力度，通过加大 BIM 技术理论、标准的研究力度，促进中国 BIM 技术理论的发展，独立拥有自主知识产权，全面掌控 BIM 核心技术。通过加大 BIM 技术应用实践、应用模式的研究，促进中国 BIM 技术的推广应用，使 BIM 技术成为推动中国建筑业全球化发展的核心力量，在全球化的浪潮中以技术取胜。

二、促进建筑业可持续发展

1980 年 3 月，联合国大会首次使用了“可持续发展”概念。可持续发展的定义为“持续发展是在满足当代人需要的同时，不损害人类后代满足其自身需要的能力。”要实现可持续发展，就必须改变传统的经济与环境二元化的经济模式，建立一种把二者内在统一起来的生态经济模式。在生产过程中，建立一种无废料、少废料的封闭循环的技术系统，实现生产过程的生态化。把节约资源和环境保护因素作为经济过程的一个内在因素，重视社会能量转换的相对效率，把“自然价值”纳入经济价值之中，建立一种抑制环境污染的经济机制，实现经济运行模式的生态化。在消费中不追求“深加工”产品，不追求“用毕即弃”的消费方式，确立“生产不是为了获得更大的利润，而是为了满足人的健康生存的需要，实现消费方式的生态化”的新观念。据统计，建筑业消耗了地球上大约 50%的能源、42%的水资源、50%的材料和 48%的耕地，产生全球 24%的空气污染、50%的温室效应、40%的水污染、20%的固体垃圾，建筑业是典型的立足消耗大量资源和能源的产业，对资源、环境产生极大的负面影响。

中国经历了将近 40 年的改革开放，主要是依靠投资驱动的经济增长方式推动经济发展，巨额的投资使建筑业飞速发展，形成巨大的建筑产能，为中国的社会经济发展做出重大贡献。2016 年，全国建筑业总产值为 19.35 万亿元，建筑业在做出重大贡献的同时也消耗了巨大的自然资源，大约消耗了 10 亿 t 水泥、4 亿 t 钢材，约占全国钢材和水泥产量的 50%，约占全球钢材和水泥产量的 25%，给当前的资源、环境带来了巨大压力。随着经济发展新常态的到来，经济增长方式主要由投资驱动转变为创新驱动，市场供需结构必然发生重大转变，原有粗放的建筑产能将不适应建筑业可持续发展的需要。原有建筑产能大多立足于传统的信息表达和交流方式，工程信息采用 2D 图纸和文字表达，信息交互效率低下，导致建筑业长期处于“设计变更率高、返工率高、生产成本高、生产效率低”的“三高一低”状态，非常有必要通过新技术的集成应用，以技术创新推动管理创新对建筑业的生产方式、管理模式来一次大变革，建立优胜劣汰的行业准入清出机制，提高建筑业的发展活力和资源配置效率，转变建筑业的经济增长方式，促进建筑业的可持续发展。

2017 年，住建部发布的《建筑业发展“十三五”规划》明确提出，要下决心转变依赖低成本要素驱动的粗放型增长方式，增强改革意识、创新意识，不断适应新技术、新需求的建设能力调整及服务模式创新任务的需要，着力在推进建筑产业现代化上取得突破。并提出要加大信息化推广力度，加快推进 BIM 技术在规划、工程勘察设计、施工和运营维护全过程的集成应用，支持基于具有自主知识产权三维图形平台的国产 BIM 软件的研发和推广使用，增加新开工项目应用 BIM 技术的数量，把推动 BIM 技术发展应用作为促进建筑业可持续发展的重要目标。

三、提升建筑业的生产效率

近年来，中国建筑业飞速发展，建筑业技术水平和管理能力不断提高，涌现了一大批像国家体育场、国家旅游中心、上海世博会各国展馆、上海中心大厦、昆明滇池国际会展中心等，以“高、大、精、深”为特征的标志性建筑，但建筑业粗放型的增长方式没有根本改变。建筑业发展方式粗放、能耗高、效率低、大而不强，产业现代化程度不高，建设项目的组织实施方式和生产方式落后，建筑业仍属于粗放式的劳动密集型产业，制约了建筑业的健康发展。建筑业生产效率低不仅发生在中国，全球范围内都存在类似问题。1964～2003 年，我国多数行业的生产效率得到较大提升，非农业的生产效率提高了一倍，但建筑业的生产效率却呈下降趋势。中国建筑业生产效率低的主要原因如下：

1）工业化水平低。建筑及构件的标准化和通用化程度低，工厂化程度不高，导致产业化水平较低，难以用现代化的生产方式提高生产效率。

2）信息化水平低。建筑企业对信息化的积极性不高，对信息化的投入较低，虽然 20 世纪 90 年代进行了轰轰烈烈的“甩图板”行动，但信息技术主要是在不同部门和专业中独立应用，彼此之间缺乏综合的、系统的信息互用，所以信息技术应用水平没有得到有效提高。

虽然建筑业实现工业化发展可以有效地提高生产效率，但建筑业实现工业化发展的要求也很高，与传统现浇建筑相比，设计要求更精细，需要加深设计成果的工作深度，满足预制构件在工厂的精确加工生产，同时构件的物料管理、储存管理、运输管理、拼装顺序、施工流水等方面均需进行系统、全面的精细规划。BIM 技术的应用不仅为建筑工业化解决了信息创建、管理、传递的问题，而且 BIM 可通过对加工生产、储存、运输、拼装等过程进行精确的装配模拟，为建筑工业化提供技术保障。2017 年 7 月，中国建筑科学研究院牵头研发的“十三五”国家重点研发项目《基于 BIM 的预制装配建筑体系应用技术》正式发布，为预制装配建筑的信息管理、自动化生产、质量管控、运输管理、现场管理等方面提供了系统的解决方案，推动建筑业实现工业化发展。同时，经过多年的实践经验表明，BIM 技术是实现建筑业信息化最为合适的载体和关键技术，大力推动 BIM 技术应用，就会提高中国建筑业的信息化水平，提升建筑业的生产效率。

四、满足建筑业发展的新需要

随着社会经济的发展，生活水平的提高，人们对建筑的要求也越来越高，建筑越来越向“超高、超大体量、功能复杂、低碳环保、智能化”方向发展，建筑的技术含量越来越高。例如，上海中心大厦，总高度 632m，总建筑面积 57.6 万 m^2，巨大的体量、超常的高度、复杂的功能，决定了建筑体系的复杂程度，仅主要系统而言，就包括 8 大建筑功能综合体、7 种结构体系、30 余个机电子系统、30 余个智能化子系统，对项目的建设管理提出了很高要求。在上海中心大厦的设计阶段，应用 BIM 技术进行双曲面的旋转外形设计。旋转的双曲面外形决定其结构与玻璃幕墙必须轻盈，悬挂在整个楼体的外侧，不直接同楼板发生关联，用直面的玻璃做成双曲面的空间形态，在视觉效果实现的同时，需考虑可建造性，传统的二维设计模式根本无法满足异形建筑各个细部的衔接，对于这种超高、超体量的建筑更是难上加难。应用 BIM 技术帮助完成了精确定位，并把精确定位放到 BIM 平台上让所有专业共享，帮助完成了一个比较好的双曲面旋转玻璃幕墙方案。在施工阶段，应用 BIM 技术进行管线综合，较好地解决传统的二维设计模式下无法避免的错、漏、碰、撞等现象，可视化地展现各专业施工方案、安装顺序及完成后的最终效果，进行预制加工设计，指导预制件的工厂加工，进行施工工作面划分等，提高项目建设的工作效率。在运营阶段，应用 BIM 技术建立有效控制项目信息的采集、加工、存储和交流，便捷地提供查询和检修，及时解决项目的运营、使用、维修和更新方面的问题。上海中心大厦应用 BIM 的智慧突破了经典，以高超的建筑技术建造了超高、超大体量、功能复杂、造型优美的标志性建筑，上海中心大厦的 BIM 应用已成为中国建筑史上的里程碑。

BIM 技术的发展应用，突破了传统和技术的限制，有效地满足了建筑发展的新需要，以更低的成本、更高的建设效率，建造出造型更新颖、更优美的建筑形态，提高了城市的文化价值和审美价值，为整个城市的发展注入了新的活力。

第三节　节点法引领 BIM 应用落地

现阶段，虽然 BIM 技术的发展应用推动了建筑业的变革，促进了建筑业的发展，但 BIM 技术尚处在发展的初级阶段，理论体系还不够成熟，应用路径也不够明晰，要实现 BIM 技术的应用落地还存在一定困难。为此，以节点法项目管理的知识体系引领 BIM 技术应用落地，并通过节点法对 BIM 应用进行价值量化、模式构建、融入管理，加快 BIM 技术的发展应用进程。

一、BIM 技术应用的难点

当前 BIM 技术发展应用的现实，让我们看到了深刻的变化，但实施 BIM 不可能一蹴而就。BIM 是一套社会技术系统，是“过程改进的方法学”，其技术核心被社会文化与制度架构、协同工作的做法及同步协作所包围。技术发展首先要符合社会习惯，在技术提升过程中逐步改变传统。BIM 从本质上而言只是改变了传统信息交换与工作协同方式，从点对点、一对多的信息传递方式，改变为以 BIM 为中心的一对一信息传递方式。全面实施 BIM 技术的关键和难点在于如何按照中国现有社会文化制度所决定的法律、法规、社会协作分工的基本框架实现信息互用。

我们正处在快速推动 BIM 技术发展应用的道路上，所面临的挑战和问题过于庞大，要完全实现 BIM 应用还有很长的路要走。为此，我们需要真诚合作、共创信息、分享信息，共同应对 BIM 技术发展应用过程中的挑战。

二、BIM 技术应用的困惑

尽管完全实现 BIM 应用任重道远，但是有越来越多的人加入到 BIM 技术发展应用的浪潮中。在众多的 BIM 技术应用中，成果主要表现为零散的重复利用——“应用的多、落地的少”，难于量化应用价值。究其原因有以下几个方面：

1）系统认识问题。很多应用者在没有接触 BIM 以前，认为 BIM 很难，高不可攀、难以掌控、难以应用。在对 BIM 进行一段时间的学习后，认为 BIM 很简单，BIM 是万能的，什么都可以做。一旦开始实践，又认为 BIM 什么都干不了，他们对 BIM 缺乏一个客观、系统的认识。正因为 BIM 是一门新兴技术，正处在初级的发展过程中，我们需要正确认识事物发展变化的客观规律，遵循事物发展变化的客观过程，准确掌握当前的发展应用成果，以客观的积极心态、主动地投入到推动 BIM 技术发展应用的浪潮之中。

2）技术局限。BIM 技术应用的技术局限表现为两个方面：①应用者自身的技术局限；②BIM 技术体系自身的技术局限。BIM 改变了传统信息交换与工作协同方式，从点对点、一对多的信息传递方式，改变为以 BIM 为中心的一对一信息传递方式，同时也改变了项目管理过程中的管理关系，形成协同工作方式。对于传统管理而言，基于 BIM 的管理本质就是跨界的整合管理，这就需要我们根据所从事的 BIM 工作内容，补充完善自身的知识体系，才能突破应用者自身的技术局限，消除对 BIM 技术的应用困惑。对 BIM 技术体系自身的技术局限，需要以客观的心态去面对，尽管我们非常希望基于 BIM 实现项目信息的无缝集成和信息互用，但基于 BIM 的管理流和信息流仍是割裂的，主要 BIM 软件仍不具有相容性和互操作性，BIM 技术仍处在提出和发展过程之中，需要我们通过大量的 BIM 实践及应用案例，支持、指引 BIM 技术的研究与探索。

3）缺乏价值导向。为了某种需要，过度夸大 BIM 的价值，影响了应用过程中的价值判断。在投标之前，总是在大力夸耀自己的 BIM 应用得如何好，企业的技术实力有多么强，一旦中标，BIM 应用就束之高阁，还是按照传统的老方法，BIM 应用成了一层外衣。为了让 BIM 应用真正落地，我们需要把 BIM 应用融入实际的专业工作中，真正面向实际需求，量化 BIM 的应用价值，评估 BIM 的应用效益，建立正确的价值导向，客观地评价 BIM 应用的成本、效益、风险，让 BIM 应用回归理性。

4）缺乏应用指引。大多数应用者只是项目全生命周期的一个阶段或者是一个环节，缺乏对 BIM 在项目全生命周期应用的整体认识，缺乏对所从事的 BIM 应用工作在项目全生命周期的地位、作用、价值的整体认识，导致自己在应用过程中甚至可能会出现南辕北辙的情况。为了在应用过程中少走弯路、少走错路，我们需要探索、构建 BIM 应用模式，分享 BIM 应用经验，指引 BIM 技术的应用过程，推动 BIM 技术的应用落地。

因此，为了推动 BIM 技术的应用落地，加快 BIM 技术的应用进程，我们运用节点法项目管理的知识体系来引领 BIM 技术应用落地。通过评价价值、创新模式、构建体系，帮助克服 BIM 技术应用过程中的难点，突破 BIM 技术应用过程中的困惑，使 BIM 技术在建筑业的变革和发展过程中发挥更大的作用，为社会经济的发展创造更大的价值。

三、节点法引领 BIM 落地

节点法“规范化、标准化、信息化”的项目组织管理模式，能够清楚地界定设计管理、施工管理、运维管理的联系和边界，其目标是在各阶段的模式化组织上做到“书同文”，在各节点的标准化管控上做到“车同轨”，在管理成果的信息化评价上做到“度量衡”。因此，节点法以项目管理需求为核心来引领 BIM 应用的落地，使 BIM 应用的“目标明确、过程可控、结果可用”，而不是为 BIM 应用而做 BIM。

因此，在设计管理、施工管理、运维管理中，节点法“超前可视、模拟验证”的 BIM 应用模式，在“定性、定量、集成”的管理决策中重点应用 BIM，如设计管理中实现“CAD2D 出图+BIM3D 模型”的应用，深化设计管理中实现“场地可视化设计、优化”的应用，设计决策管理中实现“初设优化”的应用，施工管理中实现“施工组织模拟，定性与定量分析”的应用，运维管理中实现“数字化交付、信息化管理、智慧化运维”的应用，使 BIM 应用不仅成为体现管理价值的亮点，也成为改进管理的新起点。

（一）节点法用管理评价 BIM 应用价值

当前，中国对 BIM 技术的应用率还不高，仍处于起步阶段。由于对 BIM 应用价值的认识不充分、不全面、信息严重不对称，使大多数企业对 BIM 技术的应用无所适从，已进行 BIM 技术应用的企业对 BIM 的应用理念、应用策略也有很大不同，大部分还处于单点的、重复的、探索的应用阶段。

目前，中国建筑业企业的 BIM 技术应用大致可划分为 3 种类型：①应用 BIM 技术支持市场业务开拓，迎合市场热点需求；②应用 BIM 技术提升技术水平，改进管理流程，强化管理协同；③应用 BIM 技术支撑企业的长期发展战略，形成新的核心能力。

现在大多数企业的 BIM 应用还停留在“理想和方向”的层面上，对 BIM 应用的价值认识不系统、不全面，要做到客观的评价 BIM 应用价值、形成新的核心能力还要进行很多的探索和实践。节点法在“规范化、标准化、信息化”的项目组织管理模式下，更加关注 BIM 应用的“能力和过程”，因为没有系统的管理目标和管理评价，BIM 应用仅有“理想和方向”是不能顺利落地的，即使落地也难以进行总结评价和推广应用。

BIM 应用不仅要有系统应用的组织能力，还要能够分层次进行应用的过程管控，这时的 BIM 应用才能用全过程管理的尺度来建立 BIM 应用的价值体系，其原因如下：

1）BIM 应用是以业主、设计、施工、运维各方的管理目标为基础的，因此必须以适当的方式来满足全过程的应用，才能形成目标一致、各得其所的价值体系。

2）BIM应用是以模型数据全过程的共享协同为基础的，因而应用各方必须明确BIM可交付成果，在遵守共享协同规则的前提下，采用必要的技术，创新应用模式，解决BIM应用为谁服务的问题。

3）BIM应用的增值要能体现应用各方的管理价值，因而应用各方必须界定BIM管理边界、构建BIM管理平台，解决BIM应用中自己的管理问题。

（二）节点法用管理创新BIM应用模式

节点法项目管理的模式是“模式化组织、标准化管控、信息化度量”，这也是BIM应用的模式，由此来保证BIM应用的“书同文、车同轨、度量衡”，保证BIM应用实现“超前可视、模拟验证、管理创新”的应用目标。

因此，节点法项目管理对BIM应用的系统要求如下：

1）BIM建模要能够“有组织、分层次、重集成”。

2）BIM用模要能够“有目标、成体系、重交付”。

3）BIM管理体系要能够“信息化”，实现管理决策的信息对称与组织协调。

4）BIM数据整理要能够“资源化”，实现数据形成与数据管理的协调一致。

5）BIM协同创新要能够“平台化”，实现模型交付与模型使用的协调一致。

（三）节点法用管理构建BIM应用体系

节点法可以为BIM应用构建“传统管理”与“三维管理”的双层管理模式，在“传统管理”中去“有组织、有系统、分阶段、分层次”地解决管理决策的组织管理和信息对称问题，同时强化BIM的“定性、定量、集成”的“三维管理”作用，进行“有目标、成体系、分节点、可交付”的决策验证和超前纠偏，用超前可视的“三维管理”方式，科学、合理、高效地解决项目管理、项目决策问题。

在节点法“二维、三维”的双层管理模式中，可以结合管理流程由浅入深地定义各阶段、各节点的BIM用模工况，使BIM应用有机、系统地融入设计、施工、运维的全过程管理之中，使建模能做到“有组织、分层次、重集成”，使用模能做到“有目标、成体系、重交付”。节点法各阶段BIM应用的组织管理模式如下：

1）模式化的节点法业主BIM应用组织管理体系，如表4-1所示。

表4-1　模式化的节点法业主BIM应用组织管理体系

组织架构	系统功能				
项目组织	流程设置	团队组织	工作规则	协调管理	BIM组织
前期管理	组织协调	前期成本	前期进度	过程管理	决策支持
设计管理	组织协调	决策管理	进度管理	成本品质	BIM组织
成本管理	组织协调	成本品质	决策管理	过程控制	成果管理
招标管理	组织协调	成本品质	决策管理	过程控制	成果管理
施工管理	组织协调	成本品质	决策管理	过程控制	BIM组织
系统管理	平台建设	模式管理	权限管理	信息管理	BIM平台

2）模式化的节点法设计 BIM 应用组织管理体系，如表 4-2 所示。

表 4-2　模式化的节点法设计 BIM 应用组织管理体系

组织架构	系统功能				
设计组织	流程设置	团队组织	工作规则	协调管理	BIM 组织
技术管理	技术协调	集成控制	过程管理	决策支持	BIM 组织
业主管理	决策协调	决策管理	进度管理	成本品质	BIM 组织
方案阶段	方案组织	定性协调	过程控制	成果管理	方案 BIM
初设阶段	初设组织	定量协调	过程控制	成果管理	初设 BIM
施工图阶段	施设组织	集成协调	过程控制	成果管理	施设 BIM
系统管理	平台建设	模式管理	权限管理	信息管理	BIM 平台

3）模式化的节点法监理 BIM 应用组织管理体系，如表 4-3 所示。

表 4-3　模式化的节点法监理 BIM 应用组织管理体系

组织架构	系统功能				
监理组织	流程设置	团队组织	监理规则	协调管理	BIM 组织
质量管控	质量手册	质量管控	过程管理	质量资料	BIM 应用
进度管控	进度手册	进度管控	过程管理	进度资料	BIM 应用
成本管控	成本手册	成本管控	过程管理	成本资料	BIM 应用
安全管理	安全手册	安全管理	过程管理	安全资料	BIM 应用
信息管理	信息手册	信息管理	过程控制	信息资料	BIM 应用
系统管理	平台建设	模式管理	权限管理	信息管理	BIM 平台

4）模式化的节点法施工 BIM 应用组织管理体系，如表 4-4 所示。

表 4-4　模式化的节点法施工 BIM 应用组织管理体系

组织架构	系统功能				
施工组织	流程设置	团队组织	工作规则	协调管理	BIM 组织
成本管理	组织协调	成本控制	合同管理	过程管理	BIM 应用
质量管理	组织协调	质量管理	过程控制	质量资料	BIM 应用
进度管理	组织协调	进度管理	过程控制	进度资料	BIM 应用
安全管理	组织协调	安全管理	过程控制	安全资料	BIM 应用
分包管理	组织协调	分包管理	成本控制	分包资料	BIM 应用
系统管理	平台建设	模式管理	权限管理	信息管理	BIM 平台

5）模式化的节点法运维 BIM 应用组织管理体系，如表 4-5 所示。

表 4-5　模式化的节点法运维 BIM 应用组织管理体系

组织架构	系统功能				
运维组织管理	流程设置	团队组织	工作规则	协调管理	BIM 组织
建筑功能管理	组织协调	功能定位	过程控制	应用管理	BIM 应用
机电设施管理	组织协调	管理定位	过程控制	应用管理	BIM 应用
交通安防管理	组织协调	管理定位	过程控制	成果管理	BIM 应用
市政设施管理	组织协调	管理定位	过程控制	成果管理	BIM 应用

续表

组织架构	系统功能				
数据交付管理	组织协调	信息整理	过程控制	信息应用	BIM 组织
运维系统管理	平台建设	模式管理	权限管理	信息管理	BIM 平台

第四节　节点法项目管理的 BIM 应用模式

为推动 BIM 技术的发展应用，按照节点法项目管理的知识体系和节点法引领 BIM 应用落地的理念，构建节点法项目管理的 BIM 应用模式，指导 BIM 技术的实践、应用和模式化推广，加快 BIM 技术发展应用的进程。

一、节点法项目管理的 BIM 应用目标

节点法项目管理的 BIM 应用目标：要应用 BIM 作为节点法项目管理过程中的技术工具，更有效地对项目进行系统的目标管理、过程管理、成果管理，更有效地统筹协调项目的品质、工期、成本等目标，进而提升管理效率，全面实现项目的整体建设目标。

二、节点法项目管理的 BIM 应用逻辑

节点法项目管理是项目管理的组织模式、系统方法，需要通过管理思想、管理模式及管理流程的贯彻执行来实现项目管理目标。依据节点法项目管理的“模式化组织、标准化管控、信息化度量”所构建的应用模式和管理流程，是 BIM 技术推广应用的组织保证、制度保证，要借助多样性的信息技术工具支撑 BIM 应用效果落地，为 BIM 技术应用创造良好的应用条件。BIM 技术应用须融入节点法项目管理的管理过程中，运用节点法项目管理确定的管理需求、管理目标，制定 BIM 技术的应用目标、应用方向、应用路径、应用计划，利用 BIM 技术为实现项目的总体建设目标服务。在 BIM 技术的应用过程中，应坚持管理创新和技术创新，通过技术创新来提升 BIM 应用能力，通过管理创新来管控 BIM 应用过程，使 BIM 应用始终向预定的应用目标、应用方向持续推进，使项目管理汇小胜为大胜，从局部成功走向整体成功。

节点法项目管理的 BIM 应用逻辑：以节点法项目管理作为 BIM 应用的指导思想，按照节点法项目管理的要求确定 BIM 的应用目标、应用方向、应用内容。通过模式化组织、标准化管控、信息化度量构建专业的项目管理团队、合理的工作流程，为 BIM 应用提供组织保证和制度保证。同时，BIM 应用要融入节点法项目管理的管理过程和管理流程中，以实现管理目标来指导 BIM 应用，通过对应用成果的量化评价，形成 BIM 应用模式，使 BIM 技术由局部应用到整体应用，从技术应用到管理应用，不断通过积累创新推动 BIM 技术的深化发展。

三、节点法项目管理的 BIM 应用模式

为了实现项目全生命周期的管理目标，应用 BIM 作为节点法项目管理过程中的技术工具，通过对项目全生命周期的项目信息进行系统识别，根据项目信息时间、空间、形式 3 个维度的性质及特征，将项目全生命周期划分为“设计阶段、施工阶段、运维阶段”三

大管理节点，应用 BIM 技术围绕三大管理节点，以组织管理为先导，以各节点目标管理、过程管理、成果管理为基础，对项目全生命周期的管理目标、管理过程和管理成果进行以“超前、可视、模拟、验证”为项目管理活动，为项目提供项目投资、建设成本、运维成本 3 个维度的决策支持，通过系统的过程评价、效益评价、持续评价，实施精细化的项目全生命周期管理，全面实现项目全生命周期的总体建设目标。其应用模式如图 4-3 所示。

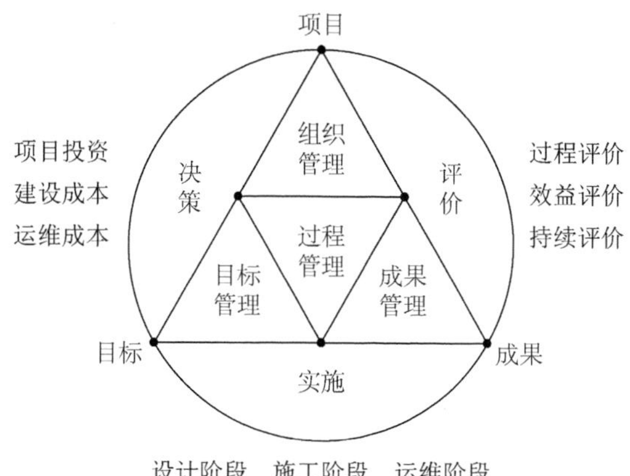

图 4-3　节点法项目全生命周期的 BIM 应用模式

四、节点法项目管理的 BIM 应用特征

通过应用节点法项目全生命周期的 BIM 应用模式，将形成节点法项目管理“超前、可视、模拟、验证”的 BIM 应用特征。

1）超前。在项目的建设管理活动正式启动之前，超越当前正常条件，通过 BIM 使管理前置，提前预测管理过程中发生的各种管理事项，提前预测实施特定管理活动后必然产生的管理成果，对照项目的整体建设目标采用积极的应对措施。

2）可视。在节点法项目管理过程中应用 BIM 技术以后，整个管理过程都是三维的、虚拟的、可视化的，可视化的效果不仅可以用作管理目标的效果展示及报表生成，更重要的是项目的设计、建造、运维过程中的沟通、讨论、决策都在可视化状态下进行。通过可视化的管理过程，使所有项目参与方“所见即所得”，所有面向对象的信息都得到完整传递，没有信息丢失。

3）模拟。通过 BIM 可模拟项目的建设管理全过程，模拟不能够在真实环境中进行操作的事物，建立以模拟为核心的过程管控模式，形成以模拟为特征的节点法项目管理。在设计阶段模拟特征表现为 BIM 可以根据设计的需要进行模拟实验；在建造阶段模拟特征表现为可以进行 4D 模拟从而确定合理的施工方案，指导项目的过程管控，也可进行 5D 模拟，从而对项目建造成本实现有效的过程管控；在运维阶段模拟特征表现为可以模拟运维管理过程中的各应急预案、管理方案，指导运维工作有效的开展。

4）验证。项目的某项建设管理活动结束后，通过 BIM 可为该项建设管理成果提供客观证据，验证该项建设管理成果是否满足项目总体建设目标的要求，并采取有针对性的纠偏措施，保证项目由局部成功走向整体成功。

思 考 题

1. 如何理解节点法项目管理的 BIM 应用模式？
2. 节点法项目管理如何引领 BIM 应用？
3. 如何理解节点法项目管理的 BIM 应用逻辑？
4. 如何理解节点法项目管理的 BIM 应用特征？
5. 节点法项目管理在项目生命周期各阶段如何引领 BIM 应用落地？

第五章　节点法设计管理的 BIM 应用

设计阶段是工程项目全生命周期的重要阶段，是节点法项目管理的重要管理内容，主要包含“方案设计、初步设计、施工图设计”等子阶段。在项目构想结束之后，设计阶段的工作开始正式启动，需要在设计阶段对项目的构想进行全面规划，并对项目的组成、内容、实施要求进行全面描述、落实，从项目的功能是否完善、技术是否可行、工艺是否先进、经济是否合理、结构是否安全、造型是否美观等方面对项目进行系统评价和完善，通过对项目设计阶段的工作成果进行定性、定量的科学决策之后，为项目的正式开工建设奠定坚实的基础。

第一节　节点法设计管理的应用逻辑

一、应用理念

节点法项目管理以构建模式化的业主组织管理体系为核心，按业主管理的组织流程对项目的组织管理、前期管理、设计管理、成本管理、招标管理、施工管理进行模式化的组织，以整体的、全过程管控最优为目标，对各关键节点、各阶段的管理规则和组织流程进行标准化的系统设计，开展业主管理全过程的决策责任组织、过程控制组织、综合协调组织等有针对性的组织管理。为大体量的工程项目管理提供有效的管理模式，依据节点法项目管理的知识体系规范设计管理工作，将有利于设计阶段项目管理目标的实现。

BIM 技术是信息技术、数字技术在建筑业的结合应用，其通过对建筑工程项目的物理特征和功能特性等各类信息进行加载和传递，可视化地表达和模拟建筑物所具有的各种特性，有效提高各项目参与方之间的信息共享与工作协同效率，进而整体提高工程项目的建设管理效益。在 BIM 技术的支持下，将形成以“超前、可视、模拟、验证”为特征的节点法设计管理模式，通过可视化表达和模拟，对项目信息进行加载、传递和共享，提高对管理成果的沟通交流效率和效果，提高项目建设管理的效率，为项目的最终成功奠定坚实的基础。面对日新月异的管理环境变化，在 BIM 技术的支持下，节点法设计管理模式的效率将会进一步提升。随着 BIM 技术的深入应用，将实现对设计工作的集成管理，突破 2D 技术的技术瓶颈，颠覆现有的设计工作模式，建立基于 3D 技术的更高效的设计成果表达模式，为项目提供更适用、更美观、更经济、更安全的设计成果。

二、应用模式

在设计阶段，为了实现项目全生命周期的管理目标，应用 BIM 作为节点法项目管理过程中的技术工具，通过对项目设计阶段的项目信息进行系统识别，根据项目信息时间、空间、形式 3 个维度的性质及特征，将项目的设计阶段分为方案设计、初步设计、施工图设计三大管理子阶段，应用 BIM 技术围绕三大管理子阶段，以组织管理为先导，以各阶段目标管理、过程管理、成果管理为基础，对项目设计阶段的管理目标、管理过程和管理成果进行以“超前、可视、模拟、验证”为特征的项目管理活动，为项目提供投资估算、初步设计概算、施工图预算 3 个维度的决策支持，通过系统的过程评价、效益评价、持续评价，实施精细化的设计管理，有效实现项目设计阶段的工作目标，为全面实现项目全生命周期的总体建设目标奠定基础。其应用模式如图 5-1 所示。

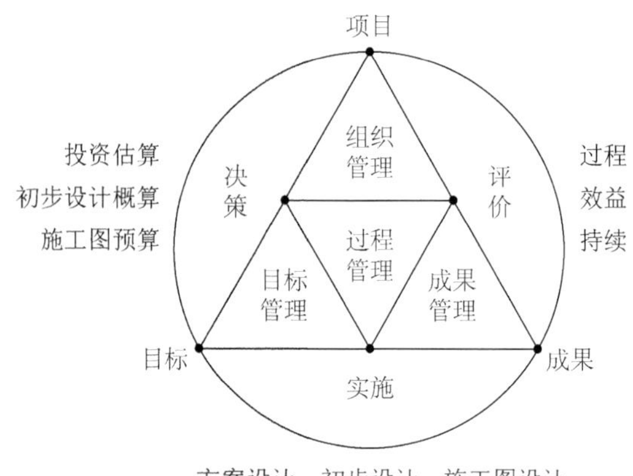

图 5-1　节点法设计管理的 BIM 应用模式

三、应用目标

依据节点法项目设计阶段的 BIM 应用模式的要求，综合采用“技术管理、经济管理、组织管理、合同管理”等措施，应用 BIM 技术对项目信息的加载、传递和共享的特性，通过对设计成果进行可视化地表达和模拟，定性定量地分析评价设计成果，从而实现项目预定目标的保证程度，对设计阶段的工作过程和工作成果进行质量、进度和成本控制，模拟分析设计成果的适用性、经济性、美观性、安全性、节能环保性，定性定量地分析评价该阶段设计成果功能的完善性、技术的可行性、工艺的先进性、经济的合理性、结构的安全性、造型的美观性，指导完成设计成果的优化与完善，确保项目能够全面实现预定的总体建设目标。

四、技术路径

根据节点法设计管理的 BIM 应用目标，分解形成设计阶段的子目标，构建节点法设计管理的 BIM 应用目标体系。基于设计阶段的子目标，创建各设计子阶段建筑信息模型，利用 BIM 技术可视化、可模拟的特性，组织各项目参与方对设计成果进行定性、定量的分析评价，并提出优化建议和改进措施，直至设计成果达到项目总体建设目标的要求，如图 5-2 所示。

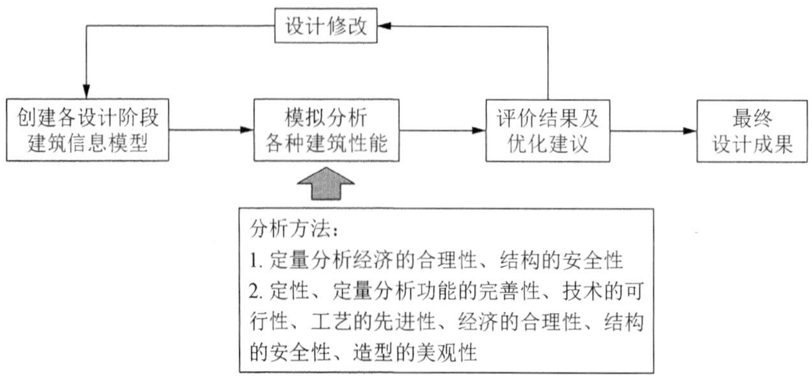

图 5-2　设计子阶段 BIM 应用技术路径

第二节　方案设计阶段应用案例剖析

方案设计是设计阶段的第一个子阶段。在提出项目构想并对项目进行决策立项之后，方案设计阶段的工作正式开始启动。方案设计阶段的主要工作内容是：收集项目场地资料，根据规划设计方案所提供的条件，进行场地设计，并根据项目功能的需要，做出建筑各层的平面设计，提出适合建筑性质和业主要求的意向性立面风格，直至完成建筑的平面设计、立面设计、总平面图等设计内容。在津桥学院空港校区项目的方案设计阶段，BIM 技术主要应用于项目的总平面布置方案设计，即项目总平面布置、竖向高程设计等项目场地设计的内容。

一、案例概况

津桥学院空港校区项目位于昆明空港经济区秧草凹片区，距昆明主城区 31km，净用地约 1114 亩，地形呈东高西低。项目总建筑面积约 70 万 m^2，项目分南、北两个校区。南校区一期规划用地 430.67 亩（1 亩≈667m^2），为主教学功能区，总建筑面积约 25 万 m^2，规划建设教学楼、图书馆、校系行政办公楼、学生会堂、学生食堂、学生宿舍、校区商业街、风雨操场、校医院等；北校区规划用地 348.54 亩，总建筑面积约 40 万 m^2，规划建设为实习实训、教学配套及学生创业孵化区。

津桥学院空港校区项目的建筑特征为山地建筑，建筑地形对项目的总平面布局、建筑造型、景观及投资成本等方面均产生重大影响。传统的技术很难科学、合理地确定项目的总平面布置方案，为了科学、合理地确定项目的总平面布置方案，需利用 BIM 技术对设计单位提出的总平面布置方案进行深入分析、评价，并根据分析、评价的结论组织对总平面布置方案进行优化，协助设计单位完成合理、经济的总平面布置方案。

二、应用内容

为了科学、合理地确定项目的总平面布置方案，根据管理需求确立以下具体应用内容：

1）创建津桥学院空港校区项目原始地形的 BIM 模型，为津桥学院空港校区项目总平面布置方案的分析、评价建立可比基础。

2）创建津桥学院空港校区项目设计地形的 BIM 模型及设计地形与原始地形的叠合模型，利用模型成果验证场平土方工程量，辅助对项目总平面布置方案的土方平衡等经济指标进行分析，并提出评价意见。

3）创建津桥学院空港校区项目总平面布置方案的 BIM 模型，利用模型成果辅助分析总平面布局、建筑造型、景观等内容，对项目的总平面布置方案提出优化建议，协助设计单位完成项目总平面布置方案的优化。

三、应用过程

（一）第一轮应用

1. 应用流程

1）根据津桥学院空港校区项目的原始地形图创建原始地形的 BIM 模型，如图 5-3 所示。

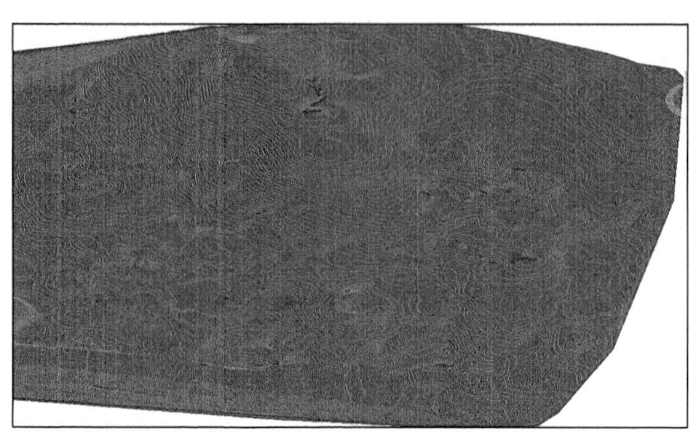

图 5-3　原始地形 BIM 模型

2）根据项目的室外总平面布置方案创建第一轮设计地形的 BIM 模型，如图 5-4 所示。

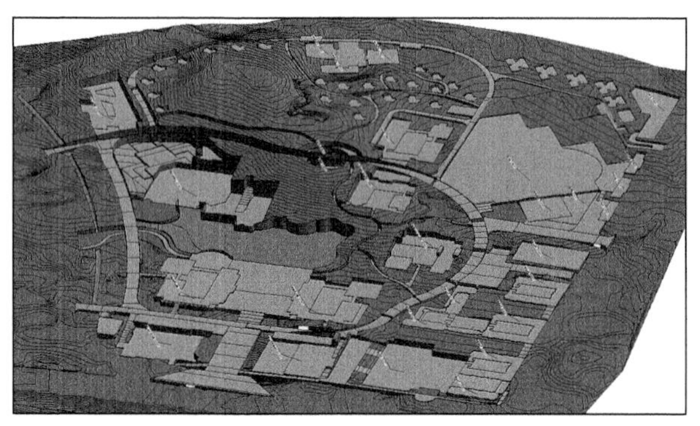

图 5-4　第一轮设计地形 BIM 模型

3）把原始地形 BIM 模型（图 5-3）和第一轮设计地形 BIM 模型（图 5-4）进行叠合，创建第一轮设计地形与原始地形的叠合 BIM 模型，如图 5-5 所示，并利用第一轮设计地形与原始地形的叠合 BIM 模型辅助进行本项目的土方工程量验证及分析。

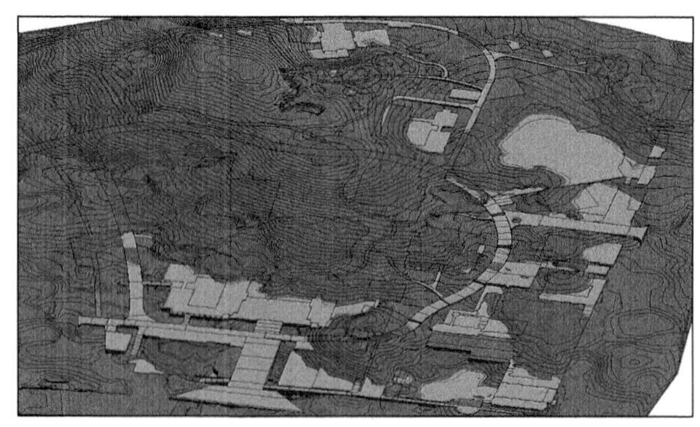

图 5-5　第一轮设计地形与原始地形的叠合 BIM 模型

4）根据津桥学院空港校区项目的室外总平面布置方案和第一轮设计地形 BIM 模型（图 5-4）创建本项目的第一轮总平面布置 BIM 模型，如图 5-6 所示。

图 5-6 第一轮总平面布置 BIM 模型

根据第一轮总平面布置 BIM 模型（图 5-6）和土方工程量的验证分析情况，辅助对本项目的总平面布置方案进行分析，提出分析结果及优化建议，并计算得出第一轮模型土方工程量表，如表 5-1 所示。

表 5-1 第一轮模型土方工程量表

名称	截面/m^2	填充/m^3	净剪切填充/m^3	表面积/m^2
专家工作室	1 877.36	3 117.42	1 240.06	3 383.32
专家楼	7 441.91	106.08	−7 335.83	4 614.94
停车场	0.00	7 231.44	7 231.44	1 631.24
原始地形	0.00	0.00	0.00	1 243 746.65
台阶	1 814.84	5 273.26	3 458.42	2 520.25
商业	13 079.28	0.00	−13 079.28	3 929.93
图书信息中心	116 974.80	0.00	−116 974.80	7 762.88
地下商业	10 418.47	5 479.30	−4 939.17	9 891.08
地形	2 149.78	1 935.93	−213.84	937 146.78
基础教学实验楼	11 308.37	2 771.81	−8 536.55	5 726.27
学生会堂及活动中心	13 132.59	13 572.20	439.61	6 468.19
学生宿舍	9 178.44	15 258.84	6 080.40	11 839.20
学生食堂	3 879.27	4 115.54	236.28	3 719.47
安防中心	266.38	316.60	50.22	625.84
实验楼	7 170.96	4 290.87	−2 880.09	4 674.92
小商业	14.01	402.58	388.57	630.16
建筑中庭	15 612.04	22 231.30	6 619.26	12 566.15
建筑艺术及工学系科楼	16 753.37	290.17	−16 463.20	3 882.87
护坡	10 422.06	14 557.34	4 135.28	11 547.38
教师住宅	3 073.43	358.00	−2 715.43	2 647.94
教师宿舍	1 576.46	0.00	−1 576.46	540.63
文化陈列楼	54 412.86	0.00	−54 412.86	5 121.03
校、系行政办公楼	17 464.49	773.46	−16 691.03	6 230.97
校医院	177.24	4 030.70	3 853.46	1 971.05
河道	195 654.57	588.22	−195 066.35	20 520.88

续表

名称	截面/m^2	填充/m^3	净剪切填充/m^3	表面积/m^2
法学经管系科楼	524.60	22 053.04	21 528.43	5 584.95
绿化	30 118.71	13 143.18	−16 975.53	17 926.77
观景台	23 735.77	0.00	−23 735.77	2 523.43
计算机电子工程系科楼	19 195.58	0.00	−19 195.58	3 006.04
运动场	28 030.67	19 585.77	−8 444.90	29 923.61
道路	144 435.06	52 245.32	−92 189.73	47 168.23
铺地	283 760.19	104 728.94	−179 031.25	60 136.99
预留小商业	746.17	428.57	−317.60	630.16
风雨操场	3 138.36	1 204.73	−1 933.63	2 608.90

2. 土方工程量验证分析

根据第一轮设计地形与原始地形的叠合模型（图 5-5），第一轮模型显示的土方工程总量为 143.48 万 m^3，其中：挖方 111.51 万 m^3，填方 31.97 万 m^3，与原方格网测量结果对比，土方工程总量相差 5.53 万 m^3，第一轮模型土方工程总量为原方格网土方工程测量总量的 104%，具体数据如表 5-2 所示。由于第一轮模型与原方格网的土方工程总量基本一致，数量误差在容许范围内，建议以第一轮模型的土方工程总量作为总平面布置方案优化可比的基础。

表 5-2　第一轮模型土方工程修正量

单位：万 m^3

序号	工程内容	原方格网测量结果	第一轮模型结果	量差	备注
1	挖方	91.34	111.51	20.17	
1.1	一期	52.33	89.64		
1.2	二期	39.01	21.87		
2	填方	46.61	31.97	−14.64	
2.1	一期	37.07	27.27		
2.2	二期	9.54	4.70		
3	合计	137.95	143.48	5.53	

3. 土方平衡分析

根据表 5-3 数据显示，室外总平面布置方案中的挖填方量严重不平衡，第一轮模型显示挖方比填方高了 79.54 万 m^3，表明此总平面布置方案将导致大量的余土外运，建议对项目的室外总平面布置方案进行优化。而且，第一轮模型的挖填方量差（79.54 万 m^3）比原方格网的挖填方量差（44.73 万 m^3）超出 34.81 万 m^3，超出比率为 77.82%，挖方与填方的数量关系异常，需进一步验证挖方与填方的数量关系。

表 5-3　第一轮模型土方工程量平衡分析表

序号	工程内容	原方格网测量结果	第一轮模型结果	量差	备注
1	挖方/万 m^3	91.34	111.51	20.17	
2	填方/万 m^3	46.61	31.97	−14.64	
3	挖方与填方量差/万 m^3	44.73	79.54	34.81	
4	与原方格网挖填方量差的比率/%	100	177.82		

4. 总平面布置方案分析

1）第一轮模型的土方工程总量与原方格网测量结果对比，土方工程总量相差 5.53 万 m^3，为原方格网土方工程测量总量的 104%，因土方工程总量基本一致，数量误差在容许范围内，建议以第一轮模型的土方工程总量作为设计优化对比的基础。

2）由于室外总平面方案的挖填方量严重不平衡，第一轮模型的挖方比填方高了 79.54 万 m^3，需要进行优化。而且，挖方与填方的数量关系异常，需进一步验证挖方与填方的数量关系。

3）基于第一轮土方工程量验证情况及分析结果，借助 BIM 的可视性，对室外总平面布置方案进行了全面的分析，分析后发现本轮室外总平面布置方案存在多处不经济、不合理的布置区域，不经济、不合理的布置区域导致本轮室外总平面布置方案不仅挖方工程量大、造价高，还影响建筑平面的使用功能，对项目的室外总体景观也造成影响，需要对总平面布置方案进行优化。

5. 总平面布置方案优化建议

在对所建模型全面分析的基础之上，对室外总平面布置方案中各区域布置情况进行了研究、梳理，并经反复对比、分析后，明确了 12 项共 22 个需进一步优化的区域，具体为文化陈列楼建筑面积约 1.3 万 m^2，平均挖土方深度约 10m，最大挖土方深度约 15m，需发生挖土方工程量约 10 万 m^3；横穿校园的道路，挖土方工程量较大，特别是图书信息中心东南侧，平均挖土方深度约 15m，局部挖土方深度达到 20 m 左右；其余需优化的区域如表 5-4 所示。对于表 5-4 所列的 12 项共 22 个需进一步优化的区域，建议设计单位进行系统分析后给予落实。

（二）第二轮应用

1. 应用流程

1）设计单位根据第一轮分析报告及优化建议，对津桥学院空港校区项目总平面布置方案进行了优化，并提交了优化后的总平面布置方案图。根据优化后的总平面布置方案图，创建第二轮设计地形 BIM 模型，如图 5-7 所示。

表 5-4　第一轮总平面布置方案优化要点表

序号	建筑/区域名称	原地形高程/m	设计高程/m	平均挖深/m	挖方/m^3	填方/m^3	优化建议	备注
1	北入口 2091.11～2096.30，*L*=64.92（20a 文化陈列楼西北角）	2 097.75	2 093.7	4.05	5 660	0	挖方量大，建议调整	校园道路
	北入口 2096.30～2099.80，*L*=70.06（20a 文化陈列楼西侧）	2 109.75	2 098	11.75	15 423	0		
	北入口 2099.80～2110.80，*L*=137.47（1a 图书信息中心东南侧）	2 119.25	2 105	14.25	29 890	0		
	北入口 2110.80～2115.78，*L*=62.20（文化广场北侧）	2 126.5	2 113	13.5	12 568	0		
	北入口 2115.78～2117.51，*L*=34.5（文化广场西侧）	2 128	2 116.6	11.4	5 670	0		
	北入口 2117.51～2113.92，*L*=119.53（48a 实验楼西侧）	2 120.75	2 115.7	5.05	10 041	0		
2	南校区人行主入口 2082.54～2086.44，*L*=111.32（6a 校、系行政办公楼西南侧）	2 077.5	2 084.5	−7	0	31 053	挖方量大，建议调整	
3	9a 学生宿舍	2 099	2 097.5	1.5	7 990	0	建议提高±0.00	
4	11a 学生宿舍	2 088	2 092.6	−4.6	0	3 935	填方量大，建议增加负一层	
5	14a 学生宿舍	2 096.25	2 097.5	−1.25	40	9 196	建议调整 9a、14a，基地标高，中间用踏步	
	14a 学生宿舍中间连接	2 094	2 097.5	−3.5	996	1 446	连接	
6	4a 建筑艺术及工学系科楼	2 105	2 099.5	5.5	29 628	388	建议调整道路坡度，提高±0.00 标高	
7	1a 图书信息中心	2 106	2 097.5	8.5	155 499	1 615	挖方量大，建议调整	
8	5a 计算机电子工程系科楼	2 117.5	2 114	3.5	27 656	0	挖方量大，建议调整	
9	景观平台	2 127.5	2 117.5	10	7 050	0	挖方量大，建议调整	
	景观平台到池塘放坡	2 118	2 110	8	66 510	1 768	挖方量大，建议调整	
	景观平台附属（北侧）	2 121	2 115	6	33 571	0	挖方量大，建议调整	
10	池塘	2 101	2 090.4	10.6	187 130	0	挖方量大，建议调整	
11	20a 文化陈列楼	2 107.5	2 098	9.5	54 413	0	挖方量大，建议调整	
	20a 文化陈列楼中庭	2 107.5	2 098	9.5	8 086	0	挖方量大，建议调整	
	20a 文化陈列楼入口及北侧广场	2 107.5	2 098	9.5	29 824	1	挖方量大，建议调整	
12	文化广场	2 127	2 117.5	9.5	16 686	0	挖方量大，建议调整	

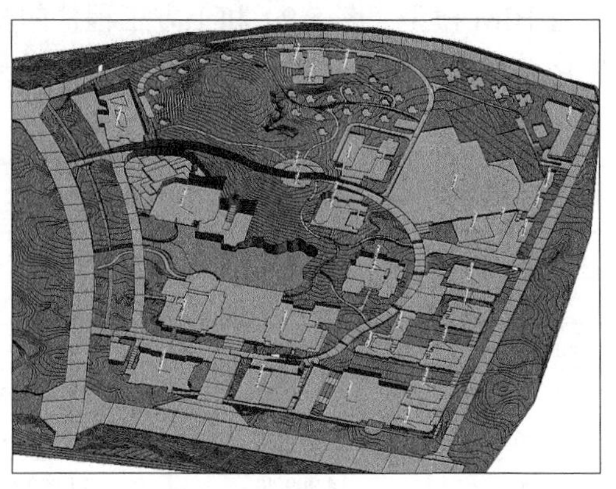

图 5-7　第二轮设计地形 BIM 模型

2）根据原始地形 BIM 模型（图 5-3）和第二轮设计地形 BIM 模型（图 5-7），创建第二轮设计地形与原始地形的叠合 BIM 模型，如图 5-8 所示，并根据第二轮设计地形与原始地形的叠合 BIM 模型辅助进行本项目的第二轮土方工程量验证及分析。

图 5-8　第二轮设计地形与原始地形的叠合 BIM 模型

3）根据优化设计后的总平面布置方案和第二轮设计地形模型，创建本项目第二轮总平面布置 BIM 模型，如图 5-9 所示。

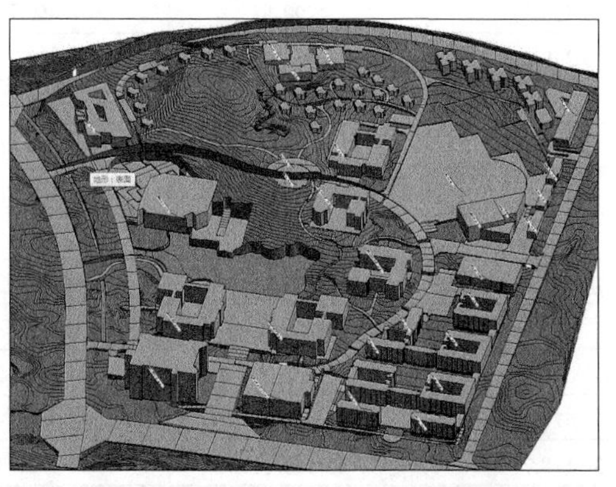

图 5-9　第二轮总平面布置 BIM 模型

根据第二轮总平面布置BIM模型（图5-9）和土方工程量的验证分析情况，辅助对本项目总平面布置方案的优化结果进行分析，提出进一步的分析结果及优化建议，并计算出第二轮模型土方工程量表，如表5-5所示。

表5-5　第二轮模型土方工程量表

名称	挖方/m^3	填方/m^3	挖填量/m^3	表面积/m^2
8a学生宿舍	266.59	7 530.77	7 264.18	3 687.07
9a学生宿舍	1 407.92	794.98	−612.94	3 687.84
10a学生宿舍	278.14	8 607.27	8 329.13	3 670.32
11a学生宿舍	0.00	5 436.36	5 436.36	1 001.35
14a学生宿舍	0.00	14 909.40	14 909.40	2 715.58
14a学生宿舍中间连接	147.89	3 015.04	2 867.15	1 208.78
15a学生宿舍	9.39	3 134.48	3 125.09	1 424.79
专家工作室	1 877.36	3 117.42	1 240.06	3 383.32
专家楼	7 441.91	106.08	−7 335.83	4 614.94
停车场	0.00	7 231.44	7 231.44	1 631.24
原始地形	0.00	0.00	0.00	1 242 588.40
台阶	1 775.14	2 954.04	1 178.90	1 548.75
商业	13 079.28	0.00	−13 079.28	3 929.93
图书信息中心	116 974.80	0.00	−116 974.80	7 762.88
图书信息中心前广场	67 995.61	0.00	−67 995.61	7 306.64
图书信息中心后广场	7 149.15	0.00	−7 149.15	592.64
地下商业	10 418.47	5 479.30	−4 939.17	9 891.08
地形	5 255.01	67 624.26	62 369.25	838 587.53
基础教学实验楼	11 308.37	2 771.81	−8 536.55	5 726.27
学生会堂及活动中心	13 132.59	13 572.20	439.61	6 468.19
学生宿舍	18.79	2 168.35	2 149.56	861.31
学生食堂	3 879.27	4 115.54	236.28	3 719.47
安防中心	266.38	316.60	50.22	625.84
实验楼	7 170.96	4 290.87	−2 880.09	4 674.92
小商业	14.01	402.58	388.57	630.16
建筑中庭	10 660.68	19 909.07	9 248.39	8 328.95
建筑艺术及工学系科楼	16 753.37	290.17	−16 463.20	3 882.87
护坡	9 279.63	14 557.34	5 277.70	11 315.69
教师住宅	1 843.66	358.00	−1 485.67	2 118.35
教师宿舍	1 576.46	0.00	−1 576.46	540.63
文化广场	101.34	2 087.92	1 986.58	1 807.58
文化陈列楼	54 412.86	0.00	−54 412.86	5 121.03
校、系行政办公楼	17 464.49	773.46	−16 691.03	6 230.97
校医院	177.24	4 030.70	3 853.46	1 971.05
河道	195 654.57	588.22	−195 066.35	20 520.88
法学经管系科楼	524.60	22 053.04	21 528.43	5 584.95
绿化	30 118.71	13 143.18	−16 975.53	17 926.77

续表

名称	挖方/m^3	填方/m^3	挖填量/m^3	表面积/m^2
观景台	131.36	241.79	110.43	715.84
计算机电子工程系科楼	19 195.58	0.00	−19 195.58	3 006.04
运动场	28 030.67	19 585.77	−8 444.90	29 923.61
道路	125 113.04	53 214.12	−71 898.93	46 331.20
道路 1	3.83	585.13	581.30	510.93
铺地	163 382.62	106 384.84	−56 997.78	48 645.36
铺地 0	916.66	0.00	−916.66	164.56
预留小商业	746.17	428.57	−317.60	630.16
风雨操场	3 138.36	1 204.73	−1 933.63	2 608.90

2. 土方工程量验证分析

根据第二轮设计地形与原始地形的叠合 BIM 模型（图 5-8），第二轮模型显示土方工程总量为 126.11 万 m^3，其中：挖方 91.41 万 m^3，填方 34.7 万 m^3。第二轮模型与第一轮模型的土方工程量相比，土方工程总量减少 17.37 万 m^3，减少比例为 12.11%，第二轮模型土方工程总量占第一轮模型土方工程总量的 87.89%，具体数据如表 5-6 所示。

表 5-6　第二轮模型土方工程量汇总表

单位：万 m^3

序号	工程内容	原方格网测量结果	第一轮模型结果	第二轮模型结果	第一轮与第二轮模型量差	备注
1	挖方	91.34	111.51	91.41	−20.1	
1.1	一期	52.33	89.64	73.14		
1.2	二期	39.01	21.87	18.27		
2	填方	46.61	31.97	34.7	2.73	
2.1	一期	37.07	27.27	29.85		
2.2	二期	9.54	4.70	4.85		
3	合计	137.95	143.48	126.11	−17.37	

根据表 5-6 数据显示，第一轮模型比原方格网测量结果增加土方工程总量 5.53 万 m^3，第一轮模型土方工程量占原方格网测量结果的 104.01%。第二轮模型比原方格网测量结果减少土方工程总量 11.84 万 m^3，第二轮模型土方工程量占原方格网测量结果的 91.42%。分析结果表明，经过设计优化后，土方工程量呈下降趋势，设计优化工作取得了积极的效果，设计优化后的总平面布置方案趋向合理，如表 5-7 所示。

表 5-7　第二轮土方工程量对比表

序号	工程内容	原方格网测量结果	第一轮模型结果	第二轮模型结果	备注
1	土方工程总量/万 m^3	137.95	143.48	126.11	
2	与原方格网结果的量差/万 m^3	0	5.53	−11.84	
3	与原方格网结果的比率/%	100	104.01	91.42	

3. 土方平衡分析

根据表 5-8 数据显示，设计优化后，尽管各轮模型挖填方量差与原方格网挖填方量差的比率在逐步减小，但第二轮模型的土方开挖工程量比填方工程量仍超出 56.71 万 m^3，室外总平面布置方案的挖填方量仍不平衡，仍将发生大量的余土外运，项目的室外总平面布置方案仍存在进一步优化的空间。

表 5-8　第二轮土方平衡分析表

序号	工程内容	原方格网测量结果	第一轮模型结果	第二轮模型结果	备注
1	挖方/万 m^3	91.34	111.51	91.41	
2	填方/万 m^3	46.61	31.97	34.7	
3	挖方与填方量差/万 m^3	44.73	79.54	56.71	
4	各轮模型挖填方量差与原方格网挖填方量差的比率/%	100	177.82	126.78	

4. 对第一轮优化成果的验证

根据第一轮优化建议的落实情况，第一轮优化成果大致分为 3 类：一期校区道路、二期校区道路和建筑景观。这 3 类优化成果共减少挖方 200 952m^3，增加填方 27 266m^3。对这 3 类优化成果的验证情况具体如下：

1）一期校区道路优化成果的验证。一期校区道路第一轮优化仅优化了一个区域，即 5a 计算机电子工程系科楼北侧道路标高调整。通过道路标高调整，优化成果为减少挖方 6 004m^3，增加填方 1 087m^3，如图 5-10 所示。

原设计高程/m	原挖方/方	原填方/方	原方量差/方
	7 030	331	-6 699

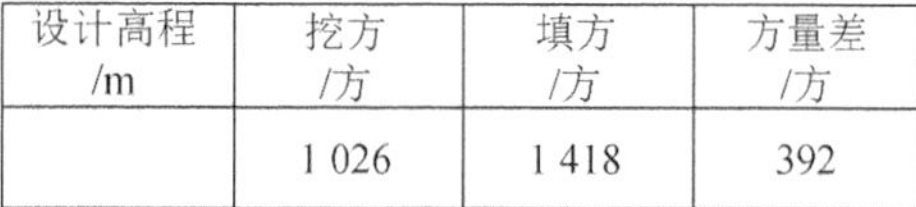

设计高程/m	挖方/方	填方/方	方量差/方
	1 026	1 418	392

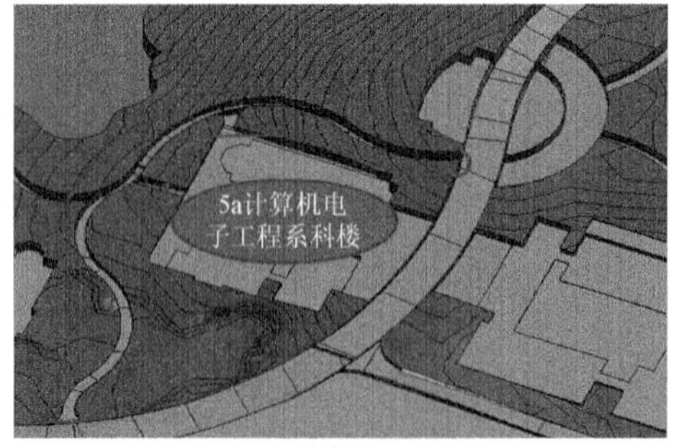

（a）原始设计

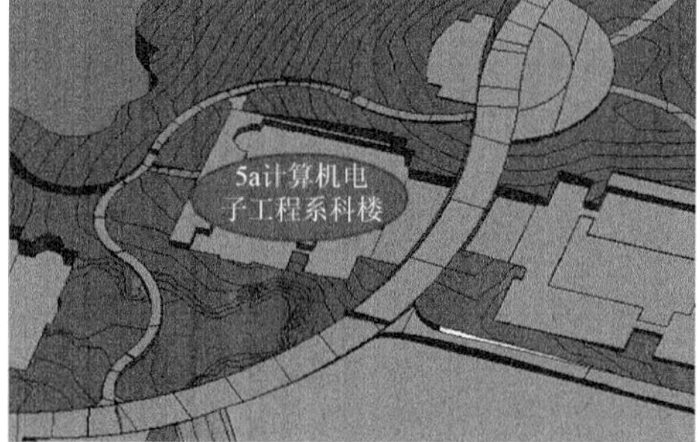

（b）修改后设计

图 5-10　5a 计算机电子工程系科楼北侧道路标高及土方量调整

2）二期校区道路优化成果的验证。本轮对二期校区道路共优化了 6 个区域，即 24a 专家楼西侧景观步道调整、24a 专家楼北侧道路高程调整、景观公园东侧增加道路调整、37a 专家楼南侧景观步道调整、23a 专家工作室北侧道路高程调整、25a～31a 专家楼东侧道路标高高程调整，6 个优化区域共减少挖方 34 726m^3，增加填方 1 474m^3。

① 24a 专家楼西侧景观步道调整。原设计高程导致路面土方开挖工程量较大，优化

后道路改为沿原地形布置，优化后减少土方开挖方工程量 13 819m^3，土方填方工程量未变，如图 5-11 所示。

原设计高程 /m	原挖方 /方	原填方 /方	原方量差 /方
	13 819	0	−13 819

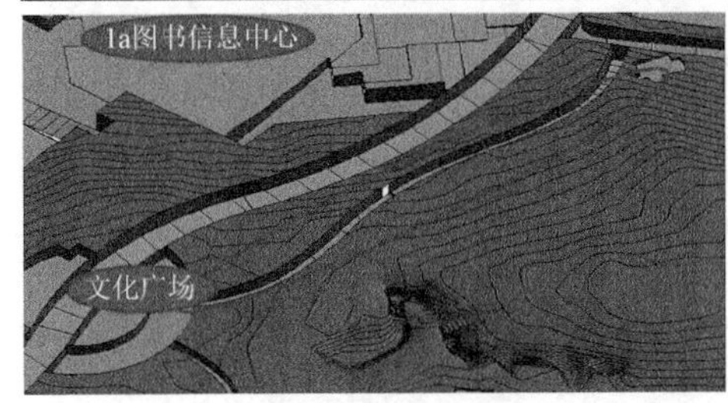

（a）原始设计

设计高程 /m	挖方 /方	填方 /方	方量差 /方
	0	0	0

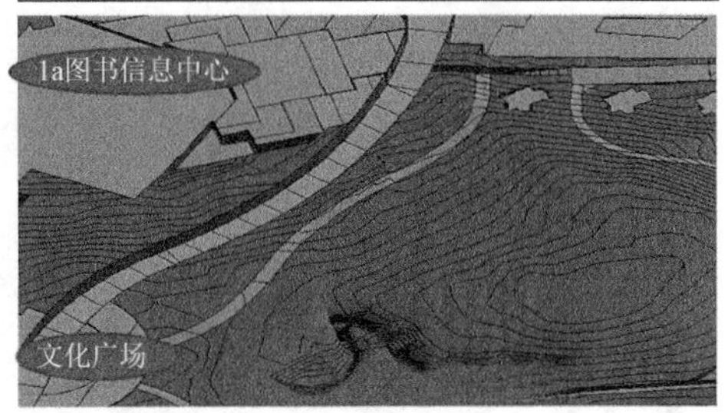

（b）修改后设计

图 5-11　24a 专家楼西侧景观步道调整

② 24a 专家楼北侧道路高程调整。原设计路面土方开挖工程量较大，优化后增加台阶代替原道路，改用台阶连通一期和二期的两条道路，此项优化减少土方开挖方工程量 8 738m^3，增加土方填方 3m^3，如图 5-12 所示。

原设计高程 /m	原挖方 /方	原填方 /方	原方量差 /方
	10 294	0	−10 294

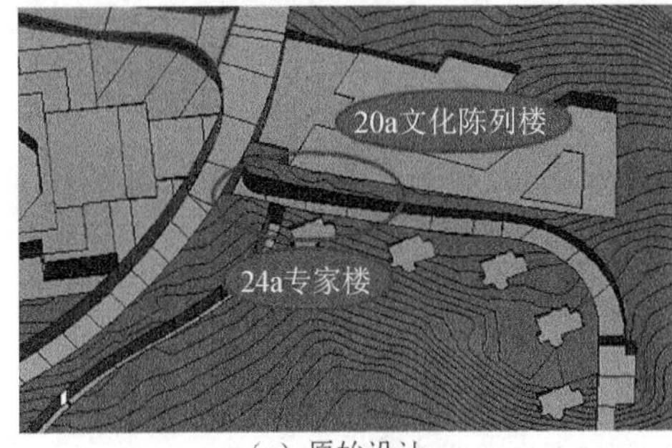

（a）原始设计

设计高程 /m	挖方 /方	填方 /方	方量差 /方
	1 556	3	−1 153

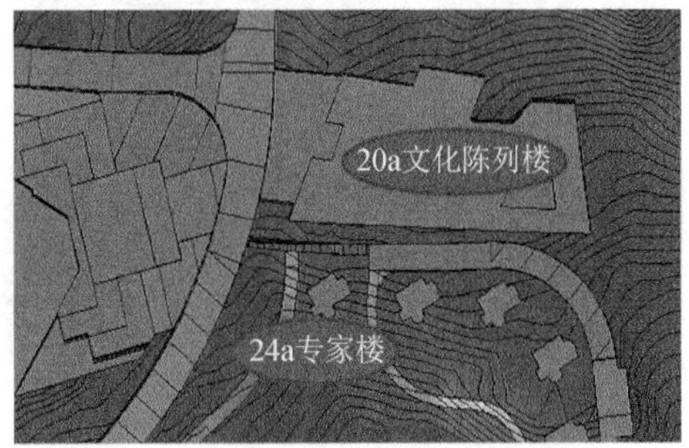

（b）修改后设计

图 5-12　24a 专家楼北侧道路高程调整

③ 景观公园东侧增加道路调整。景观公园东侧增加一条沿原地形铺设的道路，因该项修改增加土方工程挖方工程量 478m^3，增加填方工程量 3m^3，如图 5-13 所示。

④ 37a 专家楼南侧景观步道调整。原设计路面高程导致土方工程开挖工程量较大，优化后的景观步道改为沿原地形铺设，此项优化减少土方开挖方工程量 1 835m^3，土方填方工程量未变，如图 5-14 所示。

⑤ 23a 专家工作室北侧道路高程调整。原设计路面高程导致土方工程开挖工程量较大，优化后调整路面标高，此项优化增加土方开挖方工程量 582m^3，土方填方工程量未变，如图 5-15 所示。

原设计高程/m	原挖方/方	原填方/方	原方量差/方
	0	0	0

设计高程/m	挖方/方	填方/方	方量差/方
	478	3	−478

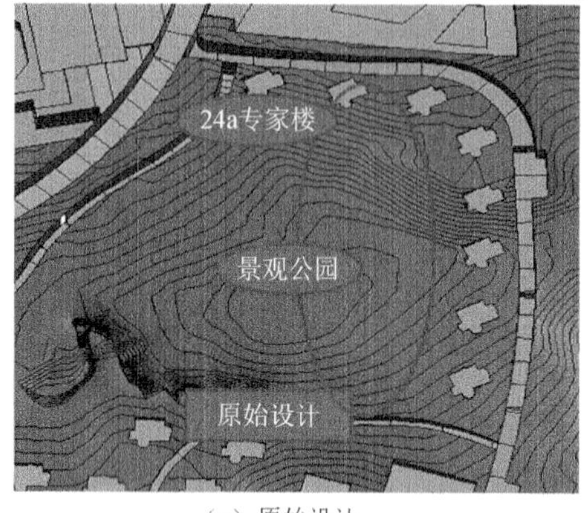

（a）原始设计

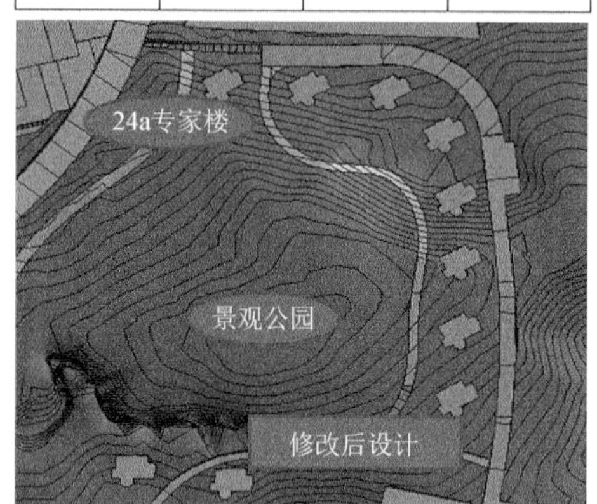

（b）修改后设计

图 5-13 景观公园东侧增加道路

原设计高程/m	原挖方/方	原填方/方	原方量差/方
	2 607	0	−2 607

设计高程/m	挖方/方	填方/方	方量差/方
	772	0	−772

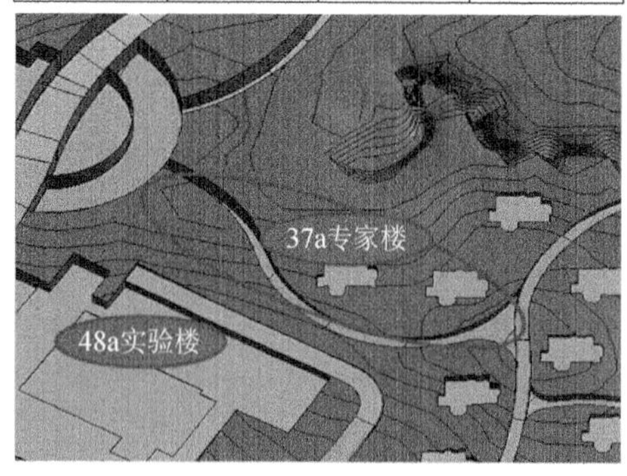

（a）原始设计

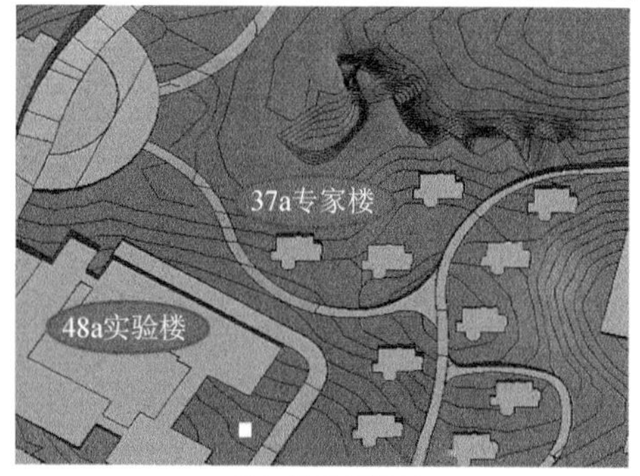

（b）修改后设计

图 5-14 37a 专家楼南侧景观步道调整

原设计高程/m	原挖方/方	原填方/方	原方量差/方
	1 739	0	−1 739

设计高程/m	挖方/方	填方/方	方量差/方
	2 321	0	−2 321

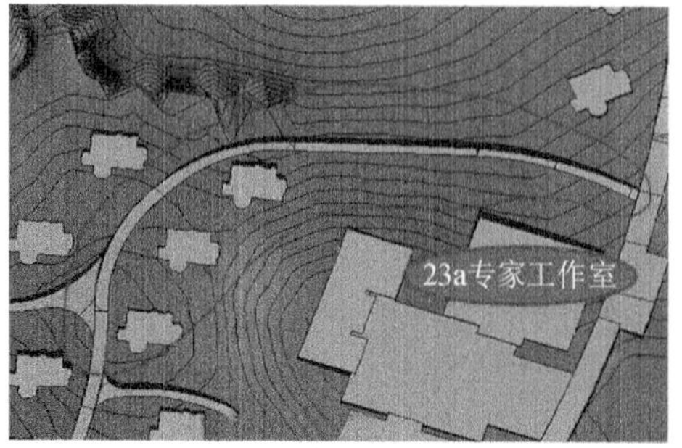

（a）原始设计

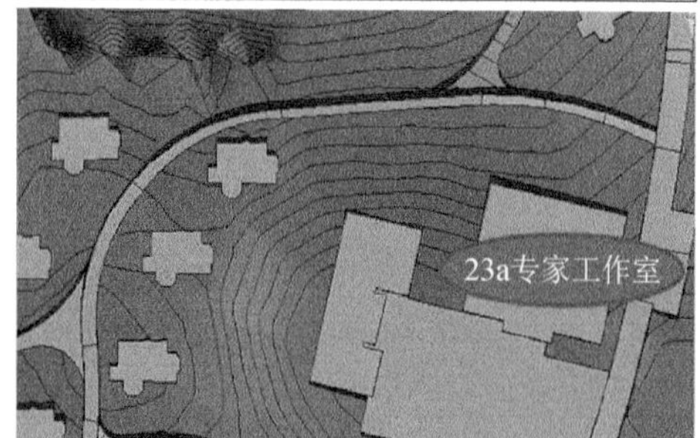

（b）修改后设计

图 5-15 23a 专家工作室北侧道路高程调整

⑥ 25a～31a 专家楼东侧道路标高调整。原设计路面标高导致土方工程开挖工程量较大，因优化后调整路面标高，此项优化减少土方开挖方工程量 11 394m^3，土方填方工程量增加 1 468m^3，如图 5-16 所示。

原设计高程/m	原挖方/方	原填方/方	原方量差/方
	15 267	171	−15 096

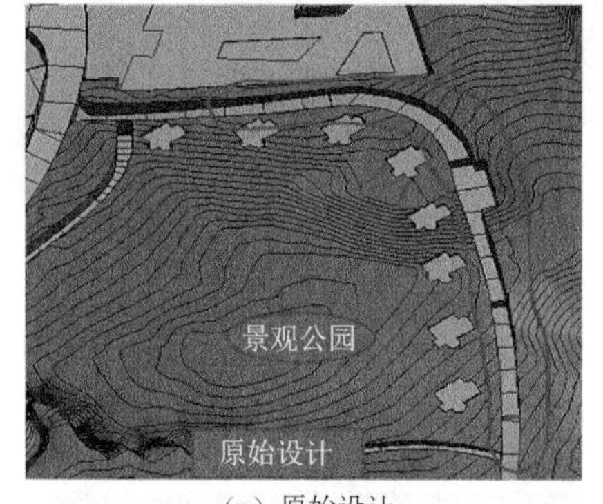

（a）原始设计

设计高程/m	挖方/方	填方/方	方量差/方
	3 873	1 639	−2 234

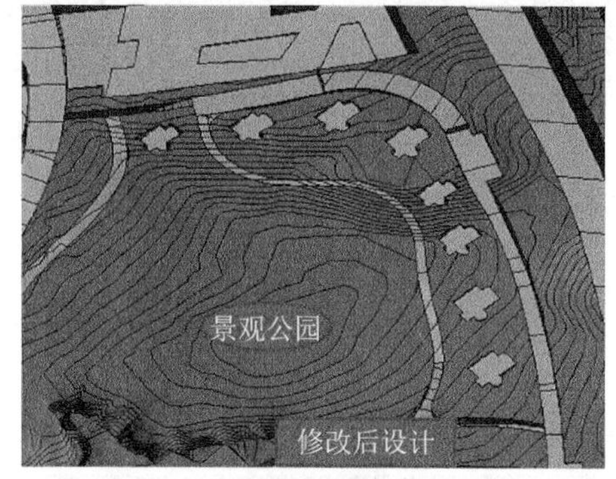

（b）修改后设计

图 5-16　25a～31a 专家楼东侧道路标高高程调整

3）建筑景观优化成果的验证。本轮对建筑景观共优化了 8 个区域，即学生宿舍标高调整、景观平台和文化广场高程调整、图书信息中心前后广场的削坡调整、5a 计算机电子工程系中庭标高调整、观景平台西侧地面削坡方式调整、文化广场北侧地面削坡调整、8a 学生宿舍北侧和东侧标高调整、取消原 53a 专家楼。8 个优化区域共减少挖方 160 222m^3，增加填方 24 705m^3。

① 学生宿舍标高调整。学生宿舍地形低洼，存在大量填土，但为了与校区南侧的市政道路连接，需根据校区南侧市政道路标高确定学生宿舍周边及±0.000 的绝对标高。根据对比后，8a～11a、14a 学生宿舍标高需抬高 2m，15a 学生宿舍标高需抬高 0.5m，各栋号宿舍标高提高后的土方工程量开挖情况如下：8a 学生宿舍挖方为 267m^3，填方为 5 731m^3；9a 学生宿舍挖方为 1 408m^3，填方为 795m^3；10a 学生宿舍挖方为 278m^3，填方为 8 607m^3；11a 学生宿舍挖方为 0m^3，填方为 5 431m^3；14a 学生宿舍挖方为 0m^3，填方为 14 909m^3；14a 学生宿舍中间连接挖方为 148m^3，填方为 3 015m^3；15a 学生宿舍挖方为 9m^3，填方为 3 134m^3。此项优化共减少土方开挖方工程量 12 442m^3，增加土方填方工程量 19 915m^3，如图 5-17 所示。

② 景观平台和文化广场高程调整。景观平台和文化广场原设计高程的开挖工程量较大，优化后设计高程提升 10m，优化后景观平台挖方为 131m^3，填方为 242m^3，文化广场挖方为 101m^3，填方为 2 088m^3。此项优化共减少土方开挖方工程量 23 504m^3，增加土方填方工程量 2 330m^3，如图 5-18 所示。

③ 图书信息中心前后广场的削坡调整。由于图书信息中心的削坡工程量较大，设计优化后改削坡为文化展墙。优化后 1a 图书信息中心（前广场）挖方为 67 996m^3；1a 图书信息中心（后广场）挖方为 7 149m^3。此项优化共减少土方开挖方工程量 11 623m^3，填方工程量不变，如图 5-19 所示。

原设计高程/m	原挖方/方	原填方/方	原方量差/方
	14 552	21 707	7 155

设计高程/m	挖方/方	填方/方	方量差/方
	2 110	41 622	39 512

（a）原始设计

（b）修改后设计

图 5-17　学生宿舍标高调整

原设计高程/m	原挖方/方	原填方/方	原方量差/方
2 117.5	23 736	0	-23 736

设计高程/m	挖方/方	填方/方	方量差/方
2 127.5	232	2330	-2 098

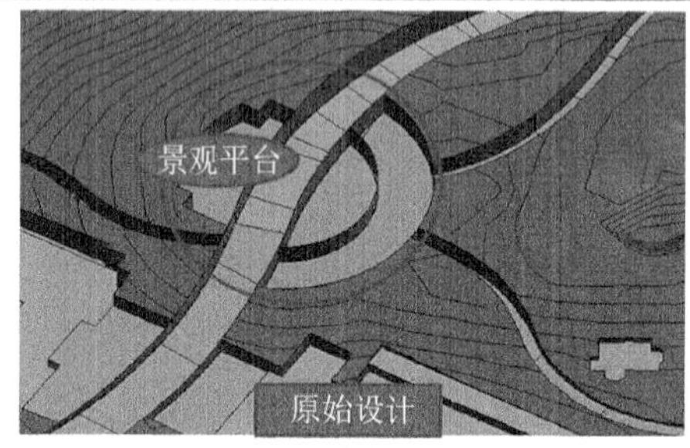

（a）原始设计

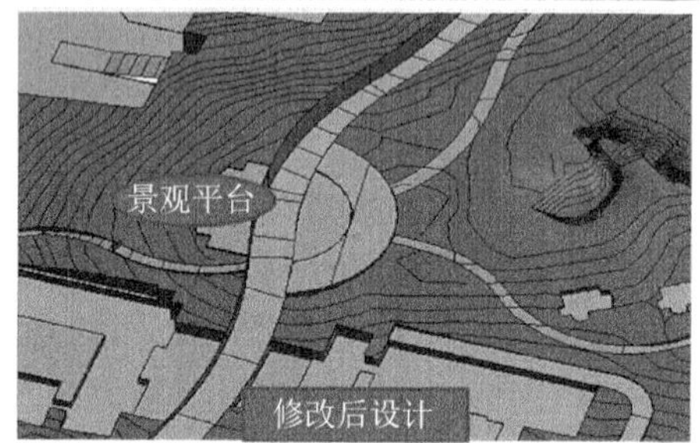

（b）修改后设计

图 5-18　景观平台和文化广场高程调整

原设计高程/m	原挖方/方	原填方/方	原方量差/方
	86 768	0	-86 768

设计高程/m	挖方/方	填方/方	方量差/方
	75 145	0	-75 145

（a）原始设计

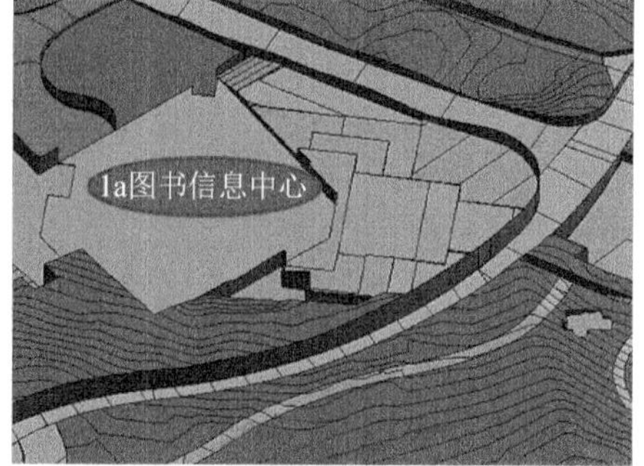

（b）修改后设计

图 5-19　图书信息中心前后广场的削坡调整

④ 5a 计算机电子工程系中庭标高调整。由于 5a 计算机电子工程系中庭标高调整，此项优化减少土方开挖工程量 7 603m^3，增加填方工程量 773m^3，如图 5-20 所示。

原设计高程/m	原挖方/方	原填方/方	原方量差/方
2 116.15	9 550	0	−9 550

设计高程/m	挖方/方	填方/方	方量差/方
2 115.7	1 947	773	−1 174

（a）原始设计

（b）修改后设计

图 5-20　5a 计算机电子工程系中庭标高调整

⑤ 观景平台西侧地面削坡方式调整。由于观景平台西侧地面的削坡工程量较大，优化后取削坡，改为沿原地形做景观。此项优化减少土方开挖工程量 66 510m^3，减少填方工程量 1 768m^3，如图 5-21 所示。

原设计高程/m	原挖方/方	原填方/方	原方量差/方
2 110	66 510	1 768	−64 742

设计高程/m	挖方/方	填方/方	方量差/方
	0	0	0

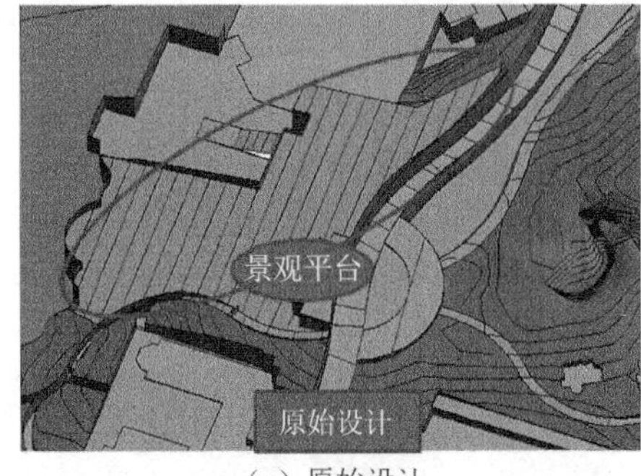

（a）原始设计

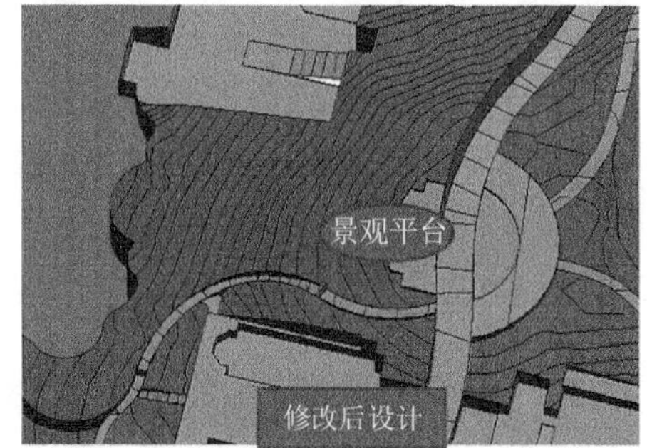

（b）修改后设计

图 5-21　观景平台西侧地面削坡方式调整

⑥ 文化广场北侧地面削坡调整。由于文化广场北侧地面削坡工程量较大，设计优化后取消削坡，此项优化减少土方开挖方工程量 33 571m^3，如图 5-22 所示。

⑦ 8a 学生宿舍北侧和东侧标高调整。由于学生宿舍标高提高，与学生宿舍的相连道路、绿化等区域标高作相应调整，此项优化减少土方开挖方工程量 3 739m^3，增加填方工程量 3 455m^3，如图 5-23 所示。

⑧ 取消原 53a 专家楼。为了给商场超市预留一个出入口，取消原 53a 专家楼。此项优化减少土方开挖方工程量 1 230m^3，如图 5-24 所示。

原设计高程/m	原挖方/方	原填方/方	原方量差/方
2 115	33 571	0	−33 571

设计高程/m	挖方/方	填方/方	方量差/方
	0	0	0

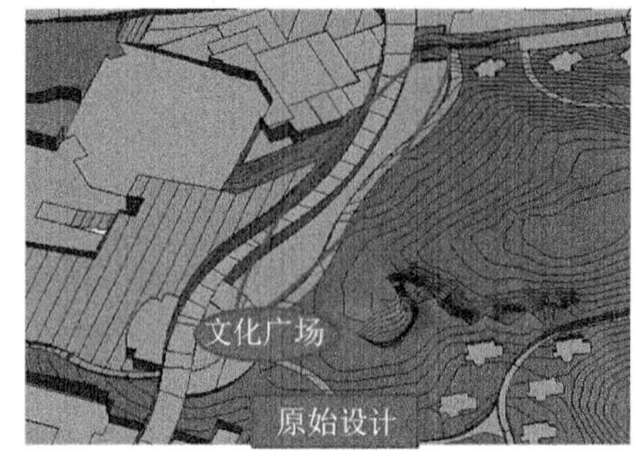

（a）原始设计

（b）修改后设计

图 5-22　文化广场北侧地面削坡调整

原设计高程/m	原挖方/方	原填方/方	原方量差/方
	4 157	4 934	777

设计高程/m	挖方/方	填方/方	方量差/方
	418	8 389	−7 971

（a）原始设计

（b）修改后设计

图 5-23　8a 学生宿舍北侧和东侧标高调整

原设计高程/m	原挖方/方	原填方/方	原方量差/方
2 119	1 230	0	−1 230

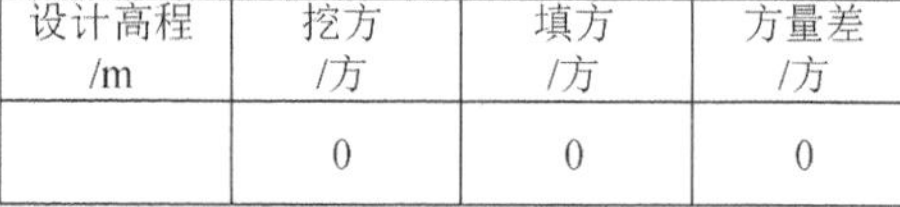

设计高程/m	挖方/方	填方/方	方量差/方
	0	0	0

（a）原始设计

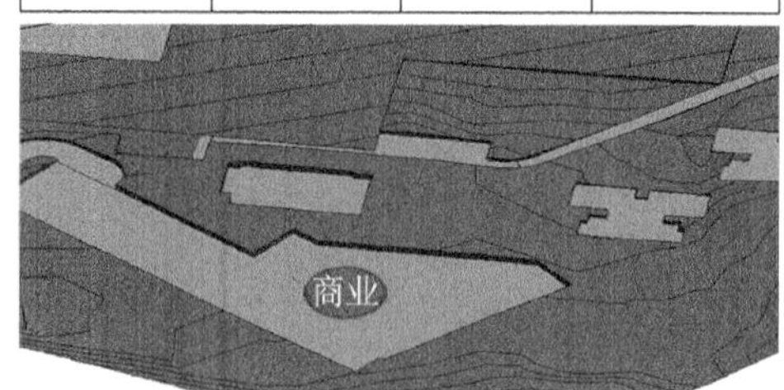

（b）修改后设计

图 5-24　取消原 53a 专家楼

5. 总平面布置方案分析

根据表 5-9 数据显示，通过利用第二轮模型对填方量的验证分析，第一、二轮模型填方量占原方格网填方量的比率分别为 68.59%、74.45%，第一、二轮模型填方量占原方格网填方量比率的差值为 5.86%，而且第一、二轮模型填方量的差值仅为 2.73 万 m^3，因此，第一、二轮模型填方量比较接近。模型数据分析结果表明：第一、二轮模型挖填方比例关系合理，挖填方数量关系异常的原因是原方格网挖方与填方的比例关系不合理，因此造成原方格网填方占挖方的比例偏高（原方格网填方占挖方的比例为 51.03%），与山地建筑的实际情况不符。

表 5-9　各轮填方工程量比例关系表

序号	工程内容	原方格网测量结果	第一轮模型结果	第二轮模型结果	备注
1	填方/万 m^3	46.61	31.97	34.7	
2	各轮模型填方量与原方格网填方量的比率/%	100	68.59	74.45	

根据优化设计后的室外总平面布置方案的分析结果，优化减少的土方工程总量为 17.37 万 m^3，涉及降低工程造价约 521.1 万元，此金额仅为减少土方工程量的直接费用，不包含因土方工程量减少而减少发生的挡墙等间接费用。而且，经过设计优化，挖方与填方量差由第一轮模型的 79.54 万 m^3，减少至第二轮模型的 56.71 万 m^3。分析结果表明，通过设计优化，土方逐渐趋于挖填平衡，设计优化的经济成果显著。

基于第二轮土方工程量验证情况及分析结果，借助 BIM 的可视性，对室外总平面布置方案进行了第二轮全面分析。分析结果表明，仅有部分第一轮的优化建议得到验证和落实，未落实的优化建议所涉及的挖方工程量仍然很大，对造价、建筑平面功能、室外总体景观的影响也很大。

6. 总平面布置方案优化建议

1）本轮模型土方工程量与第一轮模型土方工程量相比，土方工程总量减少了 17.37 万 m^3，土方工程总量减少 12.11%，共涉及降低工程造价约 521.1 万元，此金额仅为减少土方工程量的直接费用，不包含因土方工程量减少而减少发生的挡墙等间接费用。分析结果表明，设计优化取得了积极的效果。

2）设计优化后的室外总平面布置方案的挖填方工程量仍不平衡，土方开挖工程量比填方工程量仍超出 56.71 万 m^3，仍将发生大量的余土外运，室外总平面布置方案仍存在进一步优化的空间。

3）经对比分析后，发现尚存在 5 项 12 点未落实的第一轮优化建议，如表 5-10 所示。此 5 项优化建议共涉及尚可进一步优化的土方工程挖方工程量 388 333m^3，填方工程量 31 442m^3，建议设计单位进一步分析、优化。

表 5-10　第二轮尚未落实的优化建议

序号	建筑/区域名称	原地形高程/m	设计高程/m	平均挖深/m	挖方/m^3	填方/m^3	优化建议	备注
1	北入口 2091.11～2096.30，L=64.92（20a 文化陈列楼西北角）	2 097.5	2 093.7	4.05	5 660	0	挖方量大，建议调整	
	北入口 2096.30～2099.80，L=70.06（20a 文化陈列楼西侧）	2 109.75	2 098	11.75	15 423	0	挖方量大，建议调整	

续表

序号	建筑/区域名称	原地形高程/m	设计高程/m	平均挖深/m	挖方/m^3	填方/m^3	优化建议	备注
1	北入口 2099.80～2110.80，L=137.47（1a 图书信息中心东南侧）	2 119.25	2 105	14.25	29 890	0	挖方量大，建议调整	
	北入口 2110.80～2115.78，L=62.20（文化广场北侧）	2 126.5	2 113	13.5	12 568	0	挖方量大，建议调整	
	北入口 2115.78～2117.51，L=34.5（文化广场西侧）	2 128	2 116.6	11.4	5 670	0	挖方量大，建议调整	
	北入口 2117.51～2113.92，L=119.53（48a 实验楼西侧）	2 120.75	2 115.7	5.05	10 041	0	挖方量大，建议调整	
2	南校区人行主入口 2082.54～2086.44，L=111.32（6a 校、系行政办公楼西南侧）	2 077.5	2 084.5	−7	0	31 053	挖方量大，建议调整	
3	4a 建筑艺术及工学系科楼	2 105	2 099.5	5.5	29 628	388	挖方量大，建议调整	
4	池塘	2 101	2 090.4	10.6	187 130	0	挖方量大，建议调整	
5	20a 文化陈列楼	2 107.5	2 098	9.5	54 413	0	挖方量大，建议调整	
	20a 文化陈列楼中庭	2 107.5	2 098	9.5	8 086	0	挖方量大，建议调整	
	20a 文化陈列楼入口及北侧广场	2 107.5	2 098	9.5	29 824	1	挖方量大，建议调整	
6	合计				388 333	31 442		

（三）第三轮应用

1. 应用流程

1）设计单位根据上轮的优化建议，对津桥学院空港校区项目总平面布置方案进行了第二次优化，并提交了第二次优化后的总平面布置方案图。根据第二次优化后的总平面布置方案图，创建第三轮设计地形 BIM 模型，如图 5-25 所示。

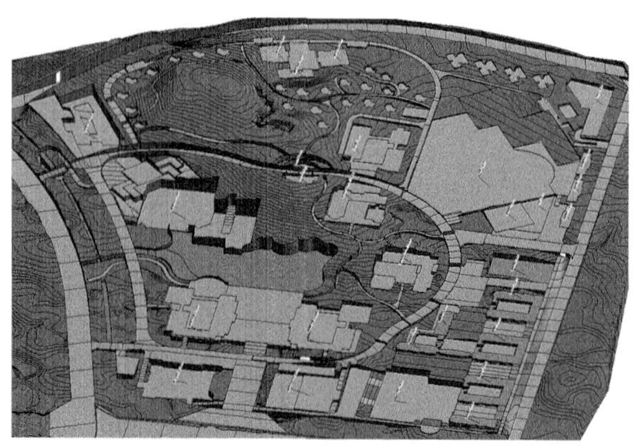

图 5-25　第三轮设计地形 BIM 模型

2）然后根据原始地形 BIM 模型（图 5-3）和第三轮设计地形 BIM 模型（图 5-25），创建第三轮设计地形与原始地形的叠合 BIM 模型，如图 5-26 所示，并根据第三轮设计地形 BIM 模型、第三轮设计地形与原始地形的叠合 BIM 模型，辅助进行本项目的第三轮土方工程量验证及分析。

图 5-26　第三轮设计地形与原始地形的叠合 BIM 模型

3）根据第二次优化后的总平面布置方案图和第三轮设计地形 BIM 模型（图 5-25），创建本项目第三轮总平面布置 BIM 模型，如图 5-27 所示。

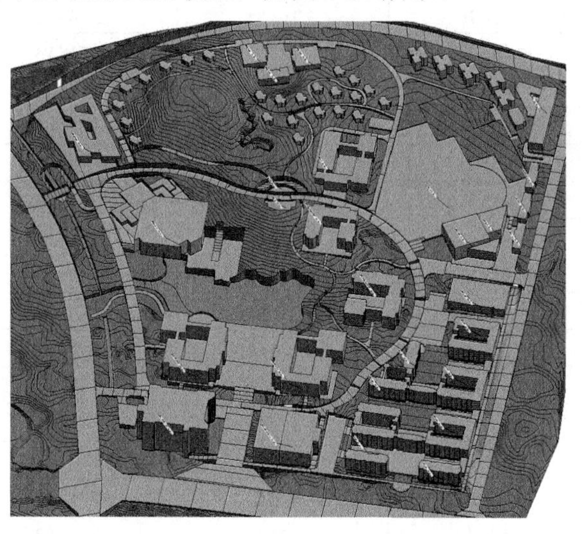

图 5-27　第三轮总平面布置 BIM 模型

根据第三轮总平面布置 BIM 模型（图 5-27）和土方工程量的验证分析情况，辅助对本项目总平面布置方案的优化结果进行分析，并提出进一步的分析结果及优化建议。第三轮模型土方工程量表计算如表 5-11 所示。

表 5-11　第三轮模型土方工程量表

名称	挖方/m³	填方/m³	挖填量/m³	表面积/m²
11a 学生宿舍	0.00	5 436.36	5 436.36	1 001.35
14a 学生宿舍	0.00	13 502.10	13 502.10	2 715.58
14a 学生宿舍中间连接	996.91	1 446.16	449.25	1 208.78
15a 学生宿舍	9.39	3 134.48	3 125.09	1 424.79
25a～29a	2 819.22	444.72	−2 374.50	1 932.34
48a 北侧铺地	2 095.96	0.00	−2 095.96	688.09
专家工作室	1 877.36	3 117.42	1 240.06	3 383.32
专家楼	7 441.91	106.08	−7 335.83	4 614.94
停车场	0.00	7 231.44	7 231.44	1 631.24
原始地形	0.00	0.00	0.00	1 242 588.40
台阶	1 772.82	3 047.03	1 274.20	1 548.75
商业	13 079.28	0.00	−13 079.28	3 929.93
图书信息中心	116 974.80	0.00	−116 974.80	7 762.88
图书信息中心前广场	32 905.87	920.57	−31 985.30	7 337.40
图书信息中心后广场	1 394.00	0.00	−1 394.00	585.78
地下商业	10 418.47	5 479.30	−4 939.17	9 891.08
地形	5 224.42	67 589.34	62 364.92	834 660.75
基础教学实验楼	11 308.37	2 771.81	−8 536.55	5 726.27
学生会堂及活动中心	13 132.59	13 572.20	439.61	6 468.19
学生宿舍	18.79	2 168.35	2 149.56	861.31
学生食堂	17 780.71	161.76	−17 618.94	3 719.47
安防中心	266.38	316.60	50.22	625.84
实验楼	7 170.96	4 290.87	−2 880.09	4 674.92
小商业	14.01	402.58	388.57	630.16
建筑中庭	2 315.47	12 685.85	10 370.38	6 002.04
建筑中庭	8 060.38	0.00	−8 060.38	701.14
建筑艺术及工学系科楼	17 085.25	289.69	−16 795.56	3 882.87
护坡	4 148.81	14 551.18	10 402.36	8 072.56
教师住宅	1 843.66	358.00	−1 485.67	2 118.35
教师宿舍	1 576.46	0.00	−1 576.46	540.63
文化广场	11 583.23	0.00	−11 583.23	1 831.12
文化陈列楼	54 412.86	0.00	−54 412.86	5 121.03
景观步道	10 413.07	0.00	−10 413.07	1 296.04
校、系行政办公楼	17 464.49	773.46	−16 691.03	6 230.97
校医院	177.24	4 030.70	3 853.46	1 971.05
河道	197 601.17	133.99	−197 467.18	20 245.73
法学经管系科楼	524.60	22 053.04	21 528.43	5 584.95
绿化	30 118.71	13 143.18	−16 975.53	17 926.77
观景台	2 395.58	0.00	−2 395.58	715.84
运动场	28 030.67	19 585.77	−8 444.90	29 923.61
道路	65 636.43	45 506.63	−20 129.79	37 019.33

续表

名称	挖方/m^3	填方/m^3	挖填量/m^3	表面积/m^2
道路 1a 北侧	3 981.51	1 1014.34	7 032.83	5 927.09
道路 48a	7 897.05	0.14	−7 896.91	1 795.36
铺地	151 635.76	102 073.80	−49 561.97	45 263.23
预留小商业	746.17	428.57	−317.60	630.16
风雨操场	3 138.36	1 204.73	−1 933.63	2 608.90

2. 土方工程量验证分析

根据第三轮设计地形与原始地形的叠合BIM模型（图5-27），模型显示的土方工程总量为114.15万m^3，其中，挖方80.77万m^3，填方33.38万m^3。第三轮模型与第二轮模型的土方工程总量相比，土方工程总量减少11.96万m^3，减少比例为9.48%。经过两次设计优化，土方工程总量共减少29.33万m^3，累计减少比例为20.44%。根据三轮模型的对比分析结果显示（具体数据详见表5-12），随着设计优化工作的深入开展，津桥学院空港校区项目总平面布置方案的土方工程总量呈逐渐减小的趋势。

表5-12　第三轮土方工程量汇总表

单位：万m^3

序号	工程内容	第一轮模型结果	第二轮模型结果	第一、二轮模型量差	第三轮模型结果	第二、三轮模型量差	备注
1	挖方	111.51	91.41	−20.1	80.77	−10.64	
1.1	一期	89.64	73.14		68.57		
1.2	二期	21.87	18.27		12.2		
2	填方	31.97	34.7	2.73	33.38	−1.32	
2.1	一期	27.27	29.85		28.77		
2.2	二期	4.70	4.85		4.61		
3	合计	143.48	126.11	−17.37	114.15	−11.96	

根据三轮模型对应的土方工程总量与原方格网的土方工程总量对比分析，第一、二、三轮模型土方工程总量占原方格网土方工程总量的比例分别为104.01%、91.42%、82.75%。分析结果表明，土方工程总量随设计优化工作的深入开展呈现逐渐减小的趋势，随设计优化工作渐次取得积极效果，项目总平面布置方案也逐渐趋于合理。具体数据如表5-13所示。

表5-13　各轮土方工程量对比表

序号	工程内容	原方格网测量结果	第一轮模型结果	第二轮模型结果	第三轮模型结果	备注
1	土方工程总量/万m^3	137.95	143.48	126.11	114.15	
2	与原方格网结果的量差/万m^3	0	5.53	−11.84	−23.8	
3	与原方格网结果的比率/%	100	104.01	91.42	82.75	

3. 土方平衡分析

根据表5-14数据显示，第一、二、三轮模型挖填方量差与原方格网挖填方量差的比例分别为 177.82%、126.78%、105.95%。分析结果表明，随着设计优化工作的深入开展，项目的土方逐步趋于挖填平衡，设计优化工作成效显著。

表 5-14　第三轮土方平衡分析表

序号	工程内容	原方格网测量结果	第一轮模型结果	第二轮模型结果	第三轮模型结果	备注
1	挖方/万 m^3	91.34	111.51	91.41	80.77	
2	填方/万 m^3	46.61	31.97	34.7	33.38	
3	挖方与填方量差/万 m^3	44.73	79.54	56.71	47.39	
4	与原方格网挖填方量差的比率/%	100	177.82	126.78	105.95	

4. 对第二轮优化成果的验证

根据第二轮优化建议的落实情况，第二轮优化成果大致分为 3 类，即一期校区道路、二期校区道路和建筑景观。第二轮优化成果共减少挖方 93 505.1m^3，减少填方 5 625.7m^3，对此 3 类优化成果的验证情况具体如下：

1）一期校区道路优化成果的验证。一期校区道路共优化了 10 个区域，即 5a 计算机电子工程系科楼北侧道路标高调整，4a 建筑艺术及工学系科楼东北侧道路标高调整，校区北入口道路调整，1a 图书信息中心东南侧道路标高调整，文化广场北侧道路标高调整，文化广场西侧道路标高调整，48a 实验楼西侧道路标高调整，1a 图书信息中心北侧道路标高调整，6a 校、系行政办公楼东北侧道路标高调整，16a 学生食堂北侧通道标高调整。通过道路标高调整，此 10 个优化区域共减少挖方 39 215.1m^3，增加填方 3 922.9m^3。

① 5a 计算机电子工程系科楼北侧道路标高调整。由于对此区域周边校区路网标高进行调整，5a 计算机电子工程系科楼北侧道路标高在第一次优化的基础之上再次进行了修改。修改后，挖方增加 882.3m^3，填方减少 246.9m^3，如图 5-28 所示。

② 4a 建筑艺术及工学系科楼东北侧道路标高调整。由于第二次优化对此区域周边校区路网标高进行调整，4a 建筑艺术及工学系科楼东北侧道路标高需进行相应调整。调整后，挖方减少 156.1m^3，填方增加 0.6m^3，如图 5-29 所示。

原设计高程/m	原挖方/方	原填方/方	原方量差/方
	1 026	1 418	392

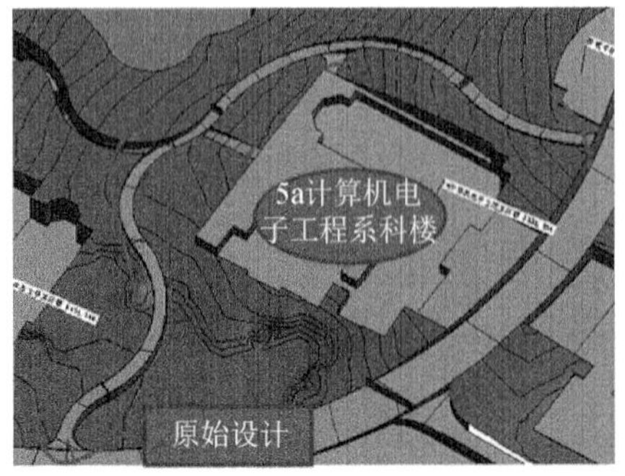

（a）原始设计

设计高程/m	挖方/方	填方/方	方量差/方
	1 908.3	1 171.1	-737.2

（b）修改后设计

图 5-28　5a 计算机电子工程系科楼北侧道路标高调整

原设计高程/m	原挖方/方	原填方/方	原方量差/方
	916.7	0	−916.7

设计高程/m	挖方/方	填方/方	方量差/方
	760.6	0.6	−760

（a）原始设计

（b）修改后设计

图 5-29　4a 建筑艺术及工学系科楼东北侧道路标高调整

③ 校区北入口道路调整。为优化整个校区的路网高程，以降低整个场地的土方工程量，对校区次要的北入口道路的走向进行了调整。原来的一段道路（北入口 20a 文化陈列楼西北角 2 091.11～2 096.30，L=64.92），经调整后为 4 段，即北入口 20a 文化陈列楼西北角 2 088.8～2 096.4，L=109.99；北入口 20a 文化陈列楼西北角 2 088.8～2 096.4，台阶；北入口 20a 文化陈列楼西北角 2 096.4～2 099.5，L=51.45；北入口 20a 文化陈列楼西北角 2 096.4～2 101.59，台阶。优化后挖方增加 4 026.3m^3，填方增加 513.8m^3，如图 5-30 所示。

④ 1a 图书信息中心东南侧道路标高调整。因北入口道路标高提高，1a 图书信息中心东南侧道路由两个标高段调整为一个标高段，即“北入口 20a 文化陈列楼西侧 2 096.30～2 099.80，L=70.06”和“北入口 1a 图书信息中心东南侧 2 099.80～2 110.80，L=137.47”调整为一个标高段：“北入口 2 101.59～2 118.2，L=207.53”。调整后挖方减少 23 136.4m^3，填方增加 0.6m^3，如图 5-31 所示。

原设计高程/m	原挖方/方	原填方/方	原方量差/方
	5 560.4	0	−5 560.4

设计高程/m	挖方/方	填方/方	方量差/方
	9 586.7	513.8	−9 072.9

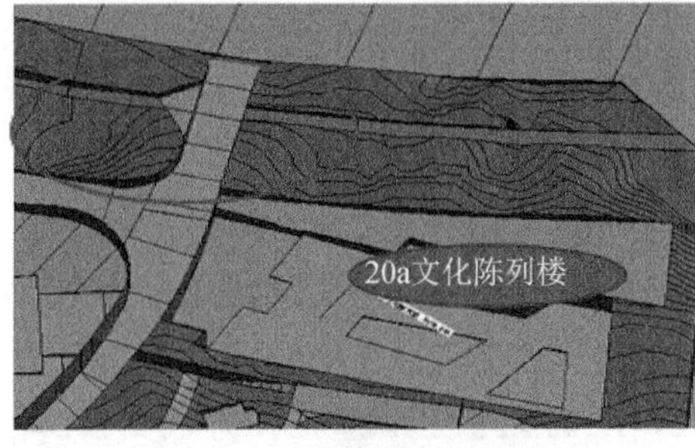

（a）原始设计

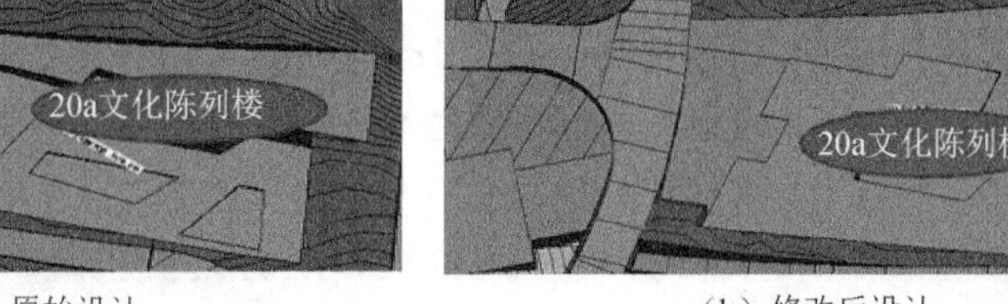

（b）修改后设计

图 5-30　校区北入口道路调整

原设计高程/m	原挖方/方	原填方/方	原方量差/方
	45 313.2	0	−45 313.2

设计高程/m	挖方/方	填方/方	方量差/方
	22 176.8	0.6	−22 176.2

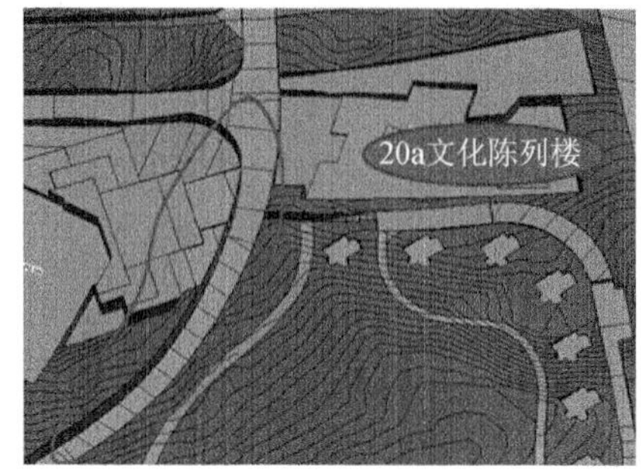

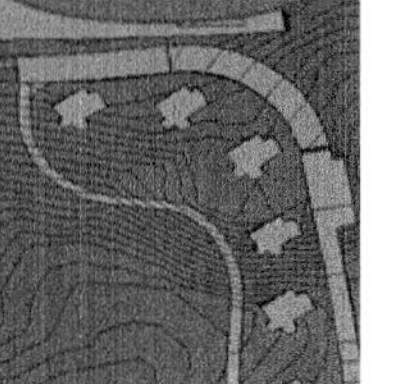

（a）原始设计　　（b）修改后设计

图 5-31　1a 图书信息中心东南侧道路标高调整

⑤ 文化广场北侧道路标高调整。因北入口道路标高提高，文化广场北侧道路标高作相应调整，即“文化广场北侧 2 110.80～2 115.78，L=62.20”调整为“文化广场北侧 2 118.2～2 122.05，L=48.18”。调整后挖方减少 6 380.6m^3，如图 5-32 所示。

原设计高程/m	原挖方/方	原填方/方	原方量差/方
	12 568	0	−12 568

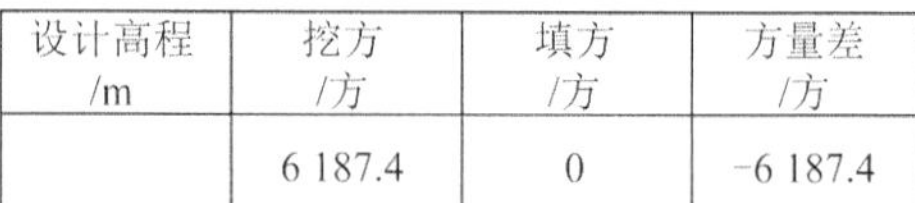

设计高程/m	挖方/方	填方/方	方量差/方
	6 187.4	0	−6 187.4

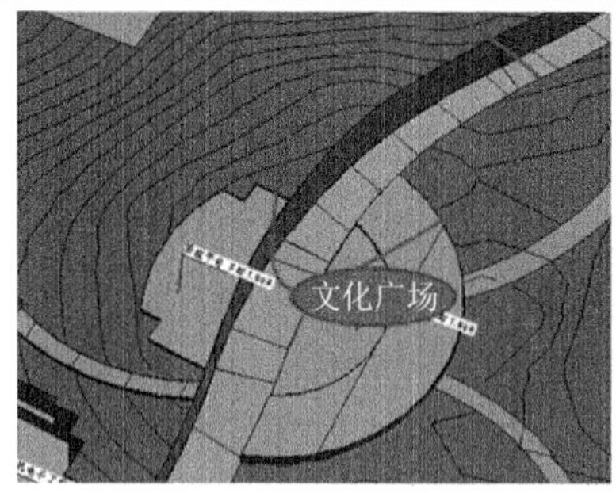

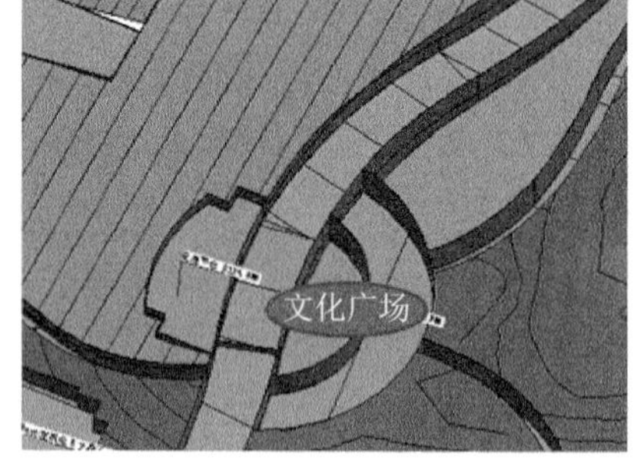

（a）原始设计　　（b）修改后设计

图 5-32　文化广场北侧道路标高调整

⑥ 文化广场西侧道路标高调整。因北入口道路标高提高，文化广场西侧道路标高作相应调整，即“文化广场西侧 2 115.78～2 117.51，L=34.5”调整为“文化广场西侧 2 122.05～2 119.9，L=48.18”。调整后挖方减少 2 219.1m^3，如图 5-33 所示。

⑦ 48a 实验楼西侧道路标高调整。因北入口道路标高提高，48a 实验楼西侧道路标高作相应调整，即“48a 实验楼西侧道路 2 117.51～2 113.92，L=119.53（48a 实验楼西侧）”调整为“48a 实验楼西侧道路 2 119.9～2 113.92，L=119.53”。调整后挖方减少 2 144.2m^3，如图 5-34 所示。

原设计高程/m	原挖方/方	原填方/方	原方量差/方
	5 669.6	0	−5 669.6

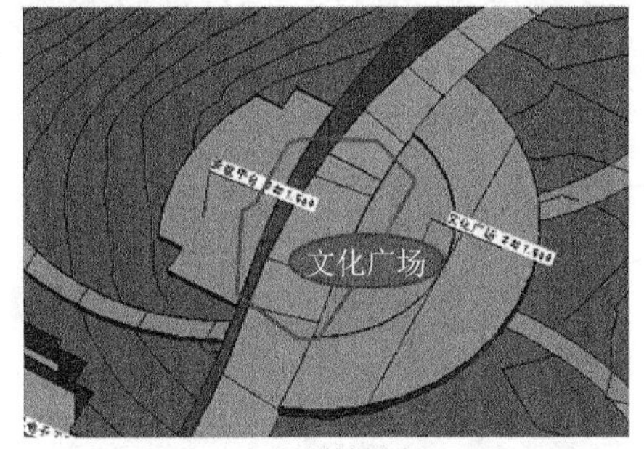

（a）原始设计

设计高程/m	挖方/方	填方/方	方量差/方
	3 450.5	0	−3 450.5

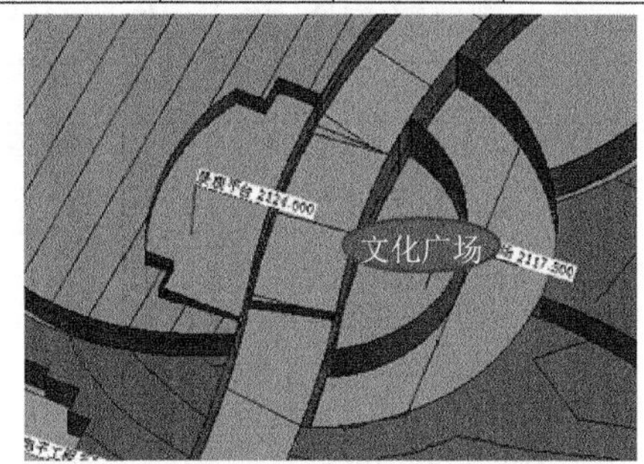

（b）修改后设计

图 5-33　文化广场西侧道路标高调整

原设计高程/m	原挖方/方	原填方/方	原方量差/方
	10 041.3	0.1	−10 041.2

（a）原始设计

设计高程/m	挖方/方	填方/方	方量差/方
	7 897.1	0.1	−7 897

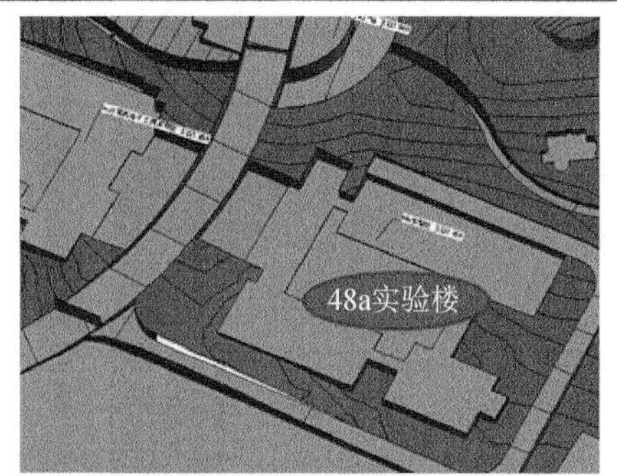

（b）修改后设计

图 5-34　48a 实验楼西侧道路标高调整

⑧ 1a 图书信息中心北侧道路标高调整。因北入口道路标高提高，1a 图书信息中心北侧道路标高作相应调整，“图书信息中心北侧道路 2 085.72～2 096.30，L=396.82”，调整为“图书信息中心北侧道路 2 085.72～2 101.59，L=396.82”。调整后挖方减少 10 390m^3，填方增加 4 612.3m^3，如图 5-35 所示。

原设计高程/m	原挖方/方	原填方/方	原方量差/方
	14 308.5	6 402	−7 906.5

1a图书信息中心

（a）原始设计

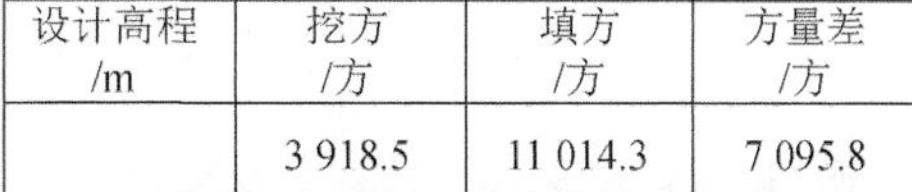

设计高程/m	挖方/方	填方/方	方量差/方
	3 918.5	11 014.3	7 095.8

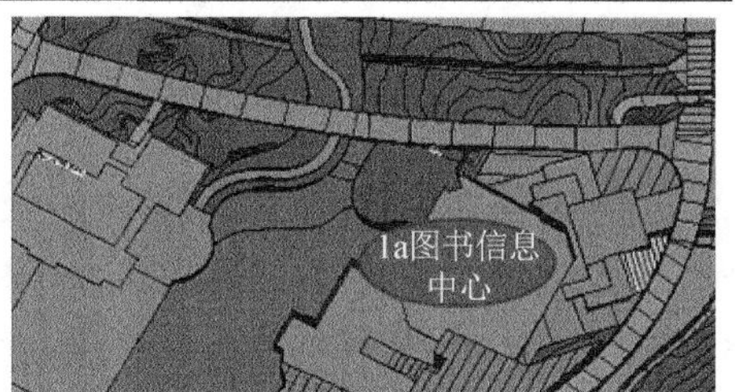

（b）修改后设计

图 5-35　1a 图书信息中心北侧道路标高调整

⑨ 6a 校、系行政办公楼东北侧道路标高调整。由于第二次优化对此区域周边校区路网标高进行调整，6a 校、系行政办公楼东北侧道路标高需作相应调整，即“6a 校、系行政办公楼东北侧道路 2 082.14～2 085.72，L=65.02”调整为“6a 校、系行政办公楼东北侧道路 2 081.3～2 085.72，L=65.02”。调整后填方减少 416.8m^3，如图 5-36 所示。

原设计高程/m	原挖方/方	原填方/方	原方量差/方
	0	3 345.7	3 345.7

设计高程/m	挖方/方	填方/方	方量差/方
	0	2 928.9	2 928.9

（a）原始设计

（b）修改后设计

图 5-36　6a 校、系行政办公楼东北侧道路标高调整

⑩ 16a 学生食堂北侧通道标高调整。由于第二次优化对此区域周边校区路网标高进行调整，16a 学生食堂北侧通道标高需作相应调整，调整后挖方增加 302.9m^3，填方减少 540.1m^3，如图 5-37 所示。

原设计高程/m	原挖方/方	原填方/方	原方量差/方
	280.1	3 882.2	3 602.1

设计高程/m	挖方/方	填方/方	方量差/方
	583	3 342.1	2 759.1

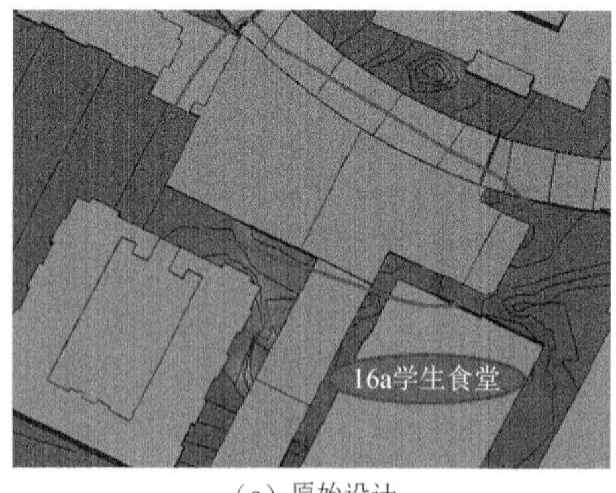

（a）原始设计

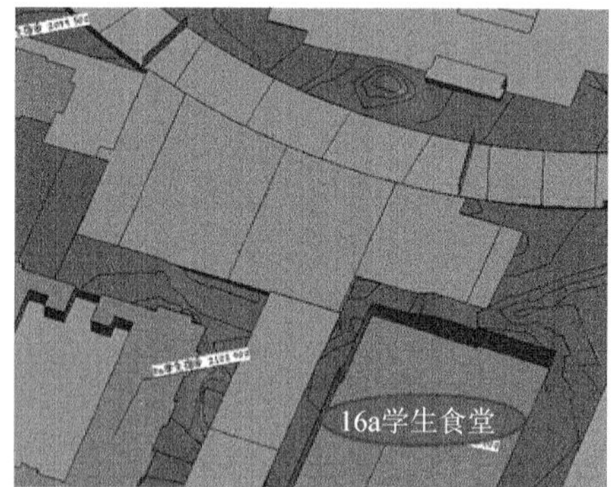

（b）修改后设计

图 5-37　16a 学生食堂北侧通道标高调整

2）二期校区道路优化成果的验证。本轮对二期校区道路共优化了 5 个区域，即 48a 北侧景观步道调整、24a 专家楼北侧道路标高调整、景观公园东侧道路标高调整、24a 专家楼西侧景观步道标高调整、25a～29a 专家楼东侧道路标高调整，5 个优化区域共增加挖方 8 976m^3，减少填方 1 074m^3。

① 48a 北侧景观步道调整。由于文化广场标高降低，使原来沿原地面布置的道路标

高跟着降低。调整后，使二期道路共增加挖方 1 324.1m^3，如图 5-38 所示。

原设计高程/m	原挖方/方	原填方/方	原方量差/方
	7 71.9	0	−7 71.9

设计高程/m	挖方/方	填方/方	方量差/方
	2 096	0	−2 096

（a）原始设计

（b）修改后设计

图 5-38　48a 北侧景观步道调整

② 24a 专家楼北侧道路标高调整。第一次优化时，由于挖方量较大，将此处调整为台阶，第二次优化时，由于周边路网标高提高，取消原来的台阶（4m 宽），改为道路（9m 宽），以保证一期和二期的道路联通。修改后，增加挖方 1 747.5m^3，减少填方 3m^3，如图 5-39 所示。

原设计高程/m	原挖方/方	原填方/方	原方量差/方
	1 556	3	−1 553

设计高程/m	挖方/方	填方/方	方量差/方
	3 303.5	0	−3 303.5

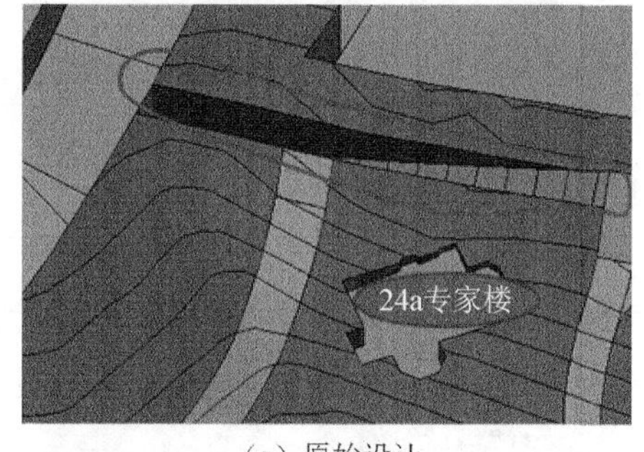

（a）原始设计

（b）修改后设计

图 5-39　24a 专家楼北侧道路标高调整

③ 景观公园东侧道路标高调整。因周边区域路网标高调整，故调整景观公园东侧道路标高，使其与别的道路连接。调整后，增加挖方 278.5m^3，如图 5-40 所示。

④ 24a 专家楼西侧景观步道标高调整。由于文化广场标高降低，24a 专家楼西侧景观步道标高相应调整。调整后，增加挖方 4 665m^3，增加填方 177.1m^3，如图 5-41 所示。

⑤ 25a～29a 专家楼东侧道路标高调整。因周边区域路网标高调整，需调整 25a～29a 专家楼东侧道路标高。调整后，增加挖方 960m^3，减少填方 1 071m^3，如图 5-42 所示。

原设计高程/m	原挖方/方	原填方/方	原方量差/方
	478	3	−475

设计高程/m	挖方/方	填方/方	方量差/方
	756.5	3	−753.5

（a）原始设计　　（b）修改后设计

图 5-40　景观公园东侧道路标高调整

原设计高程/m	原挖方/方	原填方/方	原方量差/方
	0	0	0

设计高程/m	挖方/方	填方/方	方量差/方
	4 665	177.1	−4 487.9

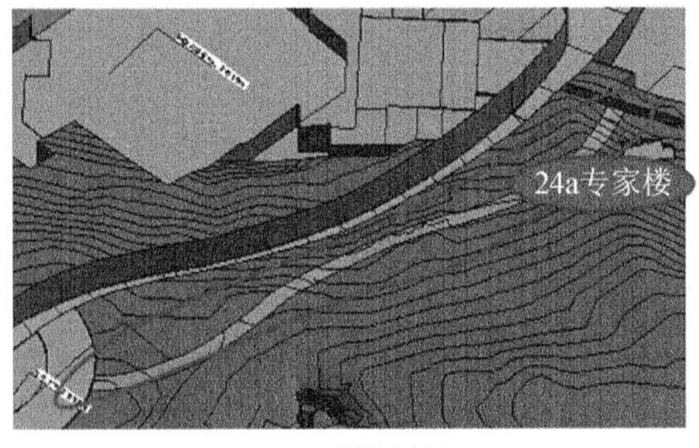

（a）原始设计

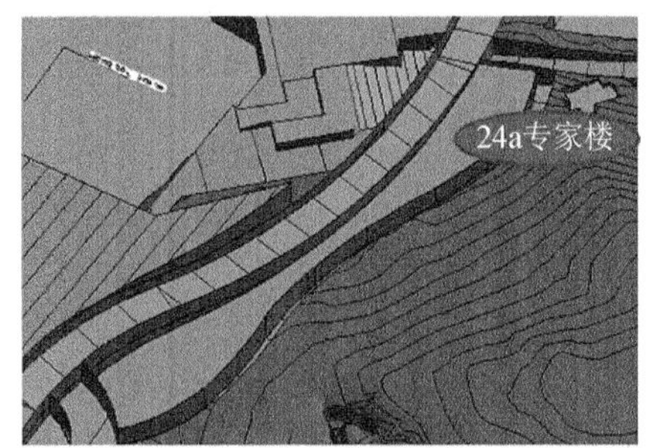

（b）修改后设计

图 5-41　24a 专家楼西侧景观步道标高调整

原设计高程/m	原挖方/方	原填方/方	原方量差/方
	1 859	1 516	−343

设计高程/m	挖方/方	填方/方	方量差/方
	2 819	445	−2 374

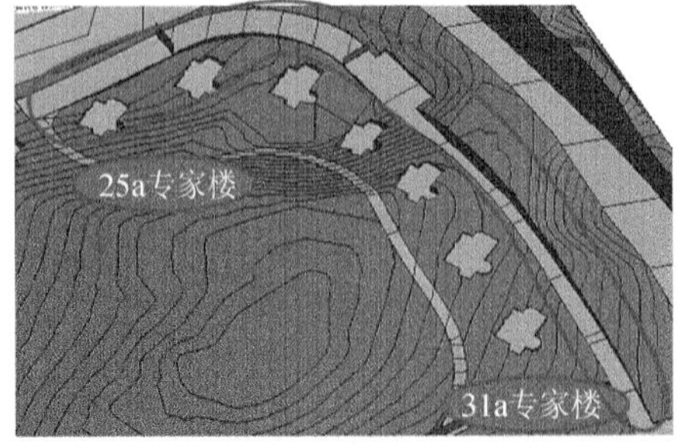

（a）原始设计

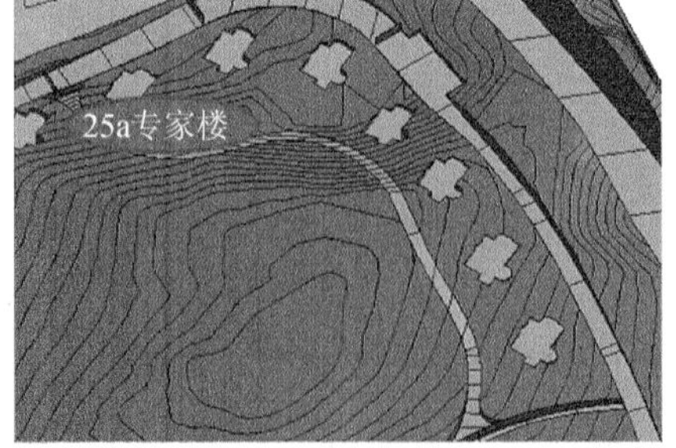

（b）修改后设计

图 5-42　25a～29a 专家楼东侧道路标高调整

3）建筑景观优化成果的验证。本轮对建筑景观共优化了 9 个区域，即学生宿舍区域标高调整，16a 学生食堂标高调整，景观平台和文化广场标高调整，图书信息中心前广场、后广场标高调整，5a 计算机电子工程系科楼标高调整，2a 法学经管系科楼标高调整，2a 法学经管系科楼北侧入口标高调整，20a 文化陈列楼标高调整，48a 实验楼标高调整。9 个优化区域共减少挖方 63 266m^3，减少填方 8 474.6 m^3。

① 学生宿舍区域标高调整（调整范围与上轮不一致）。学生宿舍地形低洼，存在大量填土，但为了与校区南侧的市政道路连接，需根据校区南侧市政道路标高提高学生宿舍周边及±0.000 的绝对标高。提高标高后，挖填方量大大增加，为有效利用地形，增设地下室，同时降低底板标高，具体如下：11a、10a 学生宿舍中间标高降低 2.5m；10a 学生宿舍中庭标高降低 3.6m；10a、9a 学生宿舍中间标高提高 0.5m；9a 学生宿舍中庭标高降低 3.6m；9a、8a 学生宿舍中间标高提高 0.45m；8a 学生宿舍中庭标高降低 3.6m；14a 学生宿舍中庭标高降低 2m；14a 学生宿舍中间连接标高降低 2m。修改后，11a、10a 学生宿舍中间填方为 4 604m^3；10a 学生宿舍中庭挖方为 1 910m^3，填方为 60m^3；10a、9a 学生宿舍中间挖方为 5 811m^3；9a 学生宿舍中庭挖方为 5 247m^3；9a、8a 学生宿舍中间挖方为 2 708m^3；8a 学生宿舍中庭挖方为 2 809 m^3；14a 学生宿舍中庭填方为 2 437m^3；14a 学生宿舍中间连接挖方为 996m^3，填方为 1 446m^3。此项优化共增加开挖土方 8 870m^3，减少填方工程量 11 095.3m^3，如图 5-43 所示。

图 5-43　学生宿舍区域标高调整

② 16a 学生食堂标高调整。为有效利用地形，学生食堂增加地下一层，场地设计高程降低 3.8m。此优化增加挖方 13 901.4m^3，减少填方 3 953.7m^3，如图 5-44 所示。

③ 景观平台和文化广场标高调整。第一次优化时，设计高程提高了 10m，本轮对此再次进行了优化，景观平台标高降低 3.5m，文化广场设计高程降低 7.5m，即景观平台原设计高程为 2 127.5m，优化后设计高程为 2 124m。优化后，挖方为 2 396m^3，填方为 0m^3；文化广场原设计高程为 2 127.5m，优化后设计高程为 2 120m，优化后挖方变为 11 583m^3，填方变为 0m^3。优化后，共增加挖方 13 747.3m^3，减少填方 2 330m^3，如图 5-45 所示。

④ 图书信息中心前广场、后广场标高调整。由于图书信息中心周边区域的路网标高调整，图书信息中心前广场、后广场标高作相应调整。调整后，1a 图书信息中心前广场挖方为 32 918m^3，填方为 921m^3；1a 图书信息中心后广场挖方为 1 394m^3，填方为 0m^3。此调整共减少挖方 40 833m^3，增加填方 921m^3，如图 5-46 所示。

原设计高程/m	原挖方/方	原填方/方	原方量差/方
2 103.6	3 879.3	4 115.5	236.2

设计高程/m	挖方/方	填方/方	方量差/方
2 098.8	17 780.7	161.8	−17 618.9

（a）原始设计

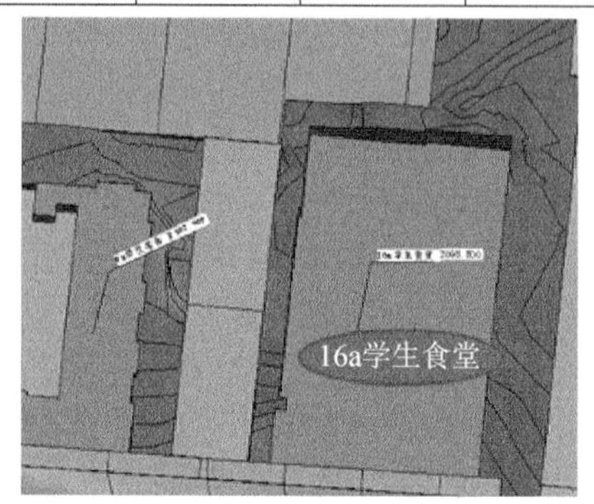

（b）修改后设计

图 5-44　16a 学生食堂标高调整

原设计高程/m	原挖方/方	原填方/方	原方量差/方
	232	2 330	2 098

设计高程/m	挖方/方	填方/方	方量差/方
	13 979.3	0	−13 979.3

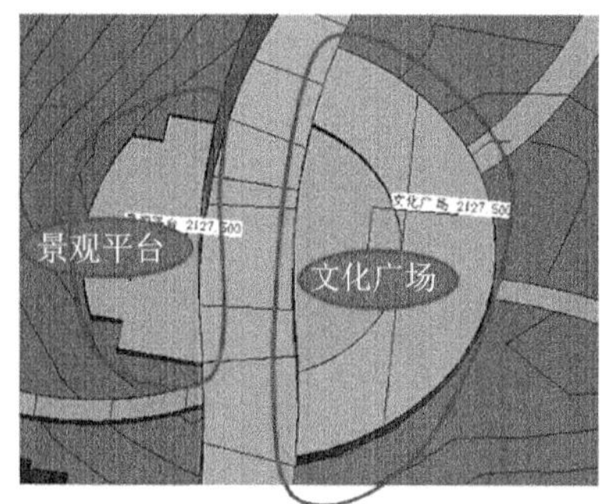

（a）原始设计

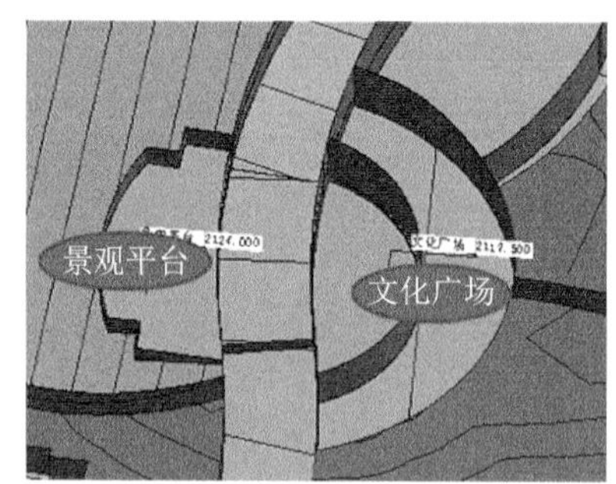

（b）修改后设计

图 5-45　景观平台和文化广场标高调整

原设计高程/m	原挖方/方	原填方/方	原方量差/方
	75 145	0	−75 145

设计高程/m	挖方/方	填方/方	方量差/方
	34 312	921	−33 391

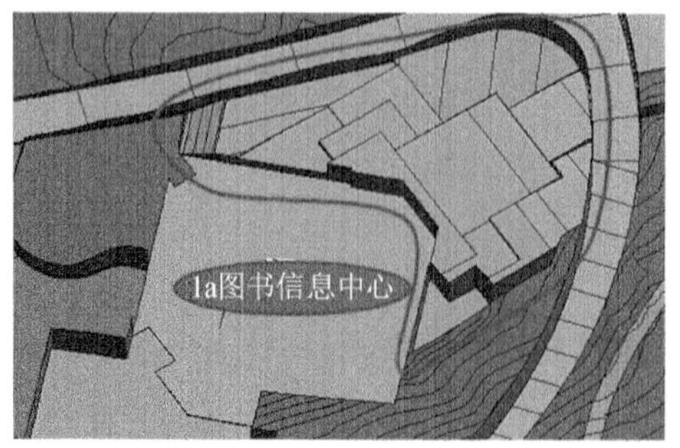

（a）原始设计

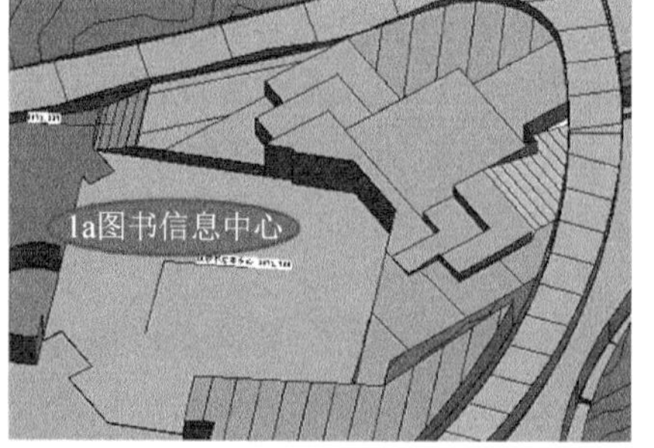

（b）修改后设计

图 5-46　图书信息中心前广场、后广场标高调整

⑤ 5a 计算机电子工程系科楼标高调整。5a 计算机电子工程系科楼中庭标高提高 1.3m、东南侧入口标高提高 1.3m，调整后挖方减少 1 509m^3，填方增加 1 299m^3，如图 5-47 所示。

原设计高程/m	原挖方/方	原填方/方	原方量差/方
2 115.7	1 947	773	−4 819

设计高程/m	挖方/方	填方/方	方量差/方
2 117	3 456	2 072	−1 384

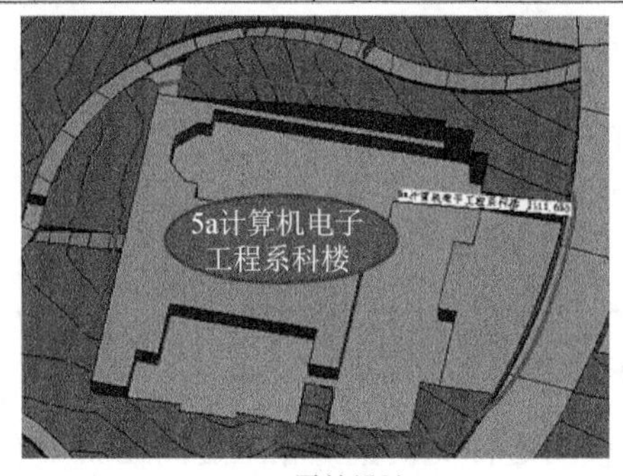

（a）原始设计

（b）修改后设计

图 5-47　5a 计算机电子工程系科楼标高调整

⑥ 2a 法学经管系科楼标高调整。2a 法学经管系科楼中庭标高提高 0.15m，调整后，2a 法学经管系科楼挖方减少 13.2m^3，填方增加 318.2m^3，如图 5-48 所示。

原设计高程/m	原挖方/方	原填方/方	原方量差/方
	568.6	30 174.2	29 605.6

设计高程/m	挖方/方	填方/方	方量差/方
	555.4	30 492.4	29 937

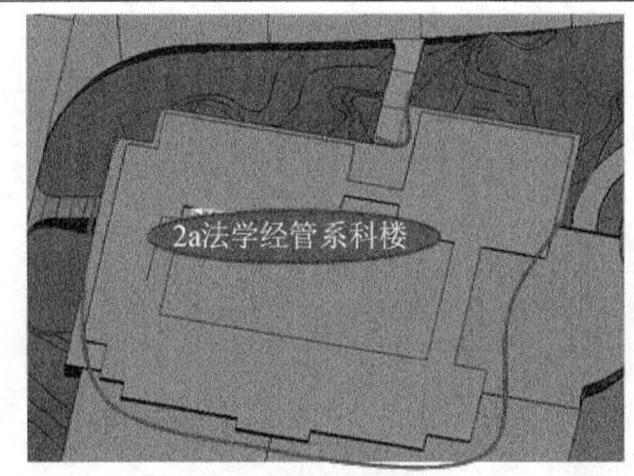

（a）原始设计

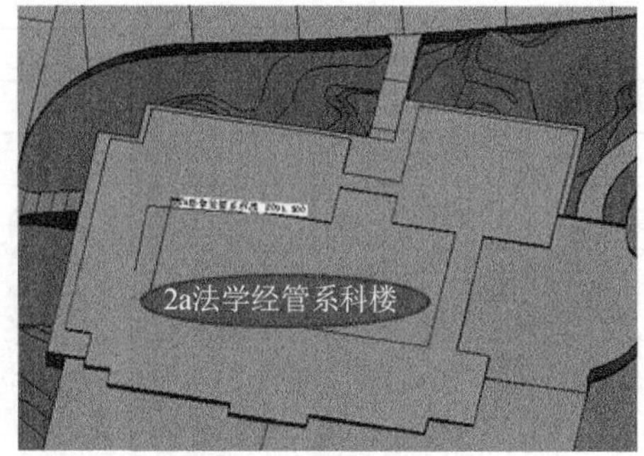

（b）修改后设计

图 5-48　2a 法学经管系科楼标高调整

⑦ 2a 法学经管系科楼北侧入口标高调整。2a 法学经管系科楼北侧入口标高提高 1m。调整后，2a 法学经管系科楼北侧入口填方增加 111m^3，如图 5-49 所示。

图 5-49　2a 法学经管系科楼（北侧入口）标高调整

⑧ 20a 文化陈列楼标高调整。因文化陈列楼周边标高调整，相应提高 20a 文化陈列楼的标高，原设计标高为 2 098.8m，优化后设计标高为 2 104.8m，共提高 6m，涉及减少挖方 57 635m^3，增加填方 3 904.7m^3，如图 5-50 所示。

⑨ 48a 实验楼标高调整。因 48a 实验楼周边标高调整，相应提高 48a 实验楼的标高，原设计标高为 2 116.5m，优化后设计标高为 2 117.45m，提高了 0.95m，涉及减少挖方 6 675m^3，增加填方 2 351.1m^3，如图 5-51 所示。

原设计高程 /m	原挖方 /方	原填方 /方	原方量差 /方
2 098.8	54 412.9	0	−54 412.9
2 098.2	8 060.4	0	−8 060.4
2 098.2	29 840.6	1.1	−29 839.5

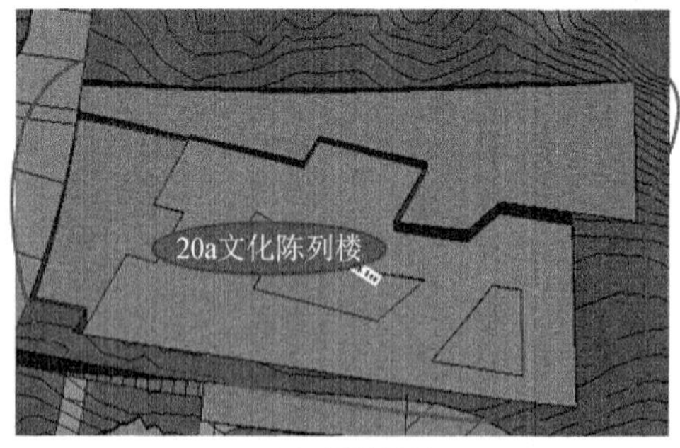

（a）原始设计

设计高程 /m	挖方 /方	填方 /方	方量差 /方
2 104.8	23 953.8	264.7	−23 689
2 104.4	3 712.2	0	−3712
2 104.4	7 012.9	3 641.1	−3372

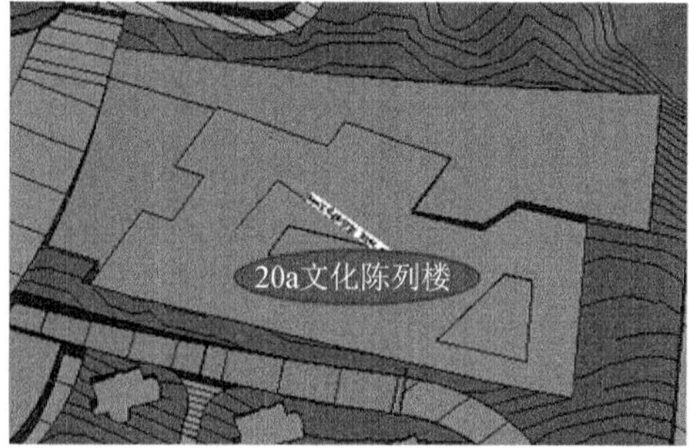

（b）修改后设计

图 5-50　20a 文化陈列楼标高调整

原设计高程/m	原挖方/方	原填方/方	原方量差/方
2 116.5	7 171	4 290.9	−2 880.1

设计高程/m	挖方/方	填方/方	方量差/方
2 117.45	496	1 939.8	1 443.8

图 5-51　48a 实验楼标高调整

5. 总平面布置方案分析

基于第三轮土方工程量验证情况及分析结果，借助 BIM 的可视性，对室外总平面布置方案进行了第三轮全面分析。分析结果表明，第一、二轮的主要优化建议均得到验证和落实，经过设计优化后的总平面布置方案基本趋于合理。

根据第三轮分析结果，第三轮优化减少土方工程总量 11.96 万 m^3，涉及降低工程造价约 358.8 万元（综合单价按 30 元/m^3）。所有设计优化共减少土方工程总量 29.33 万 m^3，总共涉及降低工程造价约 879.9 万元（综合单价按 30 元/m^3），此金额仅为减少土方工程量的直接费用，不包含因土方工程量减少而减少发生的挡墙等间接费用和因土方逐渐趋于平衡而减少土方外运的费用。若再考虑此两项尚未包含的费用，总共降低的工程造价估计约 1 500 万元。经济分析结果表明，总平面布置节点的设计优化成果显著。

6. 总平面布置方案优化建议

1）本轮模型与第二轮模型的土方工程量相比，土方工程总量减少了 11.96 万 m^3，土方工程总量减少 9.48%，共涉及降低工程造价约 358.8 万元（综合单价按 30 元/m^3）。所有设计优化共减少土方工程总量 29.33 万 m^3，总共涉及降低工程造价约 879.9 万元（综合单价按 30 元/m^3），此金额仅为减少土方工程量的直接费用，不包含发生因土方工程量减少而减少的挡墙等间接费用和因土方逐渐趋于平衡而减少土方外运的费用。若再考虑此两项尚未包含的费用，总共降低的工程造价估计约为 1 500 万元。经济分析结果表明，第三轮设计优化的经济成果显著。

2）第二轮设计优化后的室外总平面布置方案的挖填方工程量仍不平衡，土方开挖工程量比填方工程量仍高 47.39 万 m^3，第一、二、三轮模型挖填方量差与原方格网挖填方量差的比例分别为 177.82%、126.78%、105.95%。分析结果表明，随着设计优化工作的深入开展，项目的土方已趋向挖填平衡，设计优化工作成效显著。

3）根据土方平衡分析及优化成果分析，第二次优化设计后的总平面布置方案已趋于合理。

四、应用结果

根据各轮模型，第一轮模型土方工程总量为 143.48 万 m^3，其中，挖方 111.51 万 m^3，填方 31.97 万 m^3。第二轮模型土方工程总量为 126.11 万 m^3，其中，挖方 91.41 万 m^3，填方 34.7 万 m^3。第三轮模型土方工程总量为 114.15 万 m^3，其中，挖方 80.77 万 m^3，填方 33.38 万 m^3。第三轮模型土方工程总量比第一轮模型减少 29.33 万 m^3，其中，第三轮模型比第二轮模型减少 11.96 万 m^3，第三轮模型比第二轮模型减少 11.96 万 m^3。所有设计优化共减少土方工程总量 29.33 万 m^3，总共涉及降低工程造价约 879.9 万元（综合单价按 30 元/m^3），此金额仅为减少土方工程量的直接费用，不包含因土方工程量减少而减少发生的挡墙等间接费用和因土方逐渐趋于平衡而减少土方外运的费用。第一、二、三轮模型挖填方量差与原方格网挖填方量差的比例分别为 177.82%、126.78%、105.95%。分析结果表明，随着设计优化工作的深入开展，项目的土方已趋向挖填平衡，设计优化工作成效显著。

根据土方平衡分析及优化成果分析，优化设计后的总平面布置方案已趋于合理，各轮模型土方工程量汇总如表 5-15 所示。

表 5-15　各轮模型土方工程量表

单位：万 m^3

序号	工程内容	第一轮模型结果	第二轮模型结果	第三轮模型结果	备注
1	挖方	111.51	91.41	80.77	
1.1	一期	89.64	73.14	68.57	
1.2	二期	21.87	18.27	12.2	
2	填方	31.97	34.7	33.38	
2.1	一期	27.27	29.85	28.77	
2.2	二期	4.70	4.85	4.61	
3	合计	143.48	126.11	114.15	

根据津桥学院空港校区项目室外总平面布置节点建筑信息模型、建筑信息模型结果报告、室外总平面布置方案分析报告等内容，现对室外总平面布置节点的项目管理工作提出以下管理建议：

1）津桥学院空港校区项目划分为两个建设期：一期和二期。两个建设期的土方工程总量为 114.15 万 m^3，其中，一期的土方工程总量为 97.34 万 m^3，占两个建设期土方工程总量的 85.27%；二期的土方工程总量为 16.81 万 m^3，仅占两个建设期土方工程总量的 14.73%。鉴于二期的土方工程总量占比较小，建议在项目的场地平整节点上不采取分期施工的方案，应把整个项目的场地平整作为一个整体考虑，不仅有利于项目场地平整的施工组织，还有利于整个项目室外工程的施工组织。

2）校区南侧为一条有坡度的市政规划道路，校区南侧的一期学生宿舍、消防通道与南侧规划道路之间的标高关系不协调，建议在一期学生宿舍、消防通道的施工图设计阶段考虑南侧市政规划道路渐变的因素，以保证校区南侧各单体外立面效果及各单体外立面的整体效果与校区外环境的总体协调。

3）校区水景南侧的景观小道嵌入地形，局部深度达 6m 左右，未与水景有效融合，影响了校区水景的景观效果，建议在校区景观设计阶段组织进行优化。

4）建议空港大道东侧建筑的地下室结合地下室的长期和短期使用用途等因素，综合考虑地下室外墙的开孔位置。

五、应用总结

方案设计是设计阶段的第一个子阶段。方案设计阶段的 BIM 应用主要是根据项目条件进行场地设计，提出适合建筑性质和业主要求的建筑各层平面设计、意向性立面风格等设计内容。在津桥学院空港校区项目的方案设计阶段，BIM 技术主要是应用于项目的总平面布置方案设计，即项目总平面布置、竖向高程设计等项目场地设计的内容。通过应用建立超前、可视、模拟、验证的工作模式，定性定量地分析评价了津桥学院空港校区项目的总平面布置，在 BIM 技术的支持下，通过设计优化共减少土方工程总量 29.33 万 m^3，降低工程造价约 879.9 万元，取得良好的应用效果。

第三节　初步设计阶段应用案例剖析

初步设计是设计阶段的第二个子阶段。在方案设计阶段的工作完成之后，需要科学、合理、快速地确定项目的初步设计技术方案。初步设计阶段的主要工作内容是科学、合理地确定项目的主要建筑造型、功能布局、结构方案、供电方案、给水排水方案、暖通方案等技术方案和主要技术经济指标，并对项目的适用性能、环境性能、节能环保等内容进行科学分析评价和决策。在昆明滇池国际会展中心项目展馆工程的初步设计阶段，应用 BIM 技术对初步设计成果进行定性定量地分析评价，辅助了对展馆工程初步设计成果进行了科学决策。

一、案例概况

昆明滇池国际会展中心项目，选址位于昆明市城市总体规划中“一湖四片”“一湖四环”的中心区域，横跨滇池北岸的 3 个半岛，地形南北长 2 600m，东西长 1 000m，项目总投资约 370 亿元，总建筑面积约 500 万 m^2，占地总面积约 2 169 亩，规划业态涵盖了会展中心、旅游小镇、CBD 中央商务区、主题乐园、五星级酒店、高档住宅区、商业中心等。展馆工程是昆明滇池国际会展中心项目中最核心的建筑，总建筑面积约 115 万 m^2，其中展馆 30 万 m^2，展馆配套 10 万 m^2，商业 20 万 m^2，地下车库 20 万 m^2。展馆工程平面形状呈半圆形，直径长约 1 000m，外弧长约 1 600m，高度约 50m，主要为地下一层、地上三层，局部区域地上有五层。

展馆工程是昆明滇池国际会展中心项目最先开工的部分，由于其体量大、建设周期短、前期工作准备不充分，如何科学、合理、快速地确定初步设计技术方案，是整个项目建设中最重要的核心工作之一。因此，在传统设计管理流程之外，应充分利用 BIM 技术强化对初步设计技术方案的组织管理，在 BIM 技术的支持下定性、定量的科学评价初步设计技术方案的可行性、合理性，通过 BIM 技术辅助快速推进初步设计工作的同时，确保初步设计成果的质量和品质。

二、应用内容

按照基本建设程序的要求，依据展馆工程方案设计阶段的设计成果，组织推进展馆工程初步设计阶段的设计工作，以确定展馆工程的主要建筑造型、功能布局，确定展馆工程的结构、供电、给水排水、暖通等技术方案和主要技术经济指标，并作为展馆工程施工图设计阶段的工作基础。

在展馆工程的整个初步设计技术方案中，与建筑功能造型、结构方案有关的初步设计技术方案是整个初步设计技术方案的基础。因此，应用 BIM 技术对其适用性能、环境性能、节能环保等内容进行定性定量的分析和评价，重点解决传统设计管理流程和传统设计技术手段不足的部分。通过 BIM 技术的应用，对传统的初步设计技术方案的组织管理进行补位，提高整个初步设计阶段的工作效果和工作效率。

BIM 技术具体应用内容包括以下几方面：

1）创建展馆工程初步设计节点的 BIM，提供可视化的分析工具。

2）利用 BIM 模型协助进行初步设计成果的功能性分析，具体分析内容包括人体工程学、交通流线、消防人流疏散、场地、空间、景观可视度、照度、热舒适度、消防排烟等。

3）利用 BIM 模型协助进行初步设计成果的绿色分析，具体分析内容包括能耗、节能、自然通风、空气龄、日照、采光、噪声分析等。

4）利用 BIM 模型协助进行实施方案分析，具体分析内容包括实施项目所需的能源、水、材料等。

三、应用过程

（一）建筑信息模型创建

根据《昆明滇池国际会展中心项目展馆工程初步设计成果》等数据内容，组织进行了展馆工程初步设计节点的 BIM 创建。

1）展馆南立面俯视图 BIM 模型，如图 5-52 所示。

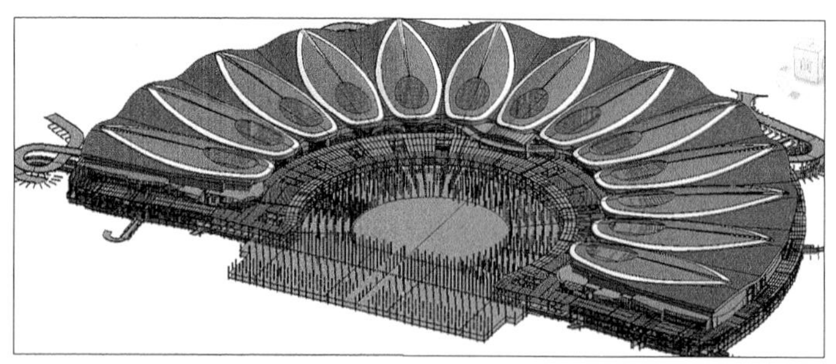

图 5-52　展馆南立面俯视图 BIM 模型

2）展馆东立面俯视图 BIM 模型，如图 5-53 所示。

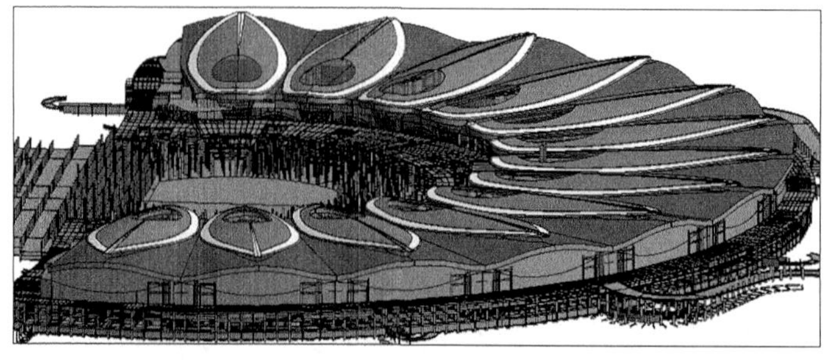

图 5-53　展馆东立面俯视图 BIM 模型

3）展馆地下室平面视图 BIM 模型，如图 5-54 所示。

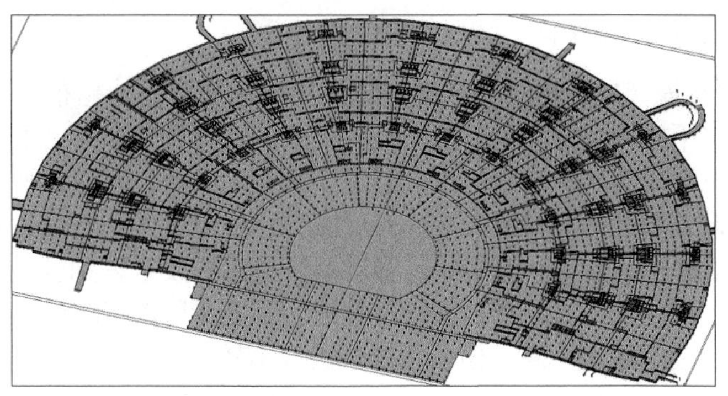

图 5-54　展馆地下室平面视图 BIM 模型

4）展馆一层平面视图 BIM 模型，如图 5-55 所示。

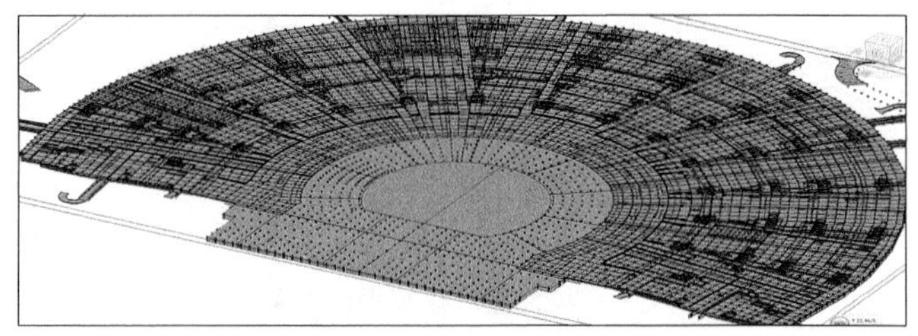

图 5-55　展馆一层平面视图 BIM 模型

5）展馆二层平面视图 BIM 模型，如图 5-56 所示。

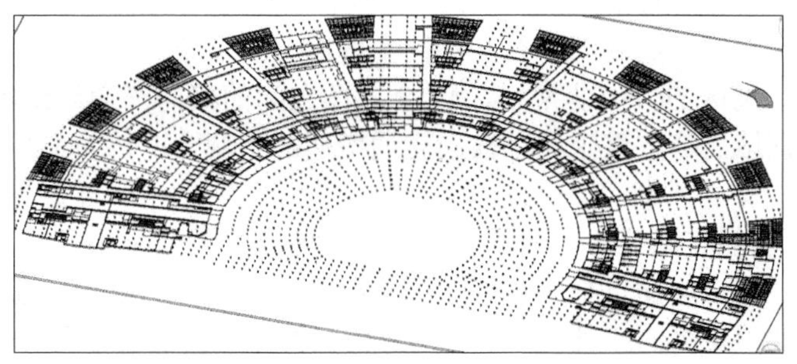

图 5-56　展馆二层平面视图 BIM 模型

6）展馆三层平面视图 BIM 模型，如图 5-57 所示。

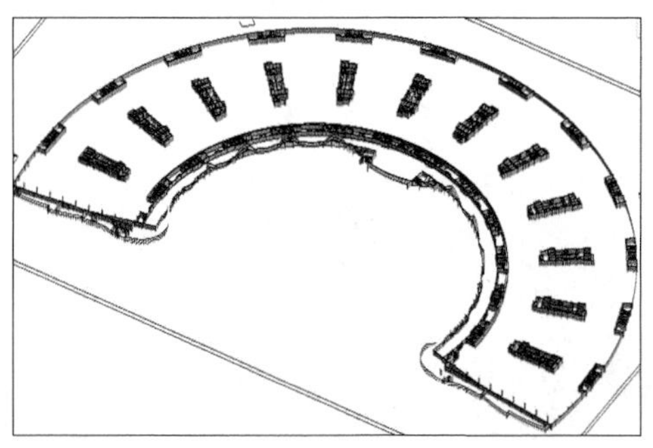

图 5-57　展馆三层平面视图 BIM 模型

（二）展馆工程适用性能的分析

1. 建筑平面功能布局分析

1）三层平面功能布局分析。根据对展馆三层的建筑平面功能布局进行分析，展馆的三层平面功能布局不完善。展馆建筑是为了满足南亚博览会的召开需求而定向建设的，南亚博览会的参展主题较多，参展主题包括南亚国家商品展区、东南亚国家商品展区及生物资源展区和机电设备展区等，展览内容包括低端的特色手工艺品、农产品、高端的机电精品等，不同参展主题及不同档次的展览内容对展厅设施的要求差别较大。例如，精品展区对展厅设施的要求较高，要求展厅具备一个舒适、环境质量较高的环境空间；而特色手工艺品展区对展厅设施的要求不高，但要求参展的成本较低，如图 5-58 所示。

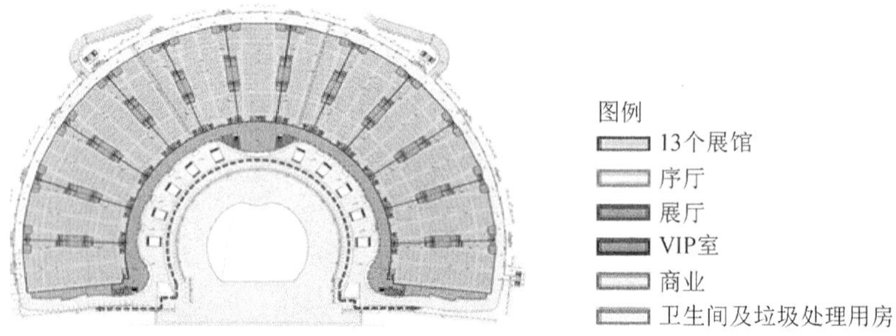

图 5-58　展馆三层建筑平面功能布局

由图 5-58 可见，展馆展厅是由 13 个完全相同的独立展厅相互连通而成，不能完全满足不同参展主题及不同档次展览内容对展馆设施的差异化要求。13 个展厅之间由活动屏风进行分隔，各展厅之间的相互影响较大，导致各展厅之间的展览活动相互干扰，使展馆的整体功能布局不能完全满足同时召开不同主题展会的需要。而且，由于参观低端的特色手工艺品、农产品展区的人员非常多，13 个展厅之间的横向交通组织不明晰，可能会发生因个别展厅的拥堵而导致整个展馆横向交通瘫痪的不利情况，进而影响整个南亚博览会的召开品质。

2）二层平面功能布局分析。展馆二层平面功能布局的定位主要是为了满足展会的配套需求，根据对展馆二层建筑平面功能布局进行分析，展馆的二层平面功能布局不完善，不能完全满足南亚博览会的政务需求。因为在南亚博览会的召开期间，除进行各种特色商品展览之外，还要召开南亚国家投资促进会、中国—南亚商务论坛、中国—南亚智库论坛等十多项系列活动。目前，展馆二层平面的功能布局不能完全满足南亚博览会的以上需求，而且展馆二层平面存在约 10 万 m^2 的架空层，平面布置不经济，如图 5-59 所示。

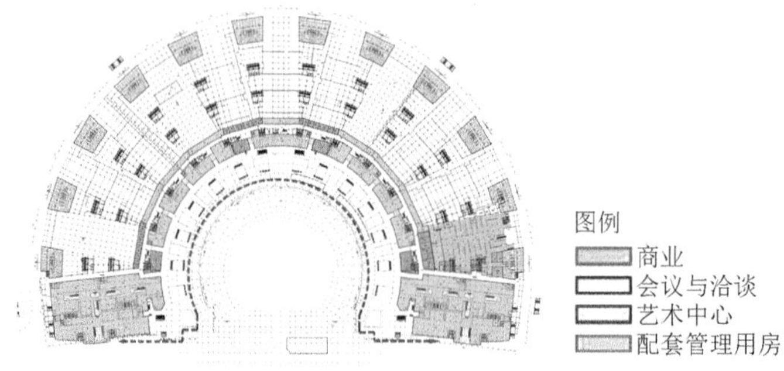

图 5-59　展馆二层平面功能布局 BIM 模型

3）一层平面功能布局分析。根据对展馆一层建筑平面功能布局进行分析，展馆一层平面的横向设有12条避难走道和2条18m宽的通道，其面积就占一层建筑平面面积的15%左右，一层平面的有效利用面积偏低。而且，一层平面设有 5 700 个车库，涉及建筑面积约 8 万平方米，使展馆一层的建筑平面未能有效利用，如图 5-60 所示。

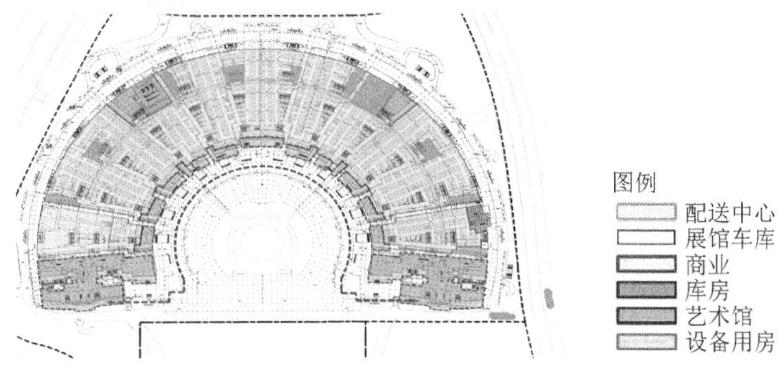

图 5-60　展馆一层建筑平面功能布局 BIM 模型

4）关于建筑平面功能布局分析的建议。根据建筑平面功能布局的分析结果，展馆展厅不能完全满足南亚博览会的展览需求，而且展览与南亚博览会的配套设施不完善，不能完全满足南亚博览会的政务需求，建筑平面的利用率有进一步提高的空间。因此，建议对展馆的建筑平面功能布局进行优化完善。

2. 标准展厅声学性能分析

1）声粒子分析。在展馆内有 10 000 人的情况下，采用 1 000Hz 音频单一声源对标准展馆进行声粒子分析。分析结果表明，标准展馆的空间形体设计合理，标准展馆内的声音传递和接收的效果较好，直达声（绿色）、直接反射声（黄色）、混响声（浅蓝色）占所有声粒子数量的 90%。声粒子分析结果如图 5-61 所示，其中绿色代表直达声；黄色代表直接反射声；浅蓝色代表混响声；橙色代表临界声；红色代表回声；深蓝色代表掩蔽声。

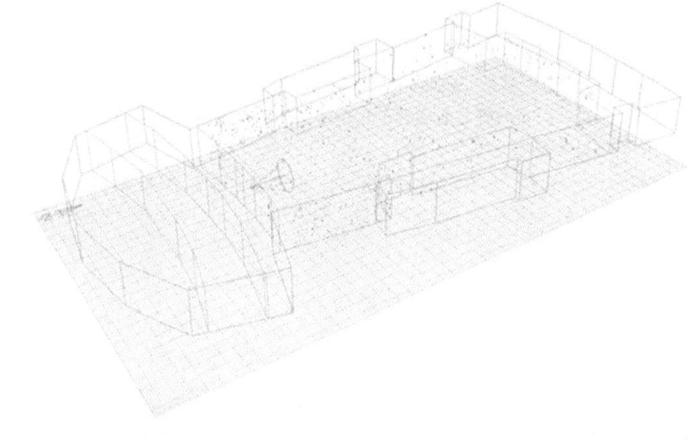

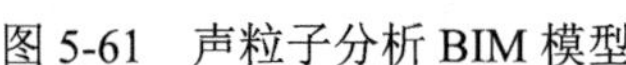

图 5-61　声粒子分析 BIM 模型

原图

2）混响时间频率特性分析。在展馆内有 10 000 人的情况下，采用 1 000Hz 音频单一声源对标准展馆进行混响时间频率特性分析，各音频的混响时间频率特性数值如表 5-16 所示，分析结果如图 5-62 所示。分析图中横坐标为频率，频率范围为 0Hz～10kHz；纵坐标为时间，时间范围为 0～5 400ms（1 000ms=1s）。紫色代表演讲和音乐厅最佳效果区域，如图 5-62 所示。

表 5-16　混响时间频率特性数值

频率/Hz	吸声量	衰减 60dB 所用时间/s		
		赛宾	伊林	诺灵顿
63	94 586.625	0.29	0.77	5.19
125	92 521.406	0.30	0.87	0.07
250	88 950.781	0.31	1.07	0.09
500	86 031.070	0.32	1.42	0.10
1 000	83 462.539	0.33	1.48	0.12
2 000	80 753.938	0.34	1.46	0.14
4 000	76 946.297	0.36	1.39	0.17
8 000	70 036.789	0.39	1.55	0.21
16 000	57 630.211	0.48	1.72	0.31

根据伊林公式 $T60 = 0.161V/(S\lg(1-\alpha)+4mV)$ 分析结果，标准展馆在 1 000Hz 音频单一声源的情况下，混响时间为 1.48s，处于紫色区域的下限，表明标准展馆基本能满足报告厅的声学要求，但不能满足用于召开音乐会的音响效果要求，伊林公式的分析结果为图中红线。

根据诺灵顿公式 $T60 = 0.161V/\Sigma-S\lg(1-\alpha)$ 分析结果，表明标准展馆在低频范围的混响时间较长，对低频范围的吸音较差，但在高频范围的混响时间短，对高频范围的吸音较好，表明标准展馆所采用的建筑材料对不同音频的吸音差异较大，对低频范围的吸音较差，诺灵顿公式的分析结果为图中绿线。

根据赛宾公式（$T60=0.161V/A=0.161V/\alpha S$）分析结果，标准展馆的混响时间为 0.3s 左右。根据赛宾公式的计算标准，混响的标准时间应为 0.5s 左右、标准展馆的混响时间结果表明，标准展馆的吸声面积不足，影响展馆内的吸音效果，赛宾公式的分析结果为图中蓝线。

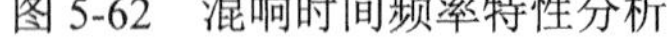

图 5-62　混响时间频率特性分析

原图

3）声音衰变分析。对标准展馆进行声音衰变分析，声音衰变分析是分析不同频率声音由 0dB 衰减到-30dB 所需的时间长短。标准展馆声音衰变分析的结果如图 5-63 所示，各频率的声音衰变数值如表 5-17 所示。分析图中横坐标为时间，纵坐标为声音的分贝值，纵坐标的声音分贝值范围为-30～0dB，图中不同线条代表不同频率的声音衰变轨迹。由图 5-63 可见，不同频率的声音在衰变过程中遇到的屏障较少。

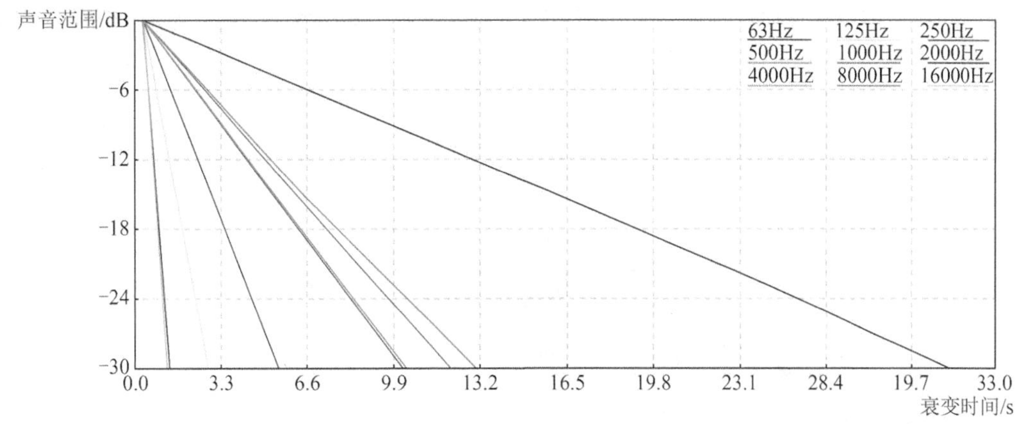

图 5-63　声音衰变分析

表 5-17　声音衰变数值

频率/Hz	63	125	250	500	1 000	2 000	4 000	8 000	16 000
衰变数值	1.2	3.0	5.4	13	11	30	11	10.2	1.1

原图

4）关于声学性能分析的建议。根据声学分析的结果，标准展馆的空间形体设计合理，标准展馆内的声音传递和接收的效果较好，直达声（绿色）、直接反射声（黄色）、混响声（浅蓝色）占所有声粒子数量的 90%，标准展馆基本能满足报告厅的声学要求，但不能满足用于召开音乐会的音响效果要求，标准展馆所采用的建筑材料对不同频率的吸音差异较大，特别是对低频范围的吸音较差，而且标准展馆的吸声面积不足，不同频率的声音在衰变过程中遇到的屏障较少，建议适当增加展馆内的吸声面积、增大展馆内的吸声量，尽量采用吸音效果较好的建筑材料。

为了达到以上目的，要合理搭配展馆内的混响时间，使其有一个良好的频率特性。建筑材料的选用不应带有较大的随意性，应参考吸音系数等，展馆的主要部位的声学构件及吸声材料的设计、选择与布置可参考以下做法：

① 天花造型以外弧（凸面）为主要表现手法，既考虑业主对装饰效果方面的追求，又充分考虑对声音的扩散和对低频的吸收。

② 展馆侧墙以难燃透声织物吸声结构为主，具体做法为 30mm×40mm 木龙骨架基层@600mm×600mm，填 50mm 厚 32kg/m^3 袋装超细玻璃棉，玻璃棉后为 200mm 共振空腔，面饰为难燃透声织物。

③ 做好专业设备的隔声减振处理，采用节能型的带电子镇流器的节能灯具，尽可能地降低展馆内的噪声声源。

3. 电气设备设施及采光照度分析

（1）电气设备设施分析

展馆工程供电电源为附近 110kV（或 220kV）变电所引来 10kV 两路电源，用电计算负荷为 84 503kVA，电气设备安装容量负荷为 87 500kVA，设有 14 座 10kV 变电所、8 台 1 005kW 的柴油发电机，配电系统采用放射式和树干式相结合的配电方式，用电负荷分为两级：一级负荷为双电源末端切换，二级负荷为单电源供电，标准展位的用电负荷密度为 300W/m^2。电气设备设施能满足展馆的使用要求。

（2）采光照度分析

1）标准展馆的自然采光照度分析，如图 5-64 所示。

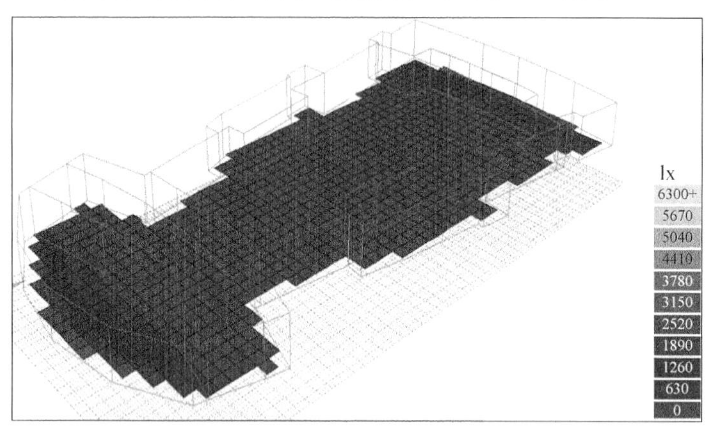

图 5-64　标准展馆的自然采光照度分析 BIM 模型

原图

以昆明 4 月 1 日中午 12:00 阴天状况下的自然采光为条件，对标准展馆进行自然采光照度分析，图中显示：在阴天自然采光和未采用人工照明的状况下，标准展馆南北侧的自然采光相对较好（展馆由南向北照度依次为 3 100 lx、1 680 lx、1 100 lx、590 lx，展馆由北向南照度依次为 2 400 lx、1 600 lx、980 lx、500 lx），标准展馆东西侧和中心区域自然采光相对较差（标准展馆东西侧和中心区域照度 0 lx）。虽然标准展馆南北侧的自然采光相对较好，但是标准展馆南北侧自然采光对整个标准展馆自然采光的贡献很小，主要是展馆的进深较大（进深约 180m，不含主序厅进深），标准展馆南北侧的自然采光形成的有效采光区域仅约 20m，标准展馆南北侧自然采光不能改变整个展馆的自然采光状况，以致展馆约 90%面积的自然采光基本趋向于零，使标准展馆对人工采光的依赖程度较高，不利于展馆的节能，建议增加展馆的采光面积。

2）标准展馆人工采光的照度分析，如图 5-65 所示。

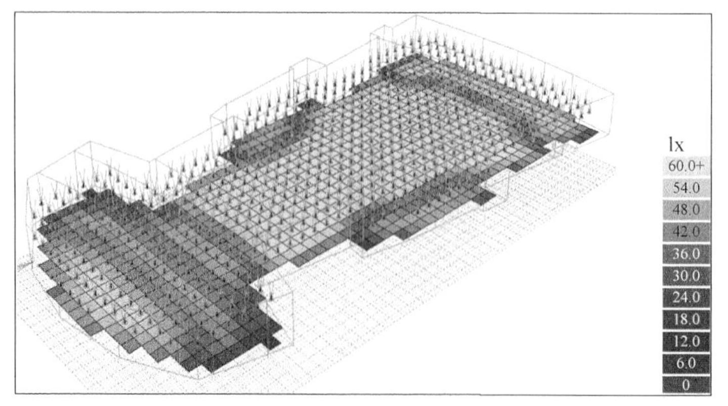

图 5-65　标准展馆人工采光的照度分析 BIM 模型

原图

以无自然采光，仅有人工采光的条件来进行标准展馆的照度分析，人工采光的配置标准：在展馆内布置 100W 白炽灯灯具、距离地面 11m、间距 6m。根据人工采光分析的结果，展厅的人工照明照度范围多为 30～60 lx，基本可以达到展厅的普通照明需求，为达到更好的展厅布置效果，应根据具体情况适当添加灯具，因为普通展厅的照度标准值为 100～300 lx，重点展厅的照度标准值为 300～500 lx。而且，在均匀布置灯具的情况下，展厅的照度呈现不均衡状态，进行展厅灯具布置时应考虑照度呈现的不均衡情况。

3）标准展馆自然采光+人工采光的照度分析，如图 5-66 所示。

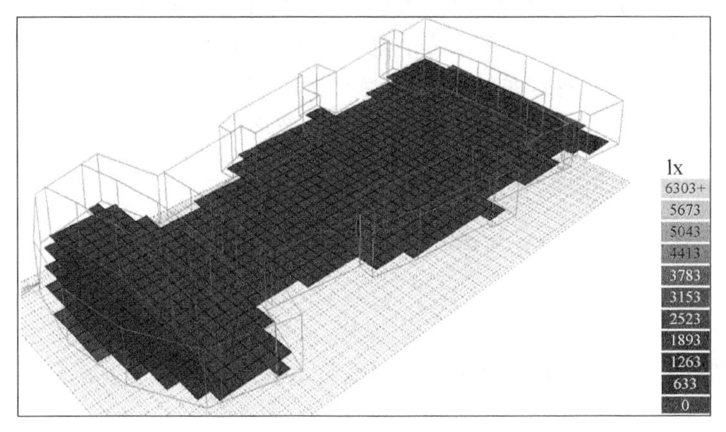

图 5-66　标准展馆自然采光+人工采光的照度分析 BIM 模型　　原图

以昆明 4 月 1 日中午 12:00 阴天状况下的自然采光和人工采光为条件，对标准展馆进行采光照度分析。人工采光：在展馆内布置 100W 白炽灯灯具，距离地面 11m，间距 6m 进行人工采光照明。图 5-66 显示，在阴天自然采光和采用人工照明的状况下，标准展馆南北侧的自然采光相对较好（展馆由南向北照度依次为 3 200 lx、1 750 lx、1 200 lx、650 lx，展馆由北向南照度依次为 2 900 lx、1 550 lx、750 lx、380 lx），标准展馆东西侧和中心区域自然采光相对较差（标准展馆东西侧和中心区域照度 62 lx）。标准展馆南北侧的照度较高，主要是自然采光相对较好，但是标准展馆南北侧自然采光对整个标准展馆自然采光的贡献很小，因展馆的进深较大（进深约 180m，不含主序厅进深），标准展馆南北侧的自然采光形成的有效采光区域仅约 20m，标准展馆南北侧自然采光不能改变整个展馆的自然采光状况，以致标准展馆东西侧和中心区域约 90%面积的自然采光基本较差，照度仅为 62 lx，使标准展馆对人工采光的依赖程度较高，不利于展馆的节能。

（3）关于对电气设备设施分析的建议

1）根据分析，展馆工程的电气设备设施能满足展馆的使用要求，但建议补充整个项目的整体供电方案，明确展馆工程的电气设备设施与项目整体供电方案的关系，尽量实现展馆工程的电气设备设施在整个项目中的共享。为降低工程造价，建议一级负荷不采用双电源末端切换方式。

2）标准展馆仅有南北侧通过玻璃幕墙进行自然采光，自然采光面积严重不足，以致展馆东西侧和中心区域自然采光较差，展馆约 90%面积的自然采光基本趋向于零，建议增加展馆屋面或侧面的采光面积，降低建筑的能耗。

3）通过人工采光分析，在均匀布置灯具的情况下，展厅的照度呈现不均衡状态，进行展厅灯具布置时应考虑照度呈现的不均衡情况，特别应重点考虑采光较弱的区域。

4）根据展馆内布置 100W 白炽灯灯具、距离地面 11m、间距 6m 进行人工采光分析，展厅的人工照明照度范围为 30～60 lx，基本可以达到展厅的普通照明需求，但为达到更好的展厅布置效果，应根据具体情况适当添加灯具、增加照度，建议普通展厅的照度标准值为 200～300 lx，重点展厅的照度标准值为 300～500 lx。

4. 弱电系统分析

展馆工程弱电系统包含语音通信系统、综合布线系统、火灾自动报警及联动控制系统、视频监控系统、有线广播系统等，能满足展馆工程的基本功能配置需求。如需提高智能电气系统的功能配置标准，可选择物业管理系统、通信接入系统、信息网络系统、智能会议系统、停车管理系统、信息引导及发布系统、建筑设备监控系统等信息系统进行深化设计。

5. 给水排水系统分析

1）给水系统分析。展馆工程生活给水系统包含市政给水系统和中水给水系统。市政给水系统由市政管网引来两路 DN300 给水管，日平均市政用水量为 4 256.69m^3/d；中水给水系统以雨水和配送中心、洗衣房、员工沐浴再生水为水源，日平均中水用水量为 87.5m^3/d，展馆设置 6 000m^3 雨水蓄水池和 2 500m^3 清水蓄水池。给水设施能满足展馆工程的基本功能配置需求。

2）排水系统分析。最高日生活污水排水量为 4 367.5m^3/d，中水回用后，有约 4 215.67m^3/d 的生活污水需排入市政管网，排水设施能满足展馆工程的排水需求。

3）关于给水排水系统分析的建议。①根据分析，展馆工程的给水排水设施能满足展馆的使用要求，但建议补充整个项目的整体给水排水方案，明确展馆工程的给水排水设施与项目整体给水排水方案的关系，尽量实现展馆工程的给水排水设施在整个项目中的共享，避免重复建设室外给水管网、排水管网、各类蓄水池；②落实中水回用方案是否满足地方性控制标准。

6. 暖通系统分析

展馆工程暖通系统包含空调系统、通风系统、防排烟系统，暖通系统能满足展馆的使用要求，建议结合节能分析结果进行设计优化。

（三）环境性能的分析

1. 展馆的空间布局分析

整个昆明滇池国际会展中心项目的建筑密度为 51%，其中展馆的建筑密度为 70%，展馆地块的空间布局过于紧密，不利于项目景观的打造和交通流线的组织。

2. 建筑造型分析

昆明滇池国际会展中心项目横跨滇池沿岸的 3 个半岛，展馆的外弧长约 1 600m，直径长约 1 000m，超大的展馆建筑形体对滇池的自然景观影响较大，而且展馆的外立面设计方案比较单调，不利于自然景观与人造景观的协调、融合。建议调整展馆的现有外立面方案，增加展馆外立面方案的表现层次，使展馆能够与自然景观自然融合。

3. 展馆可视度分析

1）展馆的可视面积分析。为分析展馆周边区域对展馆建筑的可视性，以展馆周边区域为视点对展馆进行可视面积分析。分析结论：展馆周边区域对展馆建筑的可视性存在较大差异，建筑场地的西南侧和东南侧对展馆建筑的可视性较差，建筑场地中间的平台区域对展馆建筑的可视性较好，具体分析结果如图 5-67 所示（图中黄色建筑为可视性分析的可视目标，其他颜色代表展馆周边区域对展馆建筑的不同可视面积，蓝色到黄色对应的可视面积为 0～100 000m^2）。

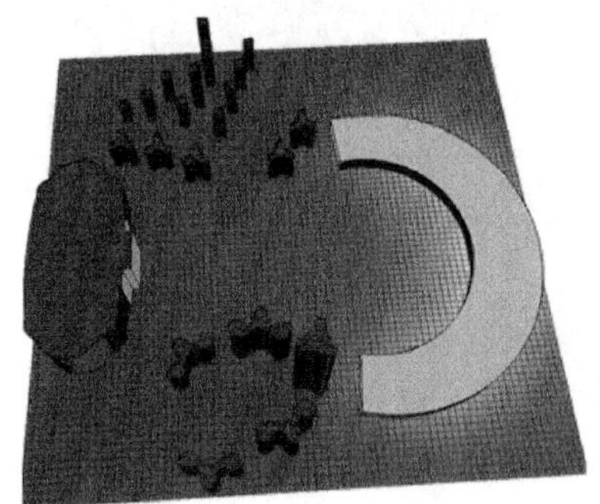
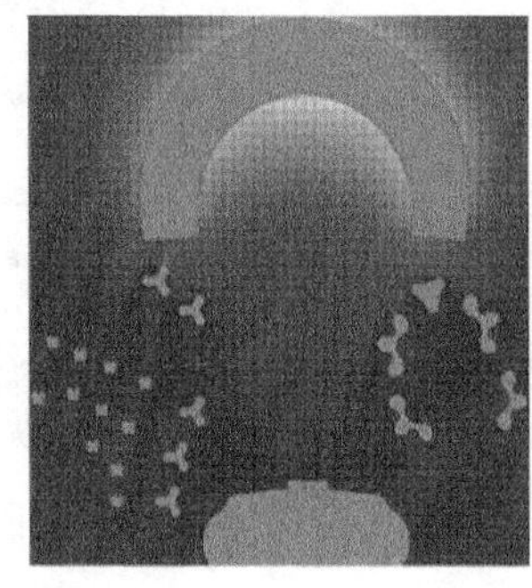

图 5-67　展馆的可视面积分析　　原图

2）展馆的可视百分比分析。为分析展馆周边区域对展馆建筑的可视性，以展馆周边区域为视点对展馆进行可视百分比分析。分析结论：展馆周边区域对展馆建筑的可视性存在较大差异，建筑场地的西南侧和东南侧对展馆建筑的可视性较差，建筑场地中间的平台区域对展馆建筑的可视性较好，具体分析结果如图 5-68 所示（图中黄色建筑为可视性分析的可视目标，其他颜色代表展馆周边区域对展馆建筑的可视百分比，蓝色到黄色对应的可视百分比为 0～100%）。

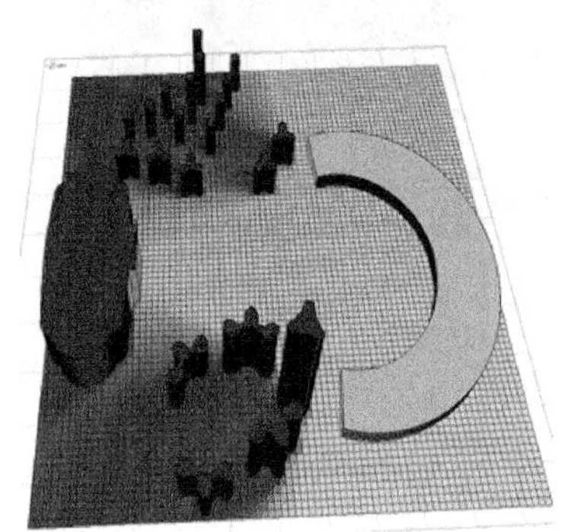
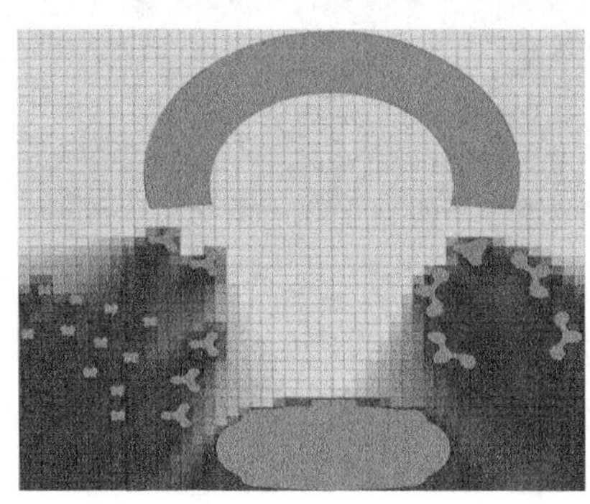
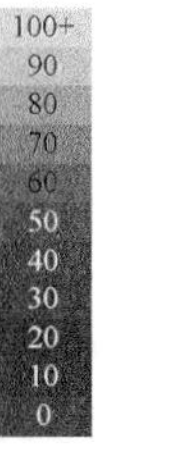

图 5-68　展馆的可视百分比分析　　原图

3）关于对可视度分析的建议。根据可视度分析的结果，建议将红色和黄色区域定位为与会展相关的功能区域，增强红色和黄色区域的配置功能与会展功能的联系，最大限度地利用会展功能的辐射力提高本项目红色和黄色区域的经济价值。建议将蓝色和紫色区域定位为与自然环境相关的功能区域，因蓝色和紫色区域朝向西山、滇池等自然景观，增强蓝色和紫色区域的配置功能与西山、滇池等自然景观的联系，可最大限度地利用西山、滇池等自然景观提高本项目蓝色和紫色区域的经济价值。

原图

4. 展馆日照分析

1）展馆左侧日照时长分析。以冬至日对展馆的左侧进行日照分析，展馆左侧区域的最长日照时长为 8h，最短日照时长为 7h。展馆左侧区域的日照时长分布情况如图 5-69 所示，不同颜色代表不同的日照时长。

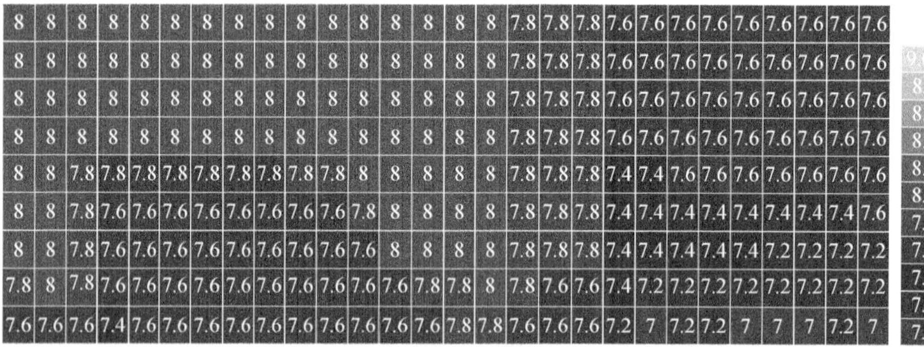

图 5-69　展馆左侧日照时长分析

2）展馆右侧日照时长分析。以冬至日对展馆的右侧进行日照分析，展馆右侧区域的最长日照时长为 3.8h，最短日照时长为 2h。展馆右侧区域的日照时长分布情况如图 5-70 所示，不同颜色代表不同的日照时长。

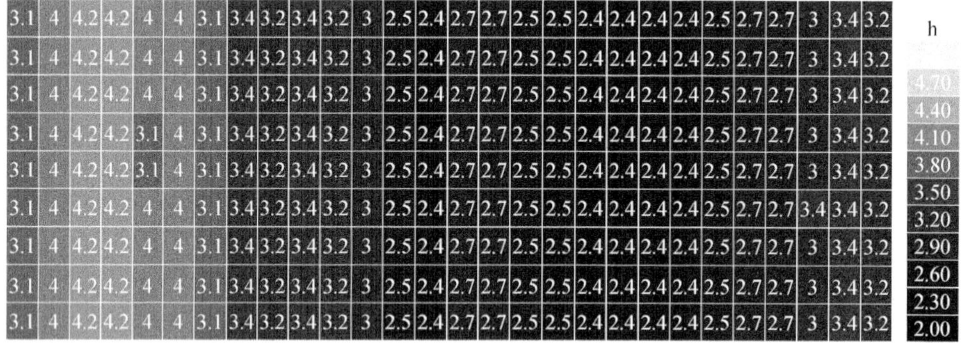

图 5-70　展馆右侧日照时长分析

原图

3）展馆左侧的遮挡情况分析。以冬至日对展馆左侧的遮挡情况进行分析，由图 5-71 可以看出，冬至日展馆左侧早上 8:00 被遮挡 86%，9:30 遮挡完全消失，17:30 有 24%的遮挡。

4）展馆右侧的遮挡情况分析。以冬至日对展馆右侧的遮挡情况进行分析，由图 5-72 可以看出，冬至日展馆右侧从早上 8:30 开始被遮挡，遮挡程度由小到大，到 12:30 展馆右侧完全被遮挡，从 13:00 遮挡程度由大到小，到 17:30 展馆右侧遮挡消失。

逐时太阳资料清单				
纬度：25.0	日期：21st December	本机修正：−67.1mins		
经度：102.7	儒略日：355	时间差：2.1mins		
时区：+8.0hrs	日出时间：07:53	太阳赤纬：−23.5		
物体编号：845	日落时间：18:20	方向：174.5		
标准时间	（真太阳时）	方位角/（°）	高度角/（°）	遮挡
8:00	（06:52）	116.7	1.3	86%
8:30	（07:22）	120.1	7.2	84%
9:00	（07:52）	124	13	3%
9:30	（08:22）	128.3	18.5	0%
10:00	（08:52）	133.1	23.6	0%
10:30	（09:22）	138.7	28.4	0%
11:00	（09:52）	145	32.6	0%
11:30	（10:22）	152.2	36.1	0%
12:00	（10:52）	160.1	38.9	0%
12:30	（11:22）	168.8	40.7	0%
13:00	（11:52）	177.8	41.5	0%
13:30	（12:22）	−173	41.2	0%
14:00	（12:52）	−164.1	39.9	0%
14:30	（13:22）	−155.8	37.5	0%
15:00	（13:52）	−148.3	34.3	0%
15:30	（14:22）	−141.6	30.4	1%
16:00	（14:52）	−135.7	25.9	1%
16:30	（15:22）	−130.5	21	1%
17:00	（15:52）	−125.9	15.6	1%
17:30	（16:22）	−121.9	10	24%
18:00	（16:52）	−118.3	4.1	0%

图 5-71　展馆左侧的遮挡情况

5）关于日照分析的建议。根据日照分析结果，在冬至日，展馆左侧区域的最长日照时长为 8h，最短日照时长为 7h，早上 8:00 被遮挡 86%，9:30 遮挡完全消失，17:30 有 24%的遮挡。展馆右侧区域的最长日照时长为 3.8h，最短日照时长为 2h，早上 8:30 开始被遮挡，遮挡程度由小到大，12:30 展馆右侧完全被遮挡，13:00 遮挡程度由大到小，17:30 展馆右侧遮挡消失。根据日照时长结果进行分析，展馆左侧区域与右侧区域完全能满足日照要求，表明各单体建筑物之间的间距合理。展馆左侧区域与右侧区域日照时长与遮挡情况存在较大差异的原因：展馆左侧区域未布置有建筑，而展馆右侧区域附近布置有 CBD 建筑群，最高的 CBD 建筑约 300m，对展馆右侧区域有较大的遮挡作用，因此造成展馆左侧区域与右侧区域日照时长与遮挡情况存在较大差异。由于展馆左侧区域与右侧区域日照时长与遮挡情况存在较大差异，建议在对展馆进行功能布置时，可把对日照时长要求高或能承受长时间日照的功能布置在展馆左侧区域，把对日照时长要求低或不能承受长时间日照的功能布置在展馆右侧区域。

逐时太阳资料清单				
纬度：25.0	日期：21st December	本机修正：-67.1mins		
经度：102.7	儒略日：355	时间差：2.1mins		
时区：+8.0hrs	日出时间：07:53	太阳赤纬：-23.5		
物体编号：846	日落时间：18:20	方向：174.4		
标准时间	（真太阳时）	方位角/（°）	高度角/（°）	遮挡
8:00	（06:52）	116.7	1.3	0%
8:30	（07:22）	120.1	7.2	1%
9:00	（07:52）	124	13	5%
9:30	（08:22）	128.3	18.5	21%
10:00	（08:52）	133.1	23.6	43%
10:30	（09:22）	138.7	28.4	61%
11:00	（09:52）	145	32.6	73%
11:30	（10:22）	152.2	36.1	71%
12:00	（10:52）	160.1	38.9	94%
12:30	（11:22）	168.8	40.7	100%
13:00	（11:52）	177.8	41.5	100%
13:30	（12:22）	-173	41.2	87%
14:00	（12:52）	-164.1	39.9	80%
14:30	（13:22）	-155.8	37.5	63%
15:00	（13:52）	-148.3	34.3	61%
15:30	（14:22）	-141.6	30.4	47%
16:00	（14:52）	-135.7	25.9	40%
16:30	（15:22）	-130.5	21	29%
17:00	（15:52）	-125.9	15.6	21%
17:30	（16:22）	-121.9	10	0%
18:00	（16:52）	-118.3	4.1	40%

图 5-72　展馆右侧的遮挡情况

5. 室外绿地分析

整个昆明滇池国际会展中心项目的建筑密度为 51%、绿地率为 23.5%，其中展馆的建筑密度为 70%、绿地率为 15%，展馆地块的空间布局过于紧密，室外活动场地不足，绿地率偏低，建议进行优化。

6. 公共服务设施分析

经分析，昆明滇池国际会展中心项目周边的医疗、金融、邮电等公共服务设施配套不足，建议根据展馆的功能配置要求，布置一定的公共服务设施。

（四）节能环保的分析

原图

1. 节能分析

1）温度分布（temperature distribution）分析。根据项目所在地的环境数据，分析项目所在地的环境温度分布情况，分析结果如图 5-73 所示，具体的项目环境温度分布数据如表 5-18 所示。

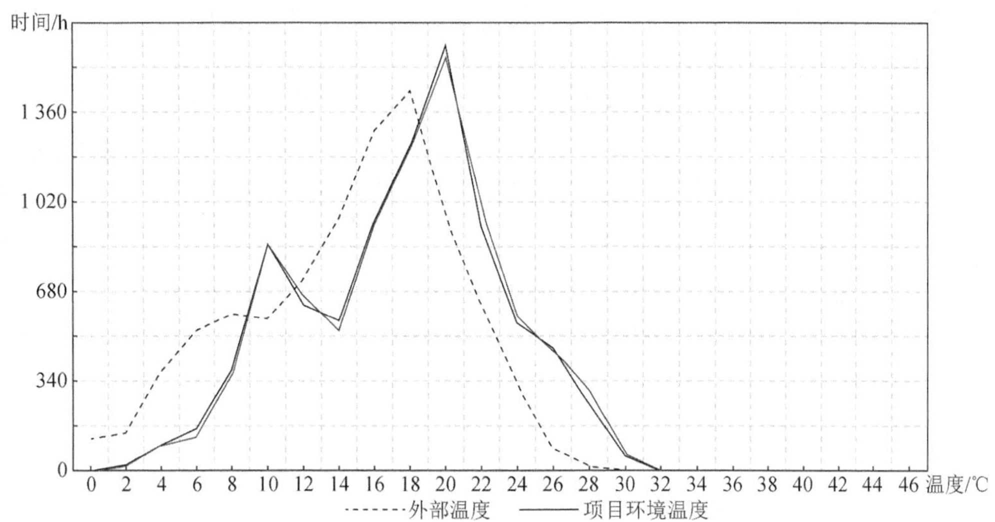

图 5-73　温度分布分析

表 5-18　项目环境温度分布数据

温度/℃	时间/h	该温度下时长与全年时长之比/%
0	0	0.00
2	26	0.30
4	86	1.00
6	121	1.40
8	319	3.60
10	893	10.20
12	647	7.40
14	502	5.70
16	963	11.00
18	1 119	12.80
20	1 599	18.30
22	1 085	12.40
24	678	7.70
26	488	5.60
28	213	2.40
30	21	0.20
32	0	0.00
34	0	0.00
36	0	0.00

续表

温度/℃	时间/h	该温度下时长与全年时长之比/%
38	0	0.00
40	0	0.00
42	0	0.00
44	0	0.00
46	0	0.00

项目环境温度分析结果表明，项目环境为舒适温度（不低于 18℃，不高于 26℃）的情况为 56.8%，项目环境温度为 7℃以下的情况为 5%，项目环境温度为 27℃以上的情况为 5%，而且全年气温以 20℃左右的情况居多。分析结果表明，项目环境温度较好，气候条件比较温和。

原图

2）逐月能耗（不舒适度）（monthly loads）分析。根据项目所在地的环境数据，计算全年各月所有不舒适温度与舒适温度数值相减值的总和，衡量项目环境全年各月的逐月能耗分布情况及项目环境全年各月的不舒适度分布情况。本项目环境的逐月能耗（不舒适度）分析结果如图 5-74 所示，具体的逐月能耗（不舒适度）分析数据如表 5-19 所示。

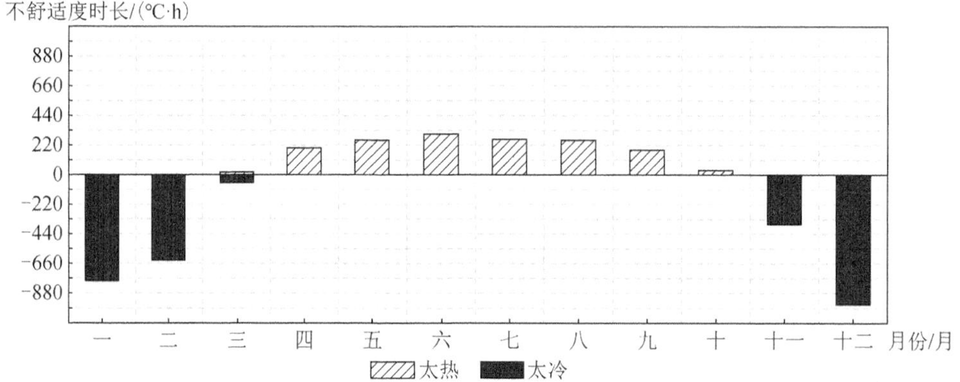

图 5-74　逐月能耗（不舒适度）分析

表 5-19　逐月能耗（不舒适度）分析数据

月份/月	太热/（℃·h）	太冷/（℃·h）	合计/（℃·h）
一	0	786	786
二	0	637	637
三	15	61	76
四	198	4	202
五	253	0	253
六	295	0	295
七	261	0	261
八	256	0	256
九	182	13	195
十	31	9	40
十一	0	371	371
十二	0	964	964
合计	1 490.2	2 845	43 35.2

逐月能耗（不舒适度）分析结果表明，项目环境的冬季不舒适度要远高于夏季不舒适度，需要特别加强冬季的保温措施，防止热量散失。

3）逐月度日数（不舒适度）（monthly degree days）分析。以全年室外日平均温度低于 18℃的度数乘以 1 天或室外日平均温度高于 26℃的度数乘以 1 天，以相乘后的乘积的相加结果为各月的逐月度日数，用于衡量本项目全年各月对人工采暖、制冷需求的分布情况。全年各月度日数的分析结果及全年各月度日数的散点分布情况，如图 5-75 所示。

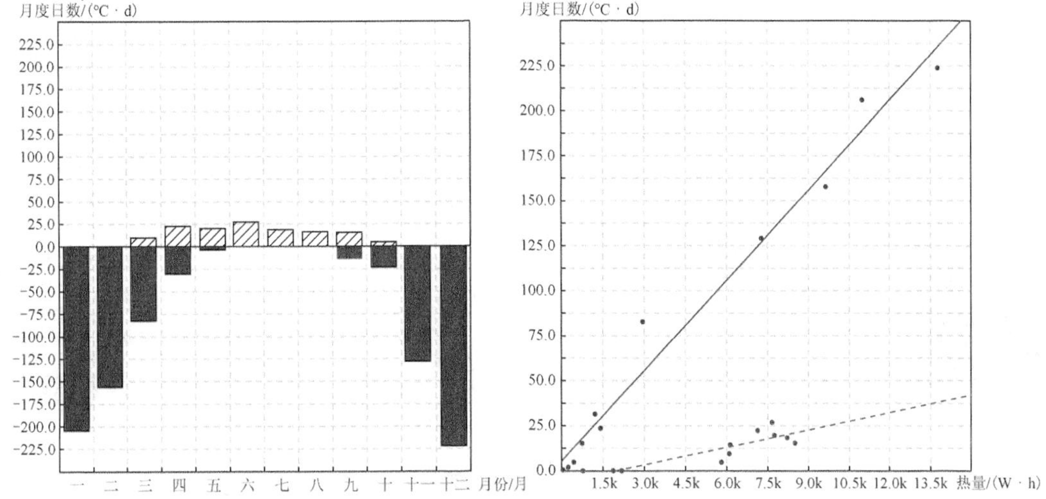

图 5-75　逐月度日数（不舒适度）分析

原图

根据逐月度日数的分析结果，全年各月对人工采暖、制冷的需求极不均衡，本项目对人工制冷的需求远远超过对人工采暖的需求，全年逐月度日数的计算结果，如表 5-20 所示。

4）逐时温度（hourly temperature profile）分析。以 1 月 1 日的环境温度数据，在无人工采暖的情况下，对展馆进行逐时温度分析，逐时温度分析结果如图 5-76 所示，图中绿色实线为展馆的室内温度，蓝色虚线为展馆的室外温度，黄色虚线为太阳的辐射温度，绿色实线与蓝色虚线之间的距离越大，表明建筑的保温性能越好。

表 5-20　全年逐月度日数的计算结果

月份/月	热度日数/（℃·d）	冷度日数/（℃·d）	失热/（W·h）	得热/（W·h）
一	205.5	0	11 017	810
二	157	0.5	9 657	2 195
三	82.2	9.2	2 962	6 093
四	31.3	21.9	1 234	7 163
五	4.6	19.8	471	7 753
六	1.9	26.5	229	7 682
七	0	18	48	8 247
八	0.3	15.4	65	8 550
九	14.7	14.3	773	6 142
十	23.9	4.6	1 409	5 847
十一	128.7	0.7	7 296	1 905
十二	222.6	0	13 799	782

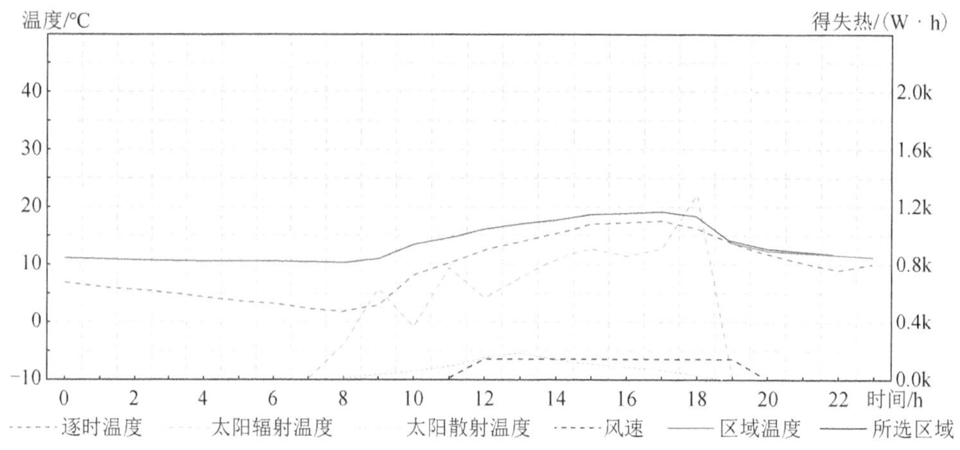

图 5-76　逐时温度分析

根据逐时温度分析结果，在 9:00 之前、室内无人的情况下，展馆内部的温度大致为 11℃，在 9:00 到 18:00、室内有人的情况下，展馆内部的温度大致为 17℃，在下午 18:00 之后、无人的情况下，展馆内部的温度大致为 13℃。图中绿色实线与蓝色虚线呈现基本相同的变化趋势，表明建筑物的保温措施不好。逐时温度分析的具体数字如表 5-21 所示。

表 5-21　逐时温度分析的具体数字

时间/h	内部温度/℃	外部温度/℃	差值/℃
0	10.2	5.8	4.4
1	10	5.6	4.4
2	9.9	4.6	5.3
3	9.9	3.8	6.1
4	9.7	3.2	6.5
5	9.7	2.7	7
6	9.6	2.8	6.8
7	9.5	2.2	7.3
8	9.5	1.8	7.7
9	12.5	5.3	7.2
10	14	7.2	6.8
11	15.1	9.8	5.3
12	16	12.4	3.6
13	16	13.6	2.2
14	17.2	16.2	1
15	17.8	17	0.8
16	18.3	17.8	0.7
17	18.3	17.2	1.1
18	17.9	16.1	1.8
19	13	13	0
20	11.9	11.4	0.5
21	11.5	9.5	2
22	10.9	8.3	2.6
23	10.6	7.4	3.2

原图

5）逐时得失热（hourly heat gains，losses）分析。以 1 月 1 日的环境温度数据，在无人工采暖的情况下，对展馆进行逐时得失热分析，逐时得失热分析结果如图 5-77 所示，图中绿色线代表采暖空调负荷的情况、草绿色线代表通风渗透的失热情况、褐色线代表维护结构导热的失热情况、灰黑色线代表内部人员与设备的得热情况。

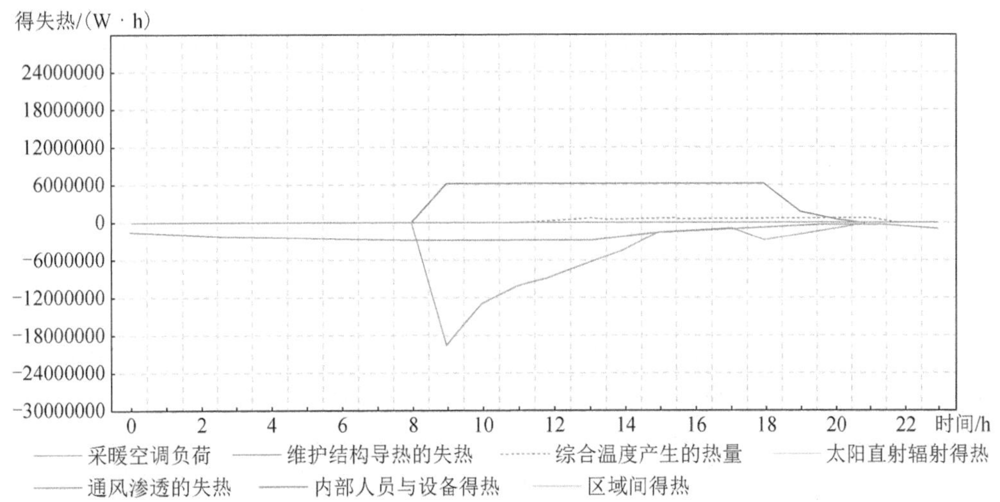

图 5-77　逐时得失热分析

根据逐时得失热分析结果，在冬季失热最大的是通风渗透失热，其次是维护结构导热失热，而对得热影响最大的是内部人员与设备的得热，展馆在 1 月 1 日具体的得失热数据如表 5-22 所示。

表 5-22　展馆在 1 月 1 日具体的得失热数据

时长	采暖空调负荷 /（W•h）	维护结构导热的失热/（W•h）	太阳直射辐射得热/（W•h）	通风渗透的失热/（W•h）	内部人员与设备得热/（W•h）	区域间得热 /（W•h）
0	0	−1 621 385	0	0	0	11
1	0	−2 022 414	0	0	0	8
2	0	−2 229 236	0	0	0	6
3	0	−2 260 784	0	0	0	4
4	0	−2 486 535	0	0	0	3
5	0	−2 528 473	0	0	0	2
6	0	−2 669 699	0	0	0	2
7	0	−2 810 630	0	0	0	2
8	0	−2 940 227	0	0	0	2
9	0	−3 041 600	0	−16 556 894	6 274 540	−13
10	0	−2 922 825	0	−14 079 880	6 274 540	−18
11	0	−2 883 948	0	−12 757 065	6 274 540	−26
12	0	−2 837 004	0	−9 745 406	6 274 540	−32
13	0	−2 086 414	0	−7 592 704	6 274 540	−30
14	0	−1 418 734	0	−3 254 015	6 274 540	−30
15	0	−887 220	0	−174 0251	6 274 540	−25
16	0	−391 862	0	−696 100	6 274 540	−21

续表

时长	采暖空调负荷/（W•h）	维护结构导热的失热/（W•h）	太阳直射辐射得热/（W•h）	通风渗透的失热/（W•h）	内部人员与设备得热/（W•h）	区域间得热/（W•h）
17	0	−174 299	0	−1 392 200	6 274 540	−14
18	0	−160 461	0	−3 306 476	6 274 540	−4
19	0	−374 415	0	−2 490 212	1 882 362	32
20	0	−515 844	0	−860 437	627 454	37
21	0	−560 917	0	0	0	39
22	0	−515 542	0	0	0	39
23	0	−980 121	0	0	0	22
—	—	—	—	—	—	—
合计	0	−38 097 316	0	−74 471 648	65 255 216	−4

6）被动组分得热（passive gains breakdown）分析。根据被动组分得热分析，可得出指定日期范围内不同来源得热的逐日变化以及它们各自所占的比例。被动组分得热分析结果如图 5-78 所示，图中横坐标为月份，纵坐标为热量，绿色为通风渗透，红色代表维护结构失热，蓝色代表内部设备得热，黄色代表太阳直射得热，咖啡色代表太阳散射得热。

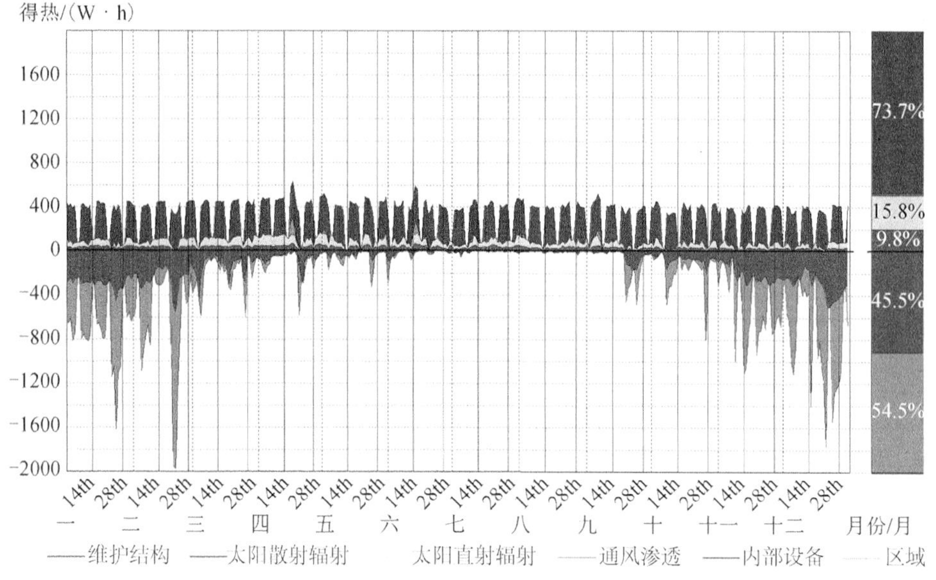

图 5-78　被动组分得热分析

原图

由图 5-78 可见，全年中的热损失中有 54.5%属于通风传导，有 45.5%属于维护结构导热，而全年中的得热主要来源于内部得热，被动组分得热分析的具体数字如表 5-23 所示。

表 5-23　被动组分得热分析的具体数字

热量类型	失热/%	得热/%
维护结构	45.50	0.10
太阳散射辐射	0.00	9.80
太阳直射辐射	0.00	15.80
通风渗透	54.50	0.60
内部设备	0.00	73.70
区域	0.00	0.00

7）维护结构得热（fabric gains）分析。根据维护结构得热分析结果，展馆维护结构传导热损失主要集中在前一天23:00到第二天的14:00左右，展馆维护结构得热分析结果如图5-79所示。图中横坐标为月份，纵坐标为一天24h，图中显示全年12个月中，某天24h展馆维护结构的得热情况。

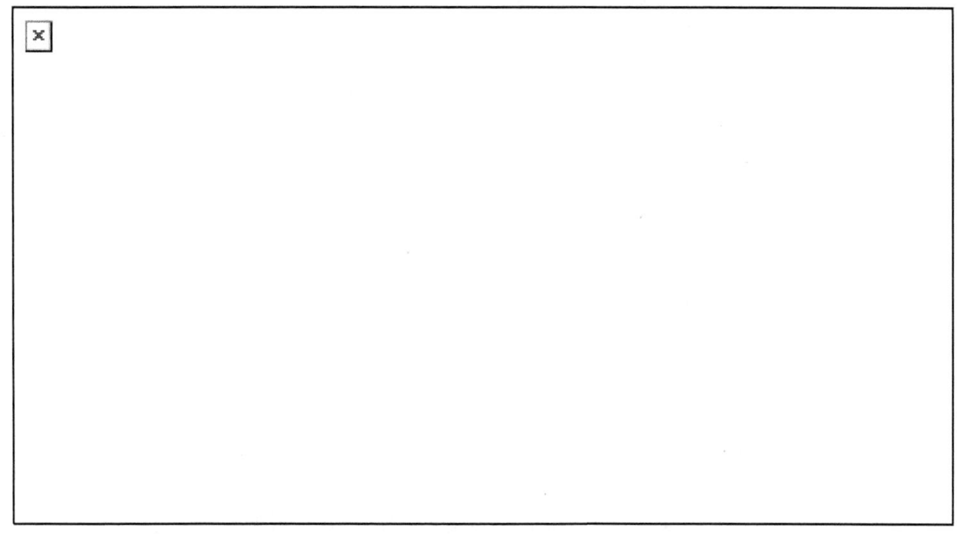

图5-79　维护结构得热分析

8）关于热工分析的建议。

原图

① 根据项目环境温度分布分析，项目环境为舒适温度的情况为56.8%，项目环境温度为7℃以下的情况为5%，项目环境温度为27℃以上的情况为5%，而且全年气温以20℃左右的情况居多。因此，建议本项目应尽量利用优越的气候条件，尽量减少空调的使用。

② 根据逐月能耗（不舒适度）分析，项目环境的冬季不舒适度要远高于夏季不舒适度，需要特别加强冬季的保温措施，防止热量散失。

③ 根据逐月度日数（不舒适度）分析，本项目全年各月对人工采暖、制冷的需求极不均衡，对人工制冷的需求远远超过对人工采暖的需求，应妥善处理好项目冷、热负荷不均衡的问题，应在尽可能满足项目冷、热负荷需求的前提下，降低空调设备的投入。

④ 根据逐时温度分析，展馆的室内温度与室外温度呈现基本相同的变化趋势，表明建筑物的保温措施不好，建议加强展馆的保温措施。

⑤ 根据逐时得失热分析，在冬季失热最大的是通风渗透失热，其次是维护结构导热的失热，而对得热影响最大的是内部人员与设备的得热。根据被动组分得热分析，全年中的热损失中有54.5%属于通风传导，有45.5%属于维护结构导热，而全年中的得热主要来源于内部得热。因此，应加强通风及维护结构的保温措施，减少热量散失；应利用好太阳辐射和内部得热，增强维护结构蓄热性能来平衡昼夜热损失，降低展馆的制冷需求量。

⑥ 根据维护结构得热分析，展馆维护结构传导热损失主要集中在前一天23:00到第二天的14:00左右，应根据展馆维护结构的失热情况，采取一定的应对措施。

2. 节地分析

展馆工程地下车库面积仅占车库总面积的63%，建议尽量减少建筑一层的车库面积，以节约建设用地。

3. 节水分析

展馆工程采用了中水回用和雨水回用的设施，符合建筑节水的要求，但建议落实中水直接回用是否符合地方性管理规定的要求。

4. 节材分析

展馆工程采用了高强钢筋和高强混凝土，便于节材。屋面结构采用钢网架结构体系，利于材料的回收。

5. 耐久性分析

展馆工程结构部分的使用年限为 50 年，建筑部分的使用年限为 100 年，两者不一致，建议复核。

（五）安全性能的分析

1. 结构安全分析

展馆屋面钢网架结构一单元和五单元边跨的受力路径不明晰，屋面钢网架中间部分的支撑点为核心筒，两端山墙处的支撑点为框架柱，屋面钢网架结构一单元和五单元未在同一支撑体系上，不同的结构体系没有相互融合，不利于结构安全，如图 5-80 所示。

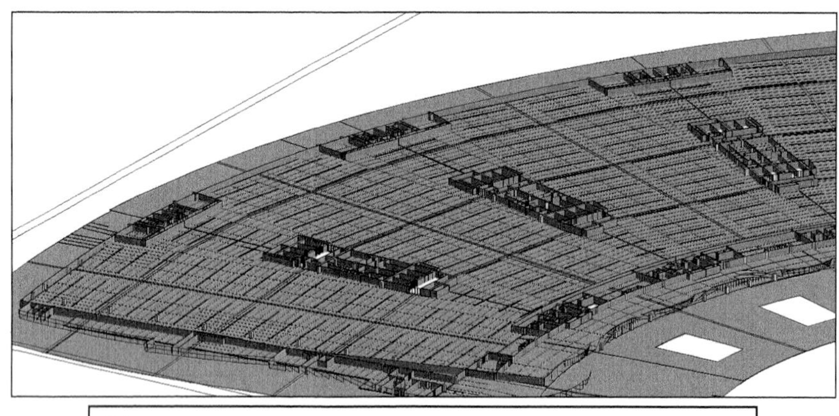

图 5-80　结构安全分析

展馆屋面展厅的钢网架与序厅的钢网架方案不匹配，展厅的钢网架与序厅的钢网架不能有机衔接，如次序厅处的钢网架为平面，对应展厅处的钢网架为曲线；主序厅 7 号展厅两侧的钢网架为平面，7 号展厅两侧的钢网架为曲线，展厅的钢网架与序厅的钢网架结合困难，如图 5-81～图 5-83 所示。

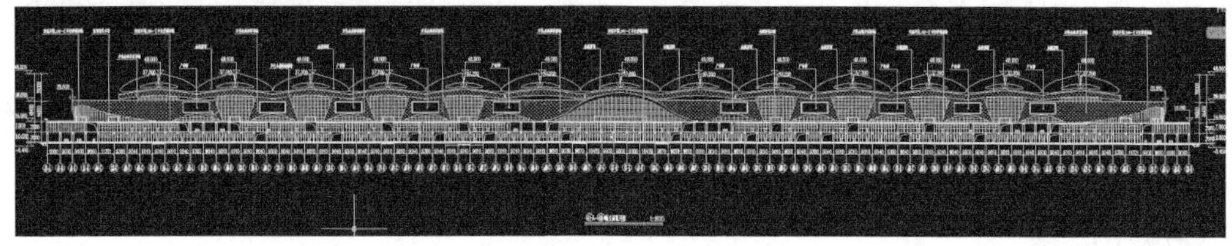

图 5-81　钢网架方案结构安全分析（一）

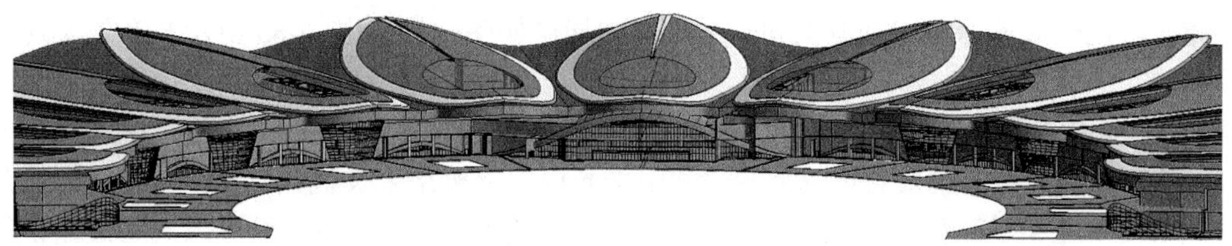

图 5-82　钢网架方案结构安全分析（二）

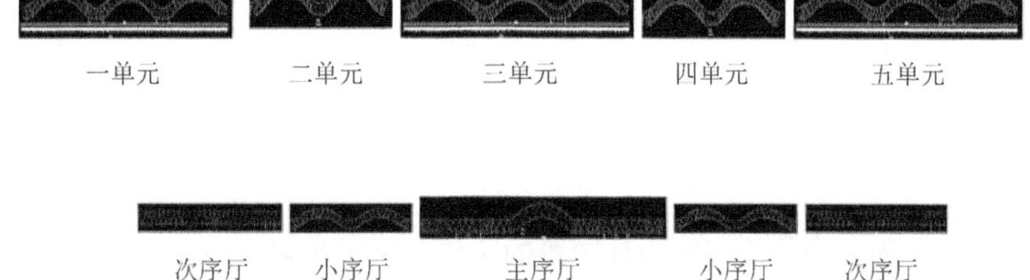

图 5-83　钢网架方案结构安全分析（三）

2. 日常安全分析

当发生安全事故时，展厅内的人员是通过疏散楼梯和一层避难走道疏散到室外的安全区域，一层的 12 条避难走道中间均设有直角转弯，不利于应急事件的人员疏散，建议优化。

（六）初步设计技术方案优化建议

通过对展馆的适用性能、环境性能、经济性能、安全性能等相关内容进行分析，展馆的初步设计成果主要存在以下不完善的方面，建议进行调整完善。

1）根据对展馆的适用性能分析结果，展馆平面功能布局不够完善，展馆的平面功能布局不能完全满足南亚博览会的功能要求，建议完善展馆的平面功能布局方案，使展厅能够完全满足多主题展会同时召开的需求，增强展馆的会议功能布置，使展馆能够同时满足展览和会务的需求，展馆的会议功能布置还应符合国际性会议的设施标准，并按南亚、东南亚国家的外交礼仪设置特别通道及休息室。

2）根据对展馆的环境性能分析结果，建成后的展馆将对项目周边的自然环境造成重大影响，但展馆的外立面设计方案比较单调，展馆的室外景观布置空间不足，不利于自然景观与人造景观的协调、融合。建议调整展馆的现有外立面方案，增加展馆外立面方案的表现层次，适当增加室外景观的布置空间，使展馆能够与自然景观自然融合。

3）根据对展馆的经济性能分析结果，在节能、节地方面，展馆的初步设计成果尚存在改进、提升的空间，建议完善初步设计成果。

4）根据对展馆的安全性能分析结果，展馆的结构方案存在缺陷，使展馆的结构安全存在隐患，建议调整展馆的钢结构网架方案。

四、应用成果

利用以上分析结果及优化建议，指导完善了展馆及配套商业的总体造型方案及平面功能布局，优化后的总体造型方案和平面功能布局（如图 5-84 和图 5-85 所示）有效实现了项目的建设目标。同时，利用声学性能分析结果及优化建议，在展厅屋面上增加了消音层和吸音层，提升了展厅的声学性能，并指导完成了 7 号展厅会议设备和音响系统的配置方案，有效保证了召开重要会议的要求。利用采光模拟分析结果及优化建议，在展厅的三角区域增设中庭和采光窗，有效提高自然采光条件下的展厅照度，并全面考虑人工采光条件下，对人工照明的配置要求。利用环境性能分析结果及优化建议，充分完善了建筑的景观方案，为项目营造了一个自然、和谐的建筑环境。利用节能分析结果及优化建议，充分利用自然环境条件，仅在重点区域采用了空调系统，并针对项目模拟失热的情况采取了应对措施，进一步提高了项目的节能效果。同时，还利用模型，辅助进行了安全性能分析，提出屋面钢结构方案存在的问题，指导进行钢结构方案的优化。

通过利用初步设计技术方案模型模拟分析各种建筑性能，提出优化建议和改进措施，指导完成了初步设计技术方案的优化，科学合理地确定了一个功能完善、造型美观、节能环保的技术方案，为后续的施工图设计阶段的工作奠定了基础。

图 5-84　优化后的总体造型方案

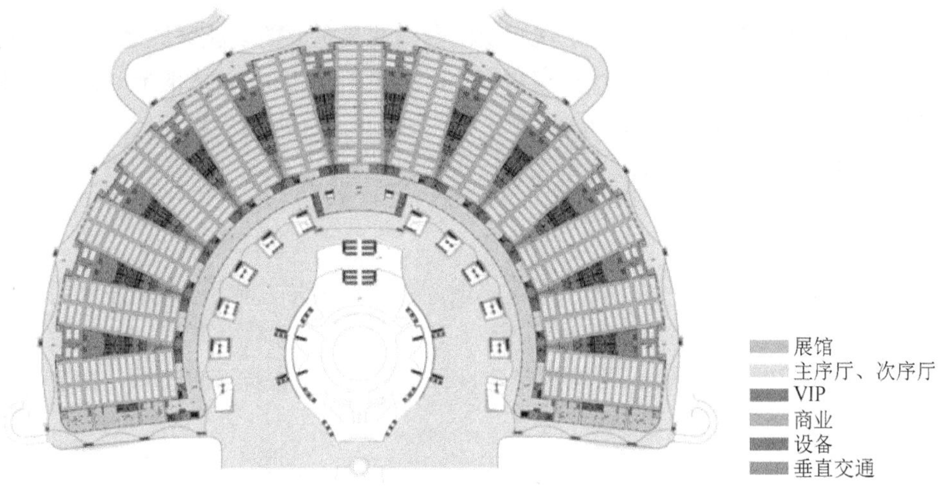

图 5-85　优化后的三层平面功能布局

五、应用总结

在昆明滇池国际会展中心项目展馆工程的初步设计阶段，应用 BIM 技术对初步设计成果进行定性定量地分析评价，对项目的适用性能、环境性能、节能环保等内容进行科学分析和评价，提出优化建议和改进措施，指导完成了初步设计技术方案的优化，科学合理地确定了一个功能完善、造型美观、节能环保的技术方案，为后续的施工图设计阶段的工作奠定了基础。

第四节　施工图设计阶段应用案例剖析（一）

施工图设计是设计阶段的最后一个子阶段。在初步设计阶段，项目完成了对技术方案的科学分析、评价和决策。在施工图设计阶段，应对初步设计阶段确立的技术方案进行进一步的细化和落实，以满足项目建设、实施的要求，并作为整个项目竣工验收的依据。在施工图设计阶段应用 BIM 技术，主要是为了解决项目设计成果的错漏碰缺，准确传递关于项目建设的技术要求，顺利安排项目建设所需材料、设备的订货及非标准设备的制作，为项目的建设、实施进行充分的技术准备，全面确立项目的质量、进度、成本等方面的建设目标。

一、案例概况

昆明滇池国际会展中心项目在展馆工程的初步设计技术方案确定以后，按照总体建设目标的要求，在初步设计技术方案的基础上，进一步应用 BIM 技术开展施工图设计阶段的工作，为工程项目的施工阶段奠定坚实的基础。

二、应用内容

展馆工程施工图设计阶段的工作重点主要是在初步设计技术方案的指导下，进一步落实和细化重要部位和关键节点的技术方案，为项目的正式开工建设进行技术准备。昆明滇池国际会展中心项目展馆的主序厅是展馆及配套商业最重要的功能区域之一，需要在初步设计技术方案的基础上进一步进行落实和细化。按照基于 BIM 技术的节点法设计管理模式的要求，组织完成了昆明滇池国际会展中心项目展馆主序厅初步设计技术方案的细化工作，确保项目的品质控制要求。

三、应用过程

首先，创建展馆主序厅细化技术方案模型，各项目参与方利用 BIM 技术的可视化功能对细化方案模型进行评价，如图 5-86 所示。评价结果：方案中 4 根立柱打破了主序厅的空间关系，造型生硬、压抑，不能满足建设目标的要求。根据评价建议，构建了优化方案模型一，如图 5-87 所示。

图 5-86　主序厅细化方案模型

图 5-87　主序厅优化方案模型一

对优化方案一 BIM 模型评价结果：尽管优化方案一增强 4 根立柱之间的整体性，但主序厅的空间关系仍然很生硬、压抑，不能满足建设目标的要求。根据评价建议，对 4 根立柱进行造型，再次优化形成了优化方案模型二，如图 5-88 所示。

图 5-88　主序厅优化方案模型二

对优化方案模型二评价结果：对 4 根立柱进行抽象的树型造型，融合了主序厅的空间关系，造型美观，空间关系和谐，已满足建设要求，但幕墙柱仍然很生硬、压抑，与内部空间形态不协调，需要再次进行优化。根据评价建议，对幕墙柱进行造型，形成了最终的优化方案模型，如图 5-89 所示。评价结果：最终细化方案造型美观，空间关系和谐，已满足建设目标要求。

图 5-89　主序厅最终优化方案模型

四、应用成果

利用 BIM 技术的可视化功能，突破了各项目参与方之间沟通交流的技术障碍，使各类项目参与人员所见即所得，充分表达了对设计品质的管控意见。通过各参与方之间有效的管控协同，全面落实和细化了初步设计技术方案，如图 5-90 所示，达到了细化方案对空间造型及品质定位的控制要求，充分做好了项目正式开工建设前的技术准备工作，为后续的施工阶段能够顺利完成项目建设目标奠定了基础。

图 5-90　主序厅实景

五、应用总结

在施工图设计阶段应用 BIM 技术，可解决项目设计成果的错漏碰缺等问题，提高设计成果的质量，全面确立项目的质量、进度、成本等方面的建设目标，准确传递项目的建设要求，为项目的建设、实施进行充分的技术准备。通过应用案例，我们也可以看到，在施工图设计阶段应用 BIM 技术，进一步落实和细化关键技术方案，为项目建设做好技术准备，通过模型，突破各项目参与方之间沟通交流的技术障碍，所见即所得，从技术方案的提出、确定到执行，所有面向对象的信息都在完整传递，没有信息丢失，为顺利完成项目建设目标奠定了基础。

第五节　施工图设计阶段应用案例剖析（二）

一、案例概况

本项目是云南城投集团“梦云南”系列旅游度假产品，大理“海东方国际旅游度假区”项目的子项目，位于云南省大理市洱海东岸，项目坐落于近海山顶，可远眺大理主城区和苍山洱海，景观视线很好，建筑面积 42 394m^2，共 7 层。建筑特征：酒店大堂和主入口设置在第 7 层，往下 1～6 层顺应地形采用退台式建筑布局，如图 5-91 所示。由于场地为西向坡向，而且坡度较大，建筑方案顺应地形，采用退台式的建筑布置方式，极大地提升了建筑对外部景观的观赏效果。由于项目依山就势而建，层层退台，竖向布局及竖向标高复杂多变，增加了项目设计工作的难度。

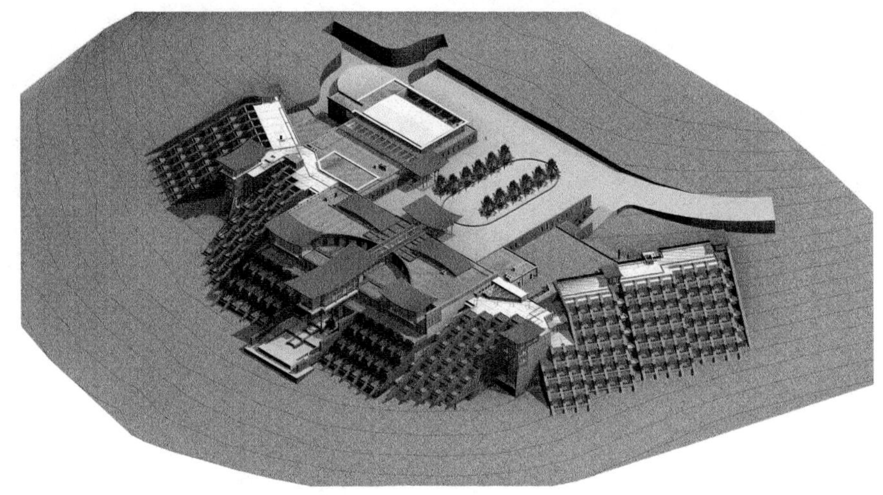

图 5-91　海东方国际旅游度假区项目的子项目 BIM 模型

为了回避常规二维设计不直观可能造成的设计误差，在二维设计的基础上，通过 BIM 技术应用对设计成果进行直观精确的校核，以保证施工图设计成果的质量。

二、应用内容

为了保证本项目施工图设计成果的质量，有效解决常规二维设计对竖向布局及竖向标高复杂多变的建筑易造成设计误差的问题，在二维设计的基础上，应用 BIM 技术对设计成果进行直观精确的校核。其具体应用如下：

1）在二维设计成果之上，应用 BIM 技术创建全专业建筑信息模型。

2）利用全专业建筑信息模型的可视化及虚拟现实等，组织有效的设计协调。

3）利用全专业建筑信息模型进行空间管理及碰撞检查，解决设计成果存在误差的问题。

4）根据全专业建筑信息模型的分析、校核工作成果，指导设计优化工作。

三、应用过程

为了保证本项目施工图设计成果的质量，有效解决常规二维设计对竖向布局及标高复杂多变的建筑易造成设计误差的问题，在二维设计的基础上，应用 BIM 技术对设计成果进行直观精确的校核。

1. 创建全专业建筑信息模型

1）建筑专业建筑信息模型，如图 5-92～图 5-97 所示。

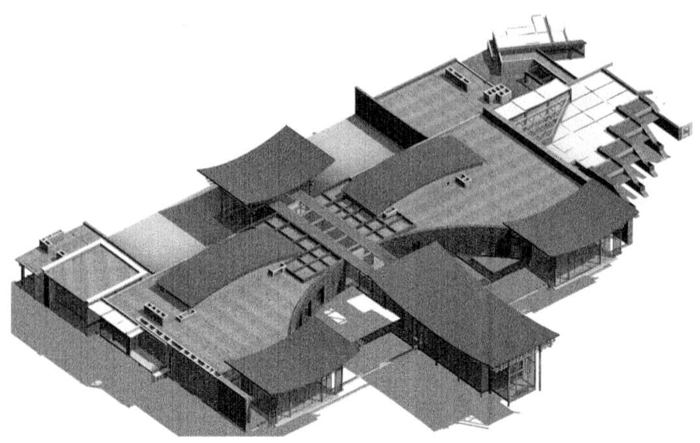

图 5-92　屋顶俯视图

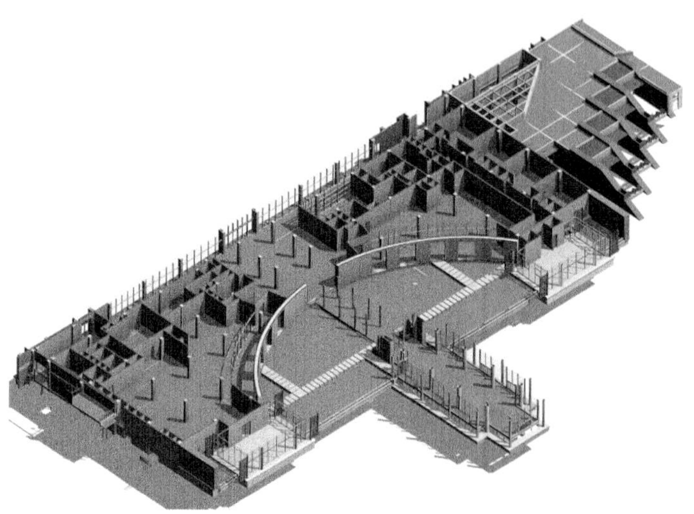

图 5-93　七层俯视图

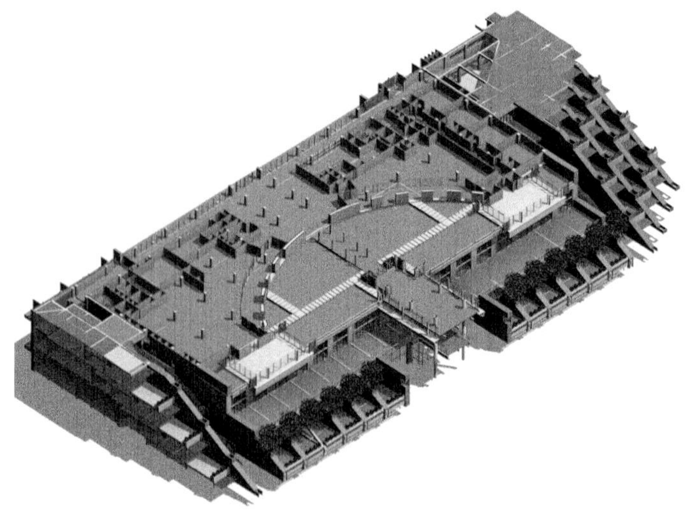

图 5-94　六层俯视图

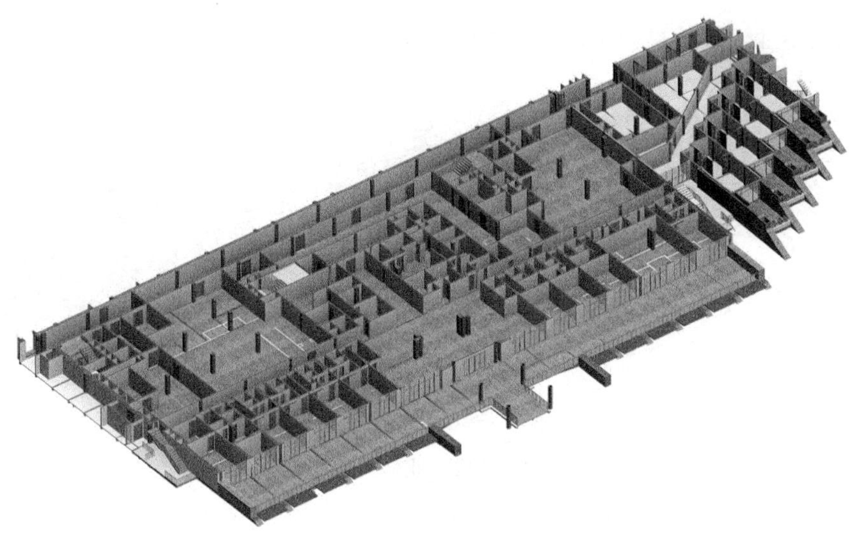

图 5-95　五层俯视图

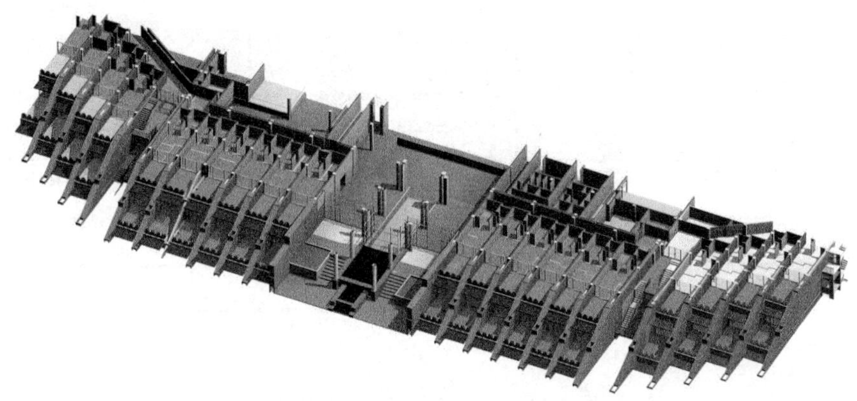

图 5-96　四层俯视图

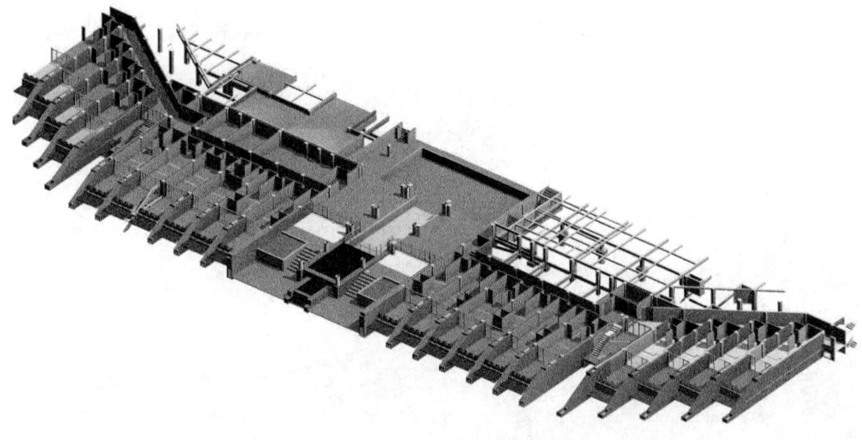

图 5-97　三层俯视图

2）结构专业建筑信息模型，如图 5-98 所示。

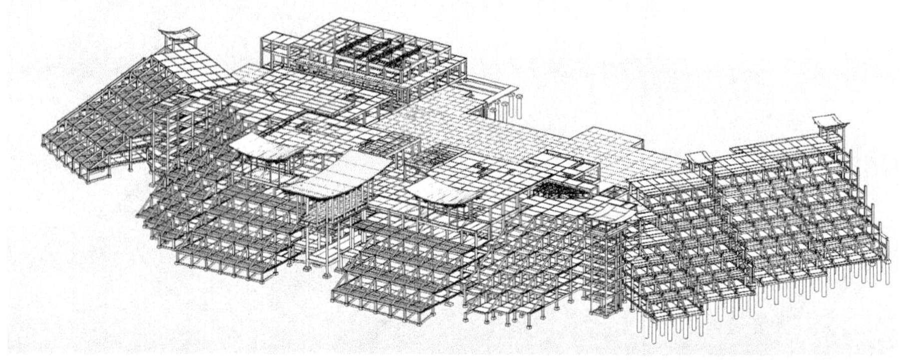

图 5-98　结构专业建筑信息模型

3）机电专业建筑信息模型，如图 5-99 所示。

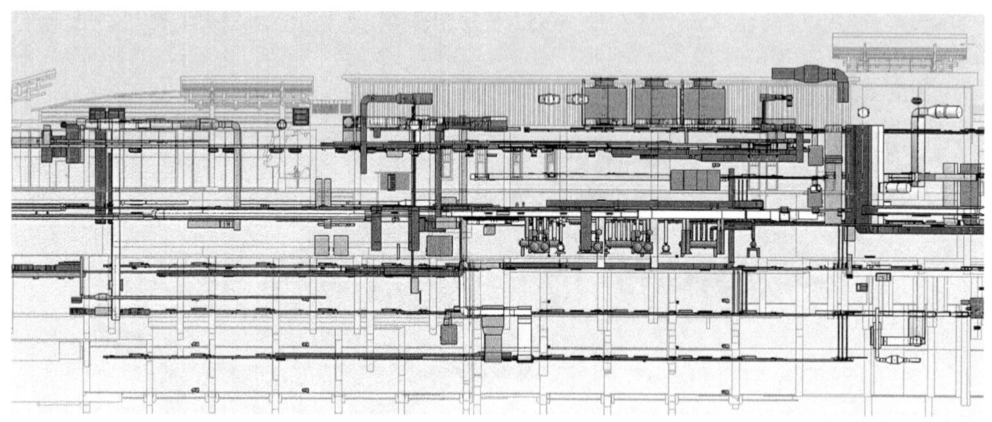

图 5-99　机电专业建筑信息模型

2. 组织有效的设计沟通协调

1）用虚拟现实技术，对建筑进行使用体验（如漫游、净高等），如图 5-100 所示。

图 5-100　虚拟现实技术对建筑进行使用体验

2）利用 BIM 可视化特性，支持设计团队之间、设计团队与业主之间的沟通交流，如图 5-101 和图 5-102 所示。

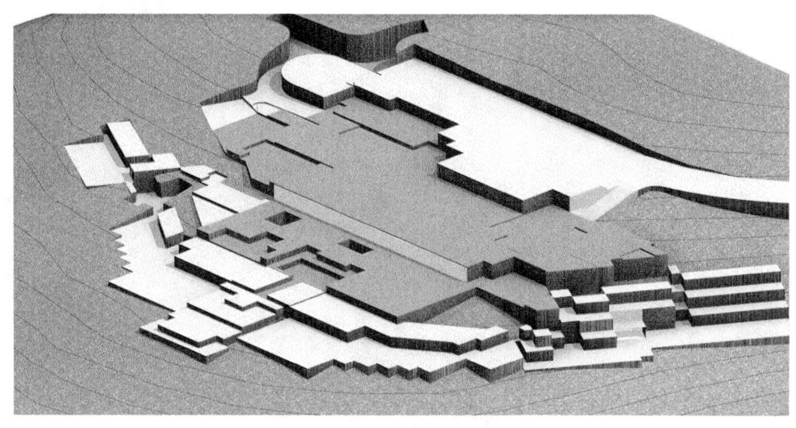

图 5-101　利用 BIM 可视化（一）

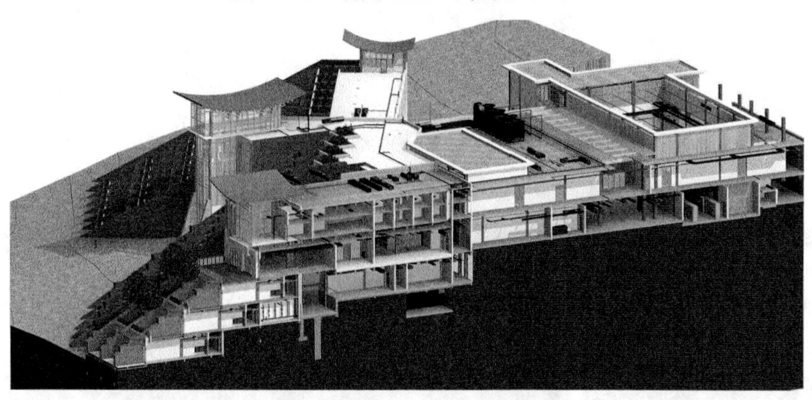

图 5-102　利用 BIM 可视化（二）

3）利用 BIM 可视化特性进行空间管理，如图 5-103 所示。

图 5-103　可视化空间管理

4）利用 BIM 可视化特性进行碰撞检查，如图 5-104 和图 5-105 所示。

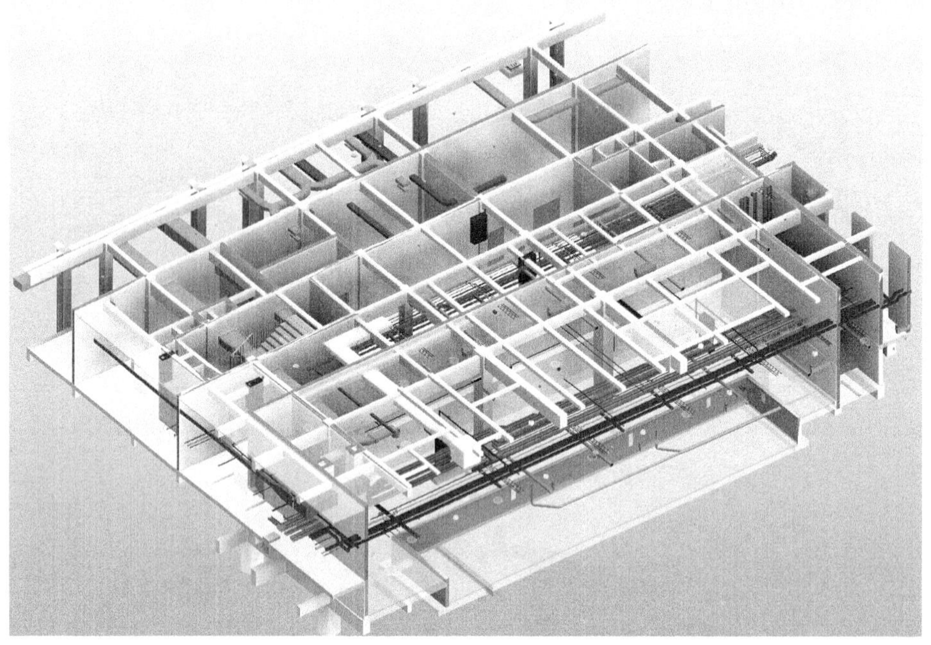

图 5-104　利用 BIM 可视化特性进行碰撞检查（一）

图 5-105　利用 BIM 可视化特性进行碰撞检查（二）

U 类碰撞：风管与给水管发生碰撞。

原因分析：非客房部分建模时，给水管和暖通管道均按照梁底标高安装导致大量碰撞。

解决方法：此类碰撞占大多数，需要在各个区域统一预先设定各个专业安装标高范围减少碰撞，在安装过程中再根据现场条件优化调整，属中等碰撞。

3. 指导设计优化

1）生成任意位置的剖面，指导对穿过道的地基梁进行设计优化，如图 5-106 和图 5-107 所示。

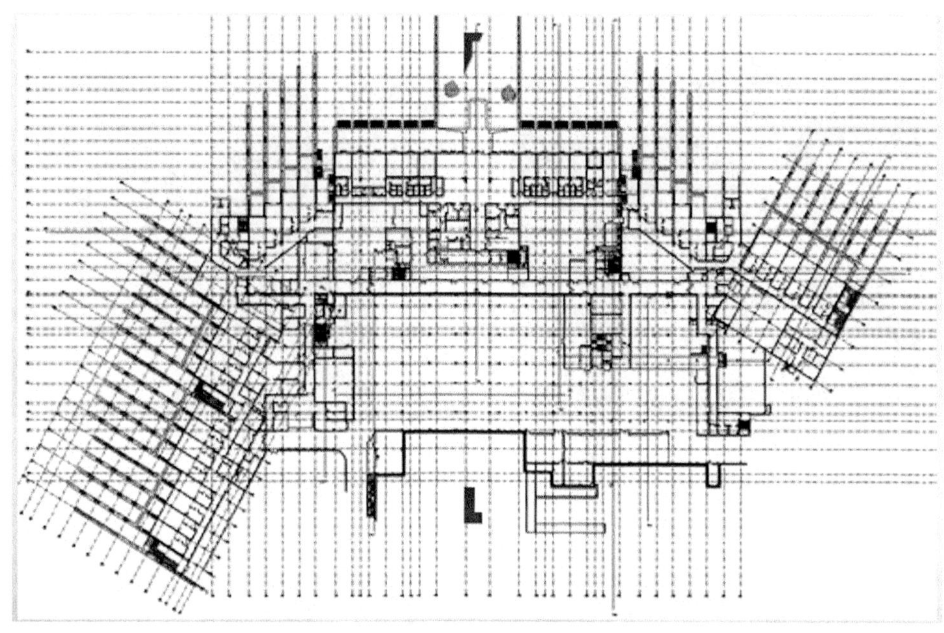

图 5-106　生成任意位置的剖面示意（一）

图 5-107　生成任意位置的剖面示意（二）

2）生成任意位置的剖面出图，如图 5-108 所示。

图 5-108　生成任意位置的剖面出图

3）结构梁标高修正，如图 5-109 所示。

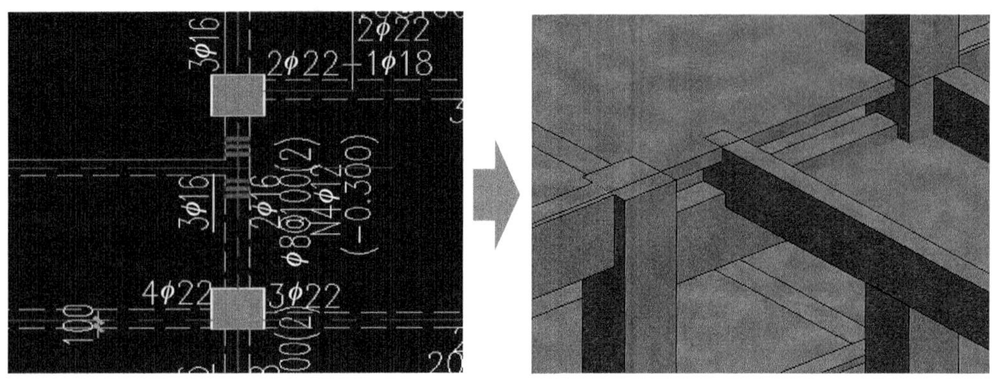

图 5-109　结构梁标高修正

四、应用结果

本项目在施工图设计阶段采用 2D+3D 结合的设计方式，在二维设计成果之上，采用 BIM 三维设计作为传统设计的重要补充。以 BIM 模型作为载体，利用 BIM 模型的可视化、虚拟现实等特性直观展示设计成果，高效实现了设计团队之间、设计团队与业主之间的沟通交流，提高了各个管理团队之间沟通交流的效率和准确性。利用 BIM 模型，对二维设计成果进行了校核，解决了空间管理和管线综合等问题，共解决给水排水管道与结构的碰撞 232 处、暖通管道与结构的碰撞 56 处、排水管道与暖通管道的碰撞 740 处，以及二维设计成果存在的一些其他类型的设计问题，并有效指导了对二维设计成果的优化。但我们也看到 2D+3D 的设计方式的不足之处，即在二维设计成果之上，采用 BIM 三维设计作为传统设计的补充，导致设计工作内容重复，设计成果完成滞后，没有实现 BIM 技术应用价值的最大化。

五、应用总结

在施工图设计阶段应用 BIM 技术，可解决项目设计成果的错漏碰缺等问题，提高设计成果的质量，全面确立项目的质量、进度、成本等方面的建设目标，准确传递项目的建设要求，为项目的建设、实施进行充分的技术准备。通过应用案例，我们可以看到，目前应用比较广泛的 2D+3D 设计方式的不足。在二维设计成果之上，采用 BIM 三维设计作为传统设计的补充，导致设计工作内容重复，设计成果完成滞后，做不到 BIM 技术应用价值的最大化，不利于 BIM 技术的推广应用，也不利于设计工作效率的全面提高。

思　考　题

1. 如何理解节点法设计管理 BIM 应用的应用理念？
2. 如何理解节点法设计管理 BIM 应用的应用目标？
3. 如何理解节点法设计管理 BIM 应用的实现路径？
4. 节点法设计管理 BIM 应用划分为哪几个阶段？
5. 读完本章案例后得到哪些启发？

第六章　节点法施工管理的 BIM 应用

施工阶段是工程项目全生命周期的重要阶段，是节点法项目管理的重要内容，主要包含施工准备、项目建造、竣工验收等子阶段。施工阶段意味着项目的技术准备工作已基本完成，项目正式进入建设、实施阶段。施工阶段的主要工作是项目施工招投标和承包商的选定、签订项目合同、制定项目实施总体规划和计划、建立项目组织和完成建设准备，在规定的控制约束条件下，组织、管控项目的建造过程，按设计技术文件的要求完成项目建造，实现项目的总体建设目标。

第一节　节点法施工管理的应用逻辑

一、应用理念

节点法项目管理是现代项目管理的新工具、新方法，其建立在现代项目管理知识体系、管理实践及创新成果之上，是一种以项目的组织管控为先导，以项目各节点的目标管控、过程管控、成果管控为基础，全过程成本管控为核心的项目管理组织模式。在 BIM 技术的支持下，节点法施工管理充分利用科技进步的发展成果提升管理效率，为大体量的工程项目管理提供了有效的管理模式，依据节点法项目管理的知识体系规范建设管理工作，将有利于施工阶段项目管理目标的实现，有效应对项目建设过程中的新挑战。

随着 BIM 技术的深入应用，最终将使工程项目从决策阶段到运维阶段，实现全产业链的数字化、信息化，转变建筑业现有的生产模式和生产方式，有效促进建筑业向工业化、产业化方向持续发展。

二、应用模式

在施工阶段，为了实现项目全生命周期的管理目标，应用 BIM 作为节点法项目管理过程中的技术工具，通过对项目施工阶段的项目信息进行系统识别，根据项目信息时间、空间、形式 3 个维度的性质及特征，将项目的施工阶段分为“施工准备、项目建造、竣工验收”三大管理子阶段，应用 BIM 技术围绕三大管理子阶段，以组织管控为先导，以各阶段目标管控、过程管控、成果管控为基础，对项目施工阶段的管理目标、管理过程和管理成果进行以“超前、可视、模拟、验证”为特征的项目管理活动，为项目提供“招标控制价、施工合同价、竣工结算价”3 个维度的决策支持，通过系统的过程评价、效益评价、持续评价，实施精细化的施工管理，有效实现项目施工阶段的建设目标，为全面实现项目全生命周期的总体建设目标奠定基础。其应用模式如图 6-1 所示。

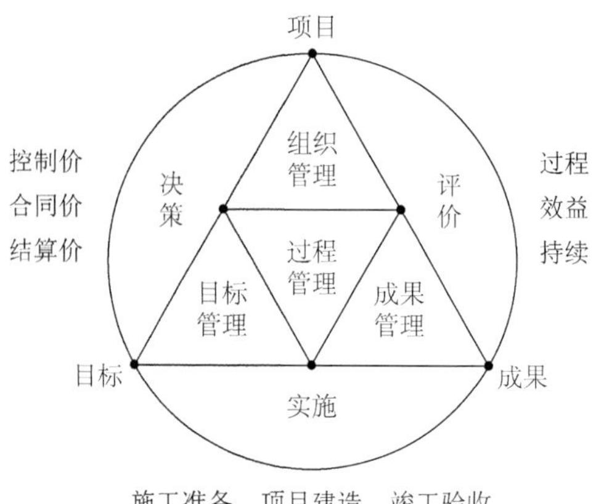

图 6-1　节点法施工管理的 BIM 应用模式

三、应用目标

依据节点法项目施工阶段的 BIM 应用模式的要求，综合采用“技术管理、经济管理、组织管理、合同管理”等措施，应用 BIM 技术对项目信息的加载、传递和共享的特性，通过对建造过程进行可视化表达和模拟，定性、定量的分析评价施工方案对实现项目预定目标的保证程度，对施工阶段的工作过程和工作成果进行质量、进度和成本控制，基于施工阶段 BIM，模拟分析施工管理方案的可行性和合理性，指导完成施工管理方案的优化和完善，并为施工管理方案的顺利实施提供技术保障，使项目建设工作始终能够围绕项目建设目标不断推进，最终全面实现项目预定的总体建设目标。

四、技术路径

根据节点法施工管理的 BIM 应用目标，分解形成施工阶段的子目标，构建节点法施工管理的 BIM 应用目标体系。基于施工阶段的子目标，创建施工阶段建筑信息模型，利用 BIM 技术可视化、可模拟的特性，组织对施工管理方案进行定性、定量的分析和评价，并提出优化建议和改进措施，直至施工管理方案达到项目总体建设目标的要求，如图 6-2 所示。

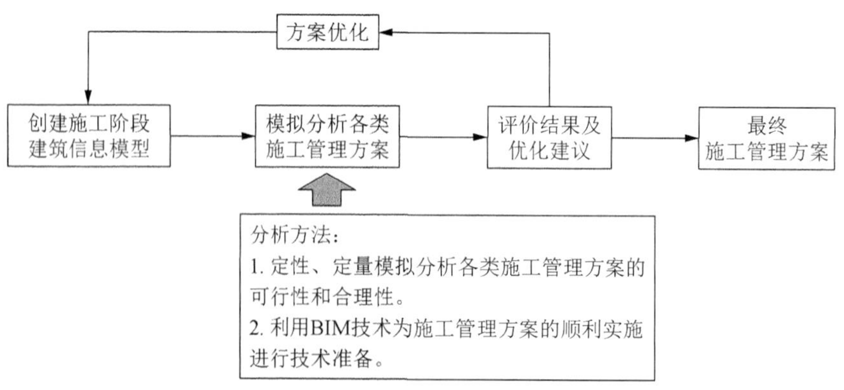

图 6-2　施工阶段应用的技术路径

第二节　施工准备阶段应用案例剖析

施工准备阶段是施工阶段的第一个子阶段，在项目的技术准备工作已基本完成之后，项目正式进入建设、实施阶段。在项目的施工阶段，要做好项目的施工准备工作，即按照项目设计文件的要求，完成项目的场地平整、通水、通电、通路等准备工作内容，为项目的正式开工建设做好基础条件。在昆明滇池国际会展中心项目展馆工程的施工准备阶段，应用 BIM 技术对场平方案进行了定性、定量的分析评价，加快了展馆工程施工准备的进程。

一、案例概况

昆明滇池国际会展中心项目，展馆工程设计阶段的工作成果提交之后，项目施工阶段的工作开始正式启动，施工准备是项目施工的前提。在项目的施工准备阶段，场平工程是重要的工作内容之一，顺利完成场平工作是工程项目正式开工建设基本的工作条件。在昆明滇池国际会展中心项目展馆工程的场地平整中，应用 BIM 技术对场平方案进行了定性、定量的分析评价，加快了展馆工程施工准备的进程。

二、应用内容

昆明滇池国际会展中心项目由于其体量大、建设周期短、前期工作准备不充分，制约了项目建设工作的快速推进。特别是建设用地迟迟不能实现全面移交，因部分建设用地移交滞后，已影响项目的整体建设进度。为了破解土地移交滞后带来的不利影响，根据土地移交滞后情况，拟订了总体平衡分区施工的方案。利用 BIM 技术创建地块场地的建筑信息模型，对总体平衡分区施工方案和整体施工方案进行模拟分析，分析评价总体平衡分区施工方案的优缺点，验证总体平衡分区施工方案的可行性、合理性、经济性。

BIM 技术应用的具体内容如下：

1）创建北区地块场地 BIM，根据模型验证北区地块场地平整土方工程量，并对土方平衡进行分析。

2）创建北区地块场地分区 BIM，根据分区 BIM 模拟分区施工方案，对分区施工方案的土方平衡、经济指标等内容进行分析，提出分区施工方案的评价意见。

3）根据北区地块场地 BIM、虚拟建造过程、分析及评价意见，提出北区地块场地平整节点的管理建议及改进措施。

三、应用过程

（一）创建场地建筑信息模型

根据《昆明滇池国际会展中心项目北区地块平面方格网 2013.01.23》和《昆明滇池国际会展中心项目北区地块平面方格网 2013.01.25》中的原始地形标高、设计地形标高和相关的地形边界等数据内容，以及总体平衡分区施工方案，组织进行了北区地块场地 BIM 和北区地块分区场地 BIM 的创建。

1. 总体平衡分区施工方案概述

根据土地移交滞后情况，拟订了总体平衡分区施工方案，总体平衡分区施工方案如下：

1）先对项目场地内的五甲河以西地块的原始地貌进行场地平整，场地平整标高达到 1 890m 后，组织进行桩基施工，待桩基施工完成后，再将桩顶浮土挖出（桩顶设计标高为 1 886m），桩顶浮土需挖至地下室底板板顶设计标高 1 887.20m，挖出的桩顶浮土用于室外展馆区预留用地回填和五甲河以东地块场地平整。

2）五甲河以东地块场地平整标高达到 1 888.50m 后，组织进行桩基施工，待桩基施工完成后，再将桩顶浮土挖出（桩顶设计标高为 1 886m），桩顶浮土需挖至地下室地板设计标高 1 887.20m 后，整个场平工程结束。

2. 北区地块场地建筑信息模型

1）北区地块原始 BIM 模型，如图 6-3 所示。

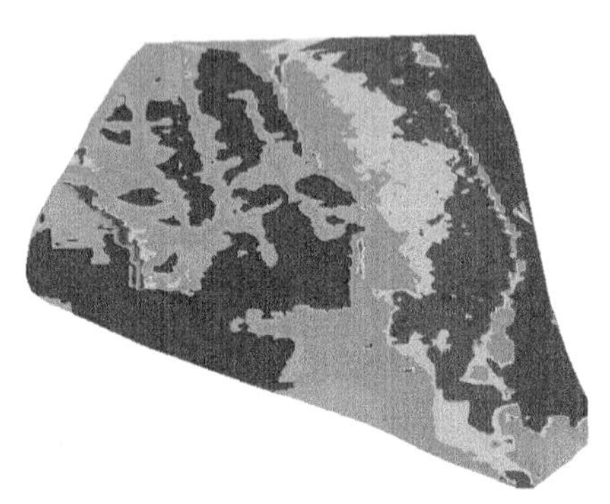

高程表			
编号	最小高程	最大高程	颜色
1	1883.590	1886.950	
2	1886.950	1887.380	
3	1887.380	1887.660	
4	1887.660	1888.380	
5	1888.380	1888.980	
6	1888.980	1890.090	
7	1890.090	1891.190	
8	1891.190	1892.670	

图 6-3　北区地块原始 BIM 模型

原图

2）北区地块设计地形 BIM 模型，如图 6-4 所示。

高程表			
编号	最小高程	最大高程	颜色
1	1887.200	1891.500	
2	1891.500	1891.700	

图 6-4　北区地块设计地形 BIM 模型

原图

3）北区地块场地平整工程量。根据北区地块的场地信息模型，查看附录三的附表一可知，整个北区地块到达设计标高（1 887.20m）后，场地平整土方工程总量为 2 350 884.10m^3，其中填方 1 492 814m^3，挖方 858 070.10m^3。

3. 五甲河以西场地建筑信息模型

1）五甲河以西地块原始 BIM 模型，如图 6-5 所示。

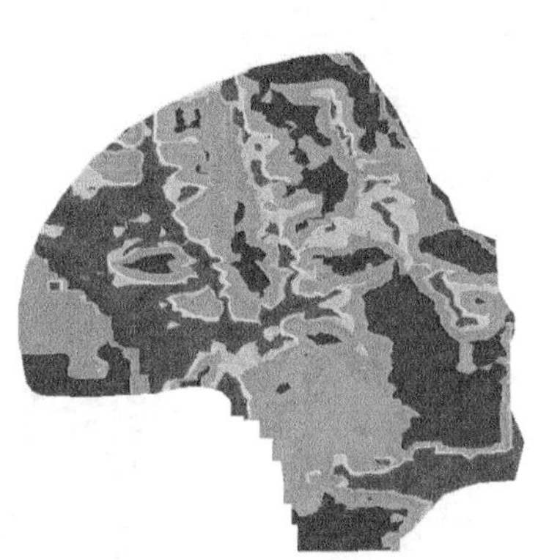

高程表			
编号	最小高程	最大高程	颜色
1	1886.320	1888.448	
2	1888.448	1888.830	
3	1888.830	1889.410	
4	1889.410	1889.940	
5	1889.940	1890.540	
6	1890.540	1891.010	
7	1891.010	1891.510	
8	1891.510	1892.590	

图 6-5　五甲河以西地块原始 BIM 模型　　　　原图

2）五甲河以西桩基施工场地 BIM 模型（场地标高为 1 890m），如图 6-6 所示。

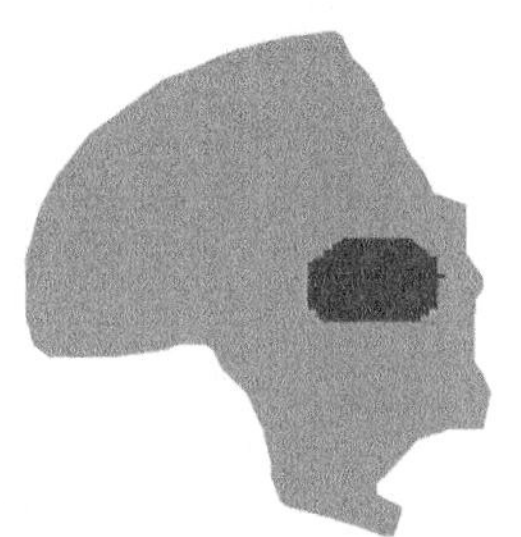

高程表			
编号	最小高程	最大高程	颜色
1	1889.000	1889.500	
2	1889.500	1890.000	
3	1890.000	1890.500	
4	1890.500	1891.000	
5	1891.000	1891.500	

图 6-6　五甲河以西桩基施工场地 BIM 模型　　　　原图

3）五甲河以西桩基施工完成后的场地平整建筑信息模型（桩基施工完成后应开挖至地下室底板板顶标高，以进行地下室底板、桩承台、基础梁等分部分项工程的施工），如图 6-7 所示。

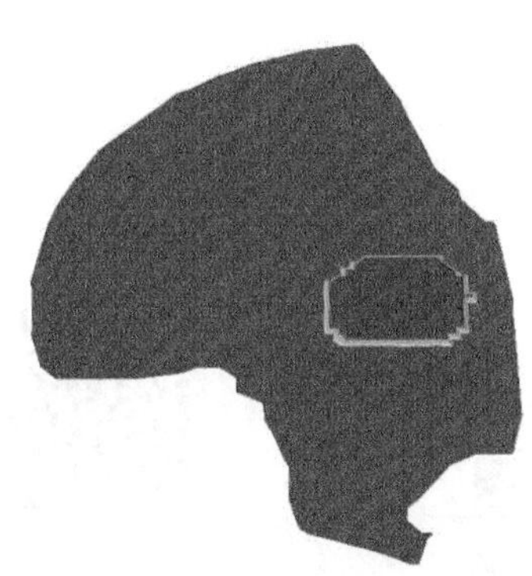

高程表			
编号	最小高程	最大高程	颜色
1	1887.000	1887.500	
2	1887.500	1888.000	
3	1888.000	1888.500	
4	1888.500	1889.000	
5	1889.000	1889.500	
6	1889.500	1890.000	
7	1890.000	1890.500	
8	1890.500	1891.000	
9	1891.000	1891.500	

图 6-7　五甲河以西桩基施工完成后的场地平整 BIM 模型　　　　原图

4. 五甲河以东场地建筑信息模型

1）五甲河以东地块原始 BIM 模型，如图 6-8 所示。

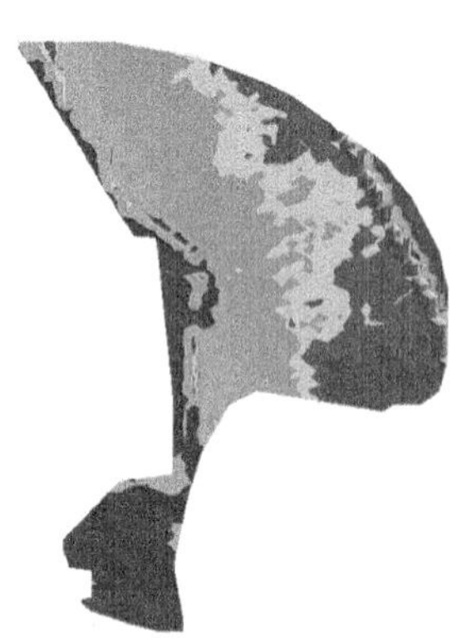

高程表			
编号	最小高程	最大高程	颜色
1	1884.360	1887.180	
2	1887.180	1887.357	
3	1887.357	1887.490	
4	1887.490	1887.630	
5	1887.630	1887.820	
6	1887.820	1888.484	
7	1883.484	1889.360	
8	1883.360	1892.058	

图 6-8　五甲河以东地块原始 BIM 模型　　原图

2）五甲河以西桩基施工场地建筑信息模型（场地标高为 1 888.50m），如图 6-9 所示。

高程表			
编号	最小高程	最大高程	颜色
1	1888.000	1888.500	

图 6-9　五甲河以西桩基施工场地 BIM 模型　　原图

3）五甲河以东桩基施工完成后的场地平整 BIM 模型（桩基施工完成后应开挖至地下室底板板顶标高，以进行地下室底板、桩承台、基础梁等分部分项工程的施工），如图 6-10 所示。

高程表			
编号	最小高程	最大高程	颜色
1	1887.000	1887.500	

图 6-10　五甲河以东桩基施工完成后的场地平整 BIM 模型　　原图

（二）场地平整土方工程量验证

1. 北区地块桩基施工场地的平整工程量

根据北区地块桩基施工场地 BIM 模型（图 6-7、图 6-10），查看附录三的附表 2 可知，整个北区地块到达桩基施工场地标高（五甲河以西桩基施工场地标高为 1 890m、五甲河以东桩基施工场地标高为 1 888.50m）后，桩基施工场地平整土方工程总量为 501 798.37m^3，其中挖方 177 111.77m^3、填方 324 686.60m^3。

2. 北区地块桩基施工完成后的场地平整工程量

根据北区地块桩基施工完成后场地 BIM 模型（图 6-7、图 6-10），查看附录三的附表 3 可知，整个北区地块桩基施工完成后，需从打桩场地标高（五甲河以西桩基施工场地标高为 1890m、五甲河以东桩基施工场地标高为 1 888.50m）平整至设计标高 1 887.20m，以进行地下室底板、桩承台、基础梁等分部分项工程的施工，场地平整土方工程总量为 975 820.73m^3，其中五甲河以西挖方 745 288.17m^3，五甲河以东挖方 230 532.56m^3。

3. 场地平整土方工程量验证

根据北区地块的场地 BIM 模型，查看附录三的附表 1 可知，整个北区地块到达设计标高后，场地平整土方工程总量为 2 350 884.10m^3，其中填方 1 492 814m^3，挖方 858 070.10m^3。

查看附录三的附表 4 可知，与高标方格网场地平整土方工程量相比，天际模型工程量超出 172 506.65m^3，其中填方超出 109 363.80m^3，挖方超出 63 142.85m^3。

查看附录三的附表 5 可知，天际模型工程量与各单位的土方工程量平均值进行对比，天际模型工程量为各单位的土方工程量平均值的 98.42%，各单位土方工程量的离散性如图 6-11 所示。

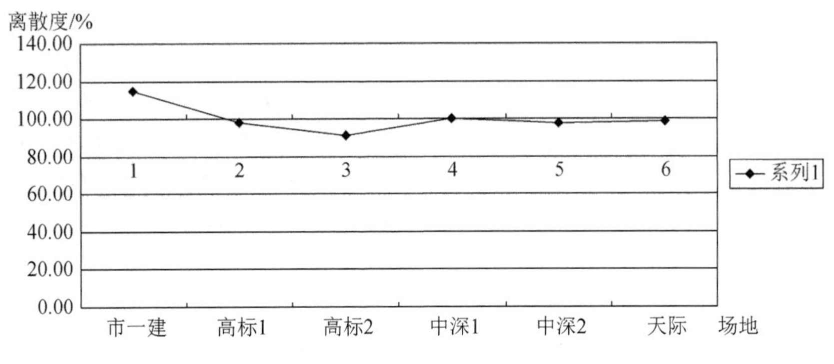

图 6-11　各单位土方工程量对比趋势图

由图 6-11 可见，天际模型工程量与整个北区地块的场地平整土方工程总量基本一致，但为了有效地进行项目的成本管控，建议以高标 2 的土方工程总量 2 178 377.45m^3 作为北区地块场地平整的管控目标。

4. 土方平衡分析

整个北区地块到达设计标高后，查看附录三的附表 5 可知，天际模型工程场地平整土方工程需填方 1 492 8140m3，需挖方 858 070.10m^3，挖填方量不平衡，挖填土方差值为 634 743.90m^3，即整个北区地块尚需从外部运 634 743.90m^3 土方进行回填。

5. 结论

天际模型工程量与整个北区地块的场地平整土方工程总量基本一致，但整个北区地块的挖填方量不平衡，整个北区地块尚需从外部运 634 743.90m^3 土方进行回填，建议以高标公司 2012 年 12 月 25 日提供的方格网数据，即土方工程总量 2 178 377.45m^3 作为北区地块场地平整的管控目标，并对土方平衡采取一定的管理措施。

（三）总体平衡分区施工方案模拟分析

1. 总体平衡分区施工方案模拟

1）北区地块桩基施工场地的施工模拟。根据北区地块桩基施工场地 BIM 模型（图 6-7、图 6-10)，整个北区地块到达桩基施工场地标高（五甲河以西桩基施工场地标高为 1 890m，五甲河以东桩基施工场地标高为 1 888.50m）后，场地平整土方工程总量为 501 798.37m^3，其中挖方 177 111.77m^3，填方 324 686.60m^3。场地平整土方工程总量中，五甲河以西桩基施工场地平整的土方工程为 318 544.10m^3，其中填方 168 740.30m^3，挖方 149 803.80m^3。五甲河以东桩基施工场地平整的土方工程量为 183 254.27m^3，其中填方 155 946.30m^3、挖方 27 307.97m^3。

2）北区地块桩基施工完成后的场地平整模拟。根据北区地块桩基施工场地 BIM 模型（图 6-7、图 6-10），整个北区地块桩基施工完成后，需从打桩场地标高（五甲河以西桩基施工场地标高为 1 890m、五甲河以东桩基施工场地标高为 1 888.50m）平整至地下室底板板顶设计标高（1 887.20m），场地平整土方工程总量为 975 820.73m^3，其中五甲河以西挖方 745 288.17m^3，五甲河以东挖方 230 532.56m^3。

2. 土方平衡分析

1）桩基施工前，需把五甲河以西原始地貌平整至桩基施工场地标高（1 890m），五甲河以西原始地貌平整至桩基施工场地标高的土方填方为 168 740.30m^3，挖方为 149 803.80m^3，量差为 18 936.50m^3，土方工程量基本实现挖填平衡，此施工步骤合理。

2）五甲河以西桩基施工完成后，再将桩顶浮土挖出（桩顶标高为 1 886m），桩顶浮土由 1890m 挖至地下室底板板顶设计标高（1 887.20m）的土方工程总量为 745 288.17m^3（含环湖东路以北平台部分的桩顶浮土），其中展馆部分的土方挖方量为 567 109.18m^3（环湖东路以北平台部分的桩顶浮土需后续施工）。五甲河以东场地平整需回填土方 155 946.30m^3，室外展馆区的预留用地需回填土方 341 111.30m^3，所需回填土方合计 497 057.60m^3，此挖方和填方的差值为 70 051.58m^3，因此，此土方工程量未能实现平衡。但由于整个场地有土方回填需求（整个北区地块尚需从外部运 634 743.90m^3 土方进行回填），所以，虽然局部挖方量多，但挖方从总体上也能实现平衡，此施工步骤合理。

3）五甲河以东桩基施工完成后，再将桩顶浮土挖出（桩顶标高为 1 886m），桩顶浮土由 1888.50m 挖至地下室地板设计标高 1 887.20m，五甲河以东桩顶挖出浮土的土方工程总量为 230 532.56m^3（含环湖东路以北平台部分的桩顶浮土）。由于整个北区地块尚需外运 634 743.90m^3 土方进行回填，所以五甲河以东桩顶挖出浮土可以用来进行整个北区地块建筑外边线以外、预定用地红线以内的范围进行土方回填。因此，此施工步骤合理。

3. 经济分析

实施此桩基施工场地分区平整方案，有 4 项需增加的措施费用，即桩基施工前五甲河以西场地平整的土方回填费用、桩基施工前五甲河以东场地平整的土方回填费用、土方回填后增加的挖土方费用、在 1 890m（1 888.50m）标高打桩需增加的送桩费用，此 4 项费用合计约 750 万元。实施此施工方案可减少的措施费用有两项，即展馆场地平整的土方需外运的费用、需硬化打桩场地而回填砖碴的费用，此两项费用合计约 3 475.38 万元。费用增、减相抵后，实施此施工方案可降低建设成本约 2 725.38 万元。具体的增、减费用情况如下。

（1）需增加措施费用的情况

1）桩基施工前，需把五甲河以西原始地貌平整至桩基施工场地（标高 1 890m），需平整的土方回填工程量为 168 740.30m^3，造价约 253.11 万元（场内挖填 15 元/m^3）。

2）桩基施工前，需把五甲河以东原始地貌平整至桩基施工场地（标高 1 888.5m），需平整的土方回填工程量为 155 946.30m^3，造价约 233.91 万元（场内挖填 15 元/m^3）。

3）土方回填后增加的挖土方工程量为 145 628.80m^3，即土方回填后的挖方总计 975 820.73m^3，与一次施工至设计标高（1 887.20m）的挖方总计 830 191.93m^3（查看附录三的附表 6 可知）之间的差值，增加造价约 218.44 万元（场内挖填 15 元/m^3）。

4）因在 1 890m（1 888.50m）标高打桩，而桩顶标高为 1 886m，每根桩需增加送桩 4m，展馆部分总共有 4 818 根桩，增加造价约 40 万元（送桩费用 18.5 元/m）。

（2）可减少措施费用的情况

1）若场地平整一次施工至设计标高（1 887.20m）再进行桩基施工，由于土地移交滞后，现场无土方堆放场地，需把挖出的土方外运，外运土方工程量约 529 230.67m^3，涉及造价约 3175.38 万元（外运土方 60 元/m^3）。

2）由于整个北区地块尚需从外部运 634 743.90m^3 土方进行回填，所以向外运土后回填土方缺口增大，运入场地的回填土方需增加 529 230.67m^3，涉及造价 2 646.15 万元（回填土方 50 元/m^3）。但由于北区地块场地平整土方工程量验证时，未考虑承台、地下室底板等分部分项工程的土方开挖工程量（此部分估算数约为 20 万 m^3），也未考虑场地清表的土方回填工程量（此部分估算数约为 30 万 m^3），如考虑此两项因素后，将不存在土方先外运后又运回场地回填的情况，即 2 646.15 万元的此项费用将不会发生。

3）由于场地距滇池较近，滇池水位较高（滇池的防洪水位为 1 888.02m，项目建成后地下室周边可能出现的最高水位设计考虑为 1 891m），勘察期间确定的混合稳定水位一般埋深约为 2m。若场地一次平整至地下室板顶设计标高（1 887.20m）后即进行桩基施工，则场地较软，需填砖碴硬化场地后桩机才能进场施工。填砖碴硬化场地需回填砖碴约 10 万 m^3（平均按回填 30cm 考虑），造价约 300 万元（回填砖碴约 30 元/m^3）。

四、应用成果

（一）整体推进施工方案模拟结果

根据原始场地模型及设计地形模型的模拟结果，整体推进施工方案的挖填方工程量为

235.08 万 m^3，其中填方 149.28 万 m^3，挖方 85.80 万 m^3，挖填差值为 63.47 万 m^3，挖填方量不平衡，尚需从外部运 63.47 万 m^3 土方进行回填（附录三的附表 1）。而且，由于土地移交滞后，现场无土方堆放场地，采用整体推进施工方案后，开挖的 85.80 万 m^3 土方，除用于室外展馆区预留用地的 34.11 万 m^3 回填土方外，剩余的 51.69 万 m^3 土方必须先运至场外，待基础工程完成后再运回场内回填，加剧了土方的挖填不平衡。

通过模拟结果与各测量结果的对比分析，整体推进施工方案的土方工程量为各种测量结果土方工程量平均值的 98.42%，偏差小于 5%，模拟结果处于中位线上，整体推进施工方案的土方工程量计算结果符合精度要求，可作为评价基准。

（二）总体平衡分区施工方案模拟结果

五甲河以西原始地貌平整至桩基施工场地标高（1890m），土方填方为 16.87 万 m^3，挖方为 14.98 万 m^3，量差为 18.93 万 m^3，基本实现挖填平衡，不需要土方外运。五甲河以西桩基施工完成后进行桩顶覆土开挖（由 1890m 挖至设计标高 1887.20m），挖方量为 56.71 万 m^3。

五甲河以东原始地貌平整至桩基施工场地标高（1888.50m），土方填方 15.59 万 m^3，挖方 2.73 万 m^3，需要外运 12.86 万 m^3 土方。五甲河以东桩基施工完成后进行桩顶覆土开挖（由 1888.50m 挖至设计标高 1887.20m），挖方量为 23.05 万 m^3，如表 6-1 所示。

表 6-1　总体平衡分区施工方案模拟结果

序号	工作内容名称	工作范围	挖方/m^3		填方/m^3		量差/m^3
			五甲河东侧	五甲河西侧	五甲河东侧	五甲河西侧	
1	五甲河以西原地貌场平	原地形-1890m		149 803.80		168 740.30	−18 936.50
2	五甲河以西桩顶覆土开挖	(1890−1887.20)m		567 109.18			
3	五甲河以东原地貌场平	原地形-1888.50m	27 307.97		155 946.30		−128 638.33
4	五甲河以东桩顶覆土开挖	(1888.50−1887.20)m	230 532.56				

五甲河以西开挖桩顶覆土的 56.71 万 m^3 土方，用于室外展馆区预留用地的回填土方为 34.11 万 m^3，用于五甲河以东原始地貌平整的回填土方 12.86 万 m^3，剩余土方为 9.73 万 m^3。五甲河以西开挖桩顶覆土回填后的剩余土方（9.73 万 m^3）加上五甲河以东开挖桩顶覆土的土方（23.05 万 m^3），合计为 32.78 万 m^3，小于整个场地平整工程所需要的回填土方工程量（63.47 万 m^3）。因此，采用总体平衡分区施工方案土方工程量均不需要土方外运。

（三）模拟结果对比分析

采用整体推进施工方案后，有 51.69 万 m^3 土方必须先运至场外，待基础工程完成后再运回场内回填，加剧了土方的挖填不平衡，增加了土方重复挖运的费用。而且地下水位为 1888.02m，高于地下室板顶设计标高 1887.20m，需要填砖碴硬化打桩施工场地，增加了场地硬化的费用。但采用总体平衡分区施工的方案，需增加 4 项新的措施费用，即五甲河以西和五甲河以东原始地貌平整至桩基施工场地的费用、因原始地貌平整至桩基施工场地而增加的土方重复开挖的费用、因增加送桩长度而增加的施工费用。

综合对比两个施工方案，采用整体推进施工方案在常规费用之上尚需增加建设成本 3401.75 万元，采用总体平衡分区施工方案在常规费用之上仅需增加建设成本 741.12 万元，采用总体平衡分区施工方案比采用整体推进施工方案节约 2660.63 万元。因此，采用总体平衡分区施工的方案不仅节约投资，而且技术上也可行、合理，在土地移交滞后的条件下，可使项目建设工作取得实质性进展，争取了约 1 个月的建设工期，为后续的建设工作顺利推进创造了基础条件。

（四）管理建议

经模拟分析，采用总体平衡分区施工方案后，在土地移交滞后的条件下，使项目建设工作取得了实质性进展，争取了约 1 个月的建设时间，降低建设成本约 2725.38 万元，为后续的建设工作推进创造了基础条件。根据模拟分析情况，对北区地块场地平整节点的项目管理工作提出以下管理建议。

1）整个北区地块包含规划道路及临时道路部分的挖填方总量为 2 897 542m^3（具体数据详见附录三的附表 7），预定用地红线内不包含规划道路及临时道路部分的挖填方总量为 2 350 884.10m^3，两者相差约 54.66 万 m^3，原因主要是模型的边界不一致造成的。因此，应加强场地平整工程的范围管理，建立明确的用地红线边界，避免超范围施工。

2）高标公司提供了两版土方方格网，2012.12.23 版的挖填方总量为 2 342 861.47m^3，2012.12.25 版的挖填方总量为 2 178 377.45m^3，两者相差约 16.45 万 m^3。尽管已确立以 2 178 377.45m^3 作为北区地块场地平整的管控目标，但应进一步进行数据复核及确认。

3）北区地块场地建筑模型是依据设计标高 1 887.20m 构建的，此标高为地下室底板的板顶设计标高，即场地建筑模型未考虑地下室底板、基础承台、基础梁等分部分项工程的土方开挖工程量。若考虑地下室底板、基础承台、基础梁等分部分项工程的土方开挖工程量（估算值约为 20 万 m^3），将会对整个北区地块的土方平衡造成影响，减少需从外部运入回填的土方工程量。因此，应考虑把地下室底板、基础承台、基础梁开挖的土方，并入整个场地的土方平衡分析中进行统一考虑。

4）场地建筑模型未包含小清河、五甲河、虾坝河 3 条临时河道迁改的土方工程量。其中，小清河临时河道迁改的土方工程量约为 35 000m^3，五甲河、虾坝河暂无临时河道迁改方案。可考虑将小清河、五甲河、虾坝河 3 条临时河道迁改的土方纳入整个场地的土方平衡分析中进行统一考虑，以减少从外部运入回填的土方工程量。同时，应建立河道迁改土方的综合利用链，即临时河道迁改的土方用于北区地块的场地回填平整，永久河道迁改的土方用于临时河道回填平整，以尽量避免从场地外运入土方进行回填。

5）场地建筑模型未包含场地清表的土方工程量，场地清表的土方工程量约为 300 000m^3，应将场地清表的土方纳入整个场地的土方平衡分析中进行统一考虑，以避免土方工程的重复施工。

五、应用总结

在项目的施工阶段，首先要做好项目的施工准备工作，即要按照项目设计文件的要求，完成项目的场地平整、通水、通电、通路等准备工作内容，为项目的正式开工建设做好基础条件。在昆明滇池国际会展中心项目展馆工程的施工准备阶段，应用 BIM 技术对场平方案进行了定性、定量的分析评价，加快了展馆工程施工准备的进程。在土地移交滞后的条件下，使项目建设工作取得了实质性进展，争取了约 1 个月的建设时间，降低建设成本约 2725.38 万元，为后续的建设工作推进创造了基础条件，也创造了很好的应用 BIM 效益。

第三节 项目建造阶段应用案例剖析

项目建造阶段是项目施工阶段最核心、最重要的子阶段。在项目的施工准备完成，项目具备正式开工建设最基本的工作条件之后，项目建造阶段的工作开始正式全面启动。项目建造阶段的主要工作内容：制定项目的总体实施规划和计划，通过项目的施工管理组织与管控，指导项目在规定的约束条件下，实现各项工作目标，按设计技术文件的要求完成项目建造，实现项目的总体建设目标。在昆明滇池国际会展中心项目展馆工程的项目建造阶段，应用 BIM 技术对项目建造方案进行了模拟分析评价，优化了项目建设的组织管理方案，指导了项目建设的组织管理工作，加快了展馆工程建设进度，为顺利完成项目的建设目标奠定了基础。

一、案例概况

昆明滇池国际会展中心项目体量大、建设周期短、前期工作准备不充分，顺利完成项目建设目标的难度很大。在项目的整个建造过程中，共有 100 多家参建单位、近 10 万人参与了项目的建设工作。为了高效指挥 100 多家参建单位、近 10 万人科学有序地参与了项目建设工作，利用 BIM 技术进行项目的总体建造方案模拟和专项建造方案模拟，提出了有建设性的解决措施和应对方案，指导项目的组织管理工作和实际建造工作，为顺利完成项目的建造任务奠定了基础。

二、应用内容

需利用 BIM 技术进行项目的总体建造方案模拟和专项建造方案模拟，模拟分析总体建造方案和专项建造方案的可行性、合理性、经济性，明确项目管理的重点、难点、关键节点，提出有建设性的解决措施和应对方案，以指导项目的组织管理工作和实际建造工作，保证项目在有限的时间和空间范围内，有效实现了施工力量与施工工作面的有效结合，有效实现了拟完成工作量与设备材料供应的有效结合，确保顺利实现项目的建设目标。

BIM 技术应用的具体内容如下：

1）创建展馆工程的 BIM。

2）引入时间参数，应用 BIM 技术模拟整个项目的建设全过程。

3）指导和规范各阶段、各节点的项目管理活动，进行有效的、系统的过程管理，在整个项目建设全过程实现“可视、模拟、超前、验证”项目管理，在确保实现节点管理目标的基础之上，进而确保实现整个项目的总体建设目标。

4）通过模拟项目的建设全过程，使项目管理团队掌握整个项目建设全过程的管控重点、管控要点和管控难点，以及影响完成建设目标的关键节点，制定有效的应对措施。

5）通过模拟分析，使整个项目管理团队对项目的建设管理工作了然于心，进一步统一思想、明确目标、统一行动，全面完成项目的总体建设目标。

6）根据总体建造方案模拟要求，对影响项目进度最大的重点、难点和关键节点，进一步对专项建造方案进行了模拟验证。

三、应用过程

（一）总体建造方案的模拟应用

1. 明确管理指导思想

明确以节点法项目管理理论作为项目管理的指导思想。节点法项目管理是以项目的“组织管理”为先导，以项目的“目标管理、过程管理、成果管理”为基础，以项目各阶段关键节点管控为重点的一种项目管理系统理论和方法。它从系统的、整体的、组织的角度来组织项目管理工作，使所有项目参与部门和管理成员清楚地知道自己在项目中的位置、作用和目标，明确部门及成员该做什么和怎么做。并通过各阶段、各节点过程管控成果的点滴积累，“汇小胜为大胜、由量变到质变”，引导项目管理者实现“从局部到整体、从新手到高手的跨越”，把个人的、局部的、零散的能力提升为系统的、整体的、团队的综合能力，最终实现项目的总体管控目标。

节点法项目管理的核心思想：在项目管理的模式、理念、交流、沟通上实现“书同文”，在项目管理的方法、技术、工具、成果上实现“车同轨”，在项目管理的考核、评价、总结、积累上实现“度量衡”，如图 6-12 所示。

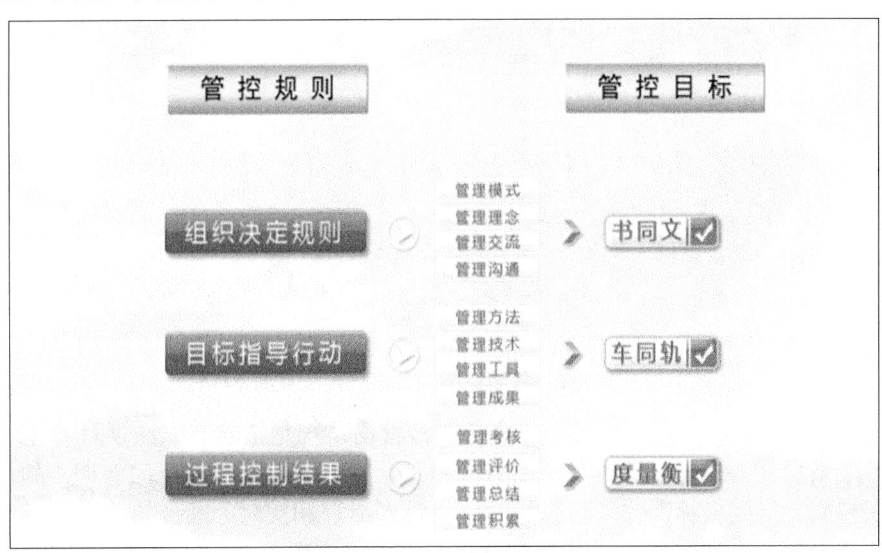

图 6-12　节点法项目管理理论的核心思想

2. 构建项目管理模式

为了构建昆明滇池国际会展中心项目的建设管理模式，根据节点法项目管理理论的管理模型，把昆明滇池国际会展中心项目的整个建设过程分为“设计、招标、施工”三大节点，并以成本管控为主线，把成本管控工作贯穿于设计、招标、施工三大节点中，对整个建设过程进行系统的、量化的、连续的全过程管控。在设计节点设置开发保障部和设计管理部，开发保障负责报批、报建；设计管理部负责方案设计及施工图的组织管理。在招标节点设置招标采购部，负责招标采购工作的组织管理。在施工节点设置工程管理部，负责施工现场的组织管理。成本管控分为前期成本管控和后期成本管控，由成本信息部负责设计和招标节点的前期成本管控。由合同造价部负责施工节点的后期成本管控。

为了强化对昆明滇池国际会展中心项目的技术保障，针对项目的建设特点组建了两个专家顾问团队。与云南省土木建筑学会签订战略合作协议，组建设计管理的专家支持平台，由云南省土木建筑学会的建筑、结构等十多个专业委员会的一流专家组成专家顾问团队，对项目的设计管理提供技术支持。与云南省建设安全专家委员会签订战略合作协议，组建施工管理的专家支持平台，由云南省建设安全专家委员会的一流专家组成专家顾问团队，对项目的施工管理提供技术支持。通过管理模式构建，把项目的总体建设目标分解到设计、招标、施工三大节点，并把各节点具体的工作内容落实到具体的责任部门、责任领导、责任人，从组织管控上保证能够顺利完成省委省政府确立的建设目标。

3. 搭建信息管理平台

为提高项目管理团队的管理效率，管控好昆明滇池国际会展中心项目，以节点法项目管理理论为指导，搭建项目的信息管理平台。信息管理平台包括基础系统和应用系统，基础系统包括机房建设和系统二级准入管理平台，应用系统包括节点法项目管理信息系统、节点法询价集采平台。

1）系统二级准入管理平台。其主要作用是为建立统一、规范、安全可靠、随需而变的信息系统提供支撑，解决信息子系统之间相互共存的问题，为软件系统之间的互通搭建桥梁，提高信息系统的使用效率，降低信息系统的建设成本，如图 6-13 所示。

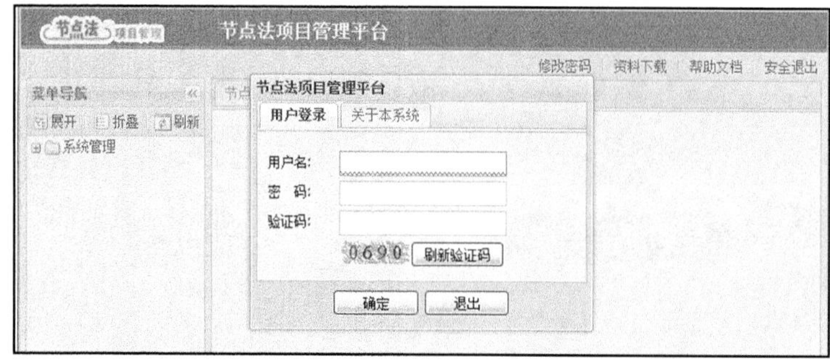

图 6-13　信息管理平台用户登录界面

2）节点法项目管理信息系统。节点法项目管理系统是按照节点法项目管理理论的要求，依据建设项目管控的规律构建项目管理系统，系统实现了对项目的前期控制、中期监督、后期核查，形成了标准化、信息化的项目管理流程和实时、动态的监控管理，提升了对项目的管控能力和管控水平。项目管理信息系统具有组织管控、设计管控、招标管控、服务管控、施工管控、合同管控及月报、进度监控、成本管控情况分析等功能。节点法项目管理系统属于中国管理信息系统的创新应用，已在云南城投集团所属的项目范围内进行了多年实践，积累了较多实践经验，具有集成性强、动态统计分析、动态监管等特点，特别适用于超大项目或跨地域多项目组合的扁平化管理，如图 6-14 所示。

3）节点法询价集采平台。为了保障昆明滇池国际会展中心项目的材料设备供应，根据节点法项目管理理论的要求，依据材料设备采购的相关法规及规律，构建节点法询价集采平台，以打破市场壁垒，整合在全国范围内的市场资源，通过询价集采平台在全国范围内获取最价低质优的材料设备。询价集采平台在前台具有材料设备询价、材料设备集中采购、推荐新材料 3 个主要功能，在后台具有前台管理、企业信息维护、权限管理 3 个主要功能。节点法询价集采平台属于中国电子商务的创新应用，具有公开、透明和以价低质优确保大宗材料设备供应的优势，特别适用于超大项目和集团化的成本管控，界面如图 6-15 所示。

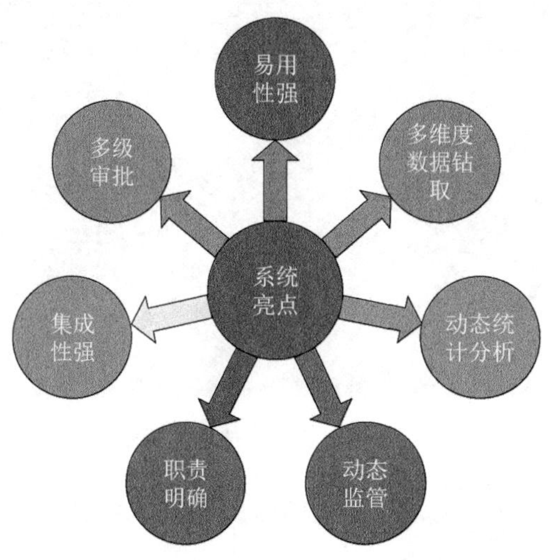

图 6-14　节点法项目管理系统特点

图 6-15　节点法询价集采平台界面

4. 虚拟项目建造过程

构建展馆工程的建筑信息模型后，引入时间参数，应用 BIM 技术模拟整个项目的建设全过程，协助验证项目的设计、成本、进度、质量等建设节点与项目总体目标的匹配度。辅助模拟分析各阶段、各节点建设管理方案的可行性、合理性、经济性，进而科学、合理地确定项目的节点管理目标。指导和规范各阶段、各节点的项目管理活动，进行有效的、系统的过程管理。通过总体建造方案模拟，超前验证了展馆工程的施工重点、施工难点，模拟了项目建设的合理工期、施工强度，预测了项目建设的资金需求、材料需求、人工需求，以及各种交通保障、物资保障、安全保障方案，制订了展馆及商业配套工程合理的总体建造计划，指引了项目建设的快速推进，如图 6-16 和图 6-17 所示。

图 6-16　总体建造方案模拟

昆明滇池国际会展中心项目展馆施工模拟进度计划表

时间节点：2012-12-28、2012-1-28、2013-2-28、2013-3-28、2013-4-28、2013-5-28、2013-6-28、2013-7-28、2013-8-28、2013-9-28、2013-10-28、2013-11-28、2013-12-28、2014-1-28、2014-2-28、2014-3-28、2014-4-30、2014-5-30、2014-6-1

施工项目	进度条
承台浇筑	承台浇筑
基础梁浇筑	基础梁浇筑
地下一层结构底板浇筑	地下一层结构地板浇筑
地下一层结构柱浇筑	地下一层结构柱浇筑
地下一层结构梁浇筑	地下一层结构梁浇筑
地下一层结构墙浇筑	地下一层结构墙浇筑
层结构底板浇筑	一层结构地板浇筑
一层结构柱浇筑	一层结构柱浇筑
一层结构墙浇筑	一层结构墙浇筑
一层结构梁浇筑	一层结构梁浇筑
层结构底板浇筑	二层结构地板浇筑
二层结构柱浇筑	二层结构柱浇筑
二层结构墙浇筑	二层结构墙浇筑
二层结构梁浇筑	二层结构梁浇筑
层结构底板浇筑	三层结构地板浇筑
三层结构柱浇筑	三层结构柱浇筑
三层结构墙浇筑	三层结构墙浇筑
屋顶板浇筑	屋面板浇筑
网架施工	网架施工
屋面板施工	屋面板施工
机电专业施工	机电专业施工
建筑装修施工	建筑装修施工
开展准备	开展准备
正式投入使用	正式投入使用

图 6-17　施工计划时间表

5. 明确六大管控节点

通过模拟分析得出了项目建设对人、财、物的投入要求：项目总投资约 360 亿元，日资金需求约 2000 万元/天；共需约 1600 万个工日，平均参建人数约 4000 人/天；共需混凝土约 200 万 m^3，日混凝土需求约 $1100m^3$/天；共需钢材约 50 万 t，日钢材需求约 280t/天；日需运输建筑材料的车辆约 360 车次/日。并根据模拟结果，将整个项目建造过程划分为场平工程、桩基工程、基础及地下室工程、主体结构工程、钢结构工程、屋盖工程六大管控节点。其他的机电工程、装修工程等，穿插于六大管控节点之中进行集成管控，使整个项目管理团队对项目的建设管理工作了然于心，进一步统一思想、明确目标、统一行动，凝聚共识，全面完成项目的建造任务。

1）场平工程管控节点。根据场平工程施工方案模拟，场平土方工程量约 220 万 m^3，施工期约 60 天，如图 6-18 所示。

图 6-18　场平工程施工方案模拟

2）桩基工程管控节点。根据桩基工程施工方案模拟，桩基工程的工程量约 120 万 m^3，施工期约 160 天，如图 6-19 所示。

图 6-19　桩基工程施工方案模拟

3）基础及地下室工程管控节点。根据基础及地下室工程施工方案模拟，钢筋工程量约 7 万 t，混凝土约 70 万 m^3，施工期约 60 天，如图 6-20 所示。

图 6-20　基础及地下室工程施工方案模拟

4）主体结构工程管控节点。经主体结构工程施工模拟，主体结构钢筋工程量约 7.5 万 t，混凝土工程量约 40 万 m^3，施工期约 120 天，如图 6-21 所示。

图 6-21　主体结构工程施工模拟

5）钢结构工程管控节点。经钢结构工程施工模拟，钢结构用钢量约 2.5 万 t，施工期约 60 天，如图 6-22 所示。

图 6-22　钢结构工程施工模拟

6）屋盖工程管控节点。经屋盖施工模拟，屋盖工程量约 15 万 m^2，施工期约 60 天，如图 6-23 所示。

图 6-23　屋盖施工模拟

6. 制定项目应对措施

在项目建设模拟的基础上，项目管理团队对项目管理工作进行了超前谋划，对未来建设过程中出现的关键问题进行了超前应对。

1）人力资源需求。根据模拟需求，云南城投集团任命集团副总裁为昆明滇池国际会展中心项目的指挥长，负责领导和组织昆明滇池国际会展中心项目的建设管理工作，并从集团总部造价管理部、招标采购部、董事会办公室、总裁办公室、纪委抽调精兵强将加入昆明滇池国际会展中心项目的建设管理工作，还从海埂会议中心项目、西双版纳避寒山庄项目及云南城投集团下属的未来城公司、项目管理公司抽调技术能手共同组成了项目管理团队的核心人员。对于不足部分，通过社会招聘的方式择优录取，与集团抽调员工一起共同组成了项目的管理团队。

2）资金需求。针对项目建设的总投资需求和日资金需求，云南城投集团组织制定坚定有力的资金筹措方案和资金保障方案，确保完全满足项目建设对资金的需求。

3）钢材需求。针对项目巨大的钢材需求，决定由云南城投集团下属的城际物流公司制订钢材保供方案，并与本地最大的钢材生产企业昆钢集团签订参购 50 万 t 钢材的战略合作协议，有效确保了整个项目的钢材供应。

4）混凝土需求。针对项目巨大的混凝土需求，组织对昆明的混凝土供应市场进行调研后发现，昆明的混凝土供应市场很难满足昆明滇池国际会展中心项目的混凝土需求，特别在交通高峰时期，更难满足昆明滇池国际会展中心项目的混凝土需求。为了确保项目建设期间的混凝土供应，决定由城际物流公司组建城投混凝土搅拌站。城投混凝土搅拌站于 2013 年 5 月组建，2013 年 10 月投产，至 2015 年已累计供应混凝土 100 余万 m^3，混凝土合格率达 100%，实现了当年组建、当年投产、当年成为西南地区年混凝土供应量最大的混凝土搅拌站，有效确保了整个项目的混凝土供应。

5）混凝土桩需求。针对项目巨大的混凝土桩需求，组织对昆明的混凝土桩供应市场进行调研，调研后发现：昆明的混凝土桩供应市场，很难满足昆明滇池国际会展中心项目的单一类型混凝土桩的需求。根据调研情况，组织对设计进行了修改，由单一的混凝土管桩桩型修改为混凝土管桩、预制方桩、长螺旋灌注桩 3 种桩型，并在施工现场开办混凝土预制方桩厂，有效确保了整个项目的混凝土桩供应。

6）项目保通。根据模拟需求，项目日需运输建筑材料的车辆平均约 360 车次/日，但项目周边的交通干道仅有环湖东路，而且环湖东路交通流量较大，不能完全满足项目对交通的需求。为此，一方面，在项目现场建立混凝土搅拌站和混凝土预制方桩厂，尽量减少大宗建筑材料对交通运输的压力；另一方面，组织编制建筑材料运输保通方案，成立区内道路保通小组，有效确保了整个项目的建筑材料运输。

7）明确管控重点。在总体建造方案模拟基础之上，对影响项目进度的风险因素进行识别，其中钢结构工程和机电管线工程是影响项目进度最大的重点、难点和关键节点，应对钢结构工程和机电管线工程采用重点管控措施。

（二）钢结构工程专项建造方案的模拟应用

1. 钢结构工程简介

钢结构工程包括展厅屋盖结构和弧面网格结构两部分，整个结构分布呈扇形布置，扇形弦长约 810m，弦高约 530m，内弧长约 615m，外弧长约 1530m，其中展厅屋盖覆盖面积约 13 万 m^2，弧面网格覆盖面积约 5.7 万 m^2。展厅屋盖结构为一标段，重量约 9000t，弧面网格结构为二标段，重量约 8000t。根据总体建造方案模拟要求，钢结构工程是影响项目进度最大的重点、难点和关键节点，应对钢结构工程采用重点管控措施。为了强化对钢结构工程的重点管控，对钢结构工程专项建造方案进行了模拟验证，如图 6-24 所示。

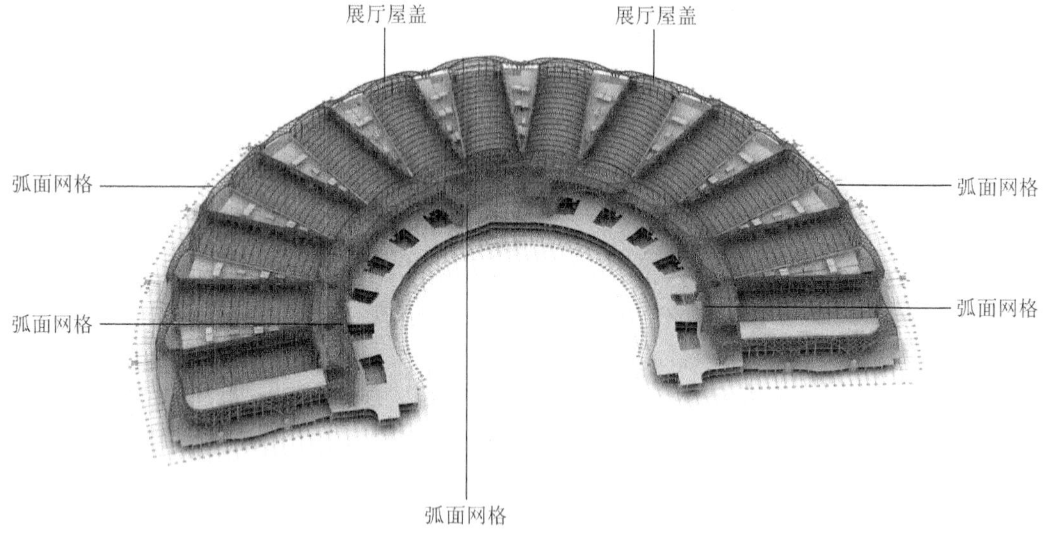

图 6-24　钢结构工程整体模型

1）展厅屋盖结构为张弦结构，共划分为 13 个相同的单体展厅屋盖结构，单个展厅屋盖结构跨度为 63m，长度为 152m，每个展厅屋盖结构由 18 榀张弦拱架组成，拱架之间采用箱型檩条进行连接，局部通过钢拉杆形成屋面支撑，如图 6-25 和图 6-26 所示。

图 6-25　展厅屋盖结构单榀张弦拱架节点模型

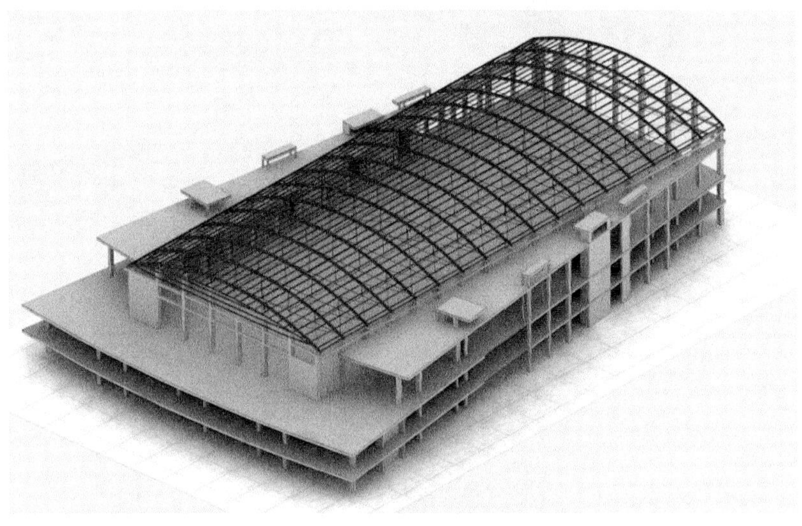

图 6-26　单体展厅屋盖结构模型

2）弧面网格结构为变截面薄壁异型弯扭结构，共包括外弧网格、内弧网格、主序厅网格、边网格、树形柱 5 个部分，5 个部分均由变截面薄壁异型弯扭构件并接而成。外弧网格由 16 个拱组成（包括 2 个角拱），拱的最大跨度为 108m，矢高为 34m，弯扭构件截面为 1200mm×800mm×18mm，共有 156 个分片单元。内弧网格由 8 个拱组成，拱的最大跨度为 50m，矢高为 24m，弯扭构件截面为 900mm×900mm×14mm，共有 86 个分片单元。主序厅网格的最大跨度为 100m，矢高为 34m，弯扭构件最大截面为 2500mm×800mm×30mm，共有 192 个分片单元。边网格由 4 个拱组成，拱的最大跨度为 50m，矢高为 30m，弯扭构件截面为 900mm×900mm×14mm，共有 32 个分片单元。树形柱高 24m，由 400mm×400mm×14mm 箱形弯扭构件编织成树的形状，每个树形柱高共有 28 个分片单元，如图 6-27～图 6-29 所示。

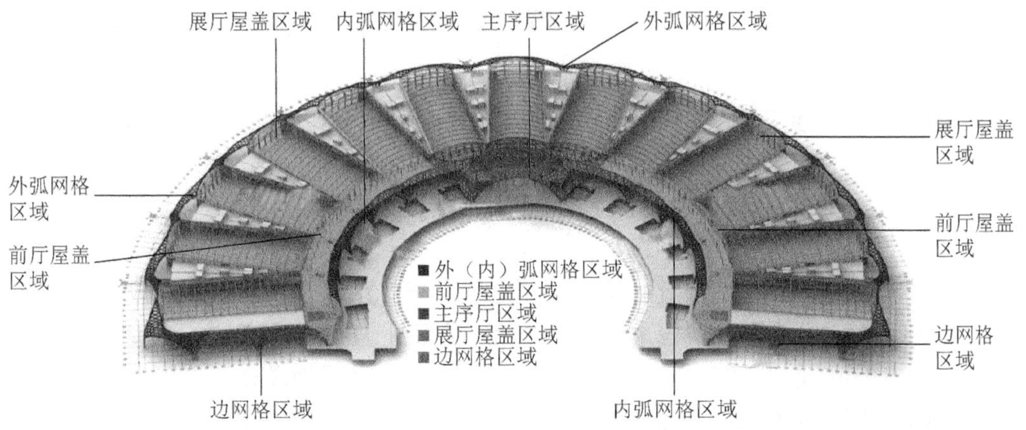

图 6-27　弧面网格结构整体模型

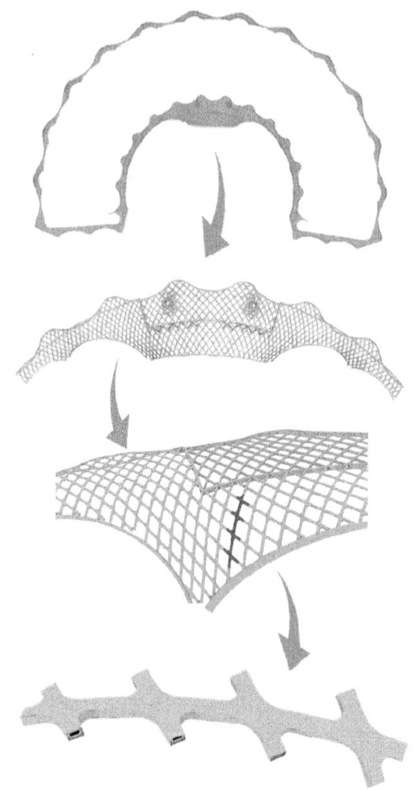

图 6-28　主序厅网格分解模型

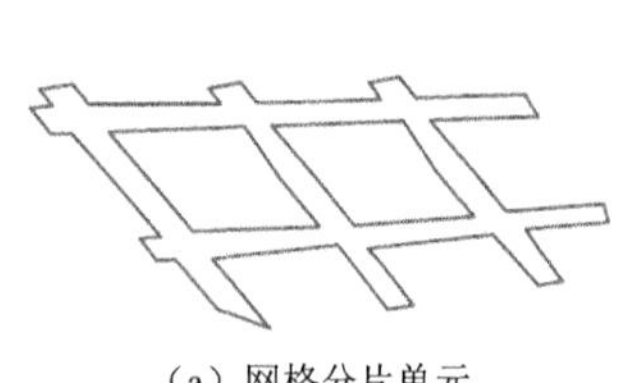

（a）网格分片单元

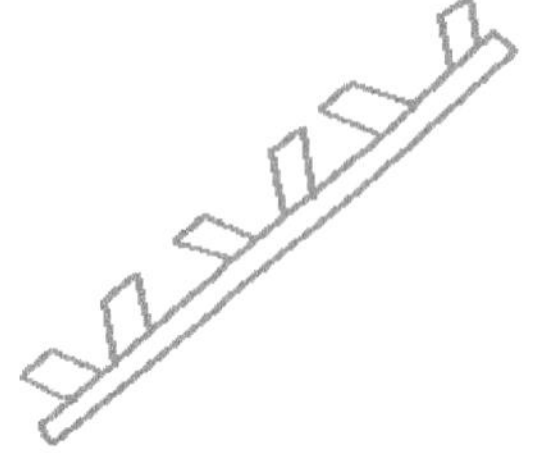

（b）网格边梁分段单元

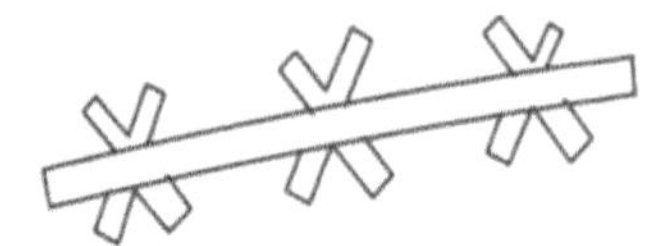

（c）网格钢梁分段单元

图 6-29　弧面网格结构分解节点示意图

2. *展厅屋盖结构原施工方案*

展厅屋盖结构原施工方案计划总工期 146 天，于 2014 年 8 月 1 日开始，至 2014 年 12 月 23 日结束。分为两个阶段进行施工：第一阶段施工 6 个展馆，施工范围为 1～6 号馆（分区一）；第二阶段施工 7 个展馆，施工范围为 7～13 号馆（分区二和分区三），为避免屋面施工与钢结构施工的互相干扰，先施工分区二，分区三相对滞后。吊装设备为 150t 履带吊 3 台、50t 履带吊 1 台、35t 汽车吊 6 台、25t 汽车吊 1 台、QTZ80 塔吊 10 台，分别沿内外弧布置，如图 6-30 和图 6-31 所示。

图 6-30　展厅屋盖结构原施工方案

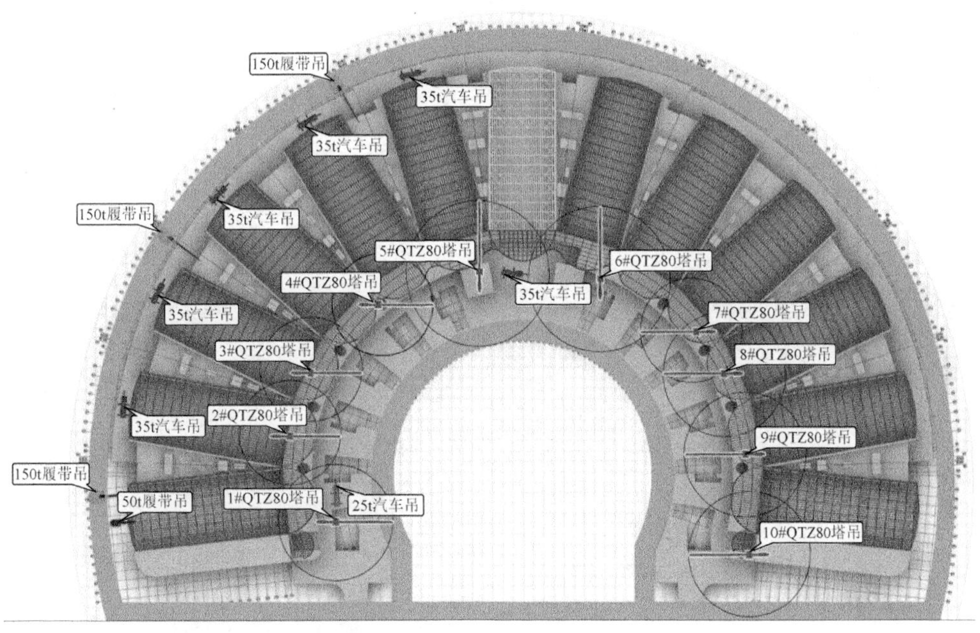

图 6-31　展厅屋盖结构原吊装方案

3. 弧面网格结构原施工方案

弧面网格结构原施工方案计划总工期 150 天，于 2014 年 8 月 1 日开始，至 2014 年 12 月 28 日结束。施工顺序为：外弧网格、边网格、树形柱 3 个部分同时开工，树形柱施工完成后继续主序厅网格的施工，外弧网格、边网格施工推进 1 个月后，内弧网格开始施工，内弧网格从边网格向主序厅网格方向推进，内弧网格和主序厅网格最后施工完成。主序厅使用 2 台 250 t 和 2 台 150 t 履带吊进行网格拼装及吊装，2 台 ST80/75（80m 臂）塔吊安装于主序厅外侧，内弧网格使用 2 台 150 t 履带吊进行网格拼装及吊装。根据履带吊的使用特点，须在内环设置专门的行驶路线及吊装站位点，而且由于履带吊吨位较大，还需对行驶路线的楼板进行加固，加固面积为 1.7 万 m^2，如图 6-32 和图 6-33 所示。

① 主序厅西侧区域网格施工流向
② 主序厅东侧区域网格施工流向
③ 4~6 号馆内弧网格施工流向
④ 8~10 号馆内弧网格施工流向
⑤ 1~3 号馆内弧网格施工流向
⑥ 11~13 号馆内弧网格施工流向
⑦ 1~3 号馆外弧及边网格施工流向
⑧ 11~13 号馆外弧及边网格施工流向
⑨ 4~7 号馆外弧网格施工流向
⑩ 7~10 号馆外弧网格施工流向

图 6-32　弧面网格结构施工方案

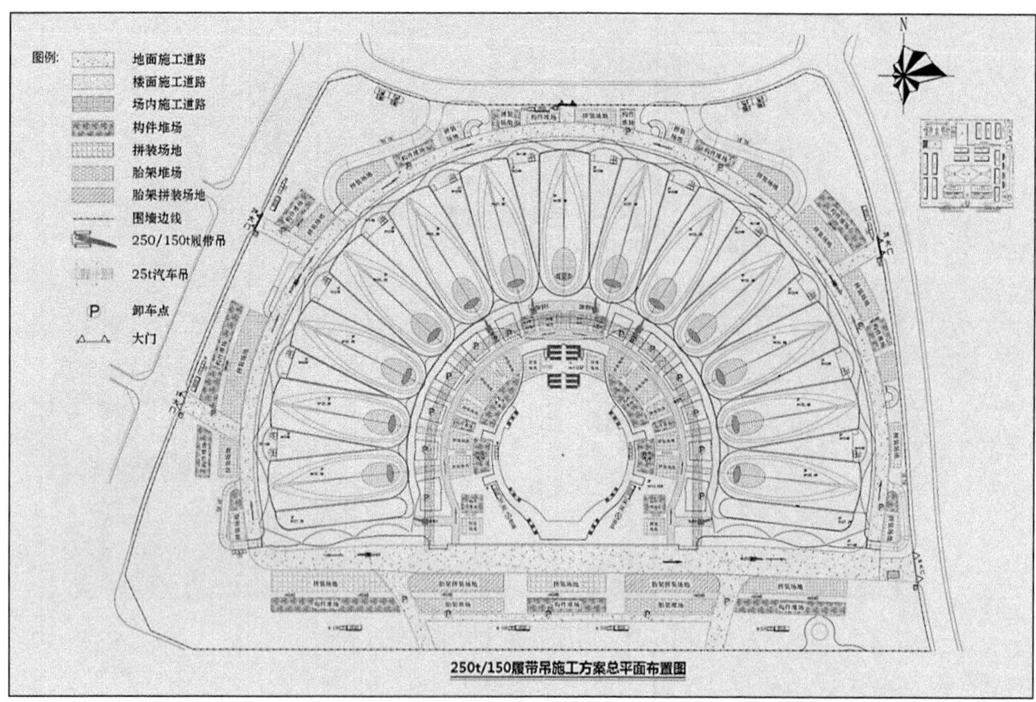

图 6-33　弧面网格结构吊装方案

4. 展厅屋盖结构与弧面网格结构交叉施工方案模拟

按展厅屋盖结构与弧面网格结构原施工方案，展厅屋盖结构与弧面网格结构的施工场地布置要求和施工机械布置要求相互冲突，有限的施工工作面不能有效地利用起来，使展厅屋盖结构与弧面网格结构之间不能组织有效的交叉施工，展厅屋盖结构与弧面网格结构只能采取顺序施工的方法，导致整个钢结构工程的施工工期太长，钢结构工程将使整个项目不能顺利完工，不仅达不到项目总体建造方案的模拟要求，还实现不了项目预定的建设目标。为此，根据项目总体建造方案的模拟要求，提出展厅屋盖结构与弧面网格结构交叉施工方案，采用 BIM 技术模拟展厅屋盖结构与弧面网格结构交叉施工方案，模拟验证交叉施工方案的可行性和合理性。

按照展厅屋盖结构与弧面网格结构交叉施工方案的要求，一标段先行施工 4～10 号展厅屋盖结构，采用汽车吊在展馆内分段安装屋盖钢结构，安装采用分区累计滑移的施工方案，外悬挑网格待展馆屋盖安装完成后分区插入组织施工。在一标段先行施工 4～10 号展厅屋盖结构的同时，二标段先行施工 1～3 号展厅、11～13 号展厅弧面网格结构。一标段施工完 4～10 号展厅屋盖结构后，进行 1～3 号展厅、11～13 号展厅屋盖钢结构的施工，仍采用汽车吊在展馆内分段安装屋盖钢结构，安装采用分区累计滑移的施工方案，外悬挑网格待展馆屋盖安装完成后分区插入组织施工。在一标段施工 1～3 号展厅、11～13 号展厅屋盖钢结构的同时，二标段进行 4～10 号展厅弧面网格结构的施工。按交叉施工方案的要求，一标段采用汽车吊在展馆内分段安装屋盖钢结构，安装采用分区累计滑移的施工方案。因此，一标段基本不在内环布置施工机械，也基本不需要在内环布置施工工作面，内环的施工工作面将全部移交二标段进行内弧网格和主序厅网格的施工，有效减少工程量最大的内弧网格和主序厅网格的施工压力。

经过模拟验证，展厅屋盖结构与弧面网格结构交叉施工方案的可行性和合理性，满足项目总体建造方案的模拟要求，如图 6-34 和图 6-35 所示。

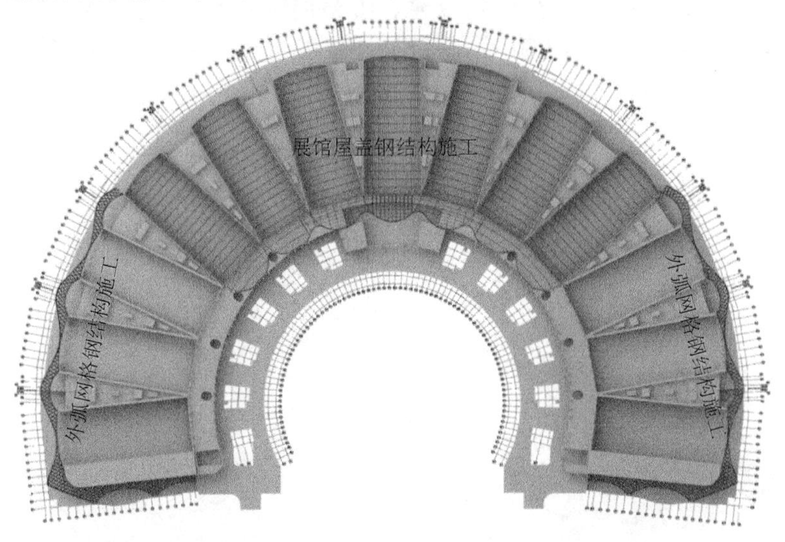

图 6-34　展厅屋盖结构与弧面网格结构交叉施工方案模拟（一）

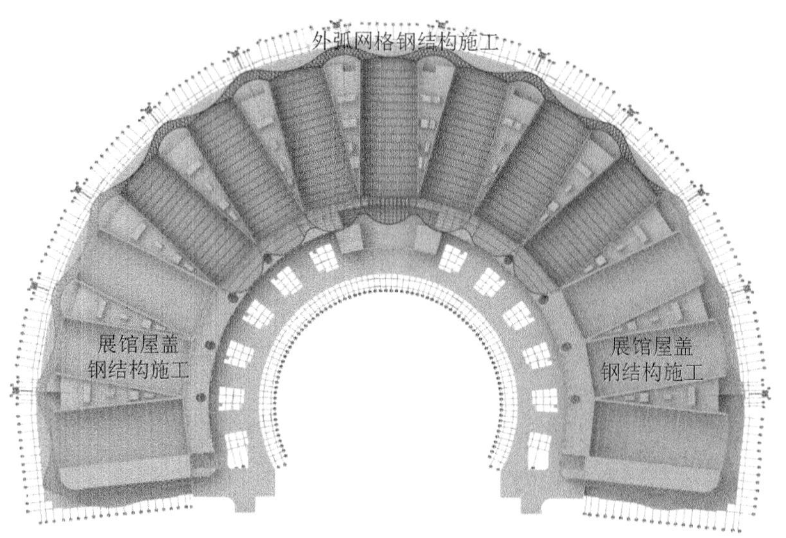

图 6-35　展厅屋盖结构与弧面网格结构交叉施工方案模拟（二）

5. 展厅屋盖结构施工方案模拟

为了全面贯彻落实展厅屋盖结构与弧面网格结构交叉施工方案，分别对各展厅屋盖结构的交叉施工方案和单个展厅屋盖结构的施工方案进行模拟验证。

1）各展厅屋盖结构的交叉施工方案模拟。为了有序组织 13 个展厅屋盖结构的施工，按照展厅屋盖结构与弧面网格结构交叉施工方案的模拟要求，制订各展厅屋盖结构的交叉施工方案。各展厅屋盖结构的交叉施工方案：在展馆内侧总包塔吊拆除前，利用塔吊分段安装内侧悬挑前厅屋盖钢结构的安装，与二标段钢构搭接部位杆件设为嵌补杆件后施工。然后先进行第一分区 5～8 号展馆屋盖的施工，采用履带吊和汽车吊配合吊装、同一展馆分两个施工段累计滑移安装的方案组织施工。第一分区施工完成后，同样采用分两个施工段累计滑移的方案组织第二分区 4 号、9 号、10 号展馆屋盖的安装。剩余第三分区 6 个展馆屋盖，二标段弧面网格结构先施工，后续展厅屋盖结构采用汽车吊在展馆内三层楼面分段进行屋盖结构的安装，如图 6-36 所示。

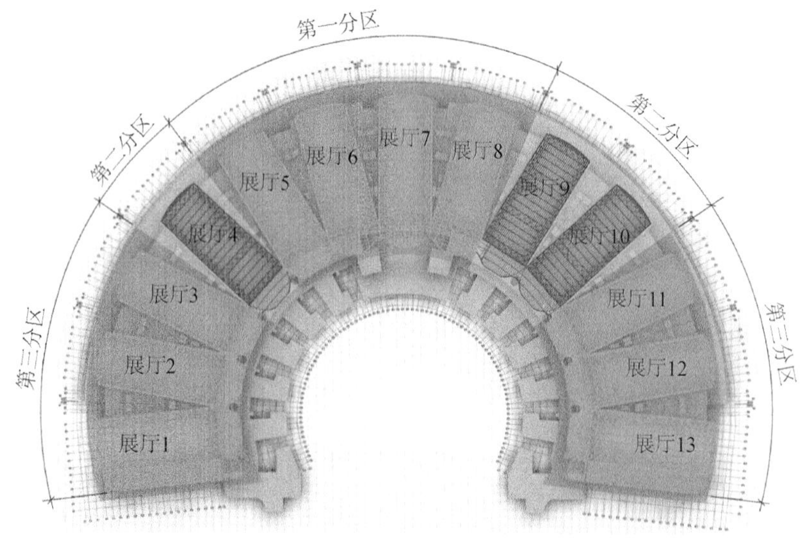

图 6-36　各展厅屋盖结构的交叉施工方案模拟

经过模拟验证，各展厅屋盖结构的交叉施工方案的可行性和合理性，满足展厅屋盖结构与弧面网格结构交叉施工方案的模拟要求。

2）单个展厅屋盖结构的施工方案模拟。为了有序组织单个展厅屋盖结构的施工，按照展厅屋盖结构与弧面网格结构交叉施工方案的模拟要求，以及各展厅屋盖结构的交叉施工方案的要求，制订单个展厅屋盖结构的施工方案。单个展厅屋盖结构的施工方案：首先在展厅的外弧搭建拼装平台，拼装完成一榀拱架后，即由外弧向内弧方向滑移，然后继续下一榀拱架的拼装，直至最后一榀拱架拼装滑移完成，所有拱架拼装滑移完成后，依次进行檩条、镀锌压型钢板、隔气层、保温防水层、铝镁锰合金板屋面板的安装，直至整个展厅屋盖结构施工完成，如图 6-37～图 6-46 所示。

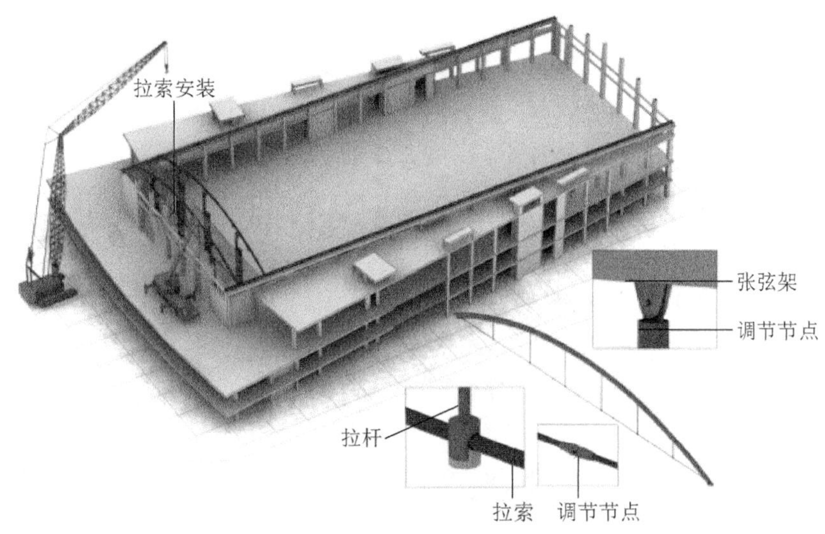

图 6-37　在展厅的外弧搭建拼装平台

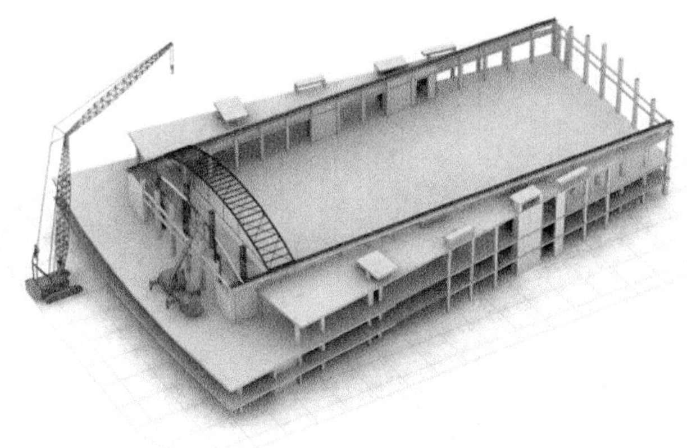

图 6-38　第一榀拱架拼装完成

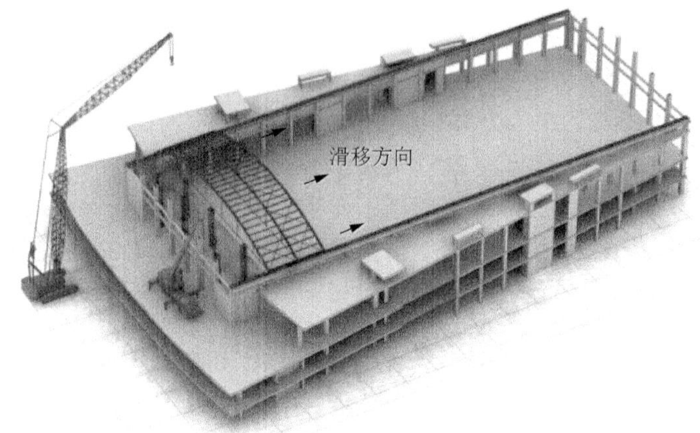

图 6-39　第二榀拱架拼装完成并滑移

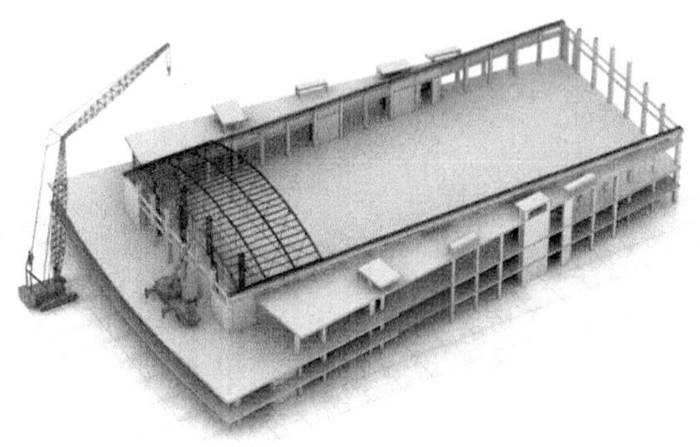

图 6-40　第三榀拱架的拼装

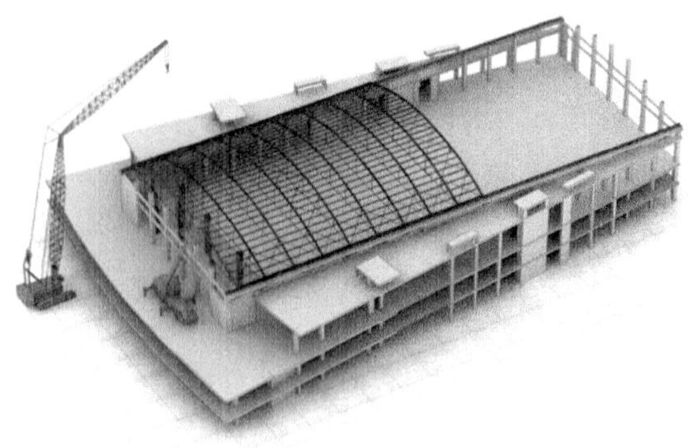

图 6-41　部分拱架整体滑移准备

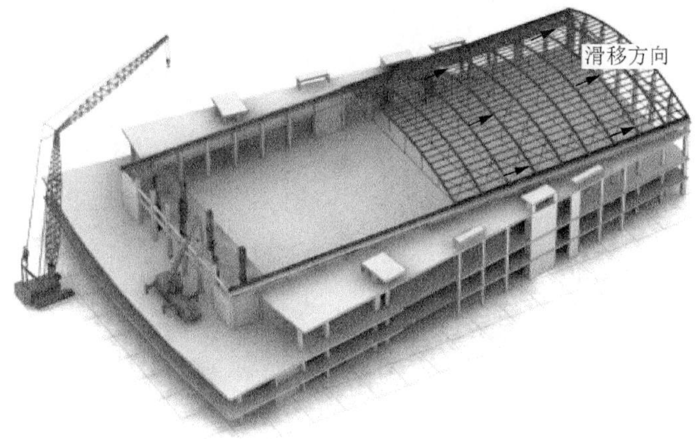

图 6-42　部分拱架整体滑移完成

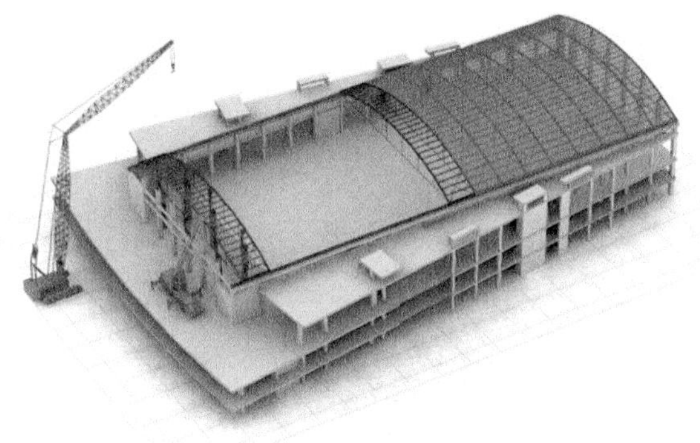

图 6-43　剩余拱架拼装

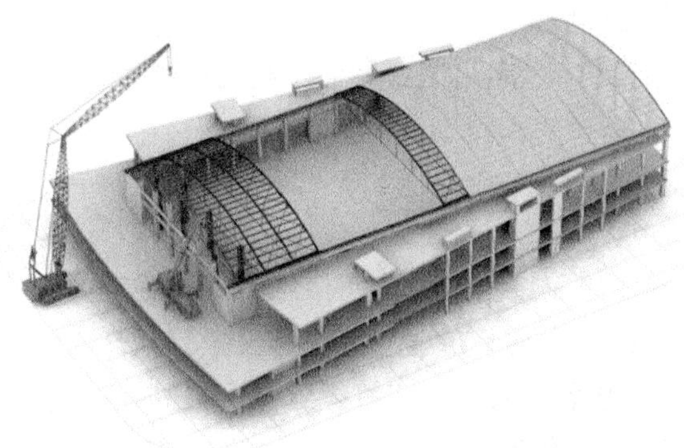

图 6-44　檩条、屋面板同步安装

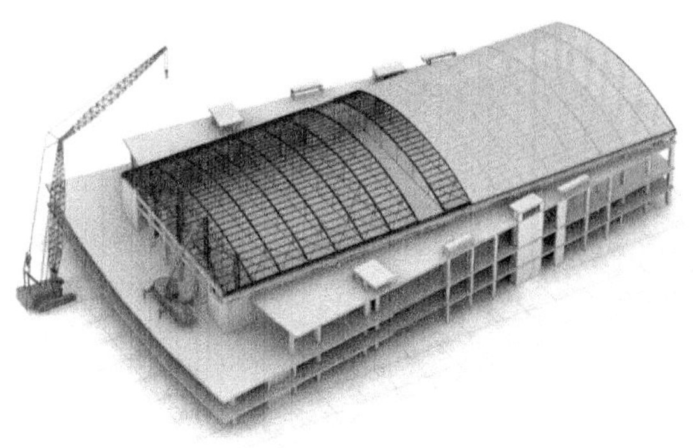

图 6-45　剩余拱架拼装并滑移

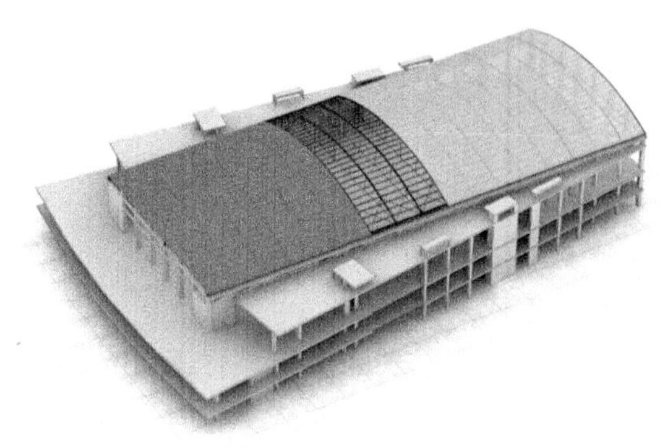

图 6-46　整个展厅屋盖结构施工完成

经过模拟验证，单个展厅屋盖结构的施工方案的可行性和合理性，满足各展厅屋盖结构的交叉施工方案的模拟要求，也满足展厅屋盖结构与弧面网格结构交叉施工方案的模拟要求。

6. 弧面网格结构施工方案模拟

为了全面贯彻落实展厅屋盖结构与弧面网格结构交叉施工方案，分别对弧面网格结构施工方案和弧面网格结构钢结构胎架布设方案进行模拟验证。

1）弧面网格结构施工方案。为了有序组织弧面网格结构的施工，按照展厅屋盖结构与弧面网格结构交叉施工方案的模拟要求，制订弧面网格结构施工方案。弧面网格结构采用整体安装方法施工，即现场施工采用“单元地面拼装+高空胎架原位安装+散件高空嵌补+分区同步分级卸载”的整体方法，如图 6-47～图 6-50 所示。

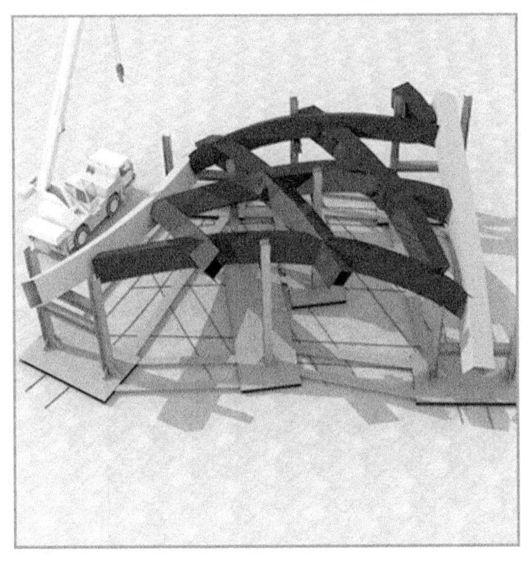

图 6-47　单元地面拼装

图 6-48　高空胎架原位安装

图 6-49　散件高空嵌补

图 6-50　分区同步分级卸载

经过模拟验证，弧面网格结构施工方案的可行性和合理性，满足展厅屋盖结构与弧面网格结构交叉施工方案的模拟要求。

2）弧面网格结构钢结构胎架布设方案模拟。根据弧面网格结构施工方案，高空胎架原位安装是弧面网格结构施工方案的关键节点。

根据网格结构安装分块吊装情况，整个弧面网格结构共需设置 440 个支撑胎架，胎架的最大高度约 34m，对于高度超过 20m 的胎架，在胎架之间设置水平联系桁架。其中，主序厅网格布设 133 个胎架，联系桁架长 420m；内弧网格布设 106 个胎架，联系桁架长 200m；边网格布设 32 个胎架，外弧网格布设 168 个胎架，如图 6-51～图 6-55 所示。

图 6-51　主序厅网格胎架布设模型

图 6-52　主序厅网格胎架布设实景

图 6-53　内弧网格胎架布设模型

图 6-54　边网格胎架布设模型

图 6-55　外弧网格胎架布设模型

经过模拟验证，弧面网格结构钢结构胎架布设方案的可行性和合理性，满足弧面网格结构施工方案的模拟要求，也满足展厅屋盖结构与弧面网格结构交叉施工方案的模拟要求。

四、应用成果

在组建一流项目管理团队、采用一流项目管理模式、应用一流信息管理平台的基础之上，云南城投集团进一步采用 BIM 技术辅助和支持昆明滇池国际会展中心项目的建设管理工作，形成了国内一流的项目管控能力和管控水平，并通过对项目建设全过程进行模拟，使整个项目管理团队对项目建设全过程的管控重点、管控要点和管控难点以及影响完成建设目标的关键节点了然于心。

在总体建造方案模拟基础之上，对影响项目进度的风险因素进行识别，其中钢结构工程是整个项目建设中保证工期最大的重点和难点。为此，对钢结构工程进行了钢结构专项建造方案模拟。通过对钢结构专项建造方案模拟，发现展厅屋盖结构与弧面网格结构的施工场地布置要求和施工机械布置要求相互冲突，有限的施工工作面不能有效地利用起来，使展厅屋盖结构与弧面网格结构之间不能组织有效的交叉施工，展厅屋盖结构与弧面网格结构只能采取顺序施工的方法，导致整个钢结构工程的施工工期太长，钢结构工程将使整个项目不能顺利完工，不仅达不到项目总体建造方案的模拟要求，也实现不了项目预定的建设目标。为此，根据项目总体建造方案的模拟要求，提出展厅屋盖结构与弧面网格结构交叉施工方案，进一步模拟验证了展厅屋盖结构与弧面网格结构交叉施工方案的可行性和合理性。为了全面贯彻落实展厅屋盖结构与弧面网格结构交叉施工方案，分别对展厅屋盖结构的各展厅交叉施工方案和单个展厅施工方案进行模拟验证，并对弧面网格结构施工方案和弧面网格结构钢结构胎架布设方案进行模拟验证。以系统、全面的超前模拟，深入指导了展厅屋盖结构与弧面网格结构的交叉施工、各展厅屋盖结构的交叉施工、单个展厅屋盖结构的施工、弧面网格结构的施工，合理组织了展厅屋盖钢结构和弧面网格钢结构的建造流程，提高了建设效率，比最初方案提前 3 个月完工，按预定目标实现了建设工期的要求。

五、应用总结

项目建造阶段是项目施工阶段最核心、最重要的子阶段。在昆明滇池国际会展中心项目展馆工程的项目建造阶段，应用 BIM 技术对项目建造方案进行了模拟分析评价，优化了项目建设的组织管理方案，指导了项目建设的组织管理工作，加快了展馆工程建设进度，为顺利完成项目的建设目标奠定了基础。节点法施工管理与 BIM 应用有效指导项目在规定的约束条件下，顺利实现各项工作目标，最后按设计技术文件的要求完成项目建造，实现项目的总体建设目标。

第四节　竣工验收阶段应用案例剖析

项目的竣工验收是项目施工阶段的最后一个子阶段，对项目完成竣工验收是项目建设完工的标志。在竣工验收前，施工单位内部应先进行预验收，一般由监理公司组织进行，主要检查各单位工程和装饰工程的施工质量，整理各项竣工验收的技术资料。在此基础上，由建设单位组织正式竣工验收，经相关部门验收合格，并到建设主管部门备案，办理验收签证手续后方可交付使用。在传统工作模式下，竣工验收是一个时点的概念，即竣工验收日为工程的正式完工日期，但在 BIM 技术的支持下，竣工验收已经成为一种超前的模拟控制过程，即在 BIM 技术的支持下，通过超前的模拟控制过程，保证项目按照设计技术文件的要求完成竣工验收目标。

一、案例概况

昆明滇池国际会展中心项目的机电管线工程具有工程量大、专业多、参与单位多、建设工期紧、技术复杂、成果隐蔽等特点。整个机电管线工程共涉及建筑面积为 117 万 m^2，有各类电线电缆（强弱电）423.72 万 m、各类给水排水管 56.98 万 m、风管 24.1 万 m、空调水管 6.45 万 m，所有机电管线的累计长度达 5 000 多 km。机电管线工程主要包含暖通、电气、水、消防、弱电智能化、精装修二次机电等专业，共有十多家施工单位参与施工，由于项目建设工期紧，每个专业划分为 3 个施工段，每个施工段由一家施工单位负责施工，导致整个机电管线工程同专业存在施工接口、不同专业存在交叉施工，对于一个具体的施工单位，既要考虑本专业不同施工段之间的施工接口问题，又要考虑本专业与不同专业之间的交叉施工问题。而且，由于本项目前期准备不足，关于机电管线工程的设计深度不够，很多机电管线工程的定位尺寸和技术参数均待施工过程进行确定和优化，更谈不上各专业管线综合完善的问题，因此，整个机电管线工程的施工技术相当复杂。由于项目建设工期紧，在总体施工模拟时，既定的进度目标不允许安排机电管线工程单独的施工时间，机电管线工程必须完全交叉于土建主体工程和装修工程的施工过程中同步进行，大大增加了机电管线工程施工组织管理的难度，也大大增加了机电管线工程顺利竣工验收的压力。为了保证机电管线工程按计划顺利完工，全面达到竣工验收的要求，确保项目顺利投入使用，应用 BIM 技术对机电管线工程进行超前的模拟控制，通过对机电管线工程进行全面的 BIM 管线综合，确保整个机电管线各专业、各施工段、各施工单位的施工标准一致、施工步调一致，在全部顺利完工的前提之下，全面实现项目竣工验收的目标，如图 6-56 所示。

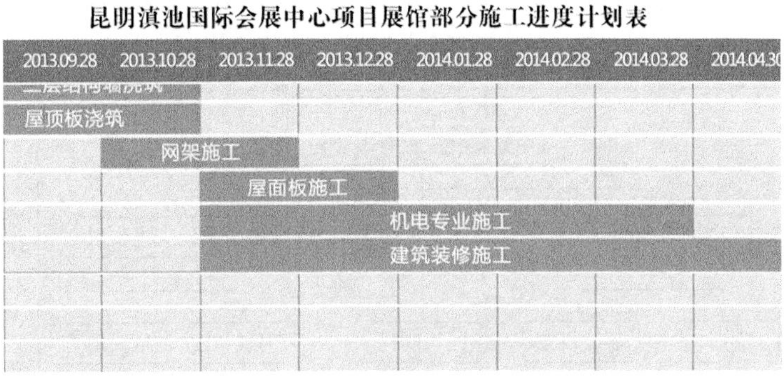

昆明滇池国际会展中心项目展馆部分施工进度计划表

图 6-56　展馆工程施工进度

二、应用内容

为了保证机电管线工程按计划顺利完工，全面达到竣工验收的要求，确保项目顺利投入使用，应用 BIM 技术对机电管线工程进行超前的模拟、优化、控制，通过对机电管线工程进行全面的 BIM 管线综合，确保机电管线工程在全部顺利完工的前提之下，全面实现竣工验收的目标。其具体应用内容如下：

1）对机电管线工程进行全专业 BIM 建模。

2）利用机电管线工程全专业 BIM 模型，对机电管线工程原施工图设计成果进行全面的深化和优化，全面解决机电管线工程原施工图设计成果设计深度不够、设计不完善的问题。

3）利用机电管线工程全专业 BIM 模型，确定各专业不同施工段之间的施工接口规范。

4）利用机电管线工程全专业 BIM 模型，进行全专业管线综合，解决机电管线工程全专业管线碰撞的问题。

5）在解决机电管线工程全专业管线碰撞问题之上，进行建筑空间优化，符合各种使用功能对室内净高的要求，保证建筑空间高度的合理性和舒适性，确保整个建筑的使用品质。

6）利用机电管线工程全专业 BIM 模型，按照项目整体进度的要求，对机电管线工程各专业的施工时间节点、施工工序等提出整体规划，有序组织机电管线工程不同专业之间的交叉施工，有序组织机电管线工程与土建主体工程和装修工程之间的交叉施工。

7）利用机电管线工程全专业 BIM 模型，进行施工过程的质量控制，配合解决各机电管线工程推进过程中的技术问题，确保机电管线工程按计划顺利完工，全面达到竣工验收的标准。

三、应用过程

（一）强化组织管理

由于机电管线工程的工程量大、专业多、参与单位多、技术复杂，应用 BIM 技术进行管线综合的工作量很大，留给设计深化出图的时间很有限，为了加快整个管线综合的工程进度，保证机电管线工程管线综合工作顺利完成，成立了业主方领导下、机电顾问单位牵头的“两级管理机构”，具体负责整个机电管线工程的管线综合工作，并以机电管线工程管线综合工作为基础，强化机电管线工程的施工组织和施工质量管控，如图 6-57 所示。

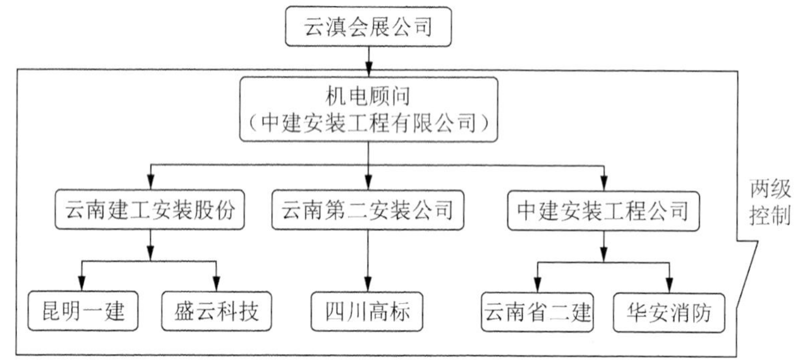

图 6-57　机电管线工程的施工组织

业主方负责整个机电管线工程管线综合工作的管理和协调，负责制定具体的工作机制，明确各参与单位的工作目标、工作职责、工作范围、工作内容，并负责管线综合成果的最终审核工作。机电顾问单位负责协助业主方管理和协调整个机电管线工程管线综合工作，承担整个机电管线工程管线综合工作的技术指导和技术支持，并负责对管线综合成果进行初审。各专业施工单位负责按照职责分工和工作范围的要求，完成职责范围内的管线综合工作，并从各专业施工单位中确定一家本专业牵头单位，负责配合机电顾问单位进行本专业内部的技术协调工作。

（二）明确工作分工

由于应用 BIM 技术进行机电工程管线综合的工作量很大，点多面广，留给设计深化出图的时间很有限，为保证管线综合工作顺利完成，为整个机电工程的施工创造良好的技术条件，全面明确了整个管线综合工作的职责分工，并针对具体的工作内容确定了“工作到单位，责任到个人”的工作原则。按工作原则的要求，根据楼层和区域的性质，明确各楼层、各区域具体的管线综合责任单位，并要求各责任单位按楼层、按区域指定专门的专业工程师负责，由“两级管理机构”统一指挥、统一监督，确保各专业工程师的工作内容、工作进度、工作质量完全符合管线综合工作的要求。管线综合责任单位分区如表 6-2 所示。

表 6-2 管线综合责任单位分区

楼层	分区	责任单位
B1 层	1 区及对应 C—1	云南建工安装股份有限公司
	2、3 区及对应 C—1	盛云科技有限公司
	4 区及对应 C—1	昆明一建建设集团公司
	5、6 区及对应 C—1	中建安装工程有限公司
	7、8 区及对应 C—1	四川高标建设工程有限公司
	9、10 区及对应 C—1	云南省第二安装工程公司
	11～13 区及对应 C—1	中建安装工程有限公司
一层	1 区及对应 C—1	云南建工安装股份有限公司
	2、3 区及对应 C—1	盛云科技有限公司
	4 区及对应 C—1	昆明一建建设集团公司
	5、7 区及对应 C—1	中建安装工程有限公司
	6、8 区及对应 C—1	四川高标建设工程有限公司
	9、10 区及对应 C—1	云南省第二安装工程公司
	11～13 区及对应 C—1	中建安装工程有限公司
二层	1 区及对应 C—1	云南建工安装股份有限公司
	2、3 区及对应 C—1	盛云科技有限公司
	4 区及对应 C—1	昆明一建建设集团公司
	5、7 区及对应 C—1	中建安装工程有限公司
	6、8 区及对应 C—1	四川高标建设工程有限公司
	9、10 区及对应 C—1	云南省第二安装工程公司
	11～13 区及对应 C—1	中建安装工程有限公司
三层	1 区	云南建工安装股份有限公司
	2、3 区	盛云科技有限公司
	4 区	昆明一建建设集团公司
	5、7 区	中建安装工程有限公司
	6、8 区	四川高标建设工程有限公司
	9、10 区	云南省第二安装工程公司
	11～13 区	中建安装工程有限公司

（三）制定工作原则

为保证建筑的使用品质，以尽量利用梁内空间为原则。绝大部分管道在安装时均为贴梁底走管，梁与梁之间存在很大的空间，尤其是当梁高很大时。当管道十字交叉时，这些梁内空间可以被很好地利用起来。在满足弯曲半径的条件下，空调风管和有压水管均可以通过翻转到梁内空间的方法，避免与其他管道冲突，保持路由通畅，满足层高要求。充分利用设计提供的综合管线布置示意图，再深化设计布置各自展区内综合管线排布位置。

1. 总体原则

1）风管布置在下方。

2）桥架和水管在同一高度时，水平分开布置。

3）桥架和水管在同一垂直方向时，桥架在上、水管在下进行布置。

2. 避让原则

1）有压管让无压管，小管线让大管线，施工简单的避让施工难度大的。当有压管道与无压管道相碰撞时，应首先考虑更改有压管道的路由。

2）小管道避让大管道。应先确定大管道的位置，后布置小管道的位置。当两者发生冲突时，应调整小管道，小管道造价低且所占空间小，易于更改路由和移动安装。

3）冷水管道避让热水管道。在两者相遇时，调整冷水管道。

4）附件少的管道避让附件多的管道。

5）临时管道避让永久管道。新建管道避让原有管道；低压管道避让高压管道；空气管道避让水管道。

3. 垂直面排列管道原则

热介质管道在上，冷介质在下；无腐蚀介质管道在上，腐蚀介质管道在下；气体介质管道在上，液体介质管道在下；保温管道在上，不保温管道在下；高压管道在上，低压管道在下；金属管道在上，非金属管道在下；不经常检修管道在上，经常检修的管道在下。

4. 管道间距原则

考虑到水管外壁、空调水管、空调风管保温层的厚度及施工空间。电气桥架、水管、外壁距离墙壁的距离，最小有 100mm 的距离，直管段风管距墙最小 150mm，沿构造墙需要 90° 拐弯风道及有消声器、较大阀部件等区域，根据实际情况确定距墙柱距离，管线布置时考虑无压管道的坡度。不同专业管线间距离，尽量满足现场施工规范要求。

5. 考虑末端空间

整个管线的布置过程中考虑到以后送回风口、灯具、烟感探头、喷淋头等的安装，合理地布置吊顶区域各末端在吊顶上的分布，以及电气桥架安装后放线的操作空间和以后的维修空间，电缆布置的弯曲半径不小于电缆直径的 15 倍。上述为管线布置基本原则，管线综合协调过程中根据实际情况综合布置，管间距离以方便安装、维修为原则，考虑管道安装后阀门的安装空间和以后的操作维修空间，考虑检修口位置能进入天花板内进行维修。

（四）统一工作标准

由于本机电管线工程管线综合参与单位多、涉及面广、建设工期紧，为了提高管线综合的工作效率，整体推进管线综合的工作进程，在工作正式启动之前，统一了工作标准，包括管线综合工作的制图标准、命名标准、工作深度标准等，保证了最终工作成果的统一性、通用性，也确保了管线综合成果的工作质量。

1. 统一制图标准

1）规定制图比例，如表 6-3 所示。

2）深化设计底图。深化设计底图包含建筑施工图和结构梁图，为保证深化设计底图的准确性、一致性，深化设计底图使用外部参照功能，深化设计底图须经过处理，除保留必要内容外，尽量简洁，处理后的结构梁图需清楚反映每一根梁的尺寸，特殊位置结构标高，如降板区域等。

表 6-3　制图比例

<table>
<tr><td rowspan="8">制图比例</td><td rowspan="3">施工图</td><td>平面</td><td>1∶100</td></tr>
<tr><td>剖面</td><td>1∶50</td></tr>
<tr><td>节点</td><td>1∶10 或 1∶5 或 1∶1</td></tr>
<tr><td rowspan="3">设备协调图</td><td>平面</td><td>1∶50/1∶100</td></tr>
<tr><td>剖面</td><td>1∶20</td></tr>
<tr><td>节点</td><td>1∶10 或 1∶5 或 1∶1</td></tr>
<tr><td rowspan="2">竣工图</td><td>所有图</td><td>1∶20</td></tr>
<tr><td>房间平面</td><td>1∶5 或有关部门制定比例</td></tr>
</table>

3）统一命名图层。原则上不改变设计院所绘制的施工图的图层名称和图纸内容属性，列明深化过程中新增图层，并统一命名。

4）指定图层颜色。为方便绘图、图纸阅览，深化设计中图层颜色应区分设置，加强图层颜色管理。专业内相关内容颜色一致，新增图层按本专业图层相同颜色设置，同时尽量减少图层颜色的种类数量。严禁不相关专业内容的图层颜色相同或相近，严禁采用黄色、淡黄色，根据业主、设计院制图要求制定统一的图层。

各专业图层颜色规定：建筑结构专业底层——灰色；暖通专业图层——白色；给水排水专业图层——绿色；消防水专业图层——蓝色；电气专业图层——红色；弱电专业图层——品红色；防火分区图层——红色。

5）统一文字设置。深化设计图纸中文字体格式统一设置为 HZTXT.SHX，英文字体格式统一设置为 ISOCP.SHX。文字高宽比为 0.75，文字高度按图纸比例设置，使纸质图纸中标注注释等文字字高为 3mm，图名、项目名称等文字字高为 5mm，文字颜色与各专业图层颜色相同。

6）统一标注格式。管线间定位标注统一使用管中心间距，箭头统一使用建筑标记，超出标记、尺寸线及起点偏移量均按图纸比例设置，使纸质图纸中为 1mm。箭头尺寸按图纸比例设置，使纸质图纸中为 1.25mm。标注文字按图纸比例设置，使纸质图纸中文字字高为 3mm，高宽比为 0.75，标注颜色与各专业图层颜色相同。剖面图、大样图的文字颜色统一采用黑白色。

7）约定图纸版本。深化设计图纸第一次出图版本号为“A”；修改后第二次出图版本号为“B”；修改后第三次出图版本号为“C”，依次类推，最后一次出图版本号为“最终”。在修改版本中列明修改依据和修改内容。

2. 统一命名标准

1）统一各专业管线命名标准，如表 6-4 所示。

表 6-4　各专业管线命名标准

管线名称	命名方式	颜色（RGB）	管线名称	命名方式	颜色（RGB）
送风	SA	255.0.255	排风	EA	0.255.0
正压送风	ZS	0.255.255	排烟	SE	255.153.0
回风	RA	255.255.0	新风	FA	0.0.255

续表

管线名称	命名方式	颜色（RGB）	管线名称	命名方式	颜色（RGB）
厨房排油烟	FE	255.0.0	冷冻水回水	CHR	0.0.255
冷冻水供水	CHS	0.0.255	热水回水	HR	255.0.0
热水供水	HS	255.0.0	冷却水回水	CWR	0.255.0
冷却水供水	CWS	0.255.0	给水	G	0.255.0
凝结水	N	255.0.255	污水	W	0.128.128
雨水	Y	255.0.255	废水	F	102.153.255
中水	Z	153.51.51	消火栓管	XH	255.0.0
喷淋	SP	0.0.255	桥架	CT	255.0.0
色彩参照（仅作参照，按照上述 RGB 等效值执行）					

2）统一各专业管线的用色标准，如图 6-58 所示。

	送风		排风		正压送风		排烟
	回风		新风		厨房排油烟		冷冻水回水
	冷冻水供水		热水回水		热水供水		冷却水回水
	冷却水供水		给水		凝结水		污水
	雨水		废水		中水		消火栓管
	喷淋		桥架				

原图

图 6-58　各专业管线的用色标准

3. 统一工作深度标准

1）一般要求。结合各部位结构特征，综合协调各类管线、洞口、套管等预留、预埋的精确定位，在满足机电专业要求的基础上，减少对结构施工的影响。综合协调机电（包括消防、弱电信息、安防等）各系统管线的平衡布置，在满足规范及设计使用功能要求的前提下，力求各专业的管线及设备布置合理、整齐美观，最大限度地增加建筑使用空间。完善局部断面、立面及平面的管线综合平衡，确定各种管线的标高、位置及交叉时的解决方法，为施工安排提供技术支持，减少由管线冲突造成的二次施工。结合吊顶、墙面等装修特征，综合协调灯具、开关、风口、喷淋头、探测器等机电末端器具和检修口的位置，使其布置在满足国家规范规定和精装修要求的基础上，达到整齐美观、成排成线、对称居中的外观效果。

2）专项要求。本机电管线工程管线综合成果应包括设计说明、综合管线平面图、综合管线剖面图、区域标高图、机电点位布置图等，各种图纸的具体工作深度要求如下：

① 设计说明应包含工程概况、设计依据、专业数量及属性、新增或已调整内容、管线排布原则、施工工序、特殊工艺、新材料、新工艺、待定事项。

② 综合管线平面图：需显示机电各专业设备、管线、附件、支吊架、设备、管线标高，设备、管线水平定位尺寸、细节详图。DN50 或 $\phi 50$ 以上的消防水管、给水排水水管、空调水管、风管以双线展示；DN50 或 $\phi 50$ 以下的消防水管允许以单线展示。显示完全数量的支吊架，同时支吊架应显示位置、类型、结构构造、结构外观、材料属性、材料规格、固定方式、螺栓数量、螺栓规格，必要时辅以剖面图、节点详图。显示全部数量的机电专业，反映机电管线的具体走向、标高、水平定位、机电管线专项位置、类型，并辅以剖面图、节点详图展示。对于有装修要求的，由于装修天花标高、装修造型等多因素影响，显

示不同形式消防喷淋头。对于设备层、设备房、建筑屋面等特殊位置，显示检修通道，与管井实现水平垂直两个方向的完全对接。

③ 综合管线剖面图：显示建筑完成面标高、机电设备、管线的类型、走向、水平位置、水平标高。显示吊架的位置、类型、结构构造、结构外观、材料规格，必要时辅以节点详图，对于有装修要求的，显示装修造型。

④ 区域标高图：显示全部数量区域标高，包含建筑地面完成面（以绝对标高表示）、建筑净空标高（建筑地面完成与顶板上表面高差，以相对标高表示）、机电完成面标高（以最低点为准，以相对标高表示），底图与综合管线平面一致，将标高满足与不满足要求区域分开表示。

⑤ 机电点位布置图：精装修要求区域，以装修公司提供的机电点位图为准。非精装且有天花区域，包含风口、烟感探头、喷淋头、消防水炮、灯具、摄像头、投影仪、投影幕。无天花区域，如车库包含风口、灯具、摄像头、喷淋头，显示水平定位尺寸。

（五）组织管线优化

在确定机电管线工程管线综合的工作原则、工作标准之后，开始正式启动机电管线工程的管线综合工作。针对每周的工作进度，每周组织召开工作例会，负责落实管线综合的工作进度计划，沟通协调各专业之间的一般性技术问题。对于长时间没有解决的较大问题，一般以专题会议的形式组织各相关专业共同讨论解决，专题会议为非例会性质会议，应根据深化设计进度及现场实际情况需要随时召开，主要负责解决深化设计过程涉及其他专业且较为复杂的问题，需要各专业共同协调解决的重大问题。为保证管线综合工作成果的工作质量，建立严格的审批流程。管线综合工作成果首先需经过责任单位技术负责人的内部审核，然后提交机电顾问单位审核，各专业牵头单位负责配合交机电顾问单位进行成果审核，业主负责对机电顾问单位提交审核成果进行复审，最后由原设计单位对管线综合成果进行审核确认。在机电管线工程管线综合工作中，前后共组织 70 多名专业工程师参与管线综合工作，经过两个多月的现场集中办公，累计完成了 567 张 A1 号管线综合图纸，如表 6-5 所示，为顺利完成机电管线工程奠定了坚实的技术基础。

表 6-5　管线综合图纸情况汇总

序号	区域	楼层	综合图	专业图	图纸总张数
1	展馆区	B1 层	14	66	80
2		一层	14	56	70
3		二层	14	68	82
4		三层	14	61	75
展馆合计			56	251	307
5	商业区	B1 层	14	69	83
6		一层	14	74	88
7		二层	14	75	89
商业合计			42	218	260
总计			98	469	567

四、应用成果

为了做好本机电管线工程的管线综合工作，组织了全专业 BIM 建模，基于 BIM 模型进行了各专业管线优化、保证室内净高要求、建立施工接口规范、指导各专业交叉施工，应用 BIM 技术对机电管线工程进行超前的模拟、优化、控制，通过对机电管线工程进行全面的 BIM 管线综合，确保机电管线工程在全部顺利完工的前提之下，全面实现竣工验收的目标。

（一）系统优化各专业管线

通过全专业 BIM 建模，有效组织了各专业管线综合工作，对机电管线工程原施工图设计成果进行全面的深化和优化，全面解决机电管线工程原施工图设计成果设计深度不够、设计不完善的问题，有效解决了 117 万 m^2 机电管线工程各专业管线的碰撞问题。

1）三号展馆 B1 层管线综合。通过全专业 BIM 模型，以展馆为单位，系统规范了单个整体空间区域范围的管线，有效保证了整个地下室的室内净高基本在 2.8m 以上，满足中型客车的停放，调整前后对比如图 6-59 和图 6-60 所示。

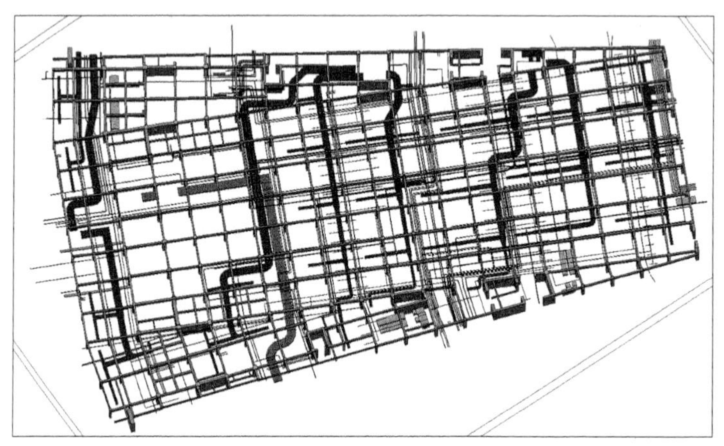

图 6-59　管线综合优化调整前

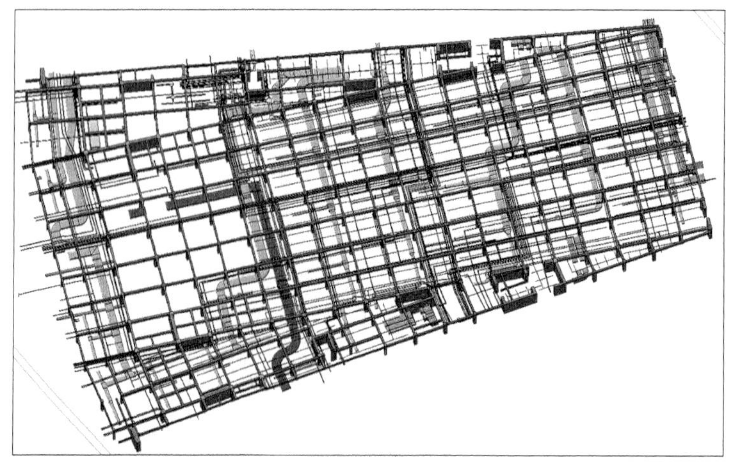

图 6-60　管线综合优化调整后

2）13 号馆 1 区一层商业区管线综合。通过全专业 BIM 建模，有序组织了各专业管线的走向，既避免了管线的碰撞，又保证了管线的整齐、美观，优化前后对比如图 6-61 和图 6-62 所示。

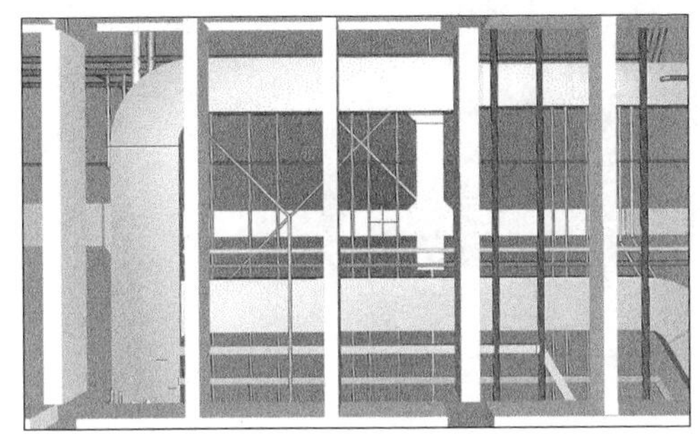

图 6-61　优化前

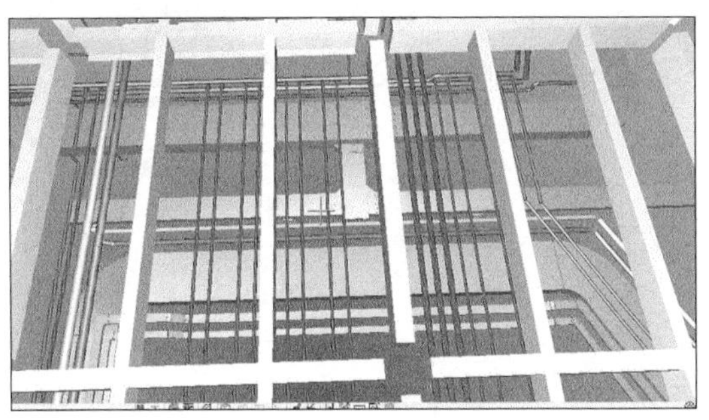

图 6-62　优化后

3）9 号馆 B1 层管线综合。通过全专业 BIM 模型，有效避免了管线的碰撞，优化前后对比如图 6-63 和图 6-64 所示。

图 6-63　优化前

图 6-64　优化后

4）水炮泵优化调整。通过全专业 BIM 模型，有效解决了安装尺寸不足的问题，优化调整前后对比如图 6-65 和图 6-66 所示。

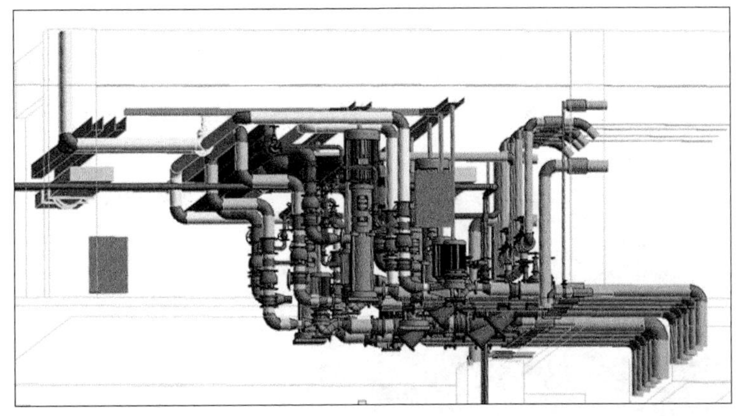

图 6-65　优化调整前

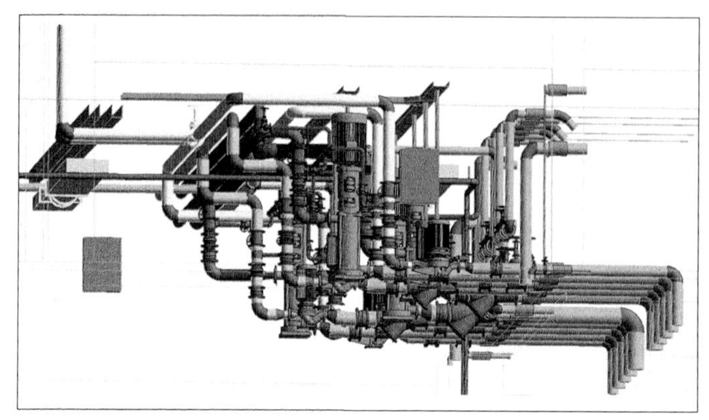

图 6-66　优化调整后

（二）有效保障建筑空间高度

基于 BIM 模型，系统组织了各专业管线优化，在有效解决管线碰撞问题之上，进行建筑空间优化，有效满足各种使用功能对室内净高的要求。例如，B1 层地下车库，保证了 2.8m 的最低净高，一层展馆展厅内保证了最低 10m 的净空，二层 7 区宴会中心保证了 4.5m 的最低净空，三层展馆展厅内保证了 12.7m 的最低净空，所有的公共走道、公共空间均保证了 4.5m 的最低净空，有效优化了建筑空间高度，保证了建筑空间高度的合理性和舒适性，保障了整个建筑的使用品质，如图 6-67～图 6-70 所示。

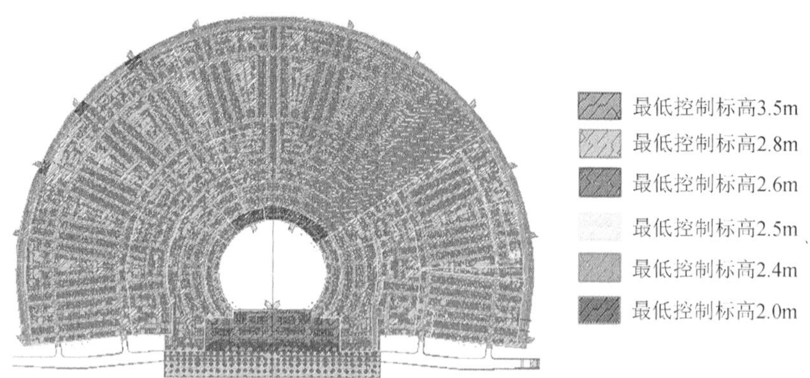

图 6-67　B1 层标高集成后示意图

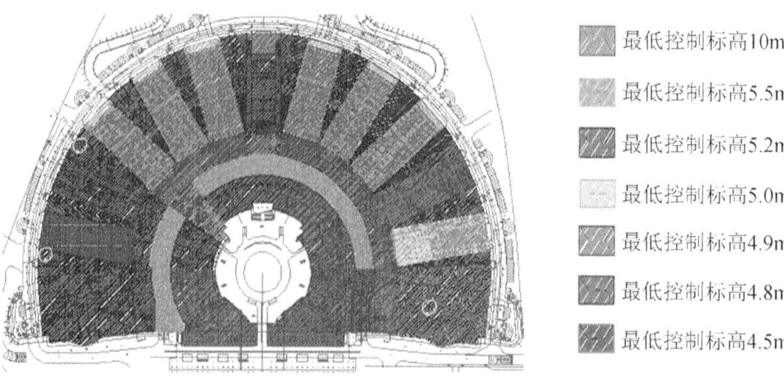

图 6-68　一层标高集成后示意图

图 6-69　二层标高集成后示意图

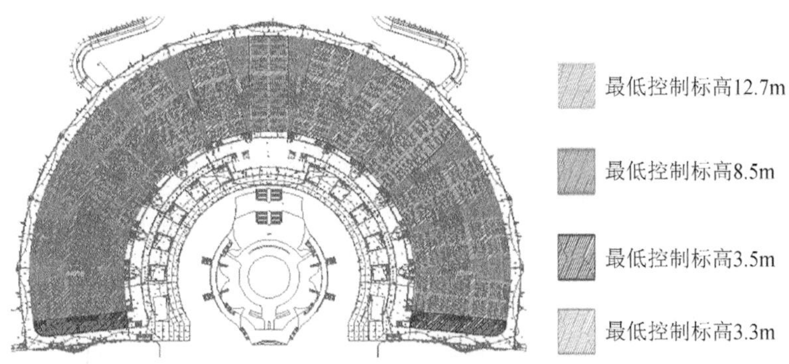

图 6-70　三层标高集成后示意图

（三）建立各专业工作协同基础

根据管线综合成果，编制各楼层、各区域室内净空高度数据汇总表（表 6-6 和表 6-7），提交土建、精装修单位，作为专业协同和交叉施工的工作基础。

并在 B1 层规划了一条净空高度为 3.6m 的行车路线，以保证中型货车在地下车库内的行驶，如图 6-71 所示。

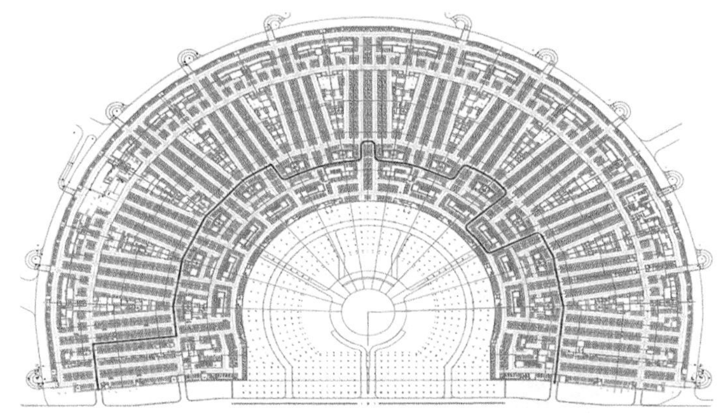

图 6-71　B1 层净空高度为 3.6m 的车道示意图

表 6-6 各楼层、各区域室内净空高度数据汇总表（一）

表 6-7　各楼层、各区域室内净空高度数据汇总表（二）

区域			1区			2区			3区			4区			5区			6区			7区		
			结构标高/m	完成面标高/m	管道排布高度/m	结构标高/m	完成面标高/m	管道排布高度/m	结构标高/m	完成面标高/m	管道排布高度/m	结构标高/m	完成面标高/m	管道排布高度/m	结构标高/m	完成面标高/m	管道排布高度/m	结构标高/m	完成面标高/m	管道排布高度/m	结构标高/m	完成面标高/m	管道排布高度/m
1层	展馆区	北面序厅																			14	10	1.4
		展馆入口										7	5	2	7	5	2	7	5	2	7	5	2
		展馆区										14	10	4	14	10	4	14	10	4			
		展馆外区域	7	4.5	2.5	7	4.8	2.2	7	4.5	2.5										7	4.5	2.5
		车库入口																					
	商业区	南面序厅																			7	4.5	2.5
		门厅										7	4.8	2.2	7	4.8	2.2	7	4.8	2.2			
		商业主道路	7	5.5	1.5	7.00	5.5	1.55	7.00	5.5	1.55	7	4.9	1.6	7	5.5	1.5	7	5.5	1.5	7	5.5	1.5
		人行道 1	7	5.5	1.5	7.00	5.5	1.55	7.00	5.5	1.55	7	4.9	1.6	7	5.5	1.5	7	5.5	1.5	7	5.5	1.5
		人行道 2	7	5.5	1.5	7.00	5.5	1.55	7.00	5.5	1.55	7	4.9	1.7	7	5.5	1.5	7	5.5	1.6	7	5.5	1.6
		地下车库入口	7	4.8	2.2																		
2层	展馆区	展馆区				6.97	4.3	2.67	6.97	4.3	2.67										6.97	4.5	2.47
		会议洽谈前通道	6.97	4.5	2.47	6.97	4.8	2.17	6.97	4.8	2.17	6.97	4.3	2.47	6.97	4.3	1.7	6.97	4.5	2.47			
		678 区前大厅																6.97	4.8	2.17	6.97	4.8	2.17
	商业区	商业主道路	7	5.3	1.7	7.0	5.30	1.70	7.0	5.3	1.70	7	4.7	2.3	7	5	2	7	5.5	2.2	7	5.5	1.5
		人行道 1	7	5.3	1.7	7.0	5.30	1.70	7.0	5.3	1.70	7	4.7	2.3	7	5.5	0.3	7	5.5	1.5	7	5.5	1.5
		人行道 2	7	5.3	1.7	7.0	5.30	1.70	7.0	5.3	1.70	7	4.7	2.3	7	5.5	0.5	7	5.5	1.5	7	5.5	1.5
		商业入口	7	5.3	1.7	7.0	5.30	1.70	7.0	5.30	1.70	7	4.7	2.3	7	4.5	0.5	7	5.5	1.5	7	5.5	1.5
3层	展馆区	展馆入口	5	4.1	0.9	5.00	4.10	0.90	5.0	4.10	0.90	5	4.1	0.9	5	4.1	0.9	5	4.1	0.9	5	4.1	0.9
		展馆次序厅、门厅、主序厅	10	7.6	2.4	10.0	7.70	2.40	10.0	7.50	2.60	10	7.6	2.4	10	7.6	2.4	10	7.4	2.6	10	7.4	2.6
		展馆区前厅	10	8.4	2	9.7	7.2	2	9.7	7.2	2	10	8.4	2	10	8.4	2	10	8.4	2	10	8.4	2

续表

	区域		8区			9区			10区			11区			12区			13区		
			结构标高/m	完成面标高/m	管道排布高度/m	结构标高/m	完成面标高/m	管道排布高度/m	结构标高/m	完成面标高/m	管道排布高度/m	结构标高/m	完成面标高/m	管道排布高度/m	结构标高/m	完成面标高/m	管道排布高度/m	结构标高/m	完成面标高/m	管道排布高度/m
1层	展馆区	北面序厅																		
		展馆入口	7	5	2	7	5	2	7	5	2									
		展馆区	14	10	4	14	10	4	14	10	4									
		展馆外区域										7	4.8	2.2	7	5	2	7	4.5	2.5
		车库入口													7	5.1	1.9			
	商业区	南面序厅																		
		门厅	7	4.8	2.2	7	4.8	2.2	7	4.8	2.2									
		商业主道路	7	5.5	1.5	7	5.5	1.5	7	5.5	1.5	7	5.5	1.5	7	5.5	1.5	7	5.2	1.8
		人行道1	7	5.5	1.5	7	5.5	1.5	7	5.5	1.5	7	5.5	1.5	7	5.5	1.5	7	4.4	1.6
		人行道2	7	5.5	1.6	7	5.5	1.6	7	5.5	1.6	7	5.4	1.6	7	5.4	1.6	7	5.2	1.8
		地下车库入口																		
2层	展馆区	展馆区										6.97	4.3	2.67	6.97	4.3	2.67			
		会议洽谈前通道	6.97	4.5	2.47	6.97	4.5	2.47	6.97	4.5	2.47	6.97	4.5	2.47	6.97	4.5	2.67			
		678区前大厅	6.97	4.8	2.17															
	商业区	商业主道路	7	5.5	1.5	7	5.5	1.5	7	5.5	1.5	7	5	2	7	5	2	7	4.7	2.3
		人行道1	7	5.5	2	7	5.5	1.5	7	5.5	1.5	7	5	2	7	5	2	7	4.7	2.3
		人行道2	7	5.5	1.5	7	5.5	1.5	7	5.5	1.5	7	5	2	7	5	2	7	4.7	2.3
		商业入口	7	5.5	1.5	7	5.5	1.5	7	5.5	1.5	7	5.35	1.65	7	5.35	1.65	7	5.35	1.65
3层	展馆区	展馆入口	5	4.1	0.9	5	4.1	0.9	5	4.1	0.9	5	4.1	0.9	5	4.1	0.9	5	4.1	0.9
		展馆次序厅、门厅、主序厅	10	7.6	2.4	10	7.6	2.4	10	7.6	2.4	10	7.6	2.4	10	7.6	2.4	10	7.6	2.4
		展馆区前厅	10	8.4	2	10	8.4	2	10	8.4	2	10	8.4	2	10	8.4	2	10	8.4	2

（四）制定各专业施工接口规范

1. 制定施工段的划分原则

按本项目机电管线工程的特征，各专业工程均分 3 个施工段，1～5 号展馆、6～10 号展馆、11～13 号展馆分别表示为 1、2、3 施工段，各施工段的界面以各施工段交接处轴线对中轴线 O 点的接线为界，作为以各标段的中间界线的划分依据。其中，1、2 施工段以 2-O（对应图纸上 A6a-A 轴线）界线为界面；2、3 施工段以 3-O（对应图纸上 A11b-E 轴线）界线为界面。各施工段界线范围内的管线由各施工段责任单位负责完成，对有穿越界线的暖通、给水排水（含消防）管道依据各专业施工接口规范处理，如图 6-72 所示。

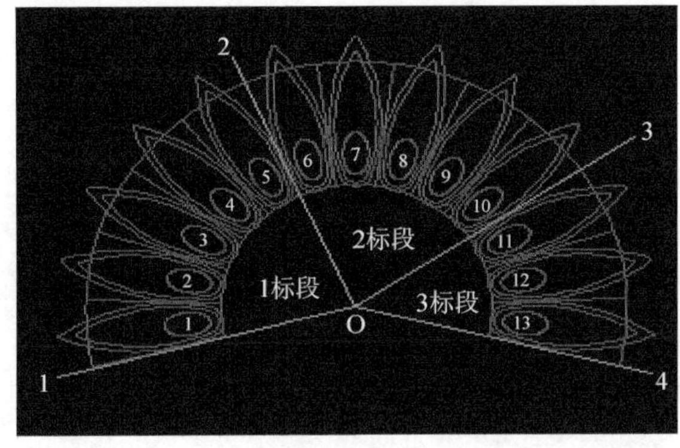

图 6-72　工程界面示意图

2. 建立各专业施工接口规范

1）暖通专业。防排烟、通风系统，由先施工到施工段界线的一方，将穿越了施工段界线的风管施工到界线另一侧 100cm 处截止，并做好标牌标识。空调水系统，由先施工到施工段界线的一方，将穿越了施工段界线的管道施工到界线另一侧 50cm 处安装阀门截止，并做好标牌标识。空调风系统，由先施工到施工段界线的一方，将穿越施工段界线的风管施工到界线另一侧 100cm 处截止，并做好标牌标识，如图 6-73 所示。

图 6-73　穿越施工段界线划分

2）给水排水专业（含消防专业）。由先施工到施工段界线的一方，将穿越了施工段界线的管道施工到界线另一侧 50cm 处安装阀门截止，并做好标牌标识。

3）强弱电专业。强弱电桥架由先施工至界限的一方，将穿越了施工段界线的桥架施工至界限另一侧 100cm，做好标识标牌。电缆按强弱电的系统及楼层配电箱柜的坐落位置，划分穿越施工段界线的管线的施工责任单位，由上级配电箱柜所在标段施工单位完成该箱柜至下一级箱柜回路的施工责任单位，强弱电专业的施工接口在对应的配电箱柜截止，并做好标牌标识，如图 6-74 所示。

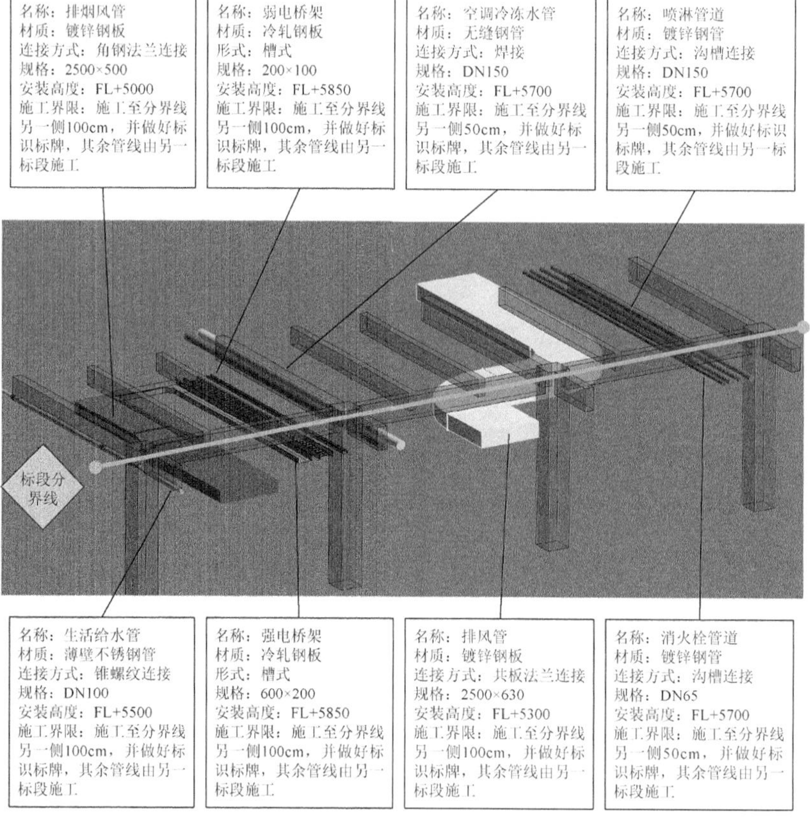

图 6-74　强弱电专业的施工接口

（五）指导各专业交叉施工

利用机电管线工程全专业 BIM 模型，对机电管线工程各专业的施工时间节点、施工工序等提出整体规划，明确了先上后下的施工顺序，对于特殊的关键节点充分利用 BIM 模型的可视化功能，准确评估交叉施工方案的合理性，有序组织机电管线工程不同专业之间的交叉施工。为了不受土建主体工程和装修工程施工的影响，也充分利用 BIM 模型的可视化功能评估土建主体工程和装修工程施工进度的影响，有效的调配各专业的施工力量和施工工作面，使所有参建单位形成有效的整体合力，快速推进项目建设工作。在有效保证项目进度的同时，进行了有效的质量控制，确保机电管线工程按计划顺利完工，全面达到竣工验收的标准，如图 6-75 和图 6-76 所示。

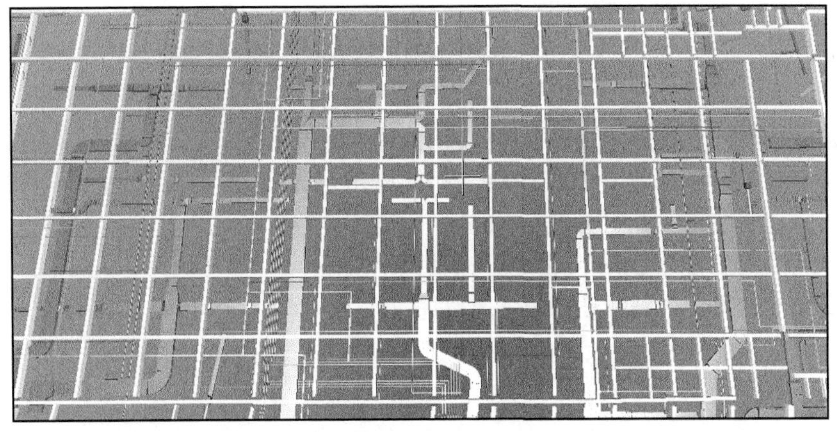

图 6-75　BIM 模型的可视化（一）

图 6-76　BIM 模型的可视化（二）

五、应用总结

项目的竣工验收是项目施工阶段的最后一个子阶段，对项目完成竣工验收是项目建设完工的标志，在 BIM 技术的支持下，竣工验收已经成为一种超前的模拟控制过程，通过超前的模拟控制过程，保证项目按照设计技术文件的要求完成竣工验收目标。本项目的机电管线工程具有工程量大、专业多、参与单位多、建设工期紧，应用 BIM 技术对本机电管线工程进管线综合，通过超前的模拟、优化、控制，全面解决机电管线工程原施工图设计成果设计深度不够、设计不完善的问题，保证了建筑空间高度的合理性、舒适性和整个建筑的使用品质，有序组织了机电管线工程不同专业之间的交叉施工，机电管线工程与土建主体工程和装修工程之间的交叉施工，使所有参建单位施工标准一致、施工步调一致，在全部顺利完工的前提之下，全面实现项目竣工验收的目标。

思 考 题

1．如何理解节点法施工管理 BIM 应用的应用理念？
2．如何理解节点法施工管理 BIM 应用的应用目标？
3．如何理解节点法施工管理 BIM 应用的实现路径？
4．节点法施工管理 BIM 应用划分为哪几个阶段？
5．读完本章案例得到哪些启发？

第七章　节点法运维管理的 BIM 应用

运维阶段是项目全生命周期中最重要的阶段，在项目决策、设计、施工、竣工及验收等节点工作完成后，项目进入漫长的运维阶段，需要在运维阶段通过对项目的建设成果及前期的项目信息进行系统的整合与利用，支持项目投资意图及项目建设目标完全落地。运维阶段包括项目交付、项目运行、项目回收等子阶段。运维阶段的主要工作是要基于项目建成后的设备、设施，建立快速响应企业业务发展的工作模式及工作平台，构建适应企业业务发展的系统环境，使企业的业务发展与项目的各种资源有效地协同起来，共同面对企业生存、发展的挑战，促进企业持续、健康、快速地发展。

第一节　节点法运维管理的应用逻辑

一、应用理念

节点法项目管理以构建模式化的运营维护的组织管理体系为核心，把项目的数字化交付、信息化管理作为智慧化运维的基础。项目的数字化交付、信息化管理是项目建设管理的新延伸，是项目的数字化产品交付和数字化使用方法。以项目建设成果全周期的数字化资源信息的应用管控最优为目标，对各节点、各阶段的信息管理规则和信息组织流程进行标准化的系统设计，开展项目运维的信息系统组织、信息过程控制、信息协调组织等有针对性的运维信息组织和管理。为大体量的工程项目管理提供了有效的管理模式，依据节点法项目管理的知识体系规范建设管理工作，将有利于施工阶段项目管理目标的实现。

在 BIM 技术的支持下，应用 BIM 技术对项目信息的加载、传递和共享的特性，将有效实现项目全生命周期信息的共享，使项目在决策、设计、施工、运维阶段的管理目标有效协同起来，避免运维阶段成为信息孤岛，推动实现项目全生命周期效益的最大化。随着世界经济的高速发展，企业持续、快速、健康发展对运维管理提出了更高的要求，BIM 技术的深入应用，为有效应对运维管理实践中所面临的新挑战提供了一条行之有效的新路径。深入应用 BIM 技术，可在项目建设阶段和运维阶段之间建立数字化的项目交付模式，促进各种项目信息在项目建设阶段和项目运维阶段之间的有效传递，避免项目交付过程中的信息丢失。在 BIM 技术的支持下，可基于项目交付的数字化建设成果，对项目信息等项目资源进行资源化整理，深入挖掘项目的各种设备、设施的应用价值，建立快速响应企业业务发展的工作模式及工作平台，构建适应企业业务发展的系统环境，使企业的业务发展与项目的各种资源有效地协同起来，提高运维管理效率，实现信息化、智能化的运维管理，构建智慧化的运维管理模式，支撑企业持续、健康、快速地发展。

二、应用模式

在运维阶段，为了实现项目全生命周期的管理目标，应用 BIM 作为节点法项目管理过程中的技术工具，通过对项目运维阶段的项目信息进行系统识别，根据项目信息时间、空间、形式 3 个维度的性质及特征，将项目的运维阶段分为交付阶段、运行阶段、回收阶段三大管理子节点，应用 BIM 技术围绕三大管理子节点，以组织管理为先导，以各节点目标管理、过程管理、成果管理为基础，对项目运维阶段的管理目标、管理过程和管理成果进行以“超前、可视、模拟、验证”为特征的管理活动，为项目提供使用成本、运行成本、维护成本 3 个维度的决策支持，通过系统的过程评价、效益评价、持续评价，实施精细化的运维管理，有效实现项目运维阶段的管理目标，为全面实现项目全生命周期的总体建设目标奠定基础。其应用模式如图 7-1 所示。

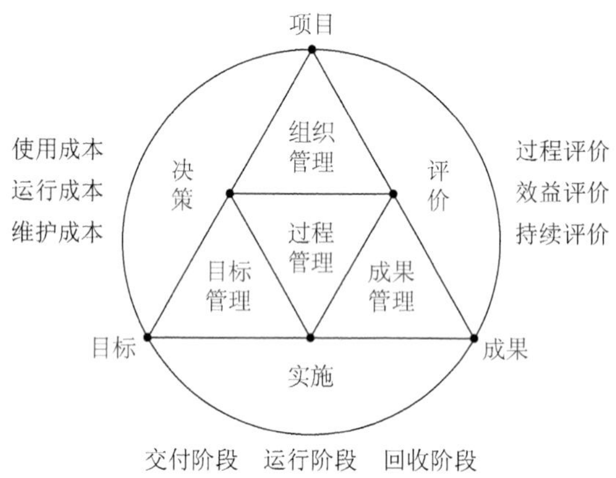

图 7-1　节点法运维管理的 BIM 应用模式

三、应用目标

依据节点法项目运维阶段的 BIM 应用模式的要求，综合采用技术管理、经济管理、组织管理、合同管理等措施，应用 BIM 技术对项目信息的加载、传递和共享的特性，对项目建设阶段已经形成的项目信息进行资源化整理，构建适应企业业务发展的系统环境，对运维阶段的管理目标、管理过程和管理成果进行系统集成，对运维阶段的工作模式与工作行为、工作流程与工作过程、工作结果与工作效果进行系统管控，使企业的业务发展与项目的各种资源有效地协同起来，提高运维管理的效益，促进企业持续、健康和快速发展，顺利实现项目全生命周期的管理目标。

四、技术路径

根据节点法运维管理的 BIM 应用目标，分解形成运维阶段的子目标，构建节点法运维管理的 BIM 应用目标体系。基于各运维阶段的子目标，应用 BIM 技术对项目投资策划、设计、施工、竣工等建设阶段所形成的项目数据信息进行资源化整理，利用 BIM 技术建立项目整体规划、地理位置、建筑各楼层平面等基础信息模型，通过基础信息模型加载建筑空间、建筑功能、应急疏散、机电系统、设备设施、室外管网、交通组织、设计规划等运维管理信息，构建支撑运维管理的信息交付与共享平台，建立快速响应企业业务发展的工作模式及工作平台，建立适应企业业务发展的系统环境。利用 BIM 技术可视、可模拟的特性，对加载信息进行直观表达，对运维管理组织方案进行模拟验证，并基于信息共享平台进行信息的传递、共享和应用，支撑进行系统的目标管理、过程管理、成果管理，从而提高运维管理效率，以解决项目在运维管理过程中所面临的挑战，实现项目全生命周期的管理目标，如图 7-2 所示。

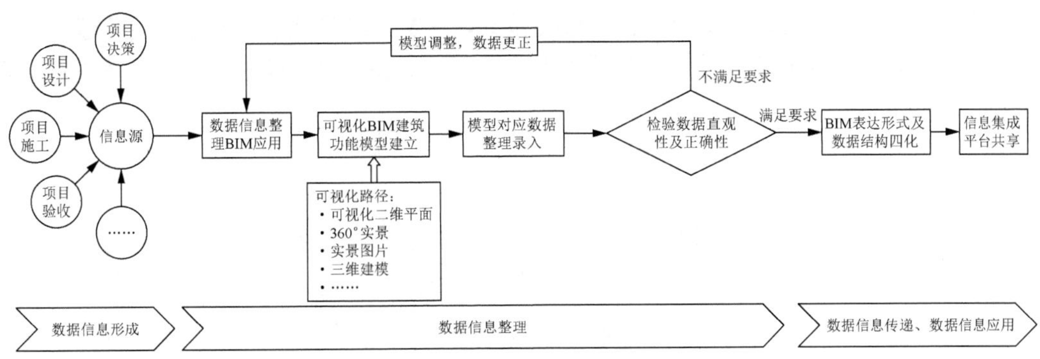

图 7-2　运维管理 BIM 应用的技术路线

第二节　项目交付阶段应用案例剖析

项目交付阶段是项目运维阶段的第一个子阶段，是项目完成竣工验收后，项目建设成果由建设阶段向运维阶段移交使用的标志。项目交付阶段主要工作内容是，按照项目建设成果的移交清单，查验竣工验收的相关资料，完成实物资产的交接，明确项目建设成果的后续管理责任，确保所移交的各种设备、设施保持正常使用状态，建立快速响应企业业务发展的工作模式及工作平台。在传统工作模式下，项目建设成果的交接主要是完成实物资产的交接，项目建设成果的物理特征和功能特性等内在项目信息往往在交接过程中遗失。但在 BIM 技术的支持下，在传统实物资产移交基础之上，建立了项目建设成果数字化交接的模式，既确保了有关移交资产内在逻辑关系的项目信息在项目全生命周期的有效传递，也为资源化整理、应用项目前期的建设信息创造了基础条件，还为项目运维阶段的信息化管理、智能化管理奠定了基础。

一、案例概况

昆明滇池国际会展中心项目体量大、建设周期短，顺利完成展馆工程的建设对项目管理是一个极大的挑战。由于项目建设周期短，项目建成后交给运营团队使用的时间也很仓促，项目建成交给运营团队 15 天后就要在项目内召开第 3 届南亚博览会暨第 23 届中国昆明进出口商品交易会（昆交会）。第 3 届南亚博览会暨第 23 届昆交会是一个国际盛会，共有来自 31 个国家、2 个地区的 70 位正副部长、省市长，2 个国际组织代表，8 位驻华使节，17 位总领事，以及国家相关部委和 27 个省市区领导，18 家央企、100 余家民企、10 余个金融机构负责人共 2 000 多名贵宾出席开幕式。在短短 5 天的展会期间，共有 74 万人次入场，最高峰为日 27 万人次入场。如此体量大、功能复杂的大型公共建筑，以及如此高的使用要求，对运维管理也带来了巨大的挑战。

为了帮助运营管理团队尽快熟悉和掌握项目功能，以及项目的各种交通流线、设备、设施的布置情况，充分应用好建筑的功能和特点、设备和设施，办好第 3 届南亚博览会暨第 23 届昆交会。按照基于 BIM 的节点法运维管理模式的逻辑和要求，对项目数据信息进行资源化整理，建立建设成果数字化交付的模式，开发运维管理信息共享平台，建立快速响应举办展会所需要的运维管理工作模式及工作平台，提高运维管理效率，有效应对运维管理工作所面临的挑战。

二、应用内容

为了有效实现项目建设成果及各种项目信息在项目建设阶段和运维阶段之间有效传递，避免了项目交付过程中的信息丢失，建立建设成果数字化交付的模式，开发运维管理信息共享平台，建立快速响应举办展会所需要运维管理工作模式及工作平台。其具体应用内容如下：

1）运用 BIM 技术创建建筑信息模型建模（竣工模型），通过浏览三维竣工模型，实现项目资源的可视化、运维管理的可视化。

① 竣工模型应包含项目设计图纸所有信息及设备实施的属性信息，包含所有建筑功能信息、空间几何信息等。

② 可通过不同终端设备快速浏览建筑信息模型，快速浏览模型所包含的建筑功能信息、空间几何信息等各类项目信息。

2）构建 BIM 数据信息库。通过建模构建 BIM 数据库，集成和存储项目的建筑及与设备有关的工程属性信息，以及与项目建设的各专业智能化系统集成运营阶段的各种信息，从而实现项目信息管理的可视化。信息库应拥有足够支持运营管理和维护管理的信息，满足对信息的便捷管理、修改、查询、调用。

3）开发项目使用蓝皮书。基于项目建设成果及项目信息，开发项目使用蓝皮书，简单直观地表达建筑的功能布局、各类交通流线、各种使用工况，满足第 3 届南亚博览会暨第 23 届昆交会参会各方对项目的了解和使用查询。

4）开发运维管理平台。平台集成项目所有使用功能、空间功能和管理功能等管理信息，通过直观表达功能布局、交通组织、疏散方案以及针对不同展会规模的管理预案，为会展运维管理单位与展会组委会、博览局、安保单位、交通组织、新闻媒体、参展单位、维护单位等部门提供有效的工作支持。

三、应用过程

（一）提炼系统核心功能

根据项目交付阶段的运维管理目标，对项目的实物建设成果、项目竣工资料等项目信息进行全面的梳理。要办好第 3 届南亚博览会暨第 23 届昆交会，运营管理团队需尽快地熟悉和掌握项目功能，尽快地熟悉和掌握项目的各种交通流线、设备、设施的布置情况的管理需求，提炼出建筑功能布局、交通流线、应急疏散、二维竣工图（各专业竣工图清单）、三维图（全景影像/效果图/相片）、设备清单（各专业主要设备清单）等核心功能信息，并确定以此 6 类功能信息作为本阶段应用的核心功能，以静态和动态两种数字化交付方式支持本阶段的运维管理工作，如图 7-3 所示。

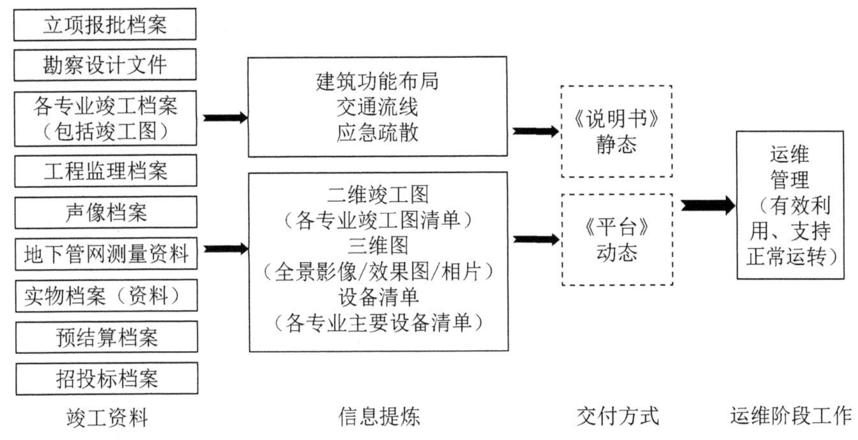

图 7-3　基于 BIM 的运维管理流程

（二）明确系统开发构架

为了建立快速响应举办展会所需要的运维管理工作模式及工作平台，针对 6 类核心功能信息进行了信息源拓展，融入项目不同使用工况下的管理需求，制订不同使用工况下的管理方案、保障方案、应急预案，并依据不同的管理方案、保障方案、应急预案所形成的管理需求，进一步拓展系统的核心功能，制定出快速响应举办展会所需要的系统构架。系统构架初步包含项目概况、项目鸟瞰、运维管理、交通流线、应急疏散、竣工资料 6 个部分，系统构架主要设置两个层级，针对重要的运维管理、交通流线系统构架了 3 个层级，如图 7-4 所示。

（三）制订整体开发计划

为有序推进开发工作，根据系统构架设定的开发工作性质，制定不同的开发时间节点目标。本系统的开发工作按工作性质主要分为建筑功能展示、建筑模型信息加载及建筑使用功能展示、竣工模型实景导入、建筑功能使用管理平台搭建 4 类。建筑功能展示完成时间节点为 2015 年 1 月 21 日～4 月 30 日，建筑模型信息加载及建筑使用功能展示完成时间节点为 2015 年 2 月 1 日～4 月 30 日，竣工模型实景导入完成时间节点为 2015 年 5 月 1 日～10 月 31 日，建筑功能使用管理平台搭建完成时间节点为 2015 年 2 月 1 日～2016 年 12 月 31 日，如表 7-1 所示。

图 7-4　基于 BIM 的运维管理系统构架

表 7-1　系统开发完成时间表

阶段	工作内容	时间节点
第一阶段	建筑功能的展示	2015 年 1 月 21 日～4 月 30 日
第二阶段	建筑模型信息加载、建筑使用功能展示	2015 年 2 月 1 日～4 月 30 日
第三阶段	竣工模型实景导入	2015 年 5 月 1 日～10 月 31 日
第四阶段	建筑功能使用管理平台搭建	2015 年 2 月 1 日～2016 年 12 月 31 日

（四）确定关键控制节点

为了确保系统按计划开发完成，组织制定了关键控制时间节点，并明确各关键控制时间节点的主要工作内容和评价目标，如图 7-5 所示。

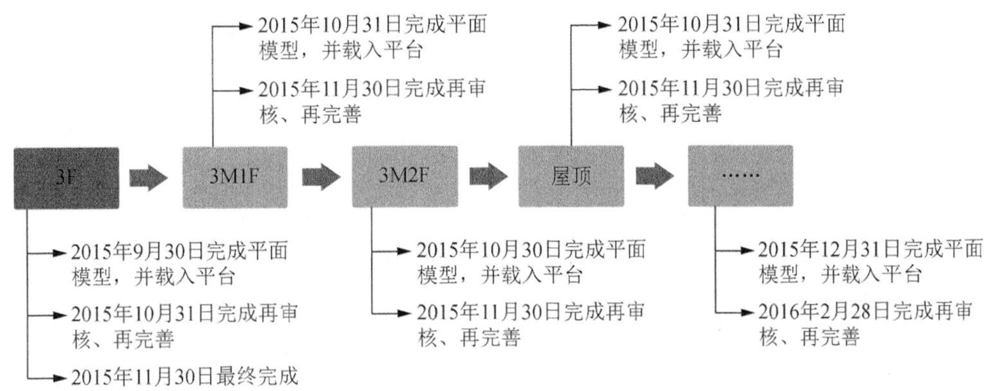

图 7-5　关键控制节点

（五）组织系统开发推进

根据系统核心功能和系统构架，按照开发计划的要求组织推进了系统开发工作。整个开发过程经历 4 个阶段：第一阶段为现场资料收集、数据汇总整理；第二阶段为项目使用蓝皮书撰写；第三阶段为运维管理平台开发（实现数字化建筑信息交付）；第四阶段为运维管理平台交付使用。开发过程完成主要形成两个开发成果，即项目使用蓝皮书和展馆运维管理平台系统。项目使用蓝皮书于 2015 年 4 月 30 日节点，在南博会前夕完成装订成册，移交会展投资、运营、物业管理部门。展馆运维管理平台系统于 2015 年 12 月正式移交使用，其中项目概况模块历时 50 个工作日，并支持航拍信息及建筑使用情况信息的更新。建筑功能模块开发历时 10 个月，预留了商铺租赁管理功能开发接口、展馆展位租赁管理功能开发接口、空间 BIM 模型浏览功能开发接口，支持照片及全景图数据更新。交通流线模块历时 50 个工作日，预留了会展中心外部主干交通信息接口、会展中心内部客流分布信息接口、会展中心馆内导航功能开发接口。应急疏散模块开发历时 2 个月，机电系统模块历时 7 个月，预留了各机电系统动态数据引入接口、机电设备智能电表数据引入接口、设备维修保养管理功能开发接口。市政管网模块历时 3 个月，预留了消防栓使用引导功能开发接口、管网安全监测实时数据引入接口。动态数据模块历时 1 个月，接口方面预留了能源计量数据引入接口、巡检人员轨迹数据引入接口、员工考勤数据引入接口 3 类。竣工资料模块实施历时 15 个工作日。

2016年12月9日，云南城投集团会展工程建设指挥部组织召开昆明滇池国际会展中心展馆运维管理平台验收及交付会议。云南城投集团工程中心信息部、会展指挥部、会展物业、运营管理公司及上海电器科学研究所（集团）有限公司有关领导及相关人员参加会议。在听取了关于平台开发建设的基本情况和完成情况以及操作演示汇报后，一致认为平台已完成既定的开发任务，全面实现了既定的开发目标，部分功能还超出预期，参会各方一致同意对平台进行验收，并交付使用。

四、应用成果

（一）开发项目使用蓝皮书

在系统核心功能和系统构架确定以后，按照开发计划的要求组织了项目使用蓝皮书的开发工作，基于项目的建设成果及项目信息，按计划开发完成了项目使用蓝皮书。项目使用蓝皮书从建设成果内含的逻辑结构出发，逐层介绍和说明建筑的整体功能布局、交通流线等内容，为运营管理团队及各类管理使用主体尽快地熟悉和掌握项目功能，以及项目的各种交通流线、设备设施奠定了基础。节点法运维管理系统静态模型如图7-6所示。

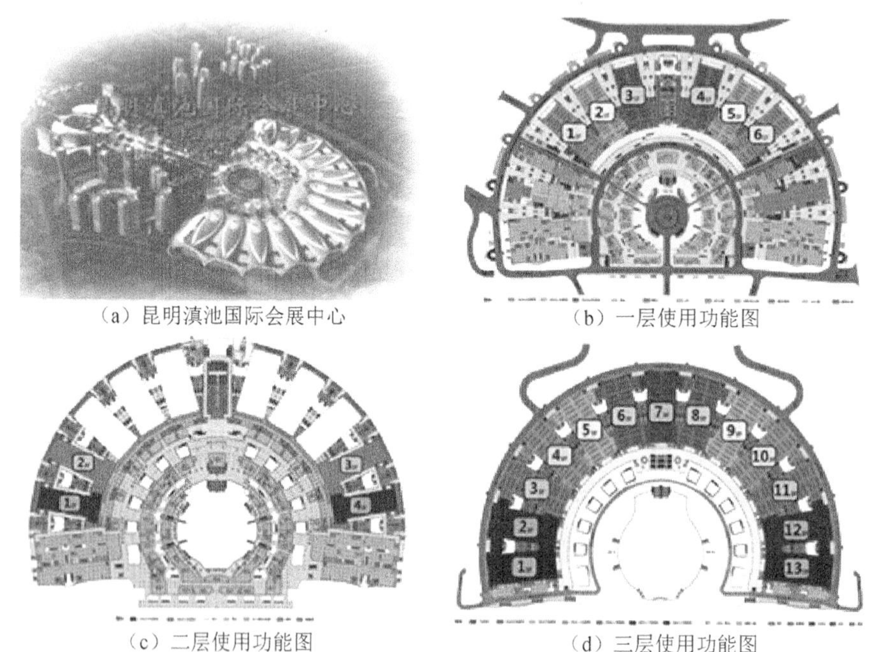

（a）昆明滇池国际会展中心　（b）一层使用功能图

（c）二层使用功能图　（d）三层使用功能图

图7-6　节点法运维管理系统静态模型

（二）搭建运维管理平台

在系统核心功能和系统构架确定以后，按照开发计划的要求组织了运维管理平台的开发工作，基于项目的建设成果及项目信息，按计划开发完成了“昆明滇池国际会展中心展馆运维管理平台”。该运维管理平台由项目概况、建筑功能、交通流线、机电系统、市政管网、应急疏散、动态数据、竣工资料8个功能模块组成，分别对应运维阶段不同的项目数据信息使用与管理需求。运维管理平台主界面如图7-7所示。运维管理平台共分为4个应用层级，其中项目概况包含项目简介、项目鸟瞰、展会盛况3个子模块，交通流线包含外部交通、内部交通、周边道路 3 个子模块，应急疏散包含人行疏散、应急车辆、动画演示 3 个子模块，建筑功能包含功能热区、平面展示、实景展现、设备清单 4 个子模块，机电系统包含专业按楼层梳理、专业按系统梳理两个子模块，市政管网包含二维平面、三维模型两个子模块，动态数据包含停车场数据分析、各系统接口预留两个子模块，竣工资料包含建设历程、各类别档案整理、各部门档案整理 3 个子模块，如图 7-7 和图 7-8 所示。

图 7-7　运维管理平台主界面

<table>
<tr><td>变现层</td><td colspan="9">外部宣传</td><td colspan="13">内部使用</td></tr>
<tr><td>分析层</td><td>项目简介</td><td>项目鸟瞰</td><td>展会盛况</td><td>外部交通</td><td>内部交通</td><td>周边道路</td><td>人行疏散</td><td>应急车辆</td><td>动画演示</td><td>功能热区</td><td>平面展示</td><td>实景展现</td><td>设备清单</td><td>专业按楼层梳理</td><td>专业按系统梳理</td><td>二维平面</td><td>三维模型</td><td>停车场数据分析</td><td>各系统接口预留</td><td>建设历程</td><td>各类别档案整理</td><td>各部门档案整理</td></tr>
<tr><td>应用层</td><td colspan="3">项目概况</td><td colspan="3">交通流线</td><td colspan="3">应急疏散</td><td colspan="4">建筑功能</td><td colspan="2">机电系统</td><td colspan="2">市政管网</td><td colspan="2">动态数据</td><td colspan="3">竣工资料</td></tr>
<tr><td>平台层</td><td colspan="22">昆明滇池国际会展中心展馆运维管理平台</td></tr>
</table>

图 7-8　运维管理平台功能示意图

1）项目概况模块。项目概况模块是以项目规划设计信息模型为基础，加载各地块项目建设规模、功能定位和设计理念、成果实景、运营过程等项目数据信息，并进行信息整合而成。模块功能是介绍会展综合体各个区域项目、展现项目成果实景及与周边区域关系、记录项目建设历程和各类展会盛况等信息。模块作用是帮助运维管理人员系统、整体地了解和掌握会展综合体项目的基本情况，培训运维管理人员和对外宣传。运维管理平台项目概况模块界面如图 7-9 所示。

图 7-9　运维管理平台项目概况模块界面

2）建筑功能模块。建筑功能模块是以建筑平面信息模型为基础，加载空间功能类别、大小、实景、设备设施及资产清单信息，并进行信息整合而成。模块功能是展现建筑各楼层空间功能布局及功能使用相关信息。模块作用是帮助运维管理人员快速获取与建筑空间功能相关信息，进行建筑空间管理和空间对应设备设施和资产管理；帮助运维管理方案制订和开展业务培训，帮助参展商和展会组织单位查询建筑空间功能信息。运维管理平台建筑功能模块界面如图 7-10 所示。

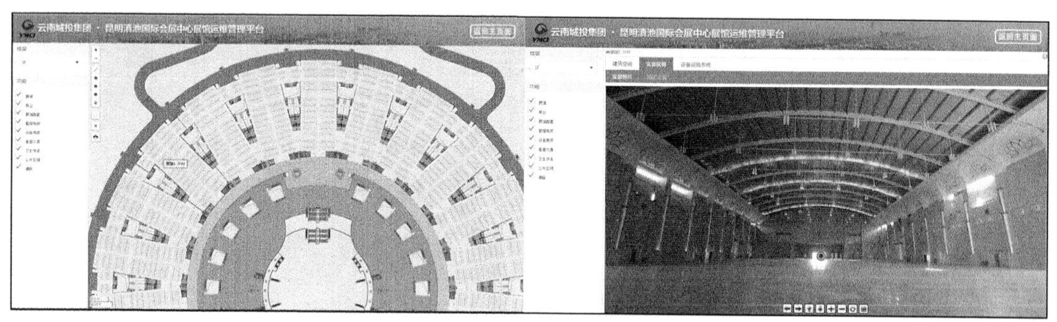

图 7-10　运维管理平台建筑功能模块界面

3）交通流线模块。交通流线模块是以项目地理信息模型和项目总图模型为基础，梳理并加载周边道路和道路节点，内部各楼层人流、车流规划设计信息，并进行信息整合形成。模块功能是可视化展现项目地理位置和交通枢纽方位距离，超前谋划和模拟人流、物流和车流等抵离路线，展现周边道路和内部人流及各类车流规划组织信息。模块作用是帮助展会的组织单位、运维管理单位规划交通组织方案，制定临时交通流线，配置安保人员和发布交通信息，帮助社会大众查询抵达和离开路线。运维管理平台交通流线模块界面如图 7-11 所示。

4）应急疏散模块。应急疏散模块是以建筑各楼层平面信息模型为基础，加载应急疏散通道位置和应急车辆流线信息，进行信息整合形成。其功能是展现建筑各楼层应急疏散通道位置、应急车辆行驶路线，模拟不同楼层发生事故时的应急疏散方案，动态展示应急预案。其作用是辅助运维管理人员进行应急管理，帮助制订和决策应急管理方案。运维管理平台应急疏散模块界面如图 7-12 所示。

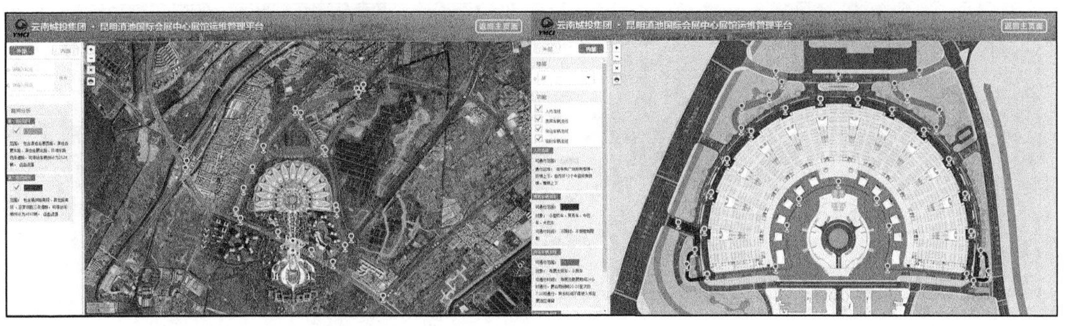

图 7-11　运维管理平台交通流线模块界面

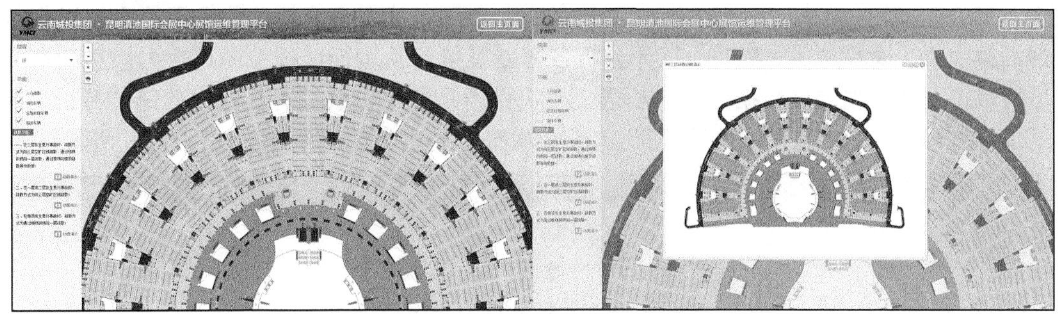

图 7-12　运维管理平台应急疏散模块界面

5）机电系统模块。机电系统模块是以各楼层建筑信息模型为基础，加载机电专业系统的设备设施位置及参数、管线走向及参数信息，并进行信息整合形成。模块功能是展现机电各专业系统的空间位置和上下游逻辑关系，展现设备参数及编码信息。模块作用是帮助运维管理人员进行设备更换、机电故障排查和管理人员培训。运维管理平台机电系统模块界面如图 7-13 所示。

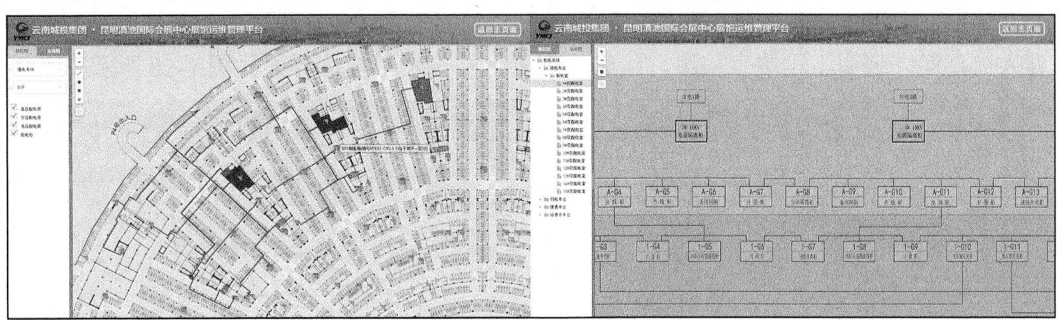

图 7-13　运维管理平台机电系统模块界面

6）室外管网模块。室外管网模块是以项目地理信息模型和参数化场地模型为基础，加载项目竣工后室外各专业管线、管井的空间位置、材质和参数等信息，并进行信息整合形成。模块功能是通过二维和三维模型可视化直观展现管道与管道以及管网与路网关系，并通过网格化管理精确定位管线位置与管井位置。模块作用是为市政道路施工提供室外埋地管网信息，帮助运维管理人员快速定位检修位置。运维管理平台室外管网模块界面如图 7-14 所示。

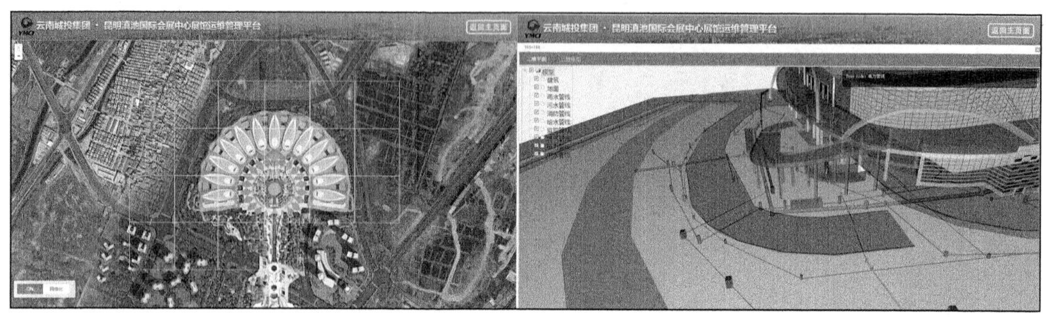

图 7-14　运维管理平台室外管网模块界面

7）动态数据模块。动态数据模块是会展中心停车管理、能耗监测等智能系统运行数据汇集中心。模块功能是整理、统计分析各智能系统日常运行过程中节点数据信息和期间运行数据，并直观展现数据统计分析表。模块作用是通过对系统运行数据的统计分析，帮助运维管理人员进行工作组织规划。运维管理平台动态数据模块界面如图 7-15 所示。

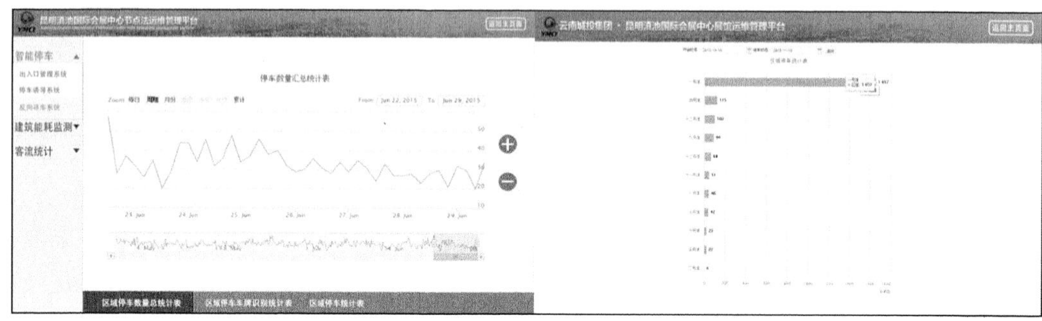

图 7-15　运维管理平台动态数据模块界面

8）竣工资料模块。竣工资料模块是按照竣工档案归档规范为基础，建立竣工档案电子存储库。模块功能是规范工程竣工档案管理，便捷档案查询。模块的作用是协助运维管理人员查询、调阅工程竣工档案。运维管理平台竣工资料模块界面如图 7-16 所示。

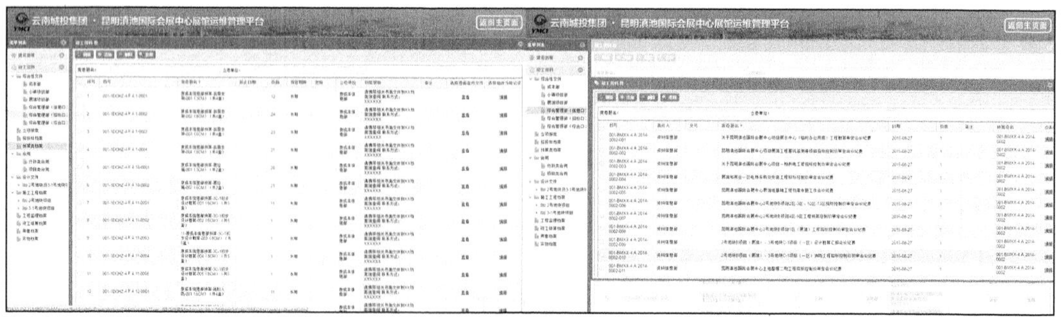

图 7-16　运维管理平台竣工资料模块界面

五、应用总结

项目交付阶段是项目运维阶段的第一个子阶段，是项目完成竣工验收后，项目建设成果由建设阶段向运维阶段移交使用的标志。项目交付阶段主要是按照项目建设成果的移交清单，查验竣工验收的相关资料，完成实物资产的交接，明确项目建设成果的后继续管理责任，确保所移交的各种设备、设施保持正常使用状态，建立快速响应企业业务发展的工作模式及工作平台。在昆明滇池国际会展中心项目展馆工程项目交付阶段的实践应用，开创了建设成果、竣工资料数字化交付的新模式和智慧交接的新方法，为昆明滇池国际会展中心运维管理提供了精准项目数据信息源和科学决策依据，并建立了高效的管理沟通渠道，提高了运维管理工作效率。在昆明滇池国际会展中心建成交付的同时，应用于昆明滇池国际会展中心的运维管理工作，保障了第 3 届南博会暨第 23 届昆交会顺利召开，成功实现昆明滇池国际会展中心首展的管理目标。同时，也为昆明滇池国际会展中心后期高效的运维管理奠定了基础。

该实践应用建立了建设成果多维信息的集成和展示，开创了项目建设数字化交付的新模式，为后续运维管理工作提高工作效率奠定基础，并根据运维管理需求进行数字挖掘，探索超大体量建筑的运维管理模式，借助信息化的技术手段突破运维管理极限，建立快速响应举办展会所需要的工作模式及工作平台，为运维管理工作提供类型化的建设成果信息，支撑了建设阶段和运维阶段的无缝衔接，提升了运维管理水平。同时，该系统通过多维数字信息的挖掘与钻取，使系统具有信息全面、多样化表达、易于使用等亮点，让昆明滇池国际会展中心的运维管理工作插上了信息化的翅膀。

第三节　项目运行阶段应用案例剖析（一）

项目运行阶段是项目运维阶段的第二个子阶段，在项目的全生命周期中，项目运行阶段是一个相对比较漫长的阶段。在项目运行阶段的主要工作内容是，确保项目的各种设备、设施保持正常使用状态，满足对项目的使用要求和企业业务发展的需要。在 BIM 技术的支持下，可以进一步对数字化的项目资源进行数字挖掘，通过资源化整理，建立信息化、智能化的运维管理工作模式，充分利用项目的实物资产，建立更加快速响应企业业务发展的工作模式及工作平台，提高运维管理效率，最大化地为企业的健康发展服务。

一、项目概况

在昆明滇池国际会展中心内，召开规格高、标准高、人员密集的国际盛会，对展馆的安保工作带来了巨大的挑战。为此，按照节点法项目运维阶段 BIM 应用模式的要求，对项目数据信息进行资源化整理，对相关项目信息进行系统识别、提炼，开发智慧消防应急系统，建立快速响应举办展会所需要的安全管理模式及工作平台，消除安全隐患，最大化地为企业的健康发展服务。

二、应用内容

为了有效应对人员密集对展馆的安保工作带来的巨大挑战，对项目数据信息进行资源化整理，开发智慧消防应急系统，建立快速响应举办展会所需要的安全管理模式及工作平台。其具体应用内容如下：

1）运用 BIM 技术创建建筑信息模型建模（竣工模型），通过浏览三维竣工模型，实现项目资源的可视化，直观表达功能布局、交通组织、疏散路径、疏散方案。

2）构建 BIM 数据信息库。通过建模构建 BIM 数据库，集成和存储项目的各种消防设备设施信息以及危险源信息，满足对信息的便捷管理、修改、查询、调用。

3）开发智慧消防应急系统，开发隐患治理、综合监督、灭火救援、公共服务四大功能模块，分别为维保公司、行业主管部门、消防部门、社会单位等使用主体服务，建立高效的消防安全监管网络。

三、应用过程

1. 提炼系统核心功能

会展中心属于重要的人员密集场所，由于展馆设施功能的多样性导致参会人员的不确定性，一旦发生应急事件时，大多数人都不熟悉建筑内疏散设施的布置，也不熟悉建筑内人员的疏散路径，人员疏散极其困难。特别是在第 3 届南亚博览会期间，参会的人员密集度远远大于展馆设计的人员密集度，在这样的极端使用工况下，一旦发生应急事件，及时安全疏散 10 万多人是极其困难的。消防问题是导致人员疏散的主要原因之一，本项目的消防安全也是展会期间安保工作的核心内容，为建立快速响应举办展会所需要的安全管理模式及工作平台，避免在展会期间因消防安全原因而导致发生参展人员应急疏散的事件，对展馆的消防安全设施进行了梳理和资源化整理，提出了智慧消防应急系统应以“智能监控、快速响应”为核心功能，有效消除展会期间的安全隐患。

（1）智能监控

对展馆的消防安全设施进行了梳理，标注建筑消防设施的位置、编码、参数，建立各类消防设施的监控平台，实时采集各种消防设施的状态信息、故障信息、报警信息，有效监控各种消防设施的使用状态，如自动监控各种消防设施的正常状态、故障状态、维修状态及报警状态。

（2）快速响应

针对各种消防设施的监控信息，快速对各类报警或故障的消防设施进行空间定位和逻辑定位，根据对各类报警或故障消防设施的技术特征，以最快的速度采取有效的处理措施，及时消除消防隐患。

2. 明确系统开发构架

根据展馆的安保要求及智慧消防应急系统的核心功能定位，制定展馆项目的智慧消防应急系统开发构架。系统开发构架共包含 3 层：第一层为数据汇聚共享层，主要用于实时采集、汇聚各种消防设施的状态信息、故障信息、报警信息，形成数据共享平台，支持对消防隐患采取有效的处理措施，及时消除消防隐患；第二层为应用层，包含隐患治理、综合监督、灭火救援、公共服务 4 个功能模块，主要针对实时采集、汇聚的各种消防设施信息，采取有效的处理措施，及时消除消防隐患；第三层为使用层，包括维保公司、行业主管部门、消防部门、社会单位等使用主体，主要是使用应用层的功能模块，采取有效的处理措施及时消除消防隐患的责任人。整个系统由主机存储、安全保障、应用支撑件、地理信息服务等系统基础设施来保障正常运行，同时系统连接外网后可与其他安全监管部门进行工作协同，形成综合监督一张网，如图 7-17 所示。

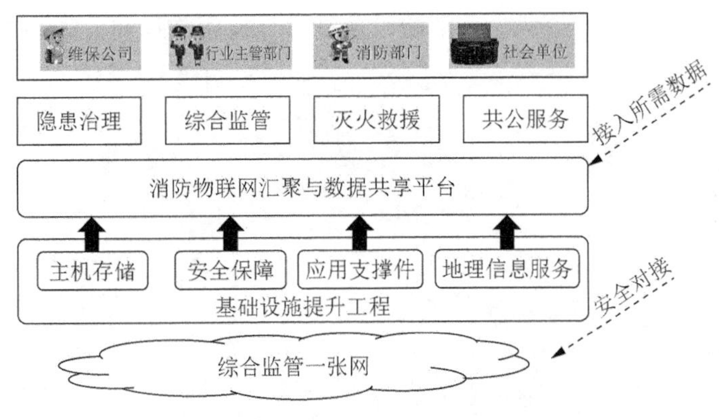

图 7-17 智慧消防应急系统开发构架

在应用层中，隐患治理模块包括维保服务跟踪、火灾隐患监督、社会单位自查3个子模块，主要用于支持平时各种消防设施的维保，通过火灾隐患监督和社会单位自查建立两个层级的内部监督整改机制，力争把火灾隐患消灭在平时。综合监督包括防火态势专题图、通知公告推送、专项整治支持、区域风险评估、社会单位评估、维保单位评估6个子模块，主要用于建立更高层级的监督整改机制，利用外部的行政力量监督整改火灾隐患，督促平时的维保工作及时、到位，确保把火灾隐患消灭在平时。灭火救援模块包括消防力量分布、消防水源分布、重点对象预案、建筑物平面图、案件实时监控、高点监控6个子模块，主要用于一旦发生火警时，及时、准确地确定火警的空间、地理定位，准确掌握火警周围的消防资源分布情况及火警性质，快速制订救援方案和救援路径，及时组织消防力量消除消防隐患，力争把火警消灭在萌芽状态。公共服务模块包含消防数据共享、消防知识分享、维保单位信用评价查询3个子模块，主要用消防知识教育，提高消防安全意识和消防安全防范能力。

3. 消防水源实时监控功能开发

消防水源是发生火警时消除消防安全隐患重要的保障之一，在展馆项目开发消防水源实时监控功能，对消防水池和消防水箱的液位进行实时动态监控，如图 7-18 所示，实时把消防水池和消防水箱的液位信息传递到监控中心，针对消防水源容量不满足消防规范要求的情况，监控中心及时组织采取有效措施进行补给，确保消防水源满足消防安全的需要。同时，监控中心对消防水泵及消防水泵电源使用状态进行实时监控，保证整个消防水源系统保持正常运转。

4. 配电设备实时监控功能开发

当发生火警时，日常运行的供电系统会依据火警的情况自动切断，启动应急供电系统。应急供电系统主要负责应急疏散指示、消防防排烟风机、配电设备等消防设施的应急供电。应急疏散指示是人员疏散时指示人员的疏散方向和疏散路径，消防防排烟风机是为了避免发生火警时人员被有害气体伤害而不能安全疏散，而配电设备是发生火警时确保应急供电系统正常供电，使应急疏散指示、消防防排烟风机等消防设施保持正常运转的关键设备。在展馆项目开发配电设备实时监控功能，实时监控配电设备使用状态，实时把配电设备的状态信息传递到监控中心，针对配电设备的监控情况，及时组织采取有效的处理措施，确保应急疏散指示、消防防排烟风机等消防设施能够保持正常运转，如图 7-19 所示。

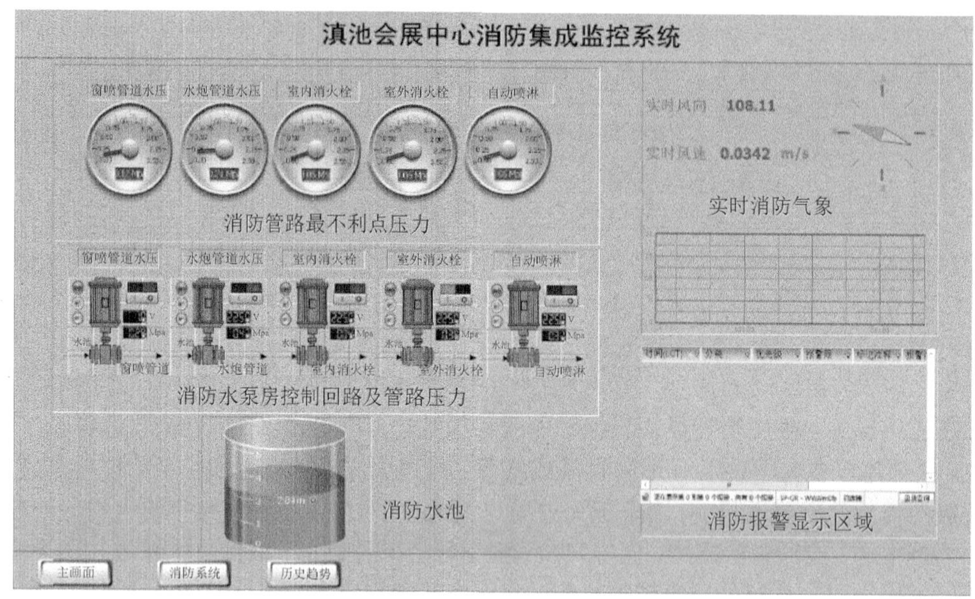

图 7-18　消防水源实时监控

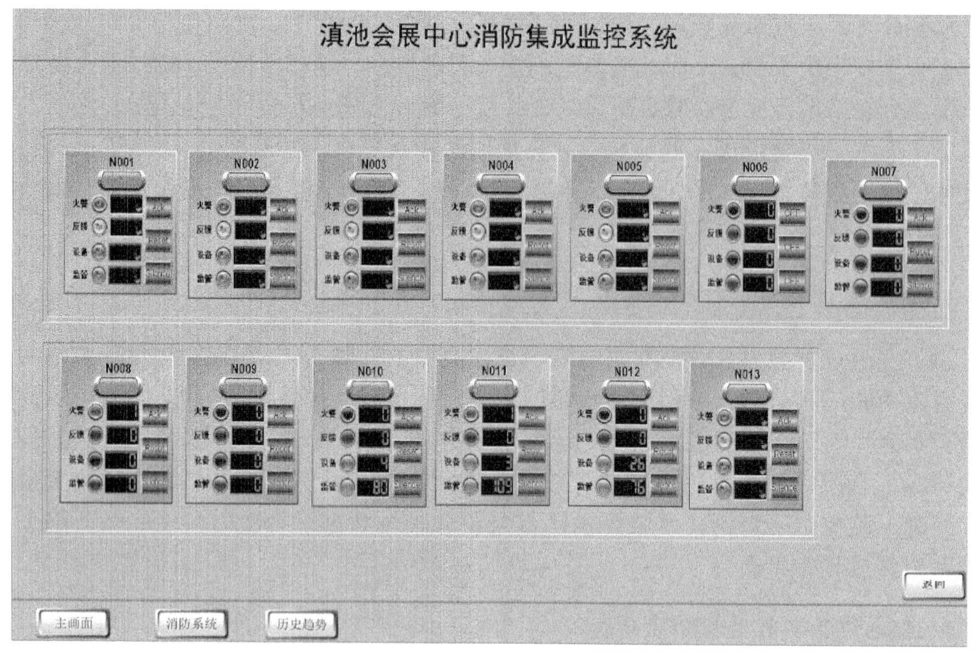

图 7-19　配电设备实时监控

5. 报警信号快速定位功能开发

由于展馆项目建设规模比较大，发生火警时，快速对火警信号精确定位、快速确定救援路径的难度比较大。为此，在展馆项目开发报警信号快速定位功能，当监控中心收到消防报警信号后，可在功能平面上进行精确定位，并同时开启三维实景图进行配对定位。针对消防报警信号性质开启对应区域现有监控设施，进行三维实景图与现场实时影像比对，支持制定有效的救援方案和救援路径，如图 7-20 所示。

图 7-20　报警信号快速定位

四、应用结果

2016 年第四届中国—南亚博览会（南博会）期间，完成了项目的前期单项功能开发，并全天候 24h 进行使用测试，实现了消防水箱液位、消防水池液位、应急配电设备等消防设施的有效监控，共采集消防报警系统运行状况、消防水系统运行情况、供配电系统及其他消防设施设备的有关运行数据 40 余万条，其中发现报警信号 42 条，故障信号 698 条，设备反馈和屏蔽信号 1276 条，并且优先于控制中心报警主机第一时间准确定位报警点，反馈报警点现场静态三维实景和动态视频监控画面。根据智慧消防应急系统反馈数据，如图 7-21 所示，消防监督员到现场核查真实率达到 99%，火灾隐患在第一时间得到了消除。智慧消防应急系统实现了精准防火监督检查精准和灭火救援决策处置，建立了快速响应举办展会所需要的安全管理模，消除了安全隐患，有效保障了南亚博览会的顺利召开。而且，通过智慧消防应急系统实现了技术代替人力，减少了日常运营成本，提高了人力资源利用效率，提高了运维管理效率，建立了更加快速响应企业业务发展的工作模式及工作平台。

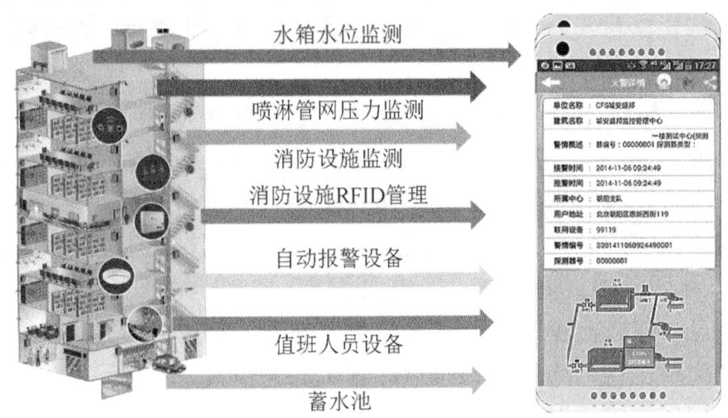

图 7-21　智慧消防应急系统反馈数据

五、应用总结

在项目的全生命周期中，项目运行阶段是一个相对比较漫长的阶段，主要工作内容是确保项目的各种设备、设施保持正常使用状态，满足对项目的使用要求和企业业务发展的需要。在 BIM 技术的支持下，进一步对数字化的项目资源进行数字挖掘，通过资源化整理，充分应用项目的各种设备、设施建立智慧消防应急系统，实现了精准防火监督检查精准和灭火救援决策处置，以技术代替人力，减少了日常运营成本，提高了运维管理效率，建立了快速响应举办展会所需要的安全管理模式，最大化地为企业的健康发展服务，有效实现了项目全生命周期管理的目标。

第四节　项目运行阶段应用案例剖析（二）

一、案例概况

为了充分利用津桥学院空港校区项目的各种设备、设施，满足津桥学院对项目的使用要求和学院教学发展的需要。基于津桥学院空港校区项目现阶段的建设成果，以及津桥学院空港校区南校区所包含的全部建筑物、构筑物及相应的设备、设施等内容，组织开发津桥空港校区运维管理平台，进一步以技术创新和管理创新，助推津桥学院的优化发展。要通过运维管理平台的开发，实现校园管理与教学管理相结合、理论教学与实践教学相结合，创新案例教学模式，创建特色专业，为津桥学院强化管理、提高效益、打造品牌、优化发展服务。

二、具体内容

基于津桥学院空港校区项目现阶段的建设成果，组织开发津桥空港校区运维管理平台。要通过运维管理平台的开发，实现校园管理与教学管理相结合、理论教学与实践教学相结合，为津桥学院强化管理、提高效益、打造品牌、优化发展服务。其具体应用内容如下：

1）基于津桥学院空港校区项目现阶段的建设成果，以及津桥学院空港校区南校区所包含的全部建筑物、构筑物及相应的设备、设施等内容，应用 BIM 技术建立竣工模型，开发建设成果数字化交付平台，配合完成建设成果的数字化交付，实现数字化交付成果的可视化，探索建设成果数字化交付的模式。

2）竣工模型应包含项目设计图纸及实物所包含的所有空间几何信息、建筑功能信息、机电设备配置信息、技术参数信息、属性信息等，并可通过不同类型的终端设备对竣工模型进行快速浏览，快速查询竣工模型所包含的各种项目信息。

3）建立 BIM 模型库，对 BIM 模型进行分类管理。建立系统数据库，对各类项目信息进行分类管理。通过 BIM 模型库、系统数据库，集成和存储项目的各类建筑及各类机电设备的技术信息，便捷地实现各种技术信息的管理、修改、查询、调用，支撑本项目的建设成果数字化交付平台、运维管理平台、案例教学模式。

4）基于津桥学院空港校区项目现阶段的建设成果，以及津桥学院空港校区南校区所包含的全部建筑物、构筑物及相应的设备、设施等内容，应用 BIM 技术组织开发津桥学院空港校区项目运维管理平台，确保项目的各种设备、设施保持正常使用状态，通过智慧化的校园管理，满足学院教学管理的要求。

5）对各类项目信息进行数据挖掘，基于数字交付平台、运维管理平台，创新学院案例教学模式，创建津桥学院的特色专业，实现校园管理与教学管理相结合、理论教学与实践教学相结合，为津桥学院的优化发展服务。

三、阶段划分

1. 第一阶段开发实施内容及成果要求

1）组织梳理津桥学院空港校区项目现阶段的建设成果，以及津桥学院空港校区南校区所包含的全部建筑物、构筑物及相应的设备、设施等内容，并根据实物情况进行资料完善。

2）根据建设成果的数字化交付的相关要求，梳理开发需求，制订开发实施方案，指导建设成果数字化交付平台的开发工作。

3）数字化交付平台除应满足现行建设成果数字化交付的相关规定外，还应清晰、直观地表达建筑物的物理特性、空间特性，以及功能布局、空间形态、交通流线、应急疏散等内容，还应清晰、直观地表达机电系统及各种设备、设施的分布情况、配置情况、技术参数、使用状况等内容。

4）按计划完成建设成果数字化交付平台的开发，配合完成建设成果的数字化交付。

2. 第二阶段开发实施内容及成果要求

1）组织梳理津桥学院空港校区项目现阶段的建设成果，以及津桥学院空港校区南校区所包含的全部建筑物、构筑物及相应的设备、设施等内容，并结合运维管理平台的开发需求进行资料完善。

2）分析津桥学院空港校区项目现阶段的建设成果，以及津桥学院空港校区南校区所包含的全部建筑物、构筑物及相应的设备、设施等内容，调研津桥学院现行的管理模式，梳理运维管理平台的开发需求，制订开发实施方案，指导运维管理平台的开发工作。

3）运维管理平台应实现校园管理与教学管理相结合，使各类建筑物及各类设备设施的资产管理与使用管理、维护管理、教学管理有效结合起来，通过清晰、直观的表达方式，有效实现各种管理功能之间的管理协同，提升现有的管理水平和管理效率。要依托运维管理平台，统筹校内、校外的教学资源，有效应对教学资源不足的问题。

4）按计划完成运维管理平台的开发，配合完成运维管理平台使用交付。

3. 第三阶段开发实施内容及成果要求

1）基于数字交付平台、运维管理平台，并结合特色专业创建的要求，进行资料完善。

2）分析创建特色专业需求，结合技术创新和管理创新的成果，制订特色专业创建方案，指导特色教材编写，指导案例教学模式创新。

3）案例教学模式创新要结合土建类专业的理论教学要求，应用BIM技术等新技术手段增强案例教学效果，通过简单、直观的技术手段补充理论教学方式的不足，增加学生的实践能力和动手能力。

4）编写特色教材，支撑案例教学模式创建。特色教材应包括节点法项目管理与BIM应用、施工模拟、经典案例等内容。特色教材编写应结合文本、数字模型、影像、模拟动画等形式进行。

5）按计划完成案例教学模式创建和特色教材编写，完成特色专业创建，以技术创新和管理创新手段推动津桥学院的优化发展。

四、应用现状

为了充分利用津桥学院空港校区项目的各种设备、设施，满足津桥学院对项目的使用要求和学院教学发展的需要。基于津桥学院空港校区项目现阶段的建设成果，开发建设成果数字化交付平台、运维管理平台，并基于数字化交付平台、运维管理平台，创新学院案例教学模式，创建津桥学院的特色专业，实现校园管理与教学管理相结合、理论教学与实践教学相结合，为津桥学院的优化发展服务。目前已按照项目运行阶段的目标和要求，制订了津桥学院空港校区项目运行阶段实施计划和实施技术方案，津桥学院空港校区项目运行阶段的应用正在有序地推进。

五、应用总结

在项目的全生命周期中，项目运行阶段是一个相对比较漫长的阶段，主要工作内容是确保项目的各种设备、设施保持正常使用状态，满足对项目的使用要求和企业业务发展的需要。在BIM技术的支持下，进一步对数字化的项目资源进行数字挖掘，通过资源化整理，充分应用项目的各种设备、设施创新津桥学院案例教学模式，创特色专业，实现校园管理与教学管理相结合、理论教学与实践教学相结合，充分应用项目的各种设备、设施为津桥学院的优化发展服务，实现项目全生命周期管理的目标。目前本案例项目正在有序地实施过程中，可以预见，待本案例项目实施完成、交付使用之后，将会大大地提升津桥学院的教学水平。

第五节　项目回收阶段应用案例剖析

项目回收阶段是项目全生命周期的最后一个子阶段，是指项目经过比较漫长的使用或运行后，项目的各种设备、设施资源逐渐磨损和贬值，最终使用生命周期结束，继续使用或运行项目不再经济，需要对项目进行回收。在项目回收阶段，虽然项目的使用生命周期已结束，项目不再拥有整体使用或运行的经济性，但项目的组成部分仍可能具有一定的使用价值，有的项目组成部分甚至仍具有很高的回收价值。同时，也有一些项目的部分组成可能存在对资源、环境的潜在危害，尽管项目的使用生命周期已结束，仍然需要在项目回收阶段对项目组织回收工作，对项目进行无害化处理。

一、应用内容

在BIM技术的支持下，应用BIM技术对项目信息的加载、传递和共享的特性，将有效实现项目全生命周期信息的共享，使项目在决策、设计、施工、运维阶段的管理目标有效协同起来，避免运维阶段成为信息孤岛，在项目建设阶段和运维阶段之间建立数字化的项目交付模式，促进各种项目信息在项目建设阶段和项目运维阶段之间有效传递，避免项目交付过程中的信息丢失。由于项目建设成果的数字化交付模式，建立了项目全生命周期信息可查询、可追溯的路径，即在BIM技术的支持下，可应用BIM技术对项目信息的加载、传递和共享的特性，把项目全生命周期信息记载下来，虽然项目的各种设备、设施资源经过比较漫长的使用或运行后已经逐渐磨损和贬值，甚至损毁，但项目的数字化信息仍会准确记载项目全生命周期中各个时点的项目信息，也不会因为时间久远、人事变更而消亡。可使项目在使用生命周期结束之时，基于BIM技术建立精准回收的工作模式，最大限度地发挥项目价值。

二、应用过程

根据项目回收阶段的工作要求，项目回收阶段的应用过程可划分为3个步骤，即项目回收准备、项目回收过程、项目回收结束。

（一）项目回收准备

在项目回收阶段正式启动之时，首先需要查询、追溯项目的全生命周期信息，然后依据项目全生命周期信息对项目的回收价值进行系统评估，并依据项目个性化的物理特征和功能特性制订差异化的项目回收方案。项目回收方案需要充分考虑项目对资源、环境潜在的危害风险，充分采取有针对性的应对措施。

在项目回收工作正式启动之前，可应用BIM技术对项目回收方案进行模拟，应用模拟成果指导项目回收方案的优化，指引项目回收方案的实际执行，确保项目按照预定时间、成本目标完成项目回收工作。特别是在项目回收工作正式启动之前，可针对项目回收价值高的、有安全隐患的、对资源环境有潜在危害的部分进行反复模拟，制定准确回收路径、回收方法，确保项目的成功回收。

（二）项目回收过程

在项目回收工作正式启动后，可辅助项目回收工作的组织管理，合理调配各种资源保证项目回收工作的顺利完成。针对项目实际回收过程中的工作偏差，及时采取准确的纠偏措施，保证项目回收工作按照预定的目标有序推进。

（三）项目回收结束

在项目回收工作结束之后，可建立准确的项目回收成果清单，准确地评估项目的实际回收价值，对回收阶段的项目信息进行加载，完善对项目全生命周期的信息记载，尽管项目已经拆除或者废弃，但项目全生命周期的数字信息仍会被永久保存，认可对项目进行永久查询和永久追溯。

三、应用总结

项目经过漫长的使用或运行后，达到项目的最终使用生命周期结束之时，项目开始进入项目回收阶段。不同类别、不同性质项目的回收工作往往是千差万别，主要是由项目的类别、性质和项目个性化的物理特征、功能特性决定的。针对项目不同的回收价值，还有项目潜在的安全隐患、对资源环境危害的不同，在项目回收方案会采取不同的针对性措施，但项目的回收过程以及在项目回收过程中应用BIM技术的目标和内容是基本相同的。在项目回收过程中应用BIM技术，主要是为了在项目的最终使用生命周期结束之时，基于BIM技术建立精准回收的工作模式，最大限度地发挥项目的残余使用价值。在BIM技术的支持下建立项目的精准回收模式，不会因为项目使用或运行的时间久远而受到影响，也不会因为各种设备、设施资源经过比较漫长的使用或运行后，已经逐渐磨损、贬值，甚至损毁而受到影响，即使项目已经拆除或者灭失，仍然可对项目进行查询和追溯。

由于项目的全生命周期比较漫长，有的几十年、有的上百年、有的甚至上千年，如成都都江堰水利工程，至今已有 2200 多年历史，仍在发挥着巨大的作用。而 BIM 技术是信息时代的科技发展成果，提出和应用的时间较短，因此，暂时没有基于 BIM 技术进行项目系统回收的应用案例，但 BIM 技术的发展、应用必然能够帮助提高项目的回收价值，准确识别项目对资源、环境的潜在危害，有效帮助对项目进行无害化处理。随着 BIM 技术的深化发展，BIM 技术必将在项目的回收阶段发挥不可替代的作用。

思考题

1．如何理解节点法运维管理 BIM 应用的应用理念？
2．如何理解节点法运维管理 BIM 应用的应用目标？
3．如何理解节点法运维管理 BIM 应用的实现路径？
4．节点法运维管理 BIM 应用划分为哪几个阶段？
5．读完本章案例得到哪些启发？

附　　录

附录一　工程项目管理相关术语

《建设工程项目管理规范》（GB/T 50326—2006）规定了以下专业术语。

1. 建设工程项目

建设工程项目（construction project）是指为完成依法立项的新建、扩建、改建等各类工程而进行的、有起止日期的、达到规定要求的一组相互关联的受控活动组成的特定过程，包括策划、勘察、设计、采购、施工、试运行、竣工验收和考核评价等，简称项目。

2. 建设工程项目管理

建设工程项目管理（construction project management）是指运用系统的理论和方法，对建设工程项目进行计划、组织、指挥、协调和控制等专业化活动，简称项目管理。

3. 项目发包人

项目发包人（project employer）是指按招标文件或合同中约定、具有项目发包主体资格和支付合同价款能力的当事人，以及取得该当事人资格的合法继承人，简称发包人。

4. 项目承包人

项目承包人（project contractor）是指按合同中约定、被发包人接受的具有项目承包主体资格的当事人，以及取得该当事人资格的合法继承人，简称承包人。

5. 项目承包

项目承包（project contracting）是指受发包人的委托，按照合同约定，对工程项目的策划、勘察、设计、采购、施工、试运行等实行全过程或分阶段承包的活动，简称承包。

6. 项目分包

项目分包（project subcontracting）是指承包人将其承包合同中所约定的一部分发包给具有相应资质的企业承担，简称分包。

7. 项目管理组织

项目管理组织（organization of project management）是指实施或参与项目管理工作，且有明确的职责、权限和相互关系的人员及设施的集合。包括发包人、承包人、分包人和其他有关单位为完成项目管理目标而建立的管理组织，简称组织。

8. 项目经理

项目经理（project manager）是指企业法定代表人在建设工程项目上的授权委托代理人。

9. 项目经理部

项目经理部（project management team）是指由项目经理在企业法定代表人授权和职能部门的支持下按照企业的相关规定组建的、进行项目管理的一次性的现场组织机构，简称项目部。

10. 项目进度管理

项目进度管理（project progress management）是指为实现预定的进度目标而进行的计划、组织、指挥、协调和控制等活动。

11. 项目质量管理

项目质量管理（project quality management）是指为确保工程项目的质量特性满足要求而进行的计划、组织、指挥、协调和控制等活动。

12. 项目成本管理

项目成本管理（project cost management）是指为实现项目成本目标而进行的预测、计划、控制、核算、分析和考核等活动。

13. 项目合同管理

项目合同管理（project contract management）是指对项目合同的编制、签订、实施、变更、索赔和终止等的管理活动。

14. 项目信息管理

项目信息管理（project information management）是指对项目信息进行的收集、整理、分析、处置、储存和使用等活动。

附录二　全过程造价咨询相关术语

《建设项目全过程造价咨询规程》（CECA/GC 4—2009）规定了以下专业术语。

1. 建设项目

建设项目（construction project）是指需要一定的投资，经过决策和实施的一系列程序，在一定的约束条件下，以形成固定资产为明确目标的一次性活动，是按一个总体规划或设计范围内进行建设的，实行统一施工、统一管理、统一核算的工程，往往是由一个或数个单项工程所构成的总和，也可以称为基本建设项目。

2. 工程造价

工程造价（cost management）是指完成一个建设项目预期开支或实际开支的全部建设费用，即该工程项目从建设前期到竣工投产全过程所花费的费用的总和，包括建筑安装工程费用、设备工器具购置费用、工程建设其他费用、预备费、建设期贷款利息和固定资产投资方向调节税等。

3. 工程造价的确定

工程造价的确定（the determination of the project cost）是指在工程建设的各个阶段，合理计算和确定投资估算价、设计概算价、施工图预算价、合同价、竣工结算价和竣工决算价的过程。

4. 工程造价的控制

工程造价的控制（the project cost control）是指在优化建设方案、设计方案的基础上，在建设程序的各个阶段，采用一定的方法和措施把工程造价控制在合理的范围和核定的造价限额以内的过程。

5. 全过程造价管理咨询

全过程造价管理咨询（the whole process cost management consulting）是指受委托方的委托，运用工程造价管理的知识和技术，为寻求解决建设项目决策、设计、交易、施工、结算等各个阶段工程造价管理的最佳途径而提供的智力服务。

6. 可行性研究

可行性研究（feasibility research）是指通过对项目的主要内容和配套条件，如市场需求、资源供应、建设规模、工艺路线、设备选型、环境影响、盈利能力等，从技术、经济、工程等方面进行调查研究和分析比较，并对项目建成以后可能取得的经济、社会、环境效益进行预测，为项目决策提供依据的一种综合性的系统分析方法。

7. 投资估算

投资估算（investment estimation）是指在建设项目决策阶段，依据现有的资料和一定的方法，预先测算和确定建设项目投资数额（包括工程造价和流动资金）的文件。

8. 设计概算

设计概算（design estimate）是指在建设项目设计阶段，在投资估算控制下，根据设计要求和设计文件，采用一定的方法计算和确定建设项目从筹建至竣工交付使用所需全部费用的文件。

9. 施工图预算

施工图预算（working drawing estimate）是指在施工图设计完成后，根据施工图设计文件和相关依据，采用一定的方法计算和确定建设项目工程造价的文件。

10. 竣工结算

竣工结算（final account）是指承包人按照合同约定的内容完成全部工作，经发包人或有关机构验收合格，承、发包双方依据约定的合同价款和价款调整内容及索赔事项，最终计算和确定实际工程造价的文件。

11. 竣工决算

竣工决算（final settlement of account）是指在建设项目全部建成后，由建设单位以实物数量和货币指标为计量单位，编制综合反映建设项目从筹建到竣工投产为止的全部建设费用、建设成果和财务状况的总结性文件。

12. 招标控制价

招标控制价（controlled bidding price）是指招标人根据国家或省级、行业建设主管部门颁发的有关计价依据和办法，以及招标人发布的工程量清单，对招标工程限定的最高工程造价。

13. 投标价

投标价（tender offer）是指投标人投标时报出的工程造价。

14. 合同价

合同价（contract price）是指发、承包双方在合同中约定的工程造价。

15. 竣工结算价

竣工结算价（completion settlement price）是指发、承包双方依据国家有关法律、法规和标准规定，按照合同约定确定的最终工程造价。

16. 索赔

索赔（claim for compensation）是指在合同履行中，对于非己方的过错而应由对方承担责任的情况造成的损失，向对方提出经济补偿的要求。

17. 现场签证

现场签证（the visa）是指发包人现场代表与承包人现场代表就施工过程中涉及合同价款之外的责任事件所做的签认证明。

附录三　第六章附表

附表 1　模型场地平整土方工程量

单位：m^3

序号	工作内容名称	工作范围	挖方	挖方小计	填方	填方小计	总计
1	1 区（预留用地）	原地形-1891（用地红线内数据）	557.9	557.9	341 111.3	341 111.3	341 669.2
2	2 区（展馆、平台、CBD 用地）	原地形-展馆为 1887.2；展馆圆心为 1891.5；CBD1891.5；平台 1887.2）（用地红线内数据）	857 512.2	857 512.2	1 151 702.7	1 151 702.7	2 009 214.9
3			858 070.1	858 070.1	1 492 814	1 492 814	2 350 884.1

附表 2　模型土方工程量

单位：m^3

序号	工作内容名称	工作范围	挖方		挖方小计	填方		填方小计	量差	总计
			五甲河东侧	五甲河西侧		五甲河东侧	五甲河西侧			
1	场地平整	原地形-1888.5	27 307.97		27 307.97	155 946.3		155 946.3	-128 638.33	183 254.27
1.1	平台		3 583.2			13 219.03				
1.2	展馆		23 724.77			142 727.27				
2	场地平整	原地形-1890		149 803.8	149 803.8		168 740.3	168 740.3	-18 936.5	318 544.1
2.1	平台			62 937.8			28 276.6			
2.2	展馆			86 866			140 463.7			
3	合计				177 111.77			324 686.6	-147 574.83	501 798.37

附表 3　模型土方工程量

单位：m^3

序号	工作内容名称	工作范围	挖方		1888.5（1890）-原地形挖方小计	原地形-1887.2挖方小计	挖方总计	填方	
			五甲河东侧	五甲河西侧				五甲河东侧	五甲河西侧
1	桩顶浮土挖出	1888.5-1887.2	230 532.56				230 532.56		
1.1		1888.5-原地形	155 946.3		155 946.3				
1.1.1	平台		13 219.03		13 219.03				
1.1.2	展馆		142 727.27		142 727.27				
1.2		原地形-1887.2	74 586.26			74 586.26			
1.2.1	平台		32 072.09			32 072.09			
1.2.2	展馆		42 514.17			42 514.17			
2	桩顶浮土挖出	1890-1887.2		745 288.17			745 288.17		
2.1		1890-原地形		168 740.5	168 740.5				
2.1.1	平台			28 276.6	28 276.6				
2.1.2	展馆			140 463.9	140 463.9				
2.2		原地形-1887.2		576 547.67		576 547.67			
2.2.1	平台			149 902.39		149 902.39			
2.2.2	展馆			426 645.28		426 645.28			
3	合计			745 288.17	324 686.8	651 133.93	975 820.73		

附表 4　模型与高标方格网场地平整土方工程量对比

单位：m^3

序号	工作内容名称	工作范围	挖方			填方			量差小计
			天际	高标 12.25	量差	天际	高标 12.25	量差	
1	1 区（预留用地）	原地形-1891（用地红线内数据）	557.9	788.75	-230.85	341 111.3	369 200.05	-28 088.75	-28 319.6

续表

序号	工作内容名称	工作范围	挖方			填方			量差小计
			天际	高标 12.25	量差	天际	高标 12.25	量差	
2	2 区（展馆、平台、CBD 用地）	原地形-展馆为 1887.2；展馆圆心为 1891.5；CBD1891.5；平台 1887.2）（用地红线内数据）	857 512.2	794 138.5	63 373.7	1 151 702.7	1 014 250.15	137 452.55	200 826.25
3			858 070.1	794 927.25	63 142.85	149 2814	1 383 450.2	109 363.8	172 506.65

附表 5　各单位场地平整土方工程量对比

单位：m^3

序号	工作内容名称	工作范围	挖方	填方	总计	与最低值的差值	比最低值的超出比率/%	与平均值的比率/%
1	市一建	整个北区地块	941 439.8	1 796 668.2	2 738 108	559 730.55	25.69	114.63
2	高标 1	整个北区地块	847 332.07	1 495 529.4	2 342 861.47	164 484.02	7.55	98.08
3	高标 2	整个北区地块	794 927.25	1 383 450.2	2 178 377.45	0	0.00	91.19
4	中深 1	整个北区地块	898 930.99	1 487 951.1	2 386 882.09	208 504.64	9.57	99.92
5	中深 2	整个北区地块	840 833.61	1 494 288.52	2 335 122.13	156 744.68	7.20	97.76
6	天际	整个北区地块	858 070.1	1 492 814	2 350 884.1	172 506.65	7.34	98.42

附表 6　模型土方工程量

单位：m^3

序号	工作内容名称	工作范围	挖方		填方		量差
			五甲河东侧	五甲河西侧	五甲河东侧	五甲河西侧	
1	展馆	原地形-1887.2	600 522.01		71 329.01		529 193
1.1	五甲河东侧	原地形-1887.2	47 900.36		47 938.03		-37.67
1.2	五甲河西侧	原地形-1887.2		552 621.65		23 890.98	529 230.67
2	平台	原地形-1887.2	229 669.92		3 714.6		225 955.32
2.1	五甲河东侧	原地形-1887.2	35 987.46		3 432.07		32 555.39
2.2	五甲河西侧	原地形-1887.2		193 682.46		282.53	193 399.93
3	平台+展馆	原地形-1887.2	830 191.93		75 043.61		755 148.32
3.1	五甲河东侧	原地形-1887.2	83 887.82		51 370.1		32 517.72
3.2	五甲河西侧	原地形-1887.2		746 304.11		23 673.51	722 630.6

附表 7　模型土方工程量

单位：m^3

序号	工作内容名称	工作范围	挖方	挖方小计	填方	填方小计	总计
1	1 区（预留用地）	原地形-1891（插件表数据）	784.7	784.7	476 331	476 331	477 115.7

续表

序号	工作内容名称	工作范围	挖方	挖方小计	填方	填方小计	总计
2	2 区（展馆、平台、CBD 用地）	原地形-展馆为 1887.2；展馆圆心为 1891.5；CBD1891.5；平台 1887.2）（插件表数据）	857 087.1	857 087.1	1 563 339.2	1 563 339.2	2 420 426.3
3			857 871.8	857 871.8	2 039 670.2	2 039 670.2	2 897 542

参考文献

蔡嘉明，2012．节点法项目管理[M]．昆明：云南人民出版社．

蔡嘉明，钟文武，2017. 基于 BIM 技术的节点法施工管理模式探索[J]. 云南勘察设计（19）：74-79.

蔡嘉明，钟文武，安有生，2016．节点法项目管理在超大型工程中的 BIM 应用[J]．昆明理工大学学报：自然科学版，41（1）：110-118．

蔡嘉明，钟文武，安有生，2017. 基于 BIM 技术的节点法运维管理模式探索[J]. 云南勘察设计（18）：65-69.

蔡嘉明，钟文武，王松江，2017．基于 BIM 技术的节点法设计管理模式探索[J]．昆明理工大学学报：自然科学版，42（4）：127-136．

丰景春，李明，王岩，等，2009．IT 项目管理理论与方法[M]．北京：中国水利水电出版社，知识产权出版社．

何关培， 2012．BIM 总论[M]．北京：中国建筑工业出版社．

弘高创意，2015．BIM 全球 20 年回顾[EB/OL]．（2015-11-23）[2017-11-27]．https://mp.weixin.qq.com/s?__biz=MjM5NjAwMDE1MA==&mid=400461033&idx=1&sn=330eb5d7832ab0d5f0334997db46db2a&scene．

互联立方技术服务公司，2017.中国 BIM 技术市场预测[EB/OL].（2017-06-01）[2017-11-27]. http://www.sohu.com/a/ 145330398_769918.

黄强，2016．论 BIM[M]. 北京：中国建筑工业出版社．

霍立，2015．BIM 信息：BIM 与九大技术集成应用的理论与实践[N].中国建设报，2015-11-05.

姜曦，王君峰，2017．BIM 导论[M]．北京：清华大学出版社．

克拉克・A．坎贝尔，2008．一页纸项目管理[M]．周秋洪，译．北京：东方出版社．

李建成，2015．BIM 应用•导论[M]．上海：同济大学出版社．

李邵建，2015．BIM 纲要[M]．上海：同济大学出版社．

李智，王静，2016．施工阶段 BIM 应用风险及应对策略[J]．土木建筑工程信息技术（2）：6-15．

刘立刚，2007．工程管理信息系统[M]．武汉：华中科技大学出版社．

浦东 BIM 中心，2017．BIM 技术如何指导施工[ER/OL]．（2017-05-22）[2017-11-27]. https://www.toutiao.com/a6422755513364660482/.

戚安邦，等，2007．项目管理学[M]．北京：科学出版社．

斯蒂芬・哈格，梅芙・卡明斯，唐纳德・J.麦卡布雷，2004．信息时代的管理信息系统[M]．严建援，等译. 6 版.北京：机械工业出版社．

孙慧，2010．项目成本管理[M]．2 版．北京：机械工业出版社．

王有志，张滇军，郝红漫，等，2009．现代工程项目管理[M]．北京：中国水利水电出版社．

辛西娅・斯奈德・斯塔克波尔，2010．项目管理实用表格与应用[M]．刘露明，译．北京：电子工业出版社．

英国国家统计局，2016. National BIM Report[R/OL].（2016-04-14）[2017-11-26]. https://www.thenbs.com/knowledge/national-bim-report-2016.

英国国家统计局，2017．National BIM Report[R/OL]．（2016-05-12）[2017-11-26]．https://www.thenbs.com/knowledge/nbs-national- bim-report-2017.

中国（双法）项目管理研究委员会，2008．中国项目管理知识体系：C-PMBOOK2006 修订版[S]．北京：电子工业出版社．

中国工程咨询协会，2010．工程项目管理导则（试行）[M]．天津：天津大学出版社．

中国建设工程造价管理协会，2009．建设项目全过程造价咨询规程：CECA/GC 4—2009[S]．北京：中国计划出版社．

中国建筑业协会工程项目管理委员会，2011．中国工程项目管理知识体系[M]．2 版．北京：中国建筑工业出版社．

中华人民共和国建设部，2008．建设领域应用软件测评通用规范：CJJ/T 116—2008[S]．北京：中国建筑工业出版社．

中华人民共和国建设部，中华人民共和国国家质量监督检验检疫总局，2006．建设工程项目管理规范：GB/T 50326—2006[S]．北京：中国建筑工业出版社．

中华人民共和国住房和城乡建设部，中华人民共和国国家质量监督检验检疫总局，2016．建筑信息模型应用统一标准：GB/T 51212—2016[S]．北京：中国建筑工业出版社．

中华人民共和国住房和城乡建设部信息中心，2015. 中国建筑施工行业信息化发展报告（2015）：BIM 深度应用与发展[M]. 北京：中国城市出版社

Dodge Data & Analytics，2015. 中国 BIM 应用价值研究报告[R/OL].（2015-04-28）[2017-11-27]. http://jz.docin.com/p-1570237029.html.